辽宁经济普查年鉴

Liaoning Economic Census Yearbook

2008

第二产业卷｜下册

辽宁省人民政府第二次全国
经济普查领导小组办公室 编
辽 宁 省 统 计 局

中国统计出版社
China Statistics Press

(京)新登字041号

图书在版编目（CIP）数据

辽宁经济普查年鉴. 2008/辽宁省第二次全国经济普查领导小组办公室，辽宁省统计局编
—北京：中国统计出版社，2010.11

ISBN 978-7-5037-6148-5

Ⅰ.①辽… Ⅱ.①辽… ②辽… Ⅲ.①经济－普查－辽宁省－2008－年鉴 Ⅳ.①F127.31-54

中国版本图书馆CIP数据核字（2010）第228139号

辽宁经济普查年鉴—2008（第二产业卷下）

作　　者/辽宁省第二次全国经济普查领导小组办公室　辽宁省统计局
责任编辑/申明九
E-mail/cbsebs@gj.stats.cn
封面设计/黄俊杰　李雪燕
出版发行/中国统计出版社
通信地址/北京市西城区月坛南街57号
邮政编码/100826
办公地址/北京市丰台区西三环南路甲6号
网　　址/www.stats.gov.cn/tjshujia
电　　话/邮购（010）63376907　书店（010）68783172
印　　刷/河北天普润印刷厂
经　　销/新华书店
开　　本/880×1230毫米　1/16
字　　数/740千字
印　　张/24.25
版　　别/2011年3月第1版
版　　次/2011年3月第1次印刷
书　　号/ISBN 978-7-5037-6148-5/F·2976
定　　价/1080.00元　（全四册附光盘）

本书附同版光盘一张，内容以纸质图书为准。

辽宁经济普查年鉴－2008

辽宁经济普查年鉴-2008（第二产业卷下）
编辑委员会

第二产业卷（下） 目录

第一篇　能源消费量

1-1　按行业和地区分组的规模以上工业企业综合能源消费量 …… 2
1-2　按行业和地区分组的规模以上工业企业分品种能源消费量 …… 6
1-3　按行业和地区分组的规模以上工业企业工业生产分品种能源消费量 …… 46
1-4　规模以上工业企业分行业取水量 …… 86
1-5　规模以上工业企业分地区取水量 …… 87
1-6　按地区分组的工业企业主要耗能设备情况 …… 87
1-7　全社会能源消费量 …… 95
1-8　工业企业分行业分品种能源消费量 …… 96

第二篇　规模以上工业企业科技情况

2-1　规模以上工业企业基本情况表 …… 100
2-2　规模以上工业企业科技活动人员情况 …… 104
2-3　规模以上工业企业科技活动经费筹集情况 …… 108
2-4　规模以上工业企业科技活动经费支出情况 …… 110
2-5　规模以上工业企业研究与试验发展(R&D)情况 …… 114
2-6　规模以上工业企业办科技机构情况 …… 118
2-7　规模以上工业企业全部科技项目（课题）情况 …… 120
2-8　规模以上工业企业科技项目情况（限额项目） …… 122
2-9　规模以上工业企业新产品产出和专利情况 …… 128
2-10　规模以上工业企业技术改造、技术获取及减免税情况 …… 130

第三篇　建筑业企业生产经营及财务状况

A.综合

3-A-1　建筑业按登记注册类型和控股情况分基本情况 …… 134
3-A-2　建筑业按隶属关系、营业状态和行业分基本情况 …… 136
3-A-3　建筑业按地区和资质等级分基本情况 …… 138
3-A-4　建筑业按登记注册类型和控股情况分工作量情况 …… 140
3-A-5　建筑业按隶属关系、营业状态和行业分工作量情况 …… 142
3-A-6　建筑业按地区和资质等级分工作量情况 …… 144
3-A-7　建筑业按登记注册类型和控股情况分生产情况 …… 146

3-A-8　建筑业按隶属关系、营业状态和行业分生产情况 …… 148
3-A-9　建筑业按地区和资质等级分生产情况 …… 150
3-A-10　建筑业按登记注册类型和控股情况分年末从业人员情况 …… 152
3-A-11　建筑业按隶属关系、营业状态和行业分年末从业人员情况 …… 154
3-A-12　建筑业按地区和资质等级分年末从业人员情况 …… 156
3-A-13　建筑业按登记注册类型和控股情况分实收资本情况 …… 158
3-A-14　建筑业按隶属关系、营业状态和行业分实收资本情况 …… 160
3-A-15　建筑业按地区和资质等级分实收资本情况 …… 162
3-A-16　建筑业按登记注册类型和控股情况分财务收支情况 …… 164
3-A-17　建筑业按隶属关系、营业状态和行业分财务收支情况 …… 166
3-A-18　建筑业按地区和资质等级分财务收支情况 …… 168
3-A-19　建筑业按地区分企业单位数 …… 170
3-A-20　建筑业按地区分建筑业总产值 …… 170
3-A-21　建筑业按地区分利润总额 …… 171

B.资质以上建筑企业

3-B-1　资质以上建筑企业按登记注册类型和控股情况分生产情况 …… 172
3-B-2　资质以上建筑企业按隶属关系、营业状态和行业分生产情况 …… 174
3-B-3　资质以上建筑企业按资质等级和地区分生产情况 …… 176
3-B-4　资质以上建筑企业按登记注册类型和控股情况分资产负债情况 …… 178
3-B-5　资质以上建筑企业按隶属关系、营业状态和行业分资产负债情况 …… 180
3-B-6　资质以上建筑企业按资质等级和地区分资产负债情况 …… 182
3-B-7　资质以上建筑企业按登记注册类型和控股情况分财务收支情况 …… 184
3-B-8　资质以上建筑企业按隶属关系、营业状态和行业分财务收支情况 …… 186
3-B-9　资质以上建筑企业按资质等级和地区分财务收支情况 …… 188

C.总承包与专业承包建筑企业

3-C-1　总承包与专业承包建筑企业主要经济指标 …… 190
3-C-2　总承包与专业承包建筑企业按登记注册类型和控股情况分单位数与工程承包情况 …… 192
3-C-3　总承包与专业承包建筑企业按隶属关系、营业状态、行业和资质等级分单位数与工程承包情况 …… 194
3-C-4　总承包与专业承包建筑企业按地区分单位数与工程承包情况 …… 196
3-C-5　总承包与专业承包建筑企业按登记注册类型和控股情况分房屋建筑面积与价值情况 …… 197
3-C-6　总承包与专业承包建筑企业按隶属关系、营业状态、行业和资质等级分房屋建筑面积与价值情况 …… 198
3-C-7　总承包与专业承包建筑企业按地区分房屋建筑面积与价值情况 …… 199
3-C-8　总承包与专业承包建筑企业按登记注册类型和控股情况分产值情况 …… 200
3-C-9　总承包与专业承包建筑企业按隶属关系、营业状态、行业和资质等级分产值情况 …… 202
3-C-10　总承包与专业承包建筑企业按地区分产值情况 …… 204
3-C-11　总承包与专业承包建筑企业按登记注册类型和控股情况分主要建筑材料消耗情况 …… 205
3-C-12　总承包与专业承包建筑企业按隶属关系、营业状态、行业和资质等级分主要建筑材料消耗情况 …… 206
3-C-13　总承包与专业承包建筑企业按地区分主要建筑材料消耗情况 …… 207

3-C-14　总承包与专业承包建筑企业按登记注册类型和控股情况分机械与人员情况 …… 208
3-C-15　总承包与专业承包建筑企业按隶属关系、营业状态、行业和资质等级分机械与人员情况 …… 210
3-C-16　总承包与专业承包建筑企业按地区分机械与人员情况 …… 212
3-C-17　总承包和专业承包建筑企业按登记注册类型和控股情况分竣工房屋面积情况 …… 213
3-C-18　总承包和专业承包建筑企业按隶属关系、营业状态、行业和资质等级分竣工房屋面积情况 …… 215
3-C-19　总承包和专业承包建筑企业按地区分竣工房屋面积情况 …… 217
3-C-20　总承包和专业承包建筑企业按登记注册类型和控股情况分竣工房屋价值情况 …… 218
3-C-21　总承包和专业承包建筑企业按隶属关系、营业状态、行业和资质等级分竣工房屋价值情况 …… 220
3-C-22　总承包和专业承包建筑企业按地区分竣工房屋价值情况 …… 222
3-C-23　总承包与专业承包建筑企业按登记注册类型和控股情况分资产情况 …… 223
3-C-24　总承包与专业承包建筑企业按隶属关系、营业状态、行业和资质等级分资产情况 …… 225
3-C-25　总承包与专业承包建筑企业按地区分资产情况 …… 227
3-C-26　总承包与专业承包建筑企业按登记注册类型和控股情况分负债和所有者权益情况 …… 228
3-C-27　总承包与专业承包建筑企业按隶属关系、营业状态、行业和资质等级分负债和所有者权益情况 …… 230
3-C-28　总承包与专业承包建筑企业按地区分负债和所有者权益情况 …… 232
3-C-29　总承包与专业承包建筑企业按登记注册类型和控股情况分损益及分配情况 …… 233
3-C-30　总承包与专业承包建筑企业按隶属关系、营业状况、行业和资质等级分损益及分配情况 …… 236
3-C-31　总承包与专业承包建筑企业按地区分损益及分配情况 …… 239
3-C-32　总承包与专业承包建筑企业按登记注册类型和控股情况分工资、福利费和应收款情况 …… 240
3-C-33　总承包与专业承包建筑企业按隶属关系、营业状态、行业和资质等级分工资、福利费和应收款情况 …… 242
3-C-34　总承包与专业承包建筑企业按地区分工资、福利费和应收款情况 …… 244
3-C-35　总承包与专业承包建筑企业按登记注册类型和控股情况分主要效益情况 …… 245
3-C-36　总承包与专业承包建筑企业按隶属关系、营业状态、行业和资质等级分主要效益情况 … 247
3-C-37　总承包与专业承包建筑企业按地区分主要效益情况 …… 249
3-C-38　总承包与专业承包建筑施工企业单位数 …… 250
3-C-39　总承包与专业承包建筑亏损企业单位数 …… 251
3-C-40　总承包与专业承包建筑企业建筑业总产值 …… 252
3-C-41　总承包与专业承包建筑企业资产 …… 253
3-C-42　总承包与专业承包建筑企业负债 …… 254
3-C-43　总承包与专业承包建筑企业实收资本 …… 255
3-C-44　总承包与专业承包建筑企业工程结算税金及附加与管理费用中的税金 …… 256
3-C-45　总承包与专业承包建筑企业利润总额 …… 257
3-C-46　总承包与专业承包建筑企业利税总额 …… 258

D.总承包建筑企业

3-D-1　总承包建筑企业按登记注册类型和控股情况分单位数与工程承包情况 …… 259
3-D-2　总承包建筑企业按隶属关系、营业状态、行业、资质等级和地区分单位数与工程承包情况 …… 261

3-D-3 总承包建筑企业按登记注册类型和控股情况分产值情况 …… 263
3-D-4 总承包建筑企业按隶属关系、营业状态、行业、资质等级和地区分产值情况 …… 265
3-D-5 总承包建筑企业按登记注册类型和控股情况分房屋建筑面积与价值情况 …… 267
3-D-6 总承包建筑企业按隶属关系、营业状态、行业、资质等级和地区分房屋建筑面积与价值情况 …… 268
3-D-7 总承包建筑企业按登记注册类型和控股情况分机械与人员情况 …… 269
3-D-8 总承包建筑企业按隶属关系、营业状态、行业、资质等级和地区分机械与人员情况 …… 271
3-D-9 总承包建筑企业按登记注册类型和控股情况分主要建筑材料消耗情况 …… 273
3-D-10 总承包建筑企业按隶属关系、营业状态、行业、资质等级和地区分主要建筑材料消耗情况 …… 274
3-D-11 总承包建筑企业按登记注册类型和控股情况分竣工房屋面积情况 …… 275
3-D-12 总承包建筑企业按隶属关系、营业状态、行业、资质等级和地区分竣工房屋面积情况 …… 277
3-D-13 总承包建筑企业按登记注册类型和控股情况分竣工房屋价值情况 …… 279
3-D-14 总承包建筑企业按隶属关系、营业状态、行业、资质等级和地区分竣工房屋价值情况 … 281
3-D-15 总承包建筑企业按登记注册类型和控股情况分资产情况 …… 283
3-D-16 总承包建筑企业按隶属关系、营业状态、行业、资质等级和地区分资产情况 …… 285
3-D-17 总承包建筑企业按登记注册类型和控股情况分负债和所有者权益情况 …… 287
3-D-18 总承包建筑企业按隶属关系、营业状态、行业、资质等级和地区分负债和所有者权益情况 …… 289
3-D-19 总承包建筑企业按登记注册类型和控股情况分损益及分配情况 …… 291
3-D-20 总承包建筑企业按隶属关系、营业状态、行业、资质等级和地区分损益及分配情况 …… 294
3-D-21 总承包建筑企业按登记注册类型和控股情况分工资、福利费和应收款情况 …… 297
3-D-22 总承包建筑企业按隶属关系、营业状态、行业、资质等级和地区分工资、福利费和应收款情况 …… 299

E.专业承包建筑企业

3-E-1 专业承包建筑企业按登记注册类型和控股情况分单位数与工程承包情况 …… 301
3-E-2 专业承包建筑企业按隶属关系、营业状态、行业、资质等级和地区分单位数与工程承包情况 …… 303
3-E-3 专业承包建筑企业按登记注册类型和控股情况分产值情况 …… 305
3-E-4 专业承包建筑企业按隶属关系、营业状态、行业、资质等级和地区分产值情况 …… 307
3-E-5 专业承包建筑企业按登记注册类型和控股情况分房屋建筑面积与价值情况 …… 309
3-E-6 专业承包建筑企业按隶属关系、营业状态、行业、资质等级和地区分房屋建筑面积与价值情况 …… 310
3-E-7 专业承包建筑企业按登记注册类型和控股情况分机械与人员情况 …… 311
3-E-8 专业承包建筑企业按隶属关系、营业状态、行业、资质等级和地区分机械与人员情况 … 313
3-E-9 专业承包建筑企业按登记注册类型和控股情况分主要建筑材料消耗情况 …… 315
3-E-10 专业承包建筑企业按隶属关系、营业状态、行业、资质等级和地区分主要建筑材料消耗情况 …… 316
3-E-11 专业承包建筑企业按登记注册类型和控股情况分竣工房屋面积情况 …… 317
3-E-12 专业承包建筑企业按隶属关系、营业状态、行业、资质等级和地区分竣工房屋面积情况 …… 319
3-E-13 专业承包建筑企业按登记注册类型和控股情况分竣工房屋价值情况 …… 321

3-E-14 专业承包建筑企业按隶属关系、营业状态、行业、资质等级和地区分竣工房屋价值情况 …… 323
3-E-15 专业承包建筑企业按登记注册类型和控股情况分资产情况 …… 325
3-E-16 专业承包建筑企业按隶属关系、营业状态、行业、资质等级和地区分资产情况 …… 327
3-E-17 专业承包建筑企业按登记注册类型和控股情况分负债和所有者权益情况 …… 329
3-E-18 专业承包建筑企业按隶属关系、营业状态、行业、资质等级和地区分负债和所有者权益情况 …… 331
3-E-19 专业承包建筑企业按登记注册类型和控股情况分损益及分配情况 …… 333
3-E-20 专业承包建筑企业按隶属关系、营业状态、行业、资质等级和地区分损益及分配情况 …… 336
3-E-21 专业承包建筑企业按登记注册类型和控股情况分工资、福利费和应收款情况 …… 339
3-E-22 专业承包建筑企业按隶属关系、营业状态、行业、资质等级和地区分工资、福利费和应收款情况 …… 341

F.劳务分包建筑企业

3-F-1 劳务分包建筑企业按登记注册类型和控股情况分生产情况 …… 343
3-F-2 劳务分包建筑企业按隶属关系、营业状态、行业、资质等级和地区分生产情况 …… 345
3-F-3 劳务分包建筑企业按登记注册类型和控股情况分资产负债情况 …… 347
3-F-4 劳务分包建筑企业按隶属关系、营业状态、行业、资质等级和地区分资产负债情况 …… 349
3-F-5 劳务分包建筑企业按登记注册类型和控股情况分财务收支情况 …… 351
3-F-6 劳务分包建筑企业按隶属关系、营业状态、行业、资质等级和地区分财务收支情况 …… 353

G.资质以外建筑企业

3-G-1 资质以外建筑企业按登记注册类型和控股情况分单位数与人员情况 …… 355
3-G-2 资质以外建筑企业按隶属关系、营业状态、行业和地区分单位数与人员情况 …… 356
3-G-3 资质以外建筑企业按登记注册类型和控股情况分产值与面积情况 …… 357
3-G-4 资质以外建筑企业按隶属关系、营业状态、行业和地区分产值与面积情况 …… 359
3-G-5 资质以外建筑企业按登记注册类型和控股情况分存货与所有者权益情况 …… 361
3-G-6 资质以外建筑企业按隶属关系、营业状态、行业和地区分存货与所有者权益情况 …… 363
3-G-7 资质以外建筑企业按登记注册类型和控股情况分财务收支情况 …… 365
3-G-8 资质以外建筑企业按隶属关系、营业状态、行业和地区分财务收支情况 …… 368

附录 主要指标解释 …… 373

第1篇

能源消费量

1-1 按行业和地区分组的

行业大类	全省		沈阳市		大连市	
	企业数	综合能源消费量	企业数	综合能源消费量	企业数	综合能源消费量
总 计	**21792**	**117448421**	**5189**	**11747792**	**5191**	**16322869**
煤炭开采和洗选业	247	6995061	7	2659165		
石油和天然气开采业	17	3725307				
黑色金属矿采选业	901	1242582	4	1600	2	22
有色金属矿采选业	240	552820	1	27	3	412
非金属矿采选业	353	297270	23	43868	33	35463
其他采矿业	2	4169			1	633
农副食品加工业	1623	1299741	323	301853	450	560091
食品制造业	410	348565	90	110806	136	125290
饮料制造业	235	413718	65	153863	33	109935
烟草制品业	4	10097	1	3142		
纺织业	544	502188	78	42178	129	92112
纺织服装、鞋、帽制造业	814	347682	141	116492	367	165286
皮革、毛皮、羽毛(绒)及其制品业	190	53733	136	44688	22	4478
木材加工及木、竹、藤、棕、草制品业	521	264119	118	103853	141	76468
家具制造业	259	157112	119	72231	79	75872
造纸及纸制品业	355	460094	93	70383	91	111428
印刷业和记录媒介的复制	203	45238	92	22840	61	16040
文教体育用品制造业	67	19757	24	7993	22	3299
石油加工炼焦及核燃料加工业	296	12651322	49	541260	22	4146693
化学原料及化学制品制造业	1271	8685201	279	353332	232	781606
医药制造业	277	736388	105	588425	37	61021
化学纤维制造业	32	846978	3	442	3	4860
橡胶制品业	279	490535	88	165024	40	61346
塑料制品业	837	520374	292	258130	208	155896
非金属矿物制品业	1851	9537083	353	1286194	260	1537006
黑色金属冶炼及压延加工业	581	35862424	97	248295	70	955602
有色金属冶炼及压延加工业	392	2042155	109	330453	28	32985
金属制品业	1185	809833	286	365612	348	208411
通用设备制造业	3382	2494347	832	648197	1244	1179087
专用设备制造业	1232	670870	338	275959	281	250779
交通运输设备制造业	832	1304949	268	421023	291	551608
电气机械及器材制造业	1086	709124	451	428651	236	161920
通信设备、计算机及其他电子设备制造业	285	207842	97	27422	94	157027
仪器仪表及文化、办公用机械制造业	319	40759	76	9217	88	11696
工艺品及其他制造业	199	123182	62	30667	39	23780
废弃资源和废旧材料回收加工业	34	7992	4	2261	7	324
电力、热力的生产和供应业	331	22590690	67	1977101	66	4489523
燃气生产和供应业	37	213865	8	5182	10	122667
水的生产和供应业	69	163256	10	29965	17	52203

规模以上工业企业综合能源消费量

单位：个、吨标准煤

鞍山市		抚顺市		本溪市		丹东市		锦州市	
企业数	综合能源消费量	企业数	综合能源消费量	企业数	综合能源消费量	企业数	综合能源消费量	企业数	综合能源消费量
1968	**19068936**	**837**	**10327595**	**614**	**13889487**	**1102**	**2420212**	**894**	**4445783**
		13	1084116	24	290349	36	45251	11	2123
47	87461	60	74323	108	474721	73	59621	10	705
20	33355	12	39911	7	11490	49	66837		
28	17486	18	2020	16	45491	29	60829	43	6399
				1	3536				
128	28793	49	44357	18	2633	109	22518	143	89288
20	11615	20	7001	6	17755	29	5842	7	2414
15	18413	9	12958	10	15020	4	6686	21	24046
						1	322		
82	96390	23	8275	10	7069	50	13163	25	46224
61	8634	12	2695	3	296	47	5002	21	1127
3	91			1	28	4	307	2	111
18	3258	84	13496	11	20512	20	20819	31	4417
10	3140	7	416	6	456	10	997	1	35
14	23040	9	3412	5	1693	37	56980	21	92551
8	406	4	63	4	249	4	106	6	809
2	51					5	795	2	407
17	51847	21	2659724	12	7294	5	48385	15	1313935
102	186790	73	181811	35	287514	50	163159	59	154141
11	2472	15	8374	27	12723	14	14263	13	8937
3	1235	3	478427			3	255437	1	4559
12	101668	8	2104	11	806	8	1889	8	81053
64	13991	19	3503	9	780	21	5234	29	7553
316	2733096	86	446120	59	574985	61	136103	98	146385
41	14919689	20	2536019	56	11743767	13	289280	46	397814
16	15936	16	283690	18	7465	22	25690	29	24911
210	93290	24	3917	25	5614	25	3581	29	17383
338	146197	95	52122	52	19985	119	48673	64	13638
135	18818	37	11181	14	13275	75	13718	31	3589
36	42591	10	2387	13	16033	52	31599	35	7194
73	3773	35	27477	8	877	45	8703	47	23824
26	3703	3	458	3	1082	21	3762	11	2803
59	1798	4	1091	4	186	34	5420	9	605
17	647	24	46484	7	2385	8	2011	6	9042
4	583	2	174	4	580	1	529	3	633
24	384231	19	2241277	22	291229	14	991173	12	1911502
5	4104	1	34530	2	3864	1	490	1	35857
3	10343	2	13685	3	7748	3	5036	4	9769

1-1 续表

行业大类	营口市		阜新市		辽阳市	
	企业数	综合能源消费量	企业数	综合能源消费量	企业数	综合能源消费量
总　计	**1389**	**7879197**	**368**	**3535396**	**803**	**5817988**
煤炭开采和洗选业			92	673825	31	3993
石油和天然气开采业			1	112		
黑色金属矿采选业	20	10012	23	23671	195	199885
有色金属矿采选业	71	332098			5	2432
非金属矿采选业	28	31708	9	7209	20	5866
其他采矿业						
农副食品加工业	43	25554	25	41779	23	64885
食品制造业	17	24772	12	23365	2	1742
饮料制造业	4	5222	5	15525	2	4170
烟草制品业	2	6633				
纺织业	78	151756	3	5915	16	4835
纺织服装、鞋、帽制造业	94	38016	5	1062	18	3276
皮革、毛皮、羽毛(绒)及其制品业	10	2638			6	1110
木材加工及木、竹、藤、棕、草制品业	9	2635	7	5233	3	326
家具制造业	6	1244			5	773
造纸及纸制品业	22	25248	3	2228	13	15427
印刷业和记录媒介的复制	4	2779				
文教体育用品制造业	6	6728				
石油加工炼焦及核燃料加工业	38	1324933			4	688
化学原料及化学制品制造业	95	199233	21	31727	58	3770649
医药制造业	3	2678	7	6716	7	4190
化学纤维制造业	5	51058			8	50762
橡胶制品业	5	1733	2	3819	3	923
塑料制品业	71	27351	9	482	10	26882
非金属矿物制品业	236	984439	17	231093	66	670917
黑色金属冶炼及压延加工业	30	2234314			118	603215
有色金属冶炼及压延加工业	39	69462	13	26218	10	73932
金属制品业	90	37277	8	1786	20	8460
通用设备制造业	175	110415	45	20912	74	68895
专用设备制造业	43	16765	13	2011	22	7760
交通运输设备制造业	35	10485	4	186	8	33580
电气机械及器材制造业	60	22891	15	2636	18	9335
通信设备、计算机及其他电子设备制造业	3	3763	10	2542	4	2568
仪器仪表及文化、办公用机械制造业	17	6680			7	1203
工艺品及其他制造业	9	4119	1	53	13	1954
废弃资源和废旧材料回收加工业	3	2371				
电力、热力的生产和供应业	14	2096655	15	2395433	10	170848
燃气生产和供应业	1	743	1	975	1	36
水的生产和供应业	3	4790	2	8881	3	2468

单位：个、吨标准煤

盘锦市		铁岭市		朝阳市		葫芦岛市	
企业数	综合能源消费量	企业数	综合能源消费量	企业数	综合能源消费量	企业数	综合能源消费量
610	**7020397**	**1414**	**5264267**	**867**	**3898445**	**545**	**5791943**
		12	1478374	4	284729	17	473136
16	3725196						
		8	8414	331	296702	20	5445
		4	15980	5	8419	63	41859
		62	15154	35	24131	9	1645
73	6635	157	87011	42	19275	40	5070
8	1061	48	12160	9	2807	6	1934
6	12780	43	22344	11	8248	7	4509
7	7262	31	3499	7	16377	5	7135
6	720	17	2305	4	423	18	2348
2	8	3	272	1	2		
3	46	50	7720	16	4871	10	466
3	193	13	1756				
4	29317	34	15515	8	12851	1	22
3	103	15	1794	1	32	1	18
2	12	4	472				
90	1637723	6	42295	4	16887	13	859659
100	1427866	102	30217	18	116506	47	1000651
8	3468	21	4455	4	6117	5	12550
1	80	1	82	1	35		
6	351	81	32020	5	35991	2	1808
27	2968	55	7583	8	266	15	9755
56	38861	148	270332	51	294033	44	187518
1	66	23	143364	26	1597951	40	193047
2	10379	34	108882	25	196766	31	835386
33	37414	56	21968	8	2421	23	2699
36	3250	174	60171	90	103824	44	18982
59	7512	91	20593	80	16368	13	12544
13	2978	14	14278	31	57063	22	113944
21	451	45	14353	12	699	20	3535
3	107	6	1128	4	1476		
5	75	12	2656	3	111	1	20
		12	1812	1	228		
2	5	3	265			1	267
7	47452	22	2813658	18	769794	20	1992699
2	3817	1	410	1	884	2	304
5	12243	6	976	3	2159	5	2989

1-2 按行业和地区分组的

分　组	原煤 (吨)	洗精煤 (吨)	其他洗煤 (吨)	煤制品 (吨)
全　省	**125654916**	**26799344**	**9967777**	**166687**
沈阳市	20655690	2099112	479700	38272
大连市	16223172	597410	855925	16755
鞍山市	8170493	9961766	39835	6188
抚顺市	12774101	618237	93425	61726
本溪市	6277347	8526893	75276	8706
丹东市	3369602	528952	5002	125
锦州市	5660682	1970	1600139	18505
营口市	6379222	3487812	30384	3472
阜新市	13270825		1947784	208
辽阳市	3896484	15944	11701	606
盘锦市	2363000	2309		2532
铁岭市	14123973	23747	4560121	6803
朝阳市	4548770	740095	124308	2549
葫芦岛市	7941555	195097	144176	240
按工业行业大类分				
煤炭开采和洗选业	33044009	643401	117957	420
沈阳市	8864863	631584	103241	
抚顺市	3992240			
本溪市	1013749	11817		420
丹东市	175429			
锦州市	73			
阜新市	6525516		77	
辽阳市	97		8	
铁岭市	9616071		7006	
朝阳市	1237680			
葫芦岛市	1618291		7625	
石油和天然气开采业	1068302			
阜新市				
盘锦市	1068302			
黑色金属矿采选业	219185	35	8	2477
沈阳市	1003		8	
大连市				
鞍山市	6091			2341
抚顺市	6466			
本溪市	139491			110
丹东市	2571			
锦州市	98			
营口市	2726			
阜新市	2170			
辽阳市	8523			5
铁岭市	4653			
朝阳市	44294	35		21
葫芦岛市	1099			
有色金属矿采选业	211256	75329	19118	240
沈阳市				
大连市				
鞍山市	29150			
抚顺市	18808			
本溪市	4329	128		
丹东市	3387			
营口市	105811	75201	19088	
辽阳市				

规模以上工业企业分品种能源消费量

焦炭 (吨)	其他焦化产品 (吨)	焦炉煤气 (万立方米)	高炉煤气 (万立方米)	其他煤气 (万立方米)	天然气 (万立方米)	液化天然气 (吨)
24326840	**357807**	**607761**	**5523240**	**204608**	**147642**	**1425**
195786		14		13905	19846	9
838766	4404	2197	692	7720	1254	
9403746	90844	287433	2280365	100418		
1669620	167814	4350	18659	16333	8286	110
7818643		261303	2472707	40368		39
301371	35					3
120230				4034	1270	252
1683980	1260	34861	386838	9835		
15199					932	11
404335				251	2169	248
351					71469	
129578				3435	2	3
1473339	92905	17603	363979	8307		740
271895	545				42415	10
637				573		
489				573		
148						
					43978	
					43978	
119352		15002	2943			
30						
758						
67870		15002	2943			
34800						
70						
22						
15802						
36997						
9600						
11598						
17						
15639						

1-2 续表 1

分　组	原煤(吨)	洗精煤(吨)	其他洗煤(吨)	煤制品(吨)
铁岭市	22214			
朝阳市	4305		30	
葫芦岛市	23251			240
非金属矿采选业	187238	34729		50
沈阳市	2599	20		
大连市	1050	29589		
鞍山市	4913			
抚顺市	111			
本溪市	54497			
丹东市	61757			10
锦州市	2184			
营口市	20300	5120		
阜新市	8197			
辽阳市	5400			
铁岭市	4849			40
朝阳市	21301			
葫芦岛市	80			
其他采矿业	1055			
大连市	1055			
本溪市				
农副食品加工业	853266	50746	112324	7429
沈阳市	164276	2393	19372	1096
大连市	232785	30691	91010	5240
鞍山市	20699	1453	213	
抚顺市	52272		160	
本溪市	1251	191		
丹东市	17290			
锦州市	110115	1832		
营口市	15052	10329		
阜新市	49085			
辽阳市	79777			
盘锦市	2134			
铁岭市	86610	3857	1570	1093
朝阳市	17825			
葫芦岛市	4096			
食品制造业	176813	3516	38240	1399
沈阳市	55109	280	3615	1399
大连市	26720	3006	33825	
鞍山市	10383			
抚顺市	4989			
本溪市	20199			
丹东市	6257			
锦州市	642			
营口市	8810			
阜新市	26219			
辽阳市	1778			
盘锦市	387			
铁岭市	10016	230	800	
朝阳市	3036			
葫芦岛市	2268			
饮料制造业	390788	9318	33833	2054
沈阳市	148986	5667	1574	1916
大连市	98779		31261	
鞍山市	487	20		

焦炭 (吨)	其他焦化产品 (吨)	焦炉煤气 (万立方米)	高炉煤气 (万立方米)	其他煤气 (万立方米)	天然气 (万立方米)	液化天然气 (吨)
143						
6753						
34						
189						
6530						
87639						11
5657						
78585						
2417						
						7
40						3
785						
156						
						1
29159					25	15
1011					25	
28148						
						15
63						
15						
48						

1-2 续表 2

分 组	原煤(吨)	洗精煤(吨)	其他洗煤(吨)	煤制品(吨)
抚顺市	22720			
本溪市	18753		440	
丹东市				
锦州市	21578	90	120	
营口市	6771			
阜新市	15473			
辽阳市	5371			
盘锦市	15338			138
铁岭市	22059	3541	10	
朝阳市	9182		428	
葫芦岛市	5289			
烟草制品业	684			
沈阳市				
丹东市	170			
营口市	514			
纺织业	420704	7478	32489	2210
沈阳市	24704	45	4548	120
大连市	13329	151	16275	88
鞍山市	88160	820	11666	1984
抚顺市	4548			18
本溪市	4168			
丹东市	9184			
锦州市	47314			
营口市	203412	6449		
阜新市	72			
辽阳市	4151			
盘锦市	8986	13		
铁岭市	3018			
朝阳市	7156			
葫芦岛市	2502			
纺织服装、鞋、帽制造业	221517	15416	5214	1250
沈阳市	82049	8047	487	370
大连市	76681	7259	4019	584
鞍山市	7689	60	679	
抚顺市	2644			286
本溪市	177			
丹东市	3782			10
锦州市	557			
营口市	41491		30	
阜新市	965			
辽阳市	1763			
盘锦市	60			
铁岭市	686	50		
朝阳市	295			
葫芦岛市	2677			
皮革、毛皮、羽毛(绒)及其制品业	13625	2558	27559	
沈阳市	10510		27559	
大连市	1180	1762		
鞍山市				
本溪市				
丹东市	138			
锦州市				
营口市	1397			
辽阳市		796		

焦炭 (吨)	其他焦化产品 (吨)	焦炉煤气 (万立方米)	高炉煤气 (万立方米)	其他煤气 (万立方米)	天然气 (万立方米)	液化天然气 (吨)
23505				10		
18						
17537						
5950						
				10		
29092				6	4	
20						
28967				6		
20						
85						
					4	

1-2 续表 3

分 组	原煤(吨)	洗精煤(吨)	其他洗煤(吨)	煤制品(吨)
盘锦市	400			
铁岭市				
朝阳市				
木材加工及木、竹、藤、棕、草制品业	151052	13204	12592	615
沈阳市	66310	12787	1138	550
大连市	7876	200	11438	61
鞍山市	720		16	
抚顺市	11148			
本溪市	21850			
丹东市	24180			
锦州市	1948			4
营口市	952			
阜新市	5050			
辽阳市	200			
盘锦市				
铁岭市	7130	217		
朝阳市	3548			
葫芦岛市	141			
家具制造业	100722	760	20148	254
沈阳市	52056	110	3379	254
大连市	42834	650	16769	
鞍山市	3540			
抚顺市	230			
本溪市				
丹东市	360			
锦州市				
营口市	163			
辽阳市	52			
盘锦市	132			
铁岭市	1355			
造纸及纸制品业	503170	10961	81577	1812
沈阳市	55229	130	5517	1812
大连市	35644	10473	46074	
鞍山市	23127			
抚顺市	2360	68		
本溪市	1953			
丹东市	63311		2	
锦州市	163592		23554	
营口市	85219			
阜新市	2244			
辽阳市	11273		6427	
盘锦市	38164			
铁岭市	6729	290	3	
朝阳市	14316			
葫芦岛市	8			
印刷业和记录媒介的复制	12442	1420	2111	1285
沈阳市	6576	938	1782	1270
大连市	1211	482	329	
鞍山市	6			
抚顺市				
本溪市	48			
丹东市	70			
锦州市	640			

焦炭 (吨)	其他焦化产品 (吨)	焦炉煤气 (万立方米)	高炉煤气 (万立方米)	其他煤气 (万立方米)	天然气 (万立方米)	液化天然气 (吨)
10140					917	
273					917	
9867						
8152					5	
352					5	
7800						
36609					126	
1720					126	
34493						
208						
150						
38						
132						
69						
23						
40						

1-2 续表 4

分　组	原煤（吨）	洗精煤（吨）	其他洗煤（吨）	煤制品（吨）
营口市	2500			15
盘锦市				
铁岭市	1392			
朝阳市				
葫芦岛市				
文教体育用品制造业	14432	300	1686	156
沈阳市	4986	300	1686	156
大连市	692			
鞍山市	22			
丹东市	593			
锦州市	458			
营口市	7287			
盘锦市				
铁岭市	395			
石油加工炼焦及核燃料加工业	856151	3639107	91207	1972
沈阳市	42516	507005	71910	1840
大连市	11122		12003	
鞍山市	10327			
抚顺市	95249	608067		
本溪市	1187		7294	
丹东市	20080	528904		
锦州市	631720			
营口市	13136	1851308		132
辽阳市				
盘锦市	29086			
铁岭市	1137			
朝阳市		143823		
葫芦岛市	590			
化学原料及化学制品制造业	5307782	182521	58315	8447
沈阳市	142341	5893	24523	775
大连市	822167	171798	21911	
鞍山市	42227	1360		352
抚顺市	63925			
本溪市	47023		909	
丹东市	206345			
锦州市	144245			5720
营口市	124189	1280	3742	1570
阜新市	29475			
辽阳市	2260599		1435	
盘锦市	879910	2047		
铁岭市	26400	142	5794	30
朝阳市	12126			
葫芦岛市	506811			
医药制造业	671549	5549	7379	3386
沈阳市	552487	2047	7330	1190
大连市	30478	1486		
鞍山市	1463			
抚顺市	9351			
本溪市	15366		49	
丹东市	20146			
锦州市	6419			
营口市	3171			
阜新市	7086			

焦炭 (吨)	其他焦化产品 (吨)	焦炉煤气 (万立方米)	高炉煤气 (万立方米)	其他煤气 (万立方米)	天然气 (万立方米)	液化天然气 (吨)
261						
40						
221						
12055		1419			315	
					35	
8600						
288						
					20	
		1419				
3167					260	
202283	177767	16446	2717		72020	
961					508	
77933	4371	2066				
233	79946					
17602		1313				
102578		13067	2717			
2728						
					1	
10						
					620	
5					1669	
233					27071	
	92905					
	545				42152	
10387					113	
1510					85	
8854						
					28	

1-2 续表 5

分　组	原煤（吨）	洗精煤（吨）	其他洗煤（吨）	煤制品（吨）
辽阳市	1692	2016		
盘锦市	2169			1966
铁岭市	3454			230
朝阳市	1036			
葫芦岛市	17232			
化学纤维制造业	1490365	50		
沈阳市				
大连市				
鞍山市	248			
抚顺市	1031067			
丹东市	292426			
锦州市	600			
营口市	135048			
辽阳市	30976			
盘锦市				
铁岭市		50		
朝阳市				
橡胶制品业	508895	1995	23010	443
沈阳市	125267	120	12247	443
大连市	42342	1306	9948	
鞍山市	133308			
抚顺市	1041			
本溪市	581			
丹东市	2467			
锦州市	113729			
营口市	1360			
阜新市	283			
辽阳市	724			
盘锦市	26			
铁岭市	32375	569	815	
朝阳市	54292			
葫芦岛市	1100			
塑料制品业	291207	847	14588	1540
沈阳市	245119	622	11522	972
大连市	14062	25	3065	288
鞍山市	3214			
抚顺市	1747			280
本溪市	76			
丹东市	2697			
锦州市	1934			
营口市	14294			
阜新市	95			
辽阳市	300			
盘锦市	949	200		
铁岭市	6016		2	
朝阳市	173			
葫芦岛市	530			
非金属矿物制品业	6332106	1351329	257932	13729
沈阳市	172848	815219	52653	1890
大连市	1506052	1587	129243	99
鞍山市	1246012	333480	11525	995
抚顺市	428830	6800	4599	20
本溪市	737341		509	600

焦炭 (吨)	其他焦化产品 (吨)	焦炉煤气 (万立方米)	高炉煤气 (万立方米)	其他煤气 (万立方米)	天然气 (万立方米)	液化天然气 (吨)
24						
					500	
					500	
12227					4	
2006						
10221						
					4	
33646					3	7
979					3	7
32317						
300						
50						
1200920	13890	656	7584	10784	9174	113
780				25	8389	
15083						
1045615	10898					
19328	2932			10758	677	110
490						

1-2 续表 6

分组	原煤(吨)	洗精煤(吨)	其他洗煤(吨)	煤制品(吨)
丹东市	134711	48	5000	
锦州市	118541			4507
营口市	265616	123336	2450	
阜新市	165403		48705	208
辽阳市	701029	13132	860	
盘锦市	21109			
铁岭市	311595	2777	2389	5410
朝阳市	292926	54950		
葫芦岛市	230094			
黑色金属冶炼及压延加工业	10807724	20338664	218444	16343
沈阳市	203035	651	6034	775
大连市	516198	270940	4296	
鞍山市	5252333	9586855	6605	
抚顺市	627525	432	77451	
本溪市	3336074	8514288		7296
丹东市	3040			
锦州市	304213			8272
营口市	56441	1412506		
辽阳市	201235		258	
盘锦市				
铁岭市	19616	11052		
朝阳市	268537	541287	123800	
葫芦岛市	19477	655		
有色金属冶炼及压延加工业	1295527	205159	21871	722
沈阳市	197160	7378	20961	560
大连市	2701	2160		
鞍山市	11672	24	25	
抚顺市	1653			
本溪市	4269			120
丹东市	6614			
锦州市	8514	48		
营口市	32082	1107	735	42
阜新市	2454			
辽阳市	62360			
盘锦市				
铁岭市	135721		150	
朝阳市	17113			
葫芦岛市	813213	194442		
金属制品业	265452	12090	15286	1605
沈阳市	86393	1680	15025	781
大连市	28348	7662	91	175
鞍山市	54438	2680	90	96
抚顺市	1834	50		498
本溪市	2202			50
丹东市	3139			5
锦州市	2737			
营口市	26972	18		
阜新市	979			
辽阳市	5642			
盘锦市	25584			
铁岭市	23144		80	
朝阳市	1739			
葫芦岛市	2302			

焦炭 (吨)	其他焦化产品 (吨)	焦炉煤气 (万立方米)	高炉煤气 (万立方米)	其他煤气 (万立方米)	天然气 (万立方米)	液化天然气 (吨)
6635						
7271					14	
83922	60	656	7584			
21796						
					95	
						3
21140739	157472	573888	5508685	169934	3016	
10633					518	
13269			692	1728	1249	
8245660		287433	2280365	100418		
1600756	156272	3037	18659	5002	1249	
7633029		233029	2465736	40368		
245910						
101265				4024		
1524348	1200	34205	379254	9835		
331977				251		
102000						
1214690		16184	363979	8307		
117203						
372971				217		
14425						
12027						
3387						
6909						
5						
1500						
4800						
115						
14380						
1500						
				217		
170262						
143661						
62511					494	278
17678					492	
22829						
18492						
230						
40						18
398						251
1876						
						8
						2
78						
					2	
890						

1-2 续表 7

分 组	原煤(吨)	洗精煤(吨)	其他洗煤(吨)	煤制品(吨)
通用设备制造业	774059	73107	102871	17440
沈阳市	310052	31126	35156	4212
大连市	243002	33935	44769	9291
鞍山市	34042	4635	9000	171
抚顺市	14763	2820	11215	1787
本溪市	4086		135	
丹东市	26930			20
锦州市	5869			
营口市	57514			256
阜新市	10159			
辽阳市	13552			301
盘锦市	1666	49		
铁岭市	29988	542	2595	
朝阳市	17785			1403
葫芦岛市	4651			
专用设备制造业	232200	64240	9228	3232
沈阳市	143661	59885	8035	1582
大连市	16381	4312	903	163
鞍山市	11644	20		
抚顺市	7188			978
本溪市	1259			
丹东市	5050			80
锦州市	1216		278	2
营口市	15292	23		
阜新市	841			
辽阳市	1961			
盘锦市	34			428
铁岭市	10370		12	
朝阳市	6150			
葫芦岛市	11154			
交通运输设备制造业	649852	5606	196543	6830
沈阳市	340590	2579	8702	3753
大连市	69753	2301	45574	604
鞍山市	47729		16	
抚顺市	622			
本溪市	11154	470		
丹东市	28847			
锦州市	3344			
营口市	4809	256		1348
阜新市	120			
辽阳市	13699		2628	
盘锦市	389			
铁岭市	14550		3023	
朝阳市	71229		50	1125
葫芦岛市	43017		136551	
电气机械及器材制造业	333833	9825	45971	7580
沈阳市	240851	2364	10726	2670
大连市	35339	6212	1110	22
鞍山市	1487			142
抚顺市	7031			4636
本溪市	132			
丹东市	3869			
锦州市	10800		29796	

焦炭 (吨)	其他焦化产品 (吨)	焦炉煤气 (万立方米)	高炉煤气 (万立方米)	其他煤气 (万立方米)	天然气 (万立方米)	液化天然气 (吨)
688219	28	146		2337	1239	754
117626		14			961	
293072	28	131		2337		
70616						
11295						
10067		1				
3485						
5385						1
50083						
581					269	3
45593						
40					10	
19320						
54052						740
7005						10
58202	5	199	1311	12775	484	6
1908				12775	391	
34972	5					
848						
17						
		199	1311			
4886						
449						
468						
12						
3045						6
					93	
8055						
2826						
716						
86921				103	2298	
13587					2298	
52900				103		
95						
4563						
499						
125						
20						
310						
32						
14789						
29903				1132	5089	1
2595				1105	5081	1
25628				27		
16						
450						
617						
497					8	

1-2 续表 8

分　组	原煤(吨)	洗精煤(吨)	其他洗煤(吨)	煤制品(吨)
营口市	19437	879	4339	110
阜新市	1145			
辽阳市	2855			
盘锦市	5			
铁岭市	10195	370		
朝阳市	545			
葫芦岛市	143			
通信设备、计算机及其他电子设备制造业	35108	1960	1026	328
沈阳市	10609	13	1026	230
大连市	18144	1947		45
鞍山市	2704			53
抚顺市	73			
本溪市	782			
丹东市	1420			
锦州市	190			
营口市	120			
阜新市	226			
辽阳市	31			
盘锦市				
铁岭市	319			
朝阳市	490			
仪器仪表及文化、办公用机械制造业	21210	140	1477	946
沈阳市	2957		1456	536
大连市	1157		21	
鞍山市	195	140		
抚顺市	1007			
本溪市	35			110
丹东市	4910			
锦州市	850			
营口市	7038			
辽阳市	73			300
盘锦市				
铁岭市	2943			
朝阳市	45			
葫芦岛市				
工艺品及其他制造业	138628	526	20066	53568
沈阳市	44134	230	6763	291
大连市	7474	236	13218	
鞍山市	257			54
抚顺市	66453			53223
本溪市	1385			
丹东市	2412			
锦州市	11079			
营口市	3126			
阜新市				
辽阳市	1222		85	
铁岭市	1066	60		
朝阳市	20			
废弃资源和废旧材料回收加工业	3307			
沈阳市	850			
大连市				
鞍山市	104			
抚顺市				

焦炭 (吨)	其他焦化产品 (吨)	焦炉煤气 (万立方米)	高炉煤气 (万立方米)	其他煤气 (万立方米)	天然气 (万立方米)	液化天然气 (吨)
100						
5336				19	5	
17						
5290				19	5	
29						
						1
						1
518	8610	5				240
512						
4						
2						
	8610					
		5				
						240

1-2 续表 9

分组	原煤（吨）	洗精煤（吨）	其他洗煤（吨）	煤制品（吨）
本溪市	338			
丹东市				
锦州市	270			
营口市	1711			
盘锦市				
铁岭市	34			
葫芦岛市				
电力、热力的生产和供应业	57985689	37459	8377709	6831
沈阳市	8239300		11728	6831
大连市	12311997	7240	318775	
鞍山市	1115315	30219		
抚顺市	6289920			
本溪市	824644		65940	
丹东市	2234143			
锦州市	3941728		1546391	
营口市	5094528			
阜新市	6415735		1899002	
辽阳市	480149			
盘锦市	258405			
铁岭市	3707773		4535873	
朝阳市	2440593			
葫芦岛市	4631459			
燃气生产和供应业	17458			
沈阳市	2511			
大连市	38			
鞍山市	4849			
抚顺市	1359			
本溪市	4877			
丹东市	77			
锦州市				
营口市	703			
阜新市	580			
辽阳市				
盘锦市	1870			
铁岭市	100			
朝阳市	493			
葫芦岛市				
水的生产和供应业	46556			95
沈阳市	13750			
大连市	6583			95
鞍山市	1938			
抚顺市	4930			
本溪市	4071			
丹东市	1800			
锦州市	3486			
营口市	229			
阜新市	1254			
辽阳市				
盘锦市	7895			
铁岭市				
朝阳市	540			
葫芦岛市	80			

焦炭 (吨)	其他焦化产品 (吨)	焦炉煤气 (万立方米)	高炉煤气 (万立方米)	其他煤气 (万立方米)	天然气 (万立方米)	液化天然气 (吨)
1365	35					
1365						
	35					
20149				6718	7833	
					13	
20045				3500		
					6360	
104						
					1215	
					43	
					202	
				3218		

1-2 续表 10

分 组	原油（吨）	汽油（吨）	煤油（吨）	柴油（吨）
全 省	**59158825**	**628098**	**94485**	**1470576**
沈阳市	651180	290355	55021	330907
大连市	22671738	184579	34839	322462
鞍山市	326001	34241	630	191433
抚顺市	9582662	11186	30	51446
本溪市		9946	151	90143
丹东市	14533	4939	309	13870
锦州市	6747689	7624	167	10404
营口市		13889	2334	24981
阜新市		5883	92	32168
辽阳市	5350551	7960	29	73332
盘锦市	7396944	24892	357	208949
铁岭市		15696	58	31329
朝阳市		9820	431	65539
葫芦岛市	6417527	7087	36	23612
按工业行业大类分				
煤炭开采和洗选业		7033	6213	46702
沈阳市		1315	6213	6219
抚顺市		1115		14878
本溪市		464		995
丹东市		22		152
锦州市		34		422
阜新市		2154		12149
辽阳市		219		
铁岭市		1170		9833
朝阳市		166		229
葫芦岛市		375		1824
石油和天然气开采业	1152599	19497		201174
阜新市		9		11
盘锦市	1152599	19489		201163
黑色金属矿采选业		12292	93	205502
沈阳市		93		202
大连市				
鞍山市		493		20153
抚顺市		1358		15146
本溪市		2786	35	53374
丹东市		136	58	3900
锦州市				18
营口市		100		692
阜新市		260		9477
辽阳市		2228		53095
铁岭市		541		722
朝阳市		4046		47604
葫芦岛市		252		1120
有色金属矿采选业		2632	173	7759
沈阳市				
大连市				
鞍山市		129		1150
抚顺市		293		1688
本溪市		176		815
丹东市		237	21	902
营口市		954		430
辽阳市		216		560

燃料油(吨)	液化石油气(吨)	炼厂干气(吨)	其他石油制品(吨)	热力(百万千焦)	电力(万千瓦时)	其他燃料(吨标准煤)
2702212	**422665**	**1999095**	**2829961**	**142955881**	**10420454**	**909543**
128819	11333	42	240965	17537954	1249633	158738
609657	300597	679647	172804	21062824	1551483	5631
182387	935		32787	22763702	1851976	14860
233761	45614	540547	726285	13584784	781092	405698
286	699		52	13343471	1011786	5058
932	182		172	4506150	287696	
123037	2531	260356	46184	12658743	419526	4203
225927	918		1022276	3185594	846866	135181
33983	178		143	1540240	221260	145018
276064	58259	177148	100	19000873	588076	4209
833321	517	109834	445283	5121788	363858	
2313	326		129970	162710	309606	12913
868	279		643	1169460	447327	18034
50857	298	231521	12295	7317590	475531	
			23	521372	270640	306344
					41199	144537
					46340	
					4795	
					1185	
					1144	
				521372	48701	145018
					2926	
					79484	
					17449	16788
			23		27417	
789232	506	7006		2113508	219344	
					67	
789232	506	7006		2113508	219276	
834	20		10		470009	
					469	
					18	
400					43856	
	20				36506	
40					121736	
					14733	
					495	
					5622	
					6396	
20					92027	
					2685	
374			10		142815	
					2651	
				673	236308	
				673	4	
					335	
					1112	
					15406	
					5563	
					51823	
					137115	
					1056	

1-2 续表 11

分　组	原油 (吨)	汽油 (吨)	煤油 (吨)	柴油 (吨)
铁岭市		20		4
朝阳市		18	130	194
葫芦岛市		590	22	2016
非金属矿采选业		2829	23	46569
沈阳市		197		27316
大连市		140	23	2480
鞍山市		39		5391
抚顺市		214		279
本溪市		74		2457
丹东市		65		999
锦州市		250		1070
营口市		64		120
阜新市		38		430
辽阳市		132		884
铁岭市		1404		3289
朝阳市		150		1109
葫芦岛市		63		745
其他采矿业		4		2308
大连市		4		8
本溪市				2300
农副食品加工业		36796	1087	50874
沈阳市		21553	1044	23853
大连市		10906	36	22577
鞍山市		505		378
抚顺市		155		227
本溪市		107		112
丹东市		677		166
锦州市		910		1154
营口市		135		308
阜新市		172		160
辽阳市		47		35
盘锦市		106		23
铁岭市		1216	7	1283
朝阳市		194		490
葫芦岛市		113		110
食品制造业		5059	205	9891
沈阳市		2667		2119
大连市		1112	190	5860
鞍山市		184		502
抚顺市		133		134
本溪市		58		169
丹东市		93	10	52
锦州市		111		92
营口市		208		397
阜新市		60		106
辽阳市				110
盘锦市		17		6
铁岭市		380	5	279
朝阳市		8		24
葫芦岛市		27		41
饮料制造业		8449	2	12919
沈阳市		6430		5959
大连市		467		5683
鞍山市		269		292

燃料油(吨)	液化石油气(吨)	炼厂干气(吨)	其他石油制品(吨)	热力(百万千焦)	电力(万千瓦时)	其他燃料(吨标准煤)
					63	
					3923	
					19908	
	8			274	49259	
	8			274	1677	
					4863	
					5011	
					843	
					2346	
					12709	
					2411	
					4934	
					546	
					3588	
					4238	
					5761	
					333	
					183	
					33	
					150	
34679	11968		14856	1954224	200386	441
16745	1			378480	52123	
17730	11908		14783	1561596	67017	441
					8978	
204	21				4980	
	10				996	
					7504	
				1811	16883	
					4962	
	29		73	12135	4499	
					6331	
					4240	
					15513	
					4852	
				202	1509	
6598	9543		3997	1813308	54273	
	334			1103201	18838	
6598	8867		3997	169371	16501	
				13369	3041	
				34257	1528	
	16				2472	
					1307	
				31586	656	
				421547	2757	
				36377	2567	
					254	
					610	
	326				3180	
				3599	381	
					180	
2233	8		14	1050180	51031	
500	8			171730	22840	
1733					12910	
			14	447648	2277	

1-2 续表 12

分　组	原油 (吨)	汽油 (吨)	煤油 (吨)	柴油 (吨)
抚顺市		161		189
本溪市		129		97
丹东市		12		5
锦州市		99		8
营口市				6
阜新市		89		77
辽阳市		60		51
盘锦市		123	2	29
铁岭市		557		281
朝阳市		35		223
葫芦岛市		18		20
烟草制品业		28		5472
沈阳市				2181
丹东市		1		
营口市		27		3291
纺织业	2	9514	86	4639
沈阳市	2	2517	66	1605
大连市		3370		740
鞍山市		1914	11	849
抚顺市		295	1	434
本溪市		43		121
丹东市		216		69
锦州市		62	1	20
营口市		684	4	343
阜新市		81		7
辽阳市		37		62
盘锦市		28		142
铁岭市		132		78
朝阳市		46		78
葫芦岛市		90	2	91
纺织服装、鞋、帽制造业		16114	110	19208
沈阳市		5932		2247
大连市		8058	110	15338
鞍山市		186		103
抚顺市		89		115
本溪市		6		11
丹东市		133		96
锦州市		62		74
营口市		1113		268
阜新市		24		99
辽阳市		92		37
盘锦市		185		650
铁岭市		59		23
朝阳市		30		
葫芦岛市		146		150
皮革、毛皮、羽毛(绒)及其制品业		4351	6	1856
沈阳市		3993		1308
大连市		163	6	129
鞍山市				
本溪市		8		
丹东市		6		
锦州市				
营口市		59		370
辽阳市		109		

燃料油(吨)	液化石油气(吨)	炼厂干气(吨)	其他石油制品(吨)	热力(百万千焦)	电力(万千瓦时)	其他燃料(吨标准煤)
					1177	
					1272	
				166269	826	
				170123	2350	
					307	
				94410	823	
					347	
					1616	
					2375	
					998	
					914	
					2219	
					552	
					162	
					1505	
1358	1900		966	1986225	119707	
1176	42		3	24137	10638	
182	1804		945	631069	24275	
	15			1762	27411	
	2				3207	
					3153	
				3970	5592	
				83368	7709	
	37		11	1107419	19730	
				43688	3453	
					1404	
					482	
					963	
			7	90811	7496	
					4193	
1992	6240			133639	74260	225
1110				24617	29428	
707	6240			106591	28171	225
					3935	
					297	
					136	
				400	2119	
					458	
175					6073	
				2031	102	
					1488	
					91	
					1443	
					137	
					382	
1798	35			15462	9506	
1520				5812	6014	
278	35			9650	1543	
					74	
					13	
					167	
					90	
					1259	
					190	

1-2 续表 13

分　组	原油(吨)	汽油(吨)	煤油(吨)	柴油(吨)
盘锦市				
铁岭市		12		50
朝阳市				
木材加工及木、竹、藤、棕、草制品业		14342	31	6489
沈阳市		5573		3454
大连市		7194	2	1118
鞍山市		93		146
抚顺市		293		368
本溪市		66		67
丹东市		38		45
锦州市		375	1	294
营口市		81		96
阜新市		53		105
辽阳市				
盘锦市		6		
铁岭市		87	28	64
朝阳市		461		655
葫芦岛市		22		78
家具制造业	5	7831		10026
沈阳市	5	5040		2382
大连市		2363		7456
鞍山市		69		24
抚顺市		7		
本溪市		44		19
丹东市		28		
锦州市				
营口市		70		70
辽阳市		53		31
盘锦市		28		
铁岭市		129		43
造纸及纸制品业		10723	6	8912
沈阳市		3233	5	3018
大连市		6703		4045
鞍山市		110	1	628
抚顺市		100		78
本溪市		22		5
丹东市		99		305
锦州市		122		170
营口市		27		117
阜新市		6		75
辽阳市		119		168
盘锦市				
铁岭市		144		275
朝阳市		38		28
葫芦岛市				
印刷业和记录媒介的复制		3430	1586	1906
沈阳市		2154	1550	910
大连市		1048	36	958
鞍山市		19		5
抚顺市		11		
本溪市		47		
丹东市		16		20
锦州市		10		9

燃料油（吨）	液化石油气（吨）	炼厂干气（吨）	其他石油制品（吨）	热力（百万千焦）	电力（万千瓦时）	其他燃料（吨标准煤）
					7	
					147	
					2	
13567	55		150	348046	46417	2240
1	47			74958	11435	2240
13567	7			273088	15527	
	1				1952	
			150		3593	
					3866	
					2812	
					1665	
					1380	
					1135	
					149	
					30	
					2097	
					572	
					204	
31	221			110361	37850	
	5			96135	15244	
	216			14226	19122	
					449	
					197	
					296	
					575	
					29	
31					745	
					499	
					136	
					558	
270	135			1585338	62800	
	48			49207	10228	
180	46			4280	11769	
	40			121500	2239	
	1			1000	1114	
					210	
				27910	8433	
				1218731	12481	
90					4839	
					413	
					3015	
					1673	
				162710	3978	
					2394	
					13	
950	279			114076	15685	
3				35789	6308	
947	279			64131	7465	
				6000	132	
				193	33	
					118	
					58	
					270	

1-2 续表 14

分 组	原油(吨)	汽油(吨)	煤油(吨)	柴油(吨)
营口市		52		4
盘锦市		8		
铁岭市		60		
朝阳市		5		
葫芦岛市				
文教体育用品制造业		1143	40	529
沈阳市		790		287
大连市		197	40	194
鞍山市		12		
丹东市		19		
锦州市		4		
营口市		105		40
盘锦市		4		
铁岭市		13		8
石油加工炼焦及核燃料加工业	52600904	6158	6053	6207
沈阳市	650354	2870	6053	2333
大连市	22671449	749		479
鞍山市	326000	140		382
抚顺市	9582662	119		292
本溪市		92		204
丹东市	14533	40		7
锦州市	6747689	1336		857
营口市		303		957
辽阳市		101		267
盘锦市	6190690	309		153
铁岭市		23		30
朝阳市		38		218
葫芦岛市	6417527	40		28
化学原料及化学制品制造业	5350551	30912	3991	39202
沈阳市		14720	200	14859
大连市		8202	1121	6319
鞍山市		735	3	1476
抚顺市		1054	24	2586
本溪市		235		564
丹东市		68		238
锦州市		382	2	1478
营口市		1046	2285	1889
阜新市		200		465
辽阳市	5350551	711		1205
盘锦市		1883	355	3421
铁岭市		715	2	1204
朝阳市		163		518
葫芦岛市		796		2981
医药制造业		6000	30	5559
沈阳市		4691		4107
大连市		346	30	115
鞍山市		71		23
抚顺市		108		62
本溪市		254		135
丹东市		59		32
锦州市		72		690
营口市		37		56
阜新市		28		13

燃料油(吨)	液化石油气(吨)	炼厂干气(吨)	其他石油制品(吨)	热力(百万千焦)	电力(万千瓦时)	其他燃料(吨标准煤)
				7963	525	
					74	
					669	
					20	
					14	
	48			5824	4814	
				705	1163	
	48			5119	2042	
					19	
					295	
					60	
					1072	
					5	
					157	
906701	54695	1628440	2022003	27287443	449477	396287
4425	6915		225292	1977968	19365	
373722	12300	642262	21066	2175904	165474	91
73736			883		1157	
166728	33564	471073	643955	8745842	102277	396196
58					956	
					1721	
112113	1916	246320	46184	9528401	84285	
107545			904231		7833	
					123	
38185		102474	39827	2194233	22525	
			129940		485	
				30072	1007	
30188		166311	10625	2635023	42268	
337973	65178	177502	473881	31366174	699362	
4085	7		3759	2194512	79452	
13028	6925		21518	5083395	73192	
1600	113		31584	14068	7800	
41826			12611	345213	14638	
					60571	
					10734	
2552				391197	22495	
			24257		57664	
					5947	
256362	58133	177148	70	18394776	193683	
4047		354	380061	814046	64119	
			20		5081	
					3788	
14474				4128967	100199	
7794	13			6813625	177506	
3690				6199424	159136	
4104	13			439565	7480	
				36000	252	
					1176	
					1067	
					1118	
				55381	984	
					225	
				1628	1252	

1-2 续表 15

分　组	原油(吨)	汽油(吨)	煤油(吨)	柴油(吨)
辽阳市		5		166
盘锦市		89		82
铁岭市		122		
朝阳市		64		74
葫芦岛市		52		5
化学纤维制造业		969		3110
沈阳市				
大连市				2
鞍山市		26		
抚顺市		393		1327
丹东市		86		237
锦州市				
营口市		45		39
辽阳市		415		1504
盘锦市				
铁岭市		5		
朝阳市				
橡胶制品业		18156		4257
沈阳市		14821		2856
大连市		438		147
鞍山市		961		700
抚顺市		174		49
本溪市		57		5
丹东市		97		12
锦州市		340		12
营口市		98		77
阜新市		68		6
辽阳市		192		4
盘锦市		81		32
铁岭市		636		274
朝阳市		153		73
葫芦岛市		40		10
塑料制品业	1	15537	7591	21789
沈阳市		9518	954	8721
大连市		4372	6629	9444
鞍山市	1	350		120
抚顺市		164		245
本溪市		35		4
丹东市		68		19
锦州市		81		19
营口市		350		309
阜新市		51		18
辽阳市		129	8	2183
盘锦市		88		377
铁岭市		208		177
朝阳市		36		15
葫芦岛市		87		138
非金属矿物制品业	647	33789	2466	139388
沈阳市	647	18302	1782	50185
大连市		5433	204	27908
鞍山市		2622	449	32035
抚顺市		873		3079
本溪市		704	30	2479

燃料油 (吨)	液化石油气 (吨)	炼厂干气 (吨)	其他石油制品 (吨)	热力 (百万千焦)	电力 (万千瓦时)	其他燃料 (吨标准煤)
					747	
					564	
					1394	
				81627	1984	
					127	
13196	12	64374		8389189	58934	
					360	
	12				3936	
					853	
11670		64374		4003457	20025	
732				3724312	17760	
					3361	
794				125949	5831	
				535472	6692	
					65	
					24	
					28	
952	105		313	254540	58797	41
942	73		257	142411	27964	
	32			24343	10682	41
				3740	3210	
				13211	474	
					268	
					236	
					2413	
10					495	
				70835	889	
					96	
					196	
					5747	
			56		5356	
					772	
8013	655	42	7177	510595	142236	8
1198	128	42		18954	35873	
6807	441		6887	324961	48477	8
	72		290		9037	
	5			10048	947	
					544	
					2659	
					5025	
	9				13306	
				1357	217	
				3576	18809	
8					1672	
					2444	
					56	
				151699	3170	
354104	20403	5100	145445	289761	1114289	62982
55508	39		479	17610	75985	11835
44509	19652		43780	240285	137412	6
105700					280873	14230
	82	5100	7344	31866	46982	9502
			10		44994	5058

1-2 续表 16

分　组	原油(吨)	汽油(吨)	煤油(吨)	柴油(吨)
丹东市		156		1437
锦州市		481		817
营口市		2243	1	8330
阜新市		144		2289
辽阳市		306		5440
盘锦市		157		143
铁岭市		1815		1936
朝阳市		266		1753
葫芦岛市		287		1559
黑色金属冶炼及压延加工业		27140	974	173304
沈阳市		6661	800	4506
大连市		1108		5853
鞍山市		13463	75	121177
抚顺市		466		4403
本溪市		2514	10	24294
丹东市		25		1828
锦州市		384	70	678
营口市		188		699
辽阳市		494		2595
盘锦市		21		
铁岭市		285		323
朝阳市		1089	19	5545
葫芦岛市		442		1403
有色金属冶炼及压延加工业		33460	451	53487
沈阳市		30470	9	44283
大连市		238	400	759
鞍山市		118		39
抚顺市		310		346
本溪市		87		60
丹东市		47		34
锦州市		70		93
营口市		312	42	937
阜新市		135		402
辽阳市		304		1904
盘锦市				
铁岭市		457		602
朝阳市		355		1527
葫芦岛市		558		2501
金属制品业	53655	72271	10516	67863
沈阳市		49112	16	44366
大连市		18197	10395	17975
鞍山市		2407		1811
抚顺市		256		365
本溪市		246	28	393
丹东市		107	10	33
锦州市		170	47	666
营口市		790		1456
阜新市		64	19	80
辽阳市		139		180
盘锦市	53655	193	1	117
铁岭市		396		325
朝阳市		40		15
葫芦岛市		153		82

燃料油（吨）	液化石油气（吨）	炼厂干气（吨）	其他石油制品（吨）	热力（百万千焦）	电力（万千瓦时）	其他燃料（吨标准煤）
					23893	
	382				38262	3983
114127			93725		259023	
33926	130		59		18074	
334	3		30		100588	4209
			18		18038	
					18553	12913
					32230	1246
	114				19383	
29161	18306		3	39543846	3072885	135181
800				168666	48556	
18341	15441		3	1025254	180582	
	48			22084942	1337115	
2511	1845			16837	203600	
60	19			13241219	722020	
					37063	
6551				630294	87131	
820	706			1522716	162249	135181
	118				105212	
					29	
					16379	
	129			853918	119797	
78					53153	
25861	442		54331	646221	418772	
9236				91700	26996	
81	35		5	171435	7814	
	256			8646	5142	
5955	29		54326	374440	162072	
79	18				3258	
					15935	
					12602	
60	104				35282	
					7902	
7126					11822	
					8445	
565					8949	
					14350	
2759					98204	
12658	20234		38903	235591	197755	1
3703	1375			136918	100124	
6902	18316		13526	89995	29017	1
89	219			7864	28800	
	36				911	
	20				2782	
					1302	
	233				11334	
175	9				10685	
	17			101	652	
				713	3203	
1789	11		25377		4343	
					3833	
					190	
					578	

1-2 续表 17

分　组	原油(吨)	汽油(吨)	煤油(吨)	柴油(吨)
通用设备制造业	301	108196	20073	97476
沈阳市	12	31491	5252	31055
大连市	289	61030	14473	54624
鞍山市		6556	85	2058
抚顺市		1291		1760
本溪市		303	1	627
丹东市		729	150	769
锦州市		321		335
营口市		2279		1182
阜新市		518	52	1325
辽阳市		604	12	499
盘锦市		647		185
铁岭市		1736		874
朝阳市		558	42	1986
葫芦岛市		133	5	197
专用设备制造业		26873	598	25250
沈阳市		12005	433	6956
大连市		9697	148	11926
鞍山市		703	2	436
抚顺市		374		894
本溪市		182		35
丹东市		401		287
锦州市		365		217
营口市		422		203
阜新市		159		283
辽阳市		360	7	71
盘锦市		859		1658
铁岭市		565	6	394
朝阳市		638	1	417
葫芦岛市		143		1473
交通运输设备制造业		34255	30513	122173
沈阳市		9752	29244	13897
大连市		18777	914	88701
鞍山市		296		345
抚顺市		60		726
本溪市		465	28	150
丹东市		426	60	950
锦州市		309		411
营口市		438	1	520
阜新市		19	21	
辽阳市		26	2	688
盘锦市		143		562
铁岭市		1394		6921
朝阳市		420	238	2218
葫芦岛市		1731	5	6082
电气机械及器材制造业		26418	1377	35749
沈阳市		15679	1314	14426
大连市		6431	53	19288
鞍山市		569	1	109
抚顺市		316		396
本溪市		85		109
丹东市		191		119
锦州市		428		120

燃料油 (吨)	液化石油气 (吨)	炼厂干气 (吨)	其他石油制品 (吨)	热力 (百万千焦)	电力 (万千瓦时)	其他燃料 (吨标准煤)
40907	50844		23076	3634457	457935	4366
9586	140		60	607418	98638	
31210	50003		22868	2906421	207654	3736
	81		16	670	32991	630
40	379			278	12227	
	189			26203	3829	
					20046	
				5940	4152	
11	21		1		14108	
	3		11	71116	5561	
				325	10669	
60					671	
					14275	
	30		100	16087	25882	
			20		7233	
17479	28699		13785	1563259	144027	1164
2799	16		148	624949	47884	
14670	28373		13637	777679	49897	944
	79			1692	7652	
					3496	
				76049	5638	
					4388	
10				19800	1424	220
					3723	
				9199	356	
	5			53891	2228	
					2644	
					4666	
	43				6239	
	183				3792	
53213	3154	213	3187	2839007	278430	138
3026	556		20	965435	83896	
37664	2579	213	2560	1799381	128072	138
					6149	
					648	
	1		42		3027	
			44		7289	
2					4265	
462	18		51		4966	
					34	
12060					2867	
					1361	
					2270	
			470	74191	13177	
					20409	
12154	11467	314	19925	1054282	138753	
4968	1515		10933	783456	67235	
6760	1358	314	7230	245858	40335	
	11			1024	1820	
	8433			1020	3393	
					405	
	150		125		4156	
426					4548	

1-2 续表 18

分　组	原油(吨)	汽油(吨)	煤油(吨)	柴油(吨)
营口市		576		638
阜新市		381		17
辽阳市		248		142
盘锦市		248		78
铁岭市		980	10	36
朝阳市		49		10
葫芦岛市		236		263
通信设备、计算机及其他电子设备制造业		5256	2	7670
沈阳市		1623		1155
大连市		2902		5198
鞍山市		116	2	17
抚顺市		7		2
本溪市		22		31
丹东市		61		13
锦州市		70		3
营口市		55		19
阜新市		144		14
辽阳市		129		1149
盘锦市		46		6
铁岭市		32		48
朝阳市		48		15
仪器仪表及文化、办公用机械制造业		2772	17	816
沈阳市		1035		200
大连市		705	15	260
鞍山市		324		38
抚顺市		89		
本溪市		20	1	2
丹东市		122		90
锦州市		106		7
营口市		250	1	175
辽阳市		34		20
盘锦市		9		5
铁岭市		70		16
朝阳市		8		4
葫芦岛市				
工艺品及其他制造业	160	4426	84	3045
沈阳市	160	2000	33	1421
大连市		1505		142
鞍山市		19	2	10
抚顺市		342	3	706
本溪市		56		105
丹东市		44		36
锦州市		175	47	73
营口市		103		445
阜新市		16		
辽阳市		39		9
铁岭市		127		74
朝阳市				25
废弃资源和废旧材料回收加工业		812		1022
沈阳市		516		270
大连市		122		177
鞍山市		89		199
抚顺市		26		81

燃料油 (吨)	液化石油气 (吨)	炼厂干气 (吨)	其他石油制品 (吨)	热力 (百万千焦)	电力 (万千瓦时)	其他燃料 (吨标准煤)
					4974	
				22925	367	
					6038	
					167	
			10		4469	
					182	
			1627		664	
4700	28217			905815	67656	126
700	20			4655	12718	126
4000	28093			869314	42123	
				2300	1713	
	28			4809	147	
					363	
				1290	2155	
					2237	
					3002	
				23447	1097	
					555	
					24	
					675	
	77				847	
4	301			85165	15853	
				17676	3040	
4	286			55011	8014	
				12478	765	
					196	
					73	
					1446	
					210	
	16				875	
					750	
					54	
					365	
					50	
					16	
318	506		7899	193334	14018	
58	57			3572	2864	
11	24			189762	5123	
					332	
144			7899		1898	
	425				326	
					432	
					758	
					1192	
					24	
					445	
					600	
105					22	
200				367	2808	
				367	413	
					276	
					72	
					15	

1-2 续表 19

分　组	原油（吨）	汽油（吨）	煤油（吨）	柴油（吨）
本溪市				48
丹东市				
锦州市				
营口市				150
盘锦市				
铁岭市		18		80
葫芦岛市		42		17
电力、热力的生产和供应业		7980	41	17988
沈阳市		2360	3	1972
大连市		1242	15	5294
鞍山市		281		730
抚顺市		459	2	546
本溪市		369	18	194
丹东市		227		956
锦州市		305		488
营口市		360		169
阜新市		873		4504
辽阳市		359		256
盘锦市		16		71
铁岭市		130		1785
朝阳市		588		487
葫芦岛市		412	2	536
燃气生产和供应业		1682		823
沈阳市		269		25
大连市		682		622
鞍山市		168		24
抚顺市		38		6
本溪市		56		16
丹东市		68		14
锦州市		109		30
营口市		106		
阜新市		28		
辽阳市		16		3
盘锦市		15		
铁岭市		57		
朝阳市		31		
葫芦岛市		40		82
水的生产和供应业		2966	50	1663
沈阳市		974	50	254
大连市		678		641
鞍山市		206		84
抚顺市		46		36
本溪市		134		147
丹东市		121		51
锦州市		80		80
营口市		208		179
阜新市		110		59
辽阳市		39		17
盘锦市		93		48
铁岭市				
朝阳市		79		7
葫芦岛市		198		61

燃料油 (吨)	液化石油气 (吨)	炼厂干气 (吨)	其他石油制品 (吨)	热力 (百万千焦)	电力 (万千瓦时)	其他燃料 (吨标准煤)
					245	
200					198	
					358	
					935	
					4	
					146	
					147	
23282	20	65210	3	5489306	867146	
3041				1612312	105124	
5923	7			1751942	153605	
862					18178	
4683	13			2313	82377	
49					10473	
			3	581999	21891	
1384				522111	78946	
1627					63891	
57				609898	104149	
162					8320	
					5391	
1748					100630	
389				7032	33943	
3358		65210		401699	65489	
	88357	50894	15	88349	7633	
			15	4233	2545	
	87168	36858		53198	3035	
					548	
	1158				142	
					223	
	32				129	
		14036			355	
					76	
				6675	103	
				12120	13	
					26	
					276	
				12123	60	
					102	
	90			13046	111496	
					23310	
	90				37693	
					7030	
					8230	
					3604	
					2846	
					7680	
					3706	
				13046	5934	
					1942	
					5280	
					794	
					1341	
					2107	

1-3 按行业和地区分组的规模以上

分　组	原煤(吨)	洗精煤(吨)	其他洗煤(吨)	煤制品(吨)
全　省	**124388474**	**26782310**	**9899207**	**160292**
沈阳市	20252163	2099110	476911	36105
大连市	16072897	584873	845606	14072
鞍山市	7838241	9959033	39338	5915
抚顺市	12742174	618237	93425	61726
本溪市	6260689	8526893	74776	8626
丹东市	3351724	528952	5002	
锦州市	5602040	1970	1596469	18505
营口市	6337500	3486232	30384	2582
阜新市	13262598		1941051	208
辽阳市	3875333	15944	11701	606
盘锦市	2319084	2294		2394
铁岭市	14042617	23579	4559434	6763
朝阳市	4536611	740095	124308	2549
葫芦岛市	7894803	195097	100802	240
按工业行业大类分				
煤炭开采和洗选业	32794984	643401	117957	420
沈阳市	8617882	631584	103241	
抚顺市	3992240			
本溪市	1013569	11817		420
丹东市	174748			
锦州市	73			
阜新市	6525516		77	
辽阳市	97		8	
铁岭市	9614888		7006	
朝阳市	1237680			
葫芦岛市	1618291		7625	
石油和天然气开采业	1046130			
阜新市				
盘锦市	1046130			
黑色金属矿采选业	217020	35		2437
沈阳市	1003			
大连市				
鞍山市	5300			2341
抚顺市	6466			
本溪市	139430			70
丹东市	2531			
锦州市	98			
营口市	2726			
阜新市	2170			
辽阳市	8523			5
铁岭市	4649			
朝阳市	43024	35		21
葫芦岛市	1099			
有色金属矿采选业	198908	75329	19118	240
沈阳市				
大连市				
鞍山市	29150			
抚顺市	10942			
本溪市	4329	128		
丹东市	3277			
营口市	105759	75201	19088	
辽阳市				

工业企业工业生产分品种能源消费量

焦炭 (吨)	其他焦化产品 (吨)	焦炉煤气 (万立方米)	高炉煤气 (万立方米)	其他煤气 (万立方米)	天然气 (万立方米)	液化天然气 (吨)
24315287	**357807**	**607630**	**5523240**	**201361**	**147534**	**1424**
195350		14		13905	19831	8
829779	4404	2066	692	7692	1254	
9402782	90844	287433	2280365	100418		
1669601	167814	4350	18659	16333	8286	110
7818643		261303	2472707	40368		39
301361	35					3
120230				4034	1270	252
1683980	1260	34861	386838	9835		
15199					932	11
404117				251	2169	248
351					71377	
129578				217	2	3
1473339	92905	17603	363979	8307		740
270977	545				42414	10
637				573		
489				573		
148						
					43978	
					43978	
119352		15002	2943			
30						
758						
67870		15002	2943			
34800						
70						
22						
15802						
36997						
9600						
11598						
17						
15639						

1-3 续表 1

分　组	原煤 (吨)	洗精煤 (吨)	其他洗煤 (吨)	煤制品 (吨)
铁岭市	22214			
朝阳市	4305		30	
葫芦岛市	18932			240
非金属矿采选业	181860	34672		
沈阳市	2536	18		
大连市	1050	29534		
鞍山市	4849			
抚顺市	111			
本溪市	54486			
丹东市	61757			
锦州市	2184			
营口市	20251	5120		
阜新市	8197			
辽阳市	400			
铁岭市	4658			
朝阳市	21301			
葫芦岛市	80			
其他采矿业	805			
大连市	805			
本溪市				
农副食品加工业	840345	47855	109876	7269
沈阳市	162754	2393	19156	1096
大连市	224246	29421	88830	5080
鞍山市	18923	1451	210	
抚顺市	52272		160	
本溪市	1247	191		
丹东市	17125			
锦州市	109920	1832		
营口市	15051	8750		
阜新市	49085			
辽阳市	79777			
盘锦市	1997			
铁岭市	86029	3817	1520	1093
朝阳市	17825			
葫芦岛市	4096			
食品制造业	170338	3500	38158	1399
沈阳市	54241	280	3583	1399
大连市	23486	2990	33825	
鞍山市	10067			
抚顺市	4989			
本溪市	20080			
丹东市	5721			
锦州市	592			
营口市	8680			
阜新市	26219			
辽阳市	1778			
盘锦市	387			
铁岭市	8801	230	750	
朝阳市	3036			
葫芦岛市	2260			
饮料制造业	366394	9318	28355	1916
沈阳市	134703	5667	1554	1916
大连市	96925		25803	
鞍山市	403	20		

焦炭 (吨)	其他焦化产品 (吨)	焦炉煤气 (万立方米)	高炉煤气 (万立方米)	其他煤气 (万立方米)	天然气 (万立方米)	液化天然气 (吨)
143						
6753						
34						
189						
6530						
86826						11
5657						
77772						
2417						
						7
40						3
785						
156						
						1
28229					25	15
1011					25	
27218						
						15
63						
15						
48						

1-3 续表 2

分　组	原煤 (吨)	洗精煤 (吨)	其他洗煤 (吨)	煤制品 (吨)
抚顺市	17720			
本溪市	18167		440	
丹东市				
锦州市	21123	90	120	
营口市	6771			
阜新市	15473			
辽阳市	5014			
盘锦市	14971			
铁岭市	21270	3541	10	
朝阳市	9182		428	
葫芦岛市	4673			
烟草制品业	684			
沈阳市				
丹东市	170			
营口市	514			
纺织业	394721	7355	32216	2210
沈阳市	24695	45	4525	120
大连市	11647	38	16275	88
鞍山市	65788	810	11416	1984
抚顺市	4548			18
本溪市	4168			
丹东市	8249			
锦州市	47314			
营口市	203397	6449		
阜新市	72			
辽阳市	4151			
盘锦市	8986	13		
铁岭市	2932			
朝阳市	6272			
葫芦岛市	2502			
纺织服装、鞋、帽制造业	212317	15115	5088	1196
沈阳市	81975	8047	404	370
大连市	72329	6958	3993	540
鞍山市	4574	60	661	
抚顺市	2644			286
本溪市	177			
丹东市	3075			
锦州市	532			
营口市	41162		30	
阜新市	965			
辽阳市	1763			
盘锦市				
铁岭市	609	50		
朝阳市	295			
葫芦岛市	2218			
皮革、毛皮、羽毛(绒)及其制品业	13123	2046	27559	
沈阳市	10490		27559	
大连市	1098	1250		
鞍山市				
本溪市				
丹东市	138			
锦州市				
营口市	1397			
辽阳市		796		

焦炭 (吨)	其他焦化产品 (吨)	焦炉煤气 (万立方米)	高炉煤气 (万立方米)	其他煤气 (万立方米)	天然气 (万立方米)	液化天然气 (吨)
23487				10		
18						
17519						
5950						
				10		
28563				6	3	
20						
28438				6		
20						
85						
					3	

1-3 续表 3

分　组	原煤 (吨)	洗精煤 (吨)	其他洗煤 (吨)	煤制品 (吨)
盘锦市				
铁岭市				
朝阳市				
木材加工及木、竹、藤、棕、草制品业	149950	13129	12573	615
沈阳市	66233	12787	1135	550
大连市	7118	200	11438	61
鞍山市	720			
抚顺市	11148			
本溪市	21850			
丹东市	24180			
锦州市	1948			4
营口市	952			
阜新市	5050			
辽阳市	200			
盘锦市				
铁岭市	6863	142		
朝阳市	3548			
葫芦岛市	141			
家具制造业	99530	110	20102	254
沈阳市	51919	110	3351	254
大连市	42010		16751	
鞍山市	3522			
抚顺市	230			
本溪市				
丹东市	360			
锦州市				
营口市	155			
辽阳市	52			
盘锦市	36			
铁岭市	1245			
造纸及纸制品业	494459	10961	81498	1146
沈阳市	55078	130	5499	1146
大连市	32068	10473	46014	
鞍山市	22001			
抚顺市	2360	68		
本溪市	1953			
丹东市	63248		2	
锦州市	162685		23554	
营口市	82504			
阜新市	2244			
辽阳市	11273		6427	
盘锦市	38164			
铁岭市	6557	290	3	
朝阳市	14316			
葫芦岛市	8			
印刷业和记录媒介的复制	11971	1420	2047	1285
沈阳市	6266	938	1782	1270
大连市	1170	482	265	
鞍山市	6			
抚顺市				
本溪市	48			
丹东市	40			
锦州市	601			

焦炭 (吨)	其他焦化产品 (吨)	焦炉煤气 (万立方米)	高炉煤气 (万立方米)	其他煤气 (万立方米)	天然气 (万立方米)	液化天然气 (吨)
10140					917	
273					917	
9867						
8152					5	
352					5	
7800						
36609					126	
1720					126	
34493						
208						
150						
38						
109						
69						
40						

1-3 续表 4

分　组	原煤(吨)	洗精煤(吨)	其他洗煤(吨)	煤制品(吨)
营口市	2500			15
盘锦市				
铁岭市	1341			
朝阳市				
葫芦岛市				
文教体育用品制造业	13846	300	1502	156
沈阳市	4986	300	1502	156
大连市	152			
鞍山市	22			
丹东市	568			
锦州市	458			
营口市	7287			
盘锦市				
铁岭市	374			
石油加工炼焦及核燃料加工业	828810	3639107	90707	1633
沈阳市	42210	507005	71910	1501
大连市	11096		12003	
鞍山市	9237			
抚顺市	95249	608067		
本溪市	1187		6794	
丹东市	20070	528904		
锦州市	606049			
营口市	13136	1851308		132
辽阳市				
盘锦市	28928			
铁岭市	1057			
朝阳市		143823		
葫芦岛市	590			
化学原料及化学制品制造业	5255323	180365	58190	8344
沈阳市	141261	5893	24477	775
大连市	819586	169665	21911	
鞍山市	39421	1360		249
抚顺市	63925			
本溪市	47023		909	
丹东市	205940			
锦州市	144245			5720
营口市	122568	1280	3742	1570
阜新市	29475			
辽阳市	2246021		1435	
盘锦市	859475	2047		
铁岭市	26076	119	5715	30
朝阳市	12126			
葫芦岛市	498181			
医药制造业	666233	5549	7379	3386
沈阳市	550766	2047	7330	1190
大连市	29597	1486		
鞍山市	1223			
抚顺市	9351			
本溪市	15158		49	
丹东市	17951			
锦州市	6389			
营口市	3171			
阜新市	7086			

焦炭 (吨)	其他焦化产品 (吨)	焦炉煤气 (万立方米)	高炉煤气 (万立方米)	其他煤气 (万立方米)	天然气 (万立方米)	液化天然气 (吨)
261						
40						
221						
11138		1419			315	
					35	
8600						
288						
					20	
		1419				
2250					260	
202283	177767	16446	2717		71929	
961					508	
77933	4371	2066				
233	79946					
17602		1313				
102578		13067	2717			
2728						
					1	
10						
					620	
5					1669	
233					26979	
	92905					
	545				42152	
10387					113	
1510					85	
8854						
					28	

1-3 续表 5

分　组	原煤(吨)	洗精煤(吨)	其他洗煤(吨)	煤制品(吨)
辽阳市	1692	2016		
盘锦市	2148			1966
铁岭市	3434			230
朝阳市	1036			
葫芦岛市	17232			
化学纤维制造业	1490344	50		
沈阳市				
大连市				
鞍山市	227			
抚顺市	1031067			
丹东市	292426			
锦州市	600			
营口市	135048			
辽阳市	30976			
盘锦市				
铁岭市		50		
朝阳市				
橡胶制品业	501418	1995	23009	443
沈阳市	123814	120	12247	443
大连市	41663	1306	9947	
鞍山市	133305			
抚顺市	1041			
本溪市	553			
丹东市	2097			
锦州市	109475			
营口市	1304			
阜新市	283			
辽阳市	724			
盘锦市	26			
铁岭市	31742	569	815	
朝阳市	54292			
葫芦岛市	1100			
塑料制品业	287091	847	14079	1519
沈阳市	245011	622	11445	951
大连市	11148	25	2632	288
鞍山市	2555			
抚顺市	1747			280
本溪市	76			
丹东市	2639			
锦州市	1905			
营口市	14079			
阜新市	95			
辽阳市	300			
盘锦市	931	200		
铁岭市	5901		2	
朝阳市	173			
葫芦岛市	530			
非金属矿物制品业	6235448	1348376	256693	13729
沈阳市	172641	815219	51799	1890
大连市	1463795	1235	129067	99
鞍山市	1204972	330909	11325	995
抚顺市	428778	6800	4599	20
本溪市	733921		509	600

焦炭(吨)	其他焦化产品(吨)	焦炉煤气(万立方米)	高炉煤气(万立方米)	其他煤气(万立方米)	天然气(万立方米)	液化天然气(吨)
24						
					500	
					500	
12227					4	
2006						
10221						
					4	
33576					3	7
979					3	7
32247						
300						
50						
1196877	13890	656	7584	10783	9174	113
780				25	8389	
11293						
1045362	10898					
19328	2932			10758	677	110
490						

1-3 续表 6

分　组	原煤（吨）	洗精煤（吨）	其他洗煤（吨）	煤制品（吨）
丹东市	133253	48	5000	
锦州市	116537			4507
营口市	264714	123336	2450	
阜新市	165403		48705	208
辽阳市	700998	13132	860	
盘锦市	21086			
铁岭市	310862	2747	2379	5410
朝阳市	292926	54950		
葫芦岛市	225562			
黑色金属冶炼及压延加工业	10548728	20338654	218440	16311
沈阳市	203035	651	6032	743
大连市	515532	270930	4294	
鞍山市	5012863	9586855	6605	
抚顺市	627525	432	77451	
本溪市	3326817	8514288		7296
丹东市	3040			
锦州市	302216			8272
营口市	56441	1412506		
辽阳市	201235		258	
盘锦市				
铁岭市	19467	11052		
朝阳市	265497	541287	123800	
葫芦岛市	15060	655		
有色金属冶炼及压延加工业	1286058	205159	21721	562
沈阳市	196367	7378	20961	440
大连市	2657	2160		
鞍山市	7522	24	25	
抚顺市	1653			
本溪市	4269			80
丹东市	6414			
锦州市	6376	48		
营口市	32075	1107	735	42
阜新市	2454			
辽阳市	62360			
盘锦市				
铁岭市	134567			
朝阳市	16131			
葫芦岛市	813213	194442		
金属制品业	251889	11230	15133	1501
沈阳市	85753	1680	14960	781
大连市	25934	6802	83	150
鞍山市	45522	2680	90	23
抚顺市	1834	50		498
本溪市	1527			50
丹东市	2611			
锦州市	2645			
营口市	26889	18		
阜新市	979			
辽阳市	5642			
盘锦市	25584			
铁岭市	22929			
朝阳市	1739			
葫芦岛市	2302			

焦炭 (吨)	其他焦化产品 (吨)	焦炉煤气 (万立方米)	高炉煤气 (万立方米)	其他煤气 (万立方米)	天然气 (万立方米)	液化天然气 (吨)
6635						
7271					14	
83922	60	656	7584			
21796						
					95	
						3
21140498	157472	573888	5508685	169934	3016	
10633					518	
13269			692	1728	1249	
8245658		287433	2280365	100418		
1600736	156272	3037	18659	5002	1249	
7633029		233029	2465736	40368		
245910						
101265				4024		
1524348	1200	34205	379254	9835		
331759				251		
102000						
1214690		16184	363979	8307		
117202						
372930				217		
14425						
11986						
3387						
6909						
5						
1500						
4800						
115						
14380						
1500						
				217		
170262						
143661						
62398					494	278
17678					492	
22746						
18462						
230						
40						18
398						251
1876						
						8
						2
78						
					2	
890						

1-3 续表 7

分 组	原煤(吨)	洗精煤(吨)	其他洗煤(吨)	煤制品(吨)
通用设备制造业	711502	68241	101276	14490
沈阳市	304616	31126	34678	3746
大连市	194254	29094	43847	6923
鞍山市	31695	4625	8990	74
抚顺市	14763	2820	11215	1787
本溪市	4086		135	
丹东市	26015			
锦州市	4118			
营口市	56462			256
阜新市	10159			
辽阳市	13531			301
盘锦市	1666	34		
铁岭市	28405	542	2410	
朝阳市	17785			1403
葫芦岛市	3946			
专用设备制造业	218521	63277	8915	3152
沈阳市	138583	59885	7972	1582
大连市	15406	3349	653	163
鞍山市	10721	20		
抚顺市	6348			978
本溪市	1256			
丹东市	4307			
锦州市	701		278	2
营口市	15292	23		
阜新市	841			
辽阳市	1961			
盘锦市	6			428
铁岭市	9217		12	
朝阳市	6150			
葫芦岛市	7733			
交通运输设备制造业	512099	5606	152757	5403
沈阳市	241685	2579	8698	3234
大连市	57417	2301	45248	586
鞍山市	47729		16	
抚顺市	622			
本溪市	9082	470		
丹东市	28224			
锦州市	1663			
营口市	4570	256		458
阜新市	120			
辽阳市	13449		2628	
盘锦市	389			
铁岭市	14485		2940	
朝阳市	65247		50	1125
葫芦岛市	27417		93177	
电气机械及器材制造业	321186	9393	43861	7558
沈阳市	238793	2364	10195	2670
大连市	27517	5780	1091	
鞍山市	1300			142
抚顺市	7031			4636
本溪市	132			
丹东市	3150			
锦州市	10296		28236	

焦炭(吨)	其他焦化产品(吨)	焦炉煤气(万立方米)	高炉煤气(万立方米)	其他煤气(万立方米)	天然气(万立方米)	液化天然气(吨)
685241	28	15		2337	1239	754
117626		14			961	
290778	28			2337		
69942						
11295						
10067		1				
3475						
5385						1
50083						
581					269	3
45593						
40					10	
19320						
54052						740
7005						10
58153	5	199	1311	12775	484	6
1908				12775	391	
34929	5					
843						
17						
		199	1311			
4886						
449						
468						
12						
3045						6
					93	
8055						
2826						
716						
86386				103	2296	
13151					2296	
52802				103		
95						
4563						
499						
125						
20						
310						
32						
14789						
29870				1105	5089	
2595				1105	5081	
25595						
16						
450						
617						
497					8	

1-3 续表 8

分　组	原煤（吨）	洗精煤（吨）	其他洗煤（吨）	煤制品（吨）
营口市	19229	879	4339	110
阜新市	1145			
辽阳市	1941			
盘锦市	5			
铁岭市	9960	370		
朝阳市	545			
葫芦岛市	143			
通信设备、计算机及其他电子设备制造业	31961	1960	1014	283
沈阳市	8859	13	1014	230
大连市	17682	1947		
鞍山市	1985			53
抚顺市	73			
本溪市	782			
丹东市	1394			
锦州市				
营口市	120			
阜新市	226			
辽阳市	31			
盘锦市				
铁岭市	319			
朝阳市	490			
仪器仪表及文化、办公用机械制造业	19830		1477	942
沈阳市	2957		1456	532
大连市	360		21	
鞍山市	195			
抚顺市	1007			
本溪市				110
丹东市	4797			
锦州市	430			
营口市	7038			
辽阳市	73			300
盘锦市				
铁岭市	2928			
朝阳市	45			
葫芦岛市				
工艺品及其他制造业	131235	496	19643	53568
沈阳市	44134	230	6719	291
大连市	7000	206	12839	
鞍山市	237			54
抚顺市	60003			53223
本溪市	1385			
丹东市	2000			
锦州市	11079			
营口市	3126			
阜新市				
辽阳市	1222		85	
铁岭市	1030	60		
朝阳市	20			
废弃资源和废旧材料回收加工业	3303			
沈阳市	850			
大连市				
鞍山市	104			
抚顺市				

焦炭(吨)	其他焦化产品(吨)	焦炉煤气(万立方米)	高炉煤气(万立方米)	其他煤气(万立方米)	天然气(万立方米)	液化天然气(吨)
100						
5115				18	5	
17						
5069				18	5	
29						
						1
						1
517	8610	5				240
512						
3						
2						
	8610					
		5				
						240

1-3 续表 9

分　组	原煤(吨)	洗精煤(吨)	其他洗煤(吨)	煤制品(吨)
本溪市	338			
丹东市				
锦州市	270			
营口市	1711			
盘锦市				
铁岭市	30			
葫芦岛市				
电力、热力的生产和供应业	57831169	37459	8368866	6831
沈阳市	8231806		11728	6831
大连市	12311566	7240	318775	
鞍山市	1115315	30219		
抚顺市	6278201			
本溪市	824644		65940	
丹东市	2228332			
锦州市	3929068		1544281	
营口市	5060489			
阜新市	6407508		1892269	
辽阳市	480149			
盘锦市	258405			
铁岭市	3637678		4535873	
朝阳市	2440593			
葫芦岛市	4627415			
燃气生产和供应业	17420			
沈阳市	2511			
大连市				
鞍山市	4849			
抚顺市	1359			
本溪市	4877			
丹东市	77			
锦州市				
营口市	703			
阜新市	580			
辽阳市				
盘锦市	1870			
铁岭市	100			
朝阳市	493			
葫芦岛市				
水的生产和供应业	31520			95
沈阳市	1750			
大连市	6583			95
鞍山市	1938			
抚顺市	4930			
本溪市	4071			
丹东市	1800			
锦州市	450			
营口市	229			
阜新市	1254			
辽阳市				
盘锦市	7895			
铁岭市				
朝阳市	540			
葫芦岛市	80			

焦炭 (吨)	其他焦化产品 (吨)	焦炉煤气 (万立方米)	高炉煤气 (万立方米)	其他煤气 (万立方米)	天然气 (万立方米)	液化天然气 (吨)
1365	35					
1365						
	35					
20149				3500	7820	
20045				3500		
					6360	
104						
					1215	
					43	
					202	

1-3 续表 10

分组	原油(吨)	汽油(吨)	煤油(吨)	柴油(吨)
全省	**59144890**	**526063**	**93772**	**1345155**
沈阳市	651180	265159	54851	320026
大连市	22671738	140995	34408	293431
鞍山市	326001	24068	622	163866
抚顺市	9582662	11033	30	51389
本溪市		9675	151	89819
丹东市	14533	3633	309	12101
锦州市	6747689	3464	124	6640
营口市		11066	2334	21959
阜新市		5883	92	32168
辽阳市	5336616	7847	29	73209
盘锦市	7396944	16922	352	173841
铁岭市		11100	18	20827
朝阳市		9541	416	65351
葫芦岛市	6417527	5678	36	20527
按工业行业大类分				
煤炭开采和洗选业		5670	6213	46463
沈阳市			6213	6106
抚顺市		1115		14878
本溪市		459		995
丹东市		22		102
锦州市		34		422
阜新市		2154		12149
辽阳市		219		
铁岭市		1170		9793
朝阳市		166		229
葫芦岛市		331		1788
石油和天然气开采业	1152599	12844		169084
阜新市		9		11
盘锦市	1152599	12836		169073
黑色金属矿采选业		12085	93	204170
沈阳市		90		100
大连市				
鞍山市		412		19391
抚顺市		1358		15146
本溪市		2759	35	53362
丹东市		100	58	3890
锦州市				18
营口市		100		692
阜新市		260		9477
辽阳市		2228		53095
铁岭市		527		699
朝阳市		4011		47581
葫芦岛市		240		719
有色金属矿采选业		2274	173	7539
沈阳市				
大连市				
鞍山市		112		1150
抚顺市		156		1649
本溪市		176		815
丹东市		115	21	800
营口市		926		396
辽阳市		216		560

燃料油（吨）	液化石油气（吨）	炼厂干气（吨）	其他石油制品（吨）	热力（百万千焦）	电力（万千瓦时）	其他燃料（吨标准煤）
2691200	**418095**	**1999081**	**2829890**	**138876633**	**10327686**	**908970**
126570	11307	42	240965	17063122	1240818	158738
609443	298289	679633	172783	20249790	1525696	5403
182314	925		32787	22736576	1845930	14515
233761	45614	540547	726285	12600994	774635	405698
286	698		52	13343471	1008742	5058
932	182		172	4506078	287032	
123037	615	260356	46184	12077834	414773	4203
219203	897		1022227	3093048	838211	135181
33983	178		143	1540240	221260	145018
276064	58259	177148	100	18815306	585948	4209
832200	306	109834	445283	5121788	353953	
1821	326		129970	162710	304844	12913
868	202		643	1048084	445108	18034
50719	298	231521	12295	6517593	465998	
			23	521372	270639	306344
					41199	144537
					46340	
					4795	
					1185	
					1144	
				521372	48701	145018
					2926	
					79483	
					17449	16788
			23		27417	
788113	295	7006		2113508	211839	
					67	
788113	295	7006		2113508	211772	
834	20		10		469024	
					469	
					18	
400					42994	
	20				36506	
40					121736	
					14733	
					495	
					5622	
					6396	
20					92027	
					2685	
374			10		142693	
					2651	
				673	234693	
				673	4	
					335	
					1112	
					14806	
					5563	
					51355	
					136635	
					1056	

1-3 续表 11

分 组	原油(吨)	汽油(吨)	煤油(吨)	柴油(吨)
铁岭市		20		4
朝阳市		18	130	194
葫芦岛市		537	22	1970
非金属矿采选业		2593	23	45250
沈阳市		180		27306
大连市		76	23	1588
鞍山市		34		5391
抚顺市		214		279
本溪市		74		2457
丹东市		65		706
锦州市		250		1035
营口市		59		114
阜新市		38		430
辽阳市		84		865
铁岭市		1308		3226
朝阳市		150		1109
葫芦岛市		63		745
其他采矿业		4		2308
大连市		4		8
本溪市				2300
农副食品加工业		27227	1050	47482
沈阳市		18806	1044	23282
大连市		5634	6	21139
鞍山市		254		237
抚顺市		155		227
本溪市		106		111
丹东市		564		151
锦州市		700		891
营口市		42		256
阜新市		172		160
辽阳市		47		35
盘锦市				
铁岭市		453		408
朝阳市		194		490
葫芦岛市		101		95
食品制造业		3826	15	9054
沈阳市		2278		1913
大连市		581		5690
鞍山市		104		218
抚顺市		133		134
本溪市		58		169
丹东市		73	10	32
锦州市		40		33
营口市		172		386
阜新市		60		106
辽阳市				110
盘锦市		17		6
铁岭市		275	5	192
朝阳市		8		24
葫芦岛市		27		41
饮料制造业		6635	2	12269
沈阳市		5019		5863
大连市		279		5230
鞍山市		206		269

燃料油（吨）	液化石油气（吨）	炼厂干气（吨）	其他石油制品（吨）	热力（百万千焦）	电力（万千瓦时）	其他燃料（吨标准煤）
					63	
					3923	
					19840	
				274	48665	
				274	1610	
					4591	
					4978	
					843	
					2346	
					12685	
					2411	
					4914	
					546	
					3415	
					4233	
					5761	
					333	
					183	
					33	
					150	
34669	11925		14856	1949074	198358	232
16745	1			378480	52006	
17720	11864		14783	1556446	65662	232
					8794	
204	21				4964	
	10				995	
					7484	
				1811	16876	
					4662	
	29		73	12135	4499	
					6331	
					4238	
					15488	
					4852	
				202	1506	
6597	9459		3997	1799152	52642	
	334			1094201	18791	
6597	8783		3997	164860	15137	
				12724	2864	
				34257	1528	
	16				2462	
					1295	
				31586	656	
				421547	2752	
				36377	2567	
					254	
					610	
	326				3165	
				3599	381	
					180	
2233	8		14	1030571	50118	
500	8			171730	22469	
1733					12632	
			14	428111	2275	

1-3 续表 12

分　组	原油(吨)	汽油(吨)	煤油(吨)	柴油(吨)
抚顺市		161		189
本溪市		129		97
丹东市		2		
锦州市		82		8
营口市				6
阜新市		89		77
辽阳市		60		51
盘锦市		59	2	29
铁岭市		501		208
朝阳市		35		223
葫芦岛市		13		20
烟草制品业		1		4955
沈阳市				1727
丹东市		1		
营口市				3228
纺织业	2	5791	80	3791
沈阳市	2	2316	66	1421
大连市		174		361
鞍山市		1751	5	686
抚顺市		295	1	434
本溪市		43		121
丹东市		140		40
锦州市		57	1	6
营口市		634	4	296
阜新市		81		7
辽阳市		37		62
盘锦市		22		142
铁岭市		104		47
朝阳市		46		78
葫芦岛市		90	2	91
纺织服装、鞋、帽制造业		11781	98	17902
沈阳市		5638		2233
大连市		4900	98	14636
鞍山市		88		91
抚顺市		89		115
本溪市		2		
丹东市		92		36
锦州市		52		74
营口市		468		257
阜新市		24		99
辽阳市		92		37
盘锦市		185		230
铁岭市		29		7
朝阳市		30		
葫芦岛市		93		88
皮革、毛皮、羽毛(绒)及其制品业		4219	6	1471
沈阳市		3979		1308
大连市		86	6	74
鞍山市				
本溪市		8		
丹东市		2		
锦州市				
营口市		23		40
辽阳市		109		

燃料油（吨）	液化石油气（吨）	炼厂干气（吨）	其他石油制品（吨）	热力（百万千焦）	电力（万千瓦时）	其他燃料（吨标准煤）
					1012	
					1214	
				166197	826	
				170123	2337	
					307	
				94410	823	
					347	
					1590	
					2374	
					998	
					914	
					1942	
					509	
					162	
					1271	
1342	1528		966	1887208	117619	
1176	42		3	24137	10638	
166	1453		945	624779	23833	
	15			1582	26768	
	2				3207	
					3134	
				3970	5591	
				83368	7709	
	16		11	1014872	18906	
				43688	3453	
					1404	
					482	
					963	
			7	90811	7399	
					4133	
1817	6126			124875	73772	225
1110				24617	29416	
707	6126			97827	27790	225
					3844	
					297	
					136	
				400	2119	
					458	
					6072	
				2031	102	
					1488	
					91	
					1443	
					137	
					379	
1798	27			5812	9493	
1520				5812	6014	
278	27				1531	
					74	
					13	
					167	
					90	
					1259	
					190	

1-3 续表 13

分　组	原油 (吨)	汽油 (吨)	煤油 (吨)	柴油 (吨)
盘锦市				
铁岭市		12		50
朝阳市				
木材加工及木、竹、藤、棕、草制品业		13356	6	6008
沈阳市		5318		3416
大连市		6514	2	743
鞍山市		91		146
抚顺市		293		368
本溪市		43		62
丹东市		28		35
锦州市		371	1	294
营口市		81		96
阜新市		53		105
辽阳市				
盘锦市		6		
铁岭市		74	3	33
朝阳市		461		655
葫芦岛市		22		56
家具制造业	5	6713		7069
沈阳市	5	4655		2293
大连市		1726		4641
鞍山市		34		15
抚顺市		7		
本溪市		44		19
丹东市		24		
锦州市				
营口市		48		70
辽阳市		53		31
盘锦市				
铁岭市		123		
造纸及纸制品业		7921	1	6963
沈阳市		2938		2910
大连市		4392		3244
鞍山市		47	1	61
抚顺市		100		78
本溪市		22		5
丹东市		58		181
锦州市		122		54
营口市		25		112
阜新市		6		75
辽阳市		119		168
盘锦市				
铁岭市		54		47
朝阳市		38		28
葫芦岛市				
印刷业和记录媒介的复制		2873	1541	1702
沈阳市		2041	1541	894
大连市		678		798
鞍山市		19		5
抚顺市		11		
本溪市		47		
丹东市		4		
锦州市		6		

燃料油（吨）	液化石油气（吨）	炼厂干气（吨）	其他石油制品（吨）	热力（百万千焦）	电力（万千瓦时）	其他燃料（吨标准煤）
					7	
					147	
					2	
13566	47		150	348046	46036	2240
1	47			74958	11379	2240
13565				273088	15244	
					1950	
			150		3593	
					3866	
					2812	
					1665	
					1380	
					1135	
					149	
					30	
					2058	
					572	
					204	
31	200			110361	37437	
	5			96135	15124	
	195			14226	18829	
					449	
					197	
					296	
					575	
					29	
31					745	
					499	
					136	
					558	
270	135			1103027	60803	
	48			49207	10228	
180	46			3760	11561	
	40			121500	2238	
	1			1000	1114	
					210	
				27910	8431	
				736940	11384	
90					4165	
					413	
					3015	
					1673	
				162710	3964	
					2394	
					13	
950	271			104271	15345	
3				35781	6245	
947	271			54334	7187	
				6000	132	
				193	33	
					118	
					58	
					270	

1-3 续表 14

分　组	原油(吨)	汽油(吨)	煤油(吨)	柴油(吨)
营口市		43		4
盘锦市		8		
铁岭市		10		
朝阳市		5		
葫芦岛市				
文教体育用品制造业		948	40	420
沈阳市		752		270
大连市		57	40	106
鞍山市		8		
丹东市		19		
锦州市		4		
营口市		100		40
盘锦市		4		
铁岭市		4		4
石油加工炼焦及核燃料加工业	52600904	3917	6053	4282
沈阳市	650354	2663	6053	2096
大连市	22671449	168		8
鞍山市	326000	119		280
抚顺市	9582662	119		292
本溪市		92		204
丹东市	14533	35		7
锦州市	6747689	21		
营口市		248		735
辽阳市		101		267
盘锦市	6190690	268		144
铁岭市		23		30
朝阳市		38		218
葫芦岛市	6417527	22		1
化学原料及化学制品制造业	5336616	26554	3953	33115
沈阳市		13606	200	13982
大连市		6041	1090	4708
鞍山市		607	3	1217
抚顺市		1054	24	2586
本溪市		235		564
丹东市		58		143
锦州市		263		1370
营口市		911	2285	1687
阜新市		200		465
辽阳市	5336616	711		1205
盘锦市		1603	350	1738
铁岭市		566		992
朝阳市		163		518
葫芦岛市		535		1941
医药制造业		5170		5268
沈阳市		4094		3992
大连市		284		94
鞍山市		25		17
抚顺市		108		62
本溪市		254		135
丹东市		49		26
锦州市		53		652
营口市		37		56
阜新市		28		13

燃料油 (吨)	液化石油气 (吨)	炼厂干气 (吨)	其他石油制品 (吨)	热力 (百万千焦)	电力 (万千瓦时)	其他燃料 (吨标准煤)
				7963	525	
					74	
					669	
					20	
					14	
	48			5824	4742	
				705	1163	
	48			5119	1971	
					19	
					295	
					60	
					1072	
					5	
					157	
900637	52779	1628440	2022003	27229212	445169	396287
4425	6915		225292	1977968	19239	
373722	12300	642262	21066	2175904	164144	91
73736			883		1154	
166728	33564	471073	643955	8745842	102277	396196
58					956	
					1721	
112113		246320	46184	9470170	81569	
101481			904231		7766	
					123	
38185		102474	39827	2194233	22474	
			129940		485	
				30072	1007	
30188		166311	10625	2635023	42255	
337811	65176	177502	473881	30341941	689453	
4085	5		3759	2176655	79267	
13004	6925		21518	4877473	72338	
1600	113		31584	13610	7796	
41826			12611	345213	14621	
					60469	
					10729	
2552				391197	22492	
			24257		57422	
					5947	
256362	58133	177148	70	18394776	193080	
4047		354	380061	814046	61879	
			20		5065	
					3788	
14336				3328970	94559	
6093	2			6683577	175524	
1999				6087115	157304	
4094	2			424478	7371	
				36000	252	
					1176	
					1062	
					1097	
				52729	981	
					225	
				1628	1252	

1-3 续表 15

分 组	原油（吨）	汽油（吨）	煤油（吨）	柴油（吨）
辽阳市		5		166
盘锦市		39		8
铁岭市		77		
朝阳市		64		42
葫芦岛市		52		5
化学纤维制造业		892		3057
沈阳市				
大连市				2
鞍山市		17		
抚顺市		393		1327
丹东市		17		185
锦州市				
营口市		45		39
辽阳市		415		1504
盘锦市				
铁岭市		5		
朝阳市				
橡胶制品业		17588		4102
沈阳市		14724		2842
大连市		226		44
鞍山市		936		700
抚顺市		174		49
本溪市		51		5
丹东市		89		
锦州市		209		10
营口市		46		77
阜新市		68		6
辽阳市		192		4
盘锦市		56		7
铁岭市		626		274
朝阳市		153		73
葫芦岛市		40		10
塑料制品业	1	12402	7590	19917
沈阳市		8499	954	8298
大连市		2717	6628	8503
鞍山市	1	132		87
抚顺市		164		245
本溪市		35		4
丹东市		48		7
锦州市		6		4
营口市		336		296
阜新市		51		18
辽阳市		129	8	2183
盘锦市		36		13
铁岭市		137		111
朝阳市		36		15
葫芦岛市		77		134
非金属矿物制品业	647	29293	2466	118039
沈阳市	647	16634	1782	48565
大连市		3943	204	22671
鞍山市		1932	449	19643
抚顺市		873		3079
本溪市		677	30	2322

燃料油 (吨)	液化石油气 (吨)	炼厂干气 (吨)	其他石油制品 (吨)	热力 (百万千焦)	电力 (万千瓦时)	其他燃料 (吨标准煤)
					747	
					558	
					1387	
				81627	1984	
					127	
13196	12	64374		7285844	56806	
					360	
	12				3936	
					853	
11670		64374		3019667	19249	
732				3724312	17760	
					3361	
794				125949	5831	
				415916	5340	
					65	
					24	
					28	
952	105		313	254540	58296	40
942	73		257	142411	27961	
	32			24343	10680	40
				3740	3193	
				13211	474	
					268	
					236	
					2030	
10					495	
				70835	889	
					96	
					196	
					5650	
			56		5356	
					772	
8011	612	42	7177	494513	141288	
1198	128	42		18954	35867	
6807	399		6887	308879	47563	
	71		290		9019	
	5			10048	947	
					544	
					2659	
					5025	
	9				13306	
				1357	217	
				3576	18809	
6					1663	
					2444	
					56	
				151699	3170	
354009	20337	5100	145445	244739	1108436	62982
55508	39		479	17610	75909	11835
44414	19587		43780	195263	136628	6
105700					278067	14230
	82	5100	7344	31866	46967	9502
			10		43693	5058

1-3 续表 16

分 组	原油(吨)	汽油(吨)	煤油(吨)	柴油(吨)
丹东市		132		895
锦州市		248		477
营口市		2084	1	7756
阜新市		144		2289
辽阳市		306		5341
盘锦市		118		143
铁岭市		1651		1601
朝阳市		266		1753
葫芦岛市		287		1506
黑色金属冶炼及压延加工业		24101	958	160137
沈阳市		5526	800	4177
大连市		682		5657
鞍山市		12753	75	109635
抚顺市		466		4403
本溪市		2397	10	24156
丹东市		12		1828
锦州市		20	69	92
营口市		137		698
辽阳市		471		2595
盘锦市		21		
铁岭市		193		11
朝阳市		1046	4	5499
葫芦岛市		378		1385
有色金属冶炼及压延加工业		31855	451	52056
沈阳市		29568	9	43517
大连市		174	400	740
鞍山市		88		39
抚顺市		310		346
本溪市		87		60
丹东市		23		23
锦州市		42		70
营口市		289	42	797
阜新市		135		402
辽阳市		304		1904
盘锦市				
铁岭市		268		131
朝阳市		355		1527
葫芦岛市		212		2501
金属制品业	53655	68081	10455	64965
沈阳市		48251	16	43683
大连市		16165	10375	16657
鞍山市		1599		1622
抚顺市		256		365
本溪市		238	28	393
丹东市		44	10	25
锦州市		81	6	186
营口市		625		1314
阜新市		64	19	80
辽阳市		139		180
盘锦市	53655	121	1	73
铁岭市		304		290
朝阳市		40		15
葫芦岛市		153		82

燃料油 (吨)	液化石油气 (吨)	炼厂干气 (吨)	其他石油制品 (吨)	热力 (百万千焦)	电力 (万千瓦时)	其他燃料 (吨标准煤)
					23892	
	382				38253	3983
114127			93725		258451	
33926	130		59		18074	
334	3		30		100588	4209
			18		18009	
					18483	12913
					32230	1246
	114				19192	
29161	18300		3	39431580	3063830	135181
800				167366	48243	
18341	15435		3	1025254	179259	
	48			22084942	1336744	
2511	1845			16837	198940	
60	19			13241219	720481	
					37063	
6551				630294	87116	
820	706			1522716	162249	135181
	118				105212	
					29	
					16379	
	129			742952	119092	
78					53023	
25826	442		54331	646221	417847	
9236				91700	26880	
46	35		5	171435	7810	
	256			8646	5142	
5955	29		54326	374440	162072	
79	18				3258	
					15935	
					12601	
60	104				35282	
					7902	
7126					11822	
					8445	
565					8949	
					14266	
2759					97483	
12573	20145		38903	223536	196438	1
3703	1375			134842	99387	
6890	18227		13526	86022	28666	1
16	219			1858	28638	
	36				911	
	20				2782	
					1302	
	233				11285	
175	9				10685	
	17			101	652	
				713	3203	
1789	11		25377		4343	
					3815	
					190	
					578	

1-3 续表 17

分　组	原油(吨)	汽油(吨)	煤油(吨)	柴油(吨)
通用设备制造业	301	89035	19899	90374
沈阳市	12	29083	5147	30119
大连市	289	51212	14404	50014
鞍山市		1193	85	1836
抚顺市		1281		1753
本溪市		283	1	627
丹东市		645	150	713
锦州市		88		195
营口市		1871		771
阜新市		518	52	1325
辽阳市		598	12	493
盘锦市		550		103
铁岭市		1033		260
朝阳市		558	42	1986
葫芦岛市		122	5	179
专用设备制造业		21605	592	23188
沈阳市		10460	433	6655
大连市		7385	148	11025
鞍山市		355	2	276
抚顺市		374		894
本溪市		182		35
丹东市		176		171
锦州市		232		200
营口市		369		183
阜新市		159		283
辽阳市		360	7	71
盘锦市		582		1409
铁岭市		205		113
朝阳市		624	1	400
葫芦岛市		143		1473
交通运输设备制造业		27712	30512	110215
沈阳市		7780	29243	12955
大连市		16534	914	85769
鞍山市		251		330
抚顺市		60		726
本溪市		461	28	150
丹东市		366	60	910
锦州市		201		273
营口市		270	1	323
阜新市		19	21	
辽阳市		26	2	688
盘锦市		142		562
铁岭市		79		321
朝阳市		232	238	2148
葫芦岛市		1293	5	5059
电气机械及器材制造业		22218	1364	33938
沈阳市		13886	1314	13804
大连市		5125	40	18375
鞍山市		289		69
抚顺市		316		396
本溪市		85		109
丹东市		119		95
锦州市		89		18

燃料油 （吨）	液化石油气 （吨）	炼厂干气 （吨）	其他石油制品 （吨）	热力 （百万千焦）	电力 （万千瓦时）	其他燃料 （吨标准煤）
40901	50638		23074	3482209	450615	4011
9586	140		60	607405	98449	
31204	49804		22866	2760426	201023	3726
	74		16	370	32773	285
40	379			278	12227	
	189			26203	3829	
					19942	
					4109	
11	21		1		14099	
	3		11	71116	5561	
				325	10669	
60					671	
					14163	
	30		100	16087	25882	
			20		7220	
17479	28604		13785	1470503	141364	1164
2799	11		148	617265	47637	
14670	28284		13637	766297	48631	944
	78			1692	7489	
					3490	
				76049	5638	
					4383	
10					1344	220
					3709	
				9199	356	
	5				2228	
					2613	
					4646	
	43				6227	
	183				2973	
52195	2846	213	3135	2382874	270319	138
2468	550		20	641350	80682	
37664	2278	213	2557	1677743	125950	138
					6143	
					648	
			42		3019	
			44		7288	
2					4222	
2	18		2		4712	
					34	
12060					2867	
					1361	
					2260	
			470	63781	12008	
					19126	
12154	11223	300	19908	1010811	136948	
4968	1515		10933	782956	67174	
6760	1114	300	7213	202887	39148	
	11			1024	1760	
	8433			1020	3390	
					405	
	150		125		4156	
426					4265	

1-3 续表 18

分　组	原油(吨)	汽油(吨)	煤油(吨)	柴油(吨)
营口市		391		554
阜新市		381		17
辽阳市		218		142
盘锦市		99		69
铁岭市		942	10	20
朝阳市		49		10
葫芦岛市		228		260
通信设备、计算机及其他电子设备制造业		3603		7017
沈阳市		1144		1092
大连市		1887		4633
鞍山市		42		7
抚顺市		7		2
本溪市		22		31
丹东市		46		5
锦州市		37		3
营口市		42		19
阜新市		144		14
辽阳市		129		1149
盘锦市		46		6
铁岭市		8		41
朝阳市		48		15
仪器仪表及文化、办公用机械制造业		1917	17	580
沈阳市		886		194
大连市		304	15	85
鞍山市		181		23
抚顺市		89		
本溪市		19	1	2
丹东市		75		73
锦州市		29		2
营口市		213	1	162
辽阳市		34		20
盘锦市		9		
铁岭市		70		16
朝阳市		8		4
葫芦岛市				
工艺品及其他制造业	160	3889	84	2731
沈阳市	160	1870	33	1402
大连市		1305		122
鞍山市		19	2	10
抚顺市		337	3	696
本溪市		56		105
丹东市		20		16
锦州市		77	47	10
营口市		31		264
阜新市		16		
辽阳市		39		9
铁岭市		120		74
朝阳市				25
废弃资源和废旧材料回收加工业		684		675
沈阳市		503		270
大连市		20		20
鞍山市		89		199
抚顺市		26		81

燃料油（吨）	液化石油气（吨）	炼厂干气（吨）	其他石油制品（吨）	热力（百万千焦）	电力（万千瓦时）	其他燃料（吨标准煤）
					4832	
				22925	367	
					6038	
					163	
			10		4444	
					182	
			1627		624	
4700	27994			760984	65911	126
700	16			4655	12688	126
4000	27951			724483	40497	
				2300	1711	
	28			4809	147	
					363	
				1290	2155	
					2233	
					2919	
				23447	1097	
					555	
					24	
					675	
					847	
	231			70254	15224	
				17676	3040	
	216			40100	7406	
				12478	759	
					196	
					72	
					1446	
					206	
	16				875	
					750	
					50	
					358	
					50	
					16	
318	484		7899	192796	13715	
58	57			3572	2819	
11	2			189224	5021	
					324	
144			7899		1758	
	425				326	
					432	
					758	
					1184	
					24	
					445	
					600	
105					22	
200				367	2747	
				367	413	
					216	
					72	
					15	

1-3 续表 19

分 组	原油(吨)	汽油(吨)	煤油(吨)	柴油(吨)
本溪市				48
丹东市				
锦州市				
营口市				
盘锦市				
铁岭市		5		40
葫芦岛市		42		17
电力、热力的生产和供应业		5936	41	15735
沈阳市		1902	3	1300
大连市		554	15	5018
鞍山市		42		106
抚顺市		459	2	546
本溪市		341	18	194
丹东市		180		945
锦州市		45		245
营口市		85		59
阜新市		873		4504
辽阳市		359		256
盘锦市		16		71
铁岭市		127		1785
朝阳市		588		487
葫芦岛市		365	2	219
燃气生产和供应业		1046		570
沈阳市		39		25
大连市		560		399
鞍山市		55		24
抚顺市		38		6
本溪市		56		16
丹东市		68		14
锦州市				
营口市		106		
阜新市		28		
辽阳市		10		3
盘锦市		15		
铁岭市				
朝阳市		31		
葫芦岛市		40		82
水的生产和供应业		1804		1297
沈阳市		31		15
大连市		608		627
鞍山市		186		84
抚顺市		46		36
本溪市		134		147
丹东市		121		51
锦州市		6		
营口市		208		179
阜新市		110		59
辽阳市		39		17
盘锦市		63		15
铁岭市				
朝阳市		79		7
葫芦岛市		173		61

燃料油(吨)	液化石油气(吨)	炼厂干气(吨)	其他石油制品(吨)	热力(百万千焦)	电力(万千瓦时)	其他燃料(吨标准煤)
					245	
200					198	
					358	
					935	
					4	
					145	
					147	
22764	13	65210	3	5476811	856510	
3041				1612312	104382	
5923				1751942	152911	
862					18154	
4683	13			2313	82377	
49					10472	
			3	581999	21891	
1384				509616	78946	
1602					59573	
57				609898	104149	
162					8320	
					5391	
1256					96353	
389				7032	33912	
3358		65210		401699	64940	
	88063	50894	15	76229	7492	
			15	4233	2545	
	86873	36858		53198	3022	
					427	
	1158				142	
					223	
	32				129	
		14036			355	
					69	
				6675	103	
					13	
					26	
					276	
				12123	60	
					102	
				13046	110403	
					23310	
					37124	
					6967	
					8172	
					3604	
					2846	
					7680	
					3303	
				13046	5934	
					1942	
					5280	
					794	
					1341	
					2107	

1-4 规模以上工业企业分行业取水量

单位：万立方米

行业大类	取水总量	地表水	地下水	自来水
总　计	**152315.66**	**39739.05**	**61374.80**	**39768.87**
采矿业	**24318.58**	**6465.25**	**15438.33**	**1789.80**
煤炭开采和洗选业	3502.89	250.02	1415.26	1542.28
石油和天然气开采业	5128.79		4936.97	137.09
黑色金属矿采选业	11822.34	4522.83	7033.19	80.47
有色金属矿采选业	3547.13	1650.83	1784.55	22.95
非金属矿采选业	308.32	38.46	262.36	7.00
其他采矿业	9.10	3.10	6.00	
制造业	**96053.44**	**22890.39**	**37553.65**	**26755.54**
农副食品加工业	2065.20	64.37	1121.17	878.21
食品制造业	828.99	39.77	394.42	394.72
饮料制造业	2267.36	86.85	1345.95	834.56
烟草制品业	39.09			38.55
纺织业	1332.07	71.27	756.77	503.97
纺织服装、鞋、帽制造业	396.48	8.81	150.49	236.60
皮革、毛皮、羽毛(绒)及其制品业	85.23	0.07	50.85	34.22
木材加工及木、竹、藤、棕、草制品业	206.75	23.63	98.15	84.85
家具制造业	113.32	0.42	39.87	73.02
造纸及纸制品业	1720.63	524.81	966.10	202.82
印刷业和记录媒介的复制	87.56		6.28	81.04
文教体育用品制造业	42.37	0.06	10.12	26.75
石油加工、炼焦及核燃料加工业	7379.35	1228.79	2982.61	2512.25
化学原料及化学制品制造业	16656.63	5995.62	4989.63	3669.58
医药制造业	2128.51	21.01	908.92	1192.44
化学纤维制造业	3079.33	2656.46	161.17	261.70
橡胶制品业	761.04	12.95	413.18	334.91
塑料制品业	695.10	25.38	151.82	517.36
非金属矿物制品业	3327.72	464.89	1886.23	896.41
黑色金属冶炼及压延加工业	40768.80	10244.62	17663.78	7326.29
有色金属冶炼及压延加工业	2729.54	997.60	391.13	855.28
金属制品业	696.41	11.72	251.97	431.29
通用设备制造业	2208.72	106.50	830.89	1238.09
专用设备制造业	985.73	41.57	299.20	644.23
交通运输设备制造业	3126.95	164.83	1155.37	1797.79
电气机械及器材制造业	1090.39	13.32	324.78	750.50
通信设备、计算机及其他电子设备制造业	690.02	0.09	35.85	646.32
仪器仪表及文化、办公用机械制造业	199.44		63.39	135.61
工艺品及其他制造业	247.25	0.94	102.92	143.39
废弃资源和废旧材料回收加工业	97.47	84.05	0.63	12.79
电力、煤气及水的生产和供应业	**31943.64**	**10383.42**	**8382.83**	**11223.53**
电力、热力的生产和供应业	31851.39	10383.42	8375.78	11138.32
燃气生产和供应业	92.25		7.05	85.20

注：本表数据扣除自来水行业，扣除海水，下表同。

1-5 规模以上工业企业分地区取水量

单位：万立方米

地 区	取水总量	地表水	地下水	自来水
全 省	**152315.66**	**39739.05**	**61374.80**	**39768.87**
沈阳市	14122.23	48.26	6184.12	7788.33
大连市	15521.83	948.25	3426.75	7882.69
鞍山市	25779.02	3273.03	16758.97	5728.55
抚顺市	12978.72	4833.63	1557.34	6564.98
本溪市	17290.91	10443.50	1159.97	835.92
丹东市	5230.62	3315.97	1378.16	536.49
锦州市	7394.29	6.84	6293.08	1092.47
营口市	4466.00	1262.84	1230.08	965.75
阜新市	4806.43	41.70	402.31	3121.28
辽阳市	10425.98	5575.05	4197.16	653.77
盘锦市	7716.30	589.23	6388.33	680.64
铁岭市	9813.12	6121.49	2798.39	893.23
朝阳市	8749.54	2.00	7837.93	820.64
葫芦岛市	8020.65	3277.25	1762.20	2204.14

1-6 按地区分组的工业企业主要耗能设备情况

炼焦设备

地 区	焦炉数量（台）	设计生产能力(万吨/年)							
		合计	按炭化室高度分			按投产日期分			
			小于等于4.2米	大于4.2米，小于等于6米	大于6米	1980年以前	1981～1990年	1991～2000年	2001～2008年
全 省	**56**	**2170.86**	**162.86**	**1743.00**	**265.00**	**118.00**	**303.36**	**110.14**	**1639.36**
沈阳市	4	105.00	60.00	45.00			30.86	14.14	60.00
大连市	3	11.50	11.50				0.50	11.00	
鞍山市	17	732.00	80.00	652.00		40.00	262.00		430.00
抚顺市	4	104.00		104.00					104.00
本溪市	13	685.00		610.00	75.00	78.00		43.00	564.00
丹东市	4	61.36	1.36	60.00					61.36
营口市	7	420.00		230.00	190.00				420.00
朝阳市	4	52.00	10.00	42.00			10.00	42.00	

烧碱设备

地 区	数量(台、套)	生产能力(万吨/年)				
		合计	按投产日期分			
			1980年及以前	1981～1990年	1991～2000年	2001～2008年
全 省	**543**	**74.00**			**49.00**	**25.00**
沈阳市	205	19.00			17.00	2.00
大连市	182	6.00			6.00	
本溪市	7	11.00				11.00
丹东市	1	8.00				8.00
营口市	8	6.00			2.00	4.00
葫芦岛市	140	24.00			24.00	

纯碱设备

地　区	数量（台、套）	生产能力(万吨/年)				
		合计	按投产日期分			
			1980年及以前	1981～1990年	1991～2000年	2001～2008年
全　省	**2**	**4.00**				**4.00**
营口市	2	4.00				4.00

电石设备

地　区	数量（台、套）	电石炉容量(千伏安)								
		合计	按电石炉容量分				按投产日期分			
			5000以下	5000～12500	12500～16500	16500及以上	1980年及以前	1981～1990年	1991～2000年	2001～2008年
全　省	**10**	**114000**	**2000**	**20500**	**16500**	**75000**			**27000**	**87000**
抚顺市	1	16500			16500					16500
本溪市	8	95500		20500		75000			25000	70500
丹东市	1	2000	2000						2000	

合成氨设备

地　　区	数量（台、套）	生产能力(万吨/年)				
		合计	按投产日期分			
			1980年及以前	1981～1990年	1991～2000年	2001～2008年
全　　省	**64**	**178.00**	**43.00**	**63.00**	**30.10**	**42.00**
本 溪 市	18	26.00	8.00			18.00
丹 东 市	2	60.00		60.00		
营 口 市	22	20.00				20.00
盘 锦 市	16	38.00	35.00	3.00		
葫芦岛市	6	34.00			30.10	4.00

铜冶炼设备

地　区	全部熔炼设备合计		铜鼓风熔炼炉		富氧密闭鼓风熔炼炉		全部吹炼设备合计		铜卧式转炉吹炼炉	
	数量（台、套）	生产能力合计（万吨）	数量（台、套）	生产能力合计（万吨）	数量（台、套）	生产能力合计（万吨）	数量（台、套）	生产能力合计（万吨）	数量（台、套）	生产能力合计（万吨）
全　省	**7**	**17.72**	**4**	**10.04**	**3**	**7.68**	**4**	**0.40**	**4**	**0.40**
抚 顺 市	2	5.80			2	5.80				
丹 东 市	1	5.00	1	5.00						
阜 新 市	3	5.04	3	5.04						
葫芦岛市	1	1.88			1	1.88	4	0.40	4	0.40

铝冶炼设备

地　区	全部铝电解槽合计		按电解槽电流强度分					
			100KA及以下		100-200KA		200-280KA	
	数量（台、套）	生产能力合计(万吨)	数量（台、套）	生产能力合计(万吨)	数量（台、套）	生产能力合计(万吨)	数量（台、套）	生产能力合计(万吨)
全　省	**472**	**17.50**	**172**	**3.50**	**92**	**3.00**	**208**	**11.00**
沈阳市	172	3.50	172	3.50				
抚顺市	300	14.00			92	3.00	208	11.00

铅锌冶炼设备

地　区	铅鼓风炉(含ISP工艺)		铅烧结炉(含ISP工艺)		铅富氧底吹炉		炼锌竖罐(蒸馏炉)		锌湿法冶炼回转窑		锌电解槽	
	数量(台、套)	生产能力合计(万吨)	数量(台、套)	生产能力合计(万吨)	数量(台、套)	生产能力合计(万吨)	数量(台、套)	生产能力合计(万吨)	数量(台、套)	生产能力合计(万吨)	数量(台、套)	生产能力合计(万吨)
全　　省	**12**	**11.15**	**7**	**18.00**	**1**	**1.00**	**23**	**19.50**	**6**	**18.10**	**730**	**18.00**
沈 阳 市					1	1.00						
本 溪 市	1	0.03										
丹 东 市	10	9.00	1	2.00					1	1.00		
葫芦岛市	1	2.12	6	16.00			23	19.50	5	17.10	730	18.00

炼钢设备

地　区	数量(座)	生产能力(万吨/年)								
		合计	按公称容积分				按投产日期分			
			30吨以下	30～100吨	100～200吨	200吨及以上	1980年及以前	1981～1990年	1991～2000年	2001～2008年
全　　省	**115**	**6177.35**	**377.34**	**1621.25**	**3211.56**	**967.20**	**946.65**	**559.90**	**962.78**	**3708.02**
沈 阳 市	8	94.41	34.91	59.50			0.50	2.20	9.50	82.21
大 连 市	8	63.60	23.60	40.00			12.50	10.10	1.00	40.00
鞍 山 市	22	2049.65	22.70	679.75	380.00	967.20	253.20	131.50	528.10	1136.85
抚 顺 市	11	455.00	21.00	434.00				180.00	58.00	217.00
本 溪 市	17	1971.78	1.78	390.00	1580.00		680.00	1.10	365.68	925.00
丹 东 市	1	1.00	1.00							1.00
营 口 市	11	900.91	4.50		896.41					900.91
阜 新 市	1	0.45	0.45				0.45			
辽 阳 市	28	187.05	186.90		0.15					187.05
铁 岭 市	3	98.00	80.00	18.00						98.00
朝 阳 市	4	355.00			355.00			235.00		120.00
葫芦岛市	1	0.50	0.50						0.50	

水泥设备

地　区	全部熟料窑合计		立窑		新型干法回转窑		预热器回转窑	
	数量（台、套）	生产能力合计(万吨)	数量（台、套）	生产能力合计(万吨)	数量（台、套）	生产能力合计(万吨)	数量（台、套）	生产能力合计(万吨)
全　省	**179**	**4602.64**	**115**	**1221.63**	**46**	**2811.01**	**8**	**335.40**
沈阳市	5	61.00	5	61.00				
大连市	16	831.61	1	10.00	11	533.61	1	158.40
鞍山市	15	289.83	8	57.43	2	162.40	5	70.00
抚顺市	12	263.00	6	41.00	3	179.00		
本溪市	8	362.90	4	33.90	3	309.00		
丹东市	11	149.00	11	149.00				
锦州市	11	92.90	11	92.90				
营口市	3	28.00	2	16.00				
阜新市	8	230.00	5	71.00	3	159.00		
辽阳市	47	1378.50	28	383.50	16	870.00	2	107.00
盘锦市	3	36.00	3	36.00				
铁岭市	10	302.00	7	87.00	3	215.00		
朝阳市	17	261.40	13	78.40	4	183.00		
葫芦岛市	13	316.50	11	104.50	1	200.00		

原油加工设备

地　区	常减压蒸馏装置		催化裂化装置		加氢裂化装置		催化重整装置		聚丙烯装置	
	数量（台、套）	生产能力合计（万吨）	数量（台、套）	生产能力合计（万吨）	数量（台、套）	生产能力合计（万吨）	数量（台、套）	生产能力合计（万吨）	数量（台、套）	生产能力合计（万吨）
全　省	**58**	**7695.10**	**20**	**2080.00**	**8**	**805.00**	**13**	**582.36**	**11**	**58.70**
沈阳市	9	185.00	2	70.00						
大连市	4	3050.00	4	880.00	2	510.00	3	340.00	6	39.20
鞍山市	1	30.00					7	2.36		
抚顺市	4	1800.00	3	370.00	1	40.00	1	60.00	1	9.00
丹东市	7	26.50								
锦州市	3	670.00	4	360.00			1	60.00	2	2.50
营口市	1	100.00								
阜新市	2	0.60								
辽阳市	2	551.00			2	170.00			1	5.00
盘锦市	19	557.00	3	80.00	3	85.00			1	3.00
铁岭市			2	40.00						
葫芦岛市	6	725.00	2	280.00			1	120.00		

立波尔回转窑(半干法)		中空回转窑		磨机合计					
						管磨机		立式磨机	
数量（台、套）	生产能力合计(万吨)	数量（台、套）	生产能力合计(万吨)	数量（台、套）	生产能力合计(万吨)	数量（台、套）	生产能力合计(万吨)	数量（台、套）	生产能力合计(万吨)
1	**9.60**	**9**	**225.00**	**524**	**9246.31**	**410**	**7387.48**	**114**	**1858.83**
				26	485.00	26	485.00		
1	9.60	2	120.00	83	1510.85	68	1107.92	15	402.93
				39	765.54	31	399.54	8	366.00
		3	43.00	18	536.12	16	406.12	2	130.00
		1	20.00	21	587.00	18	309.00	3	278.00
				12	157.00			12	157.00
				47	273.00	14	207.00	33	66.00
		1	12.00	23	277.10	13	240.00	10	37.10
				33	622.00	33	622.00		
		1	18.00	99	1981.00	99	1981.00		
				11	188.00	11	188.00		
				38	614.60	29	496.60	9	118.00
				40	805.00	29	616.20	11	188.80
		1	12.00	34	444.10	23	329.10	11	115.00

乙烯装置		高压聚乙烯装置		低压聚乙烯装置		顺丁橡胶装置		精对苯二甲酸装置	
数量（台、套）	生产能力合计（万吨）	数量（台、套）	生产能力合计（万吨）	数量（台、套）	生产能力合计（万吨）	数量（台、套）	生产能力合计（万吨）	数量（台、套）	生产能力合计（万吨）
2	**34.40**	**1**	**5.00**	**2**	**18.00**	**1**	**5.00**	**2**	**80.00**
1	14.40			1	11.00				
						1	5.00		
1	20.00			1	7.00			2	80.00
		1	5.00						

炼铁设备

地区	数量(座)	生产能力(万吨/年)								
		合计	按有效容积分				按投产日期分			
			400立方米以下	400～1000立方米	1000～2000立方米	2000立方米及以上	1980年及以前	1981～1990年	1991～2000年	2001～2008年
全 省	**134**	**5473.03**	**784.08**	**1717.55**	**179.00**	**2792.40**	**555.00**	**380.00**	**121.00**	**4417.03**
大连市	4	42.00	42.00							42.00
鞍山市	27	1828.47	98.47	180.00		1550.00	555.00		0.05	1273.42
抚顺市	13	509.20	159.20	350.00					115.00	394.20
本溪市	30	1787.50	70.10	800.00		917.40		380.00	1.00	1406.50
丹东市	8	42.65	42.65						1.65	41.00
营口市	8	616.40	11.40	280.00		325.00				616.40
阜新市	4	60.00	60.00							60.00
辽阳市	18	205.75	159.20	46.55					1.00	204.75
铁岭市	2	30.00	30.00							30.00
朝阳市	15	336.56	96.56	61.00	179.00					336.56
葫芦岛市	5	14.50	14.50						2.30	12.20

连铸设备

地区	数量(座)	生产能力(万吨/年)				
		合计	按投产日期分			
			1980年及以前	1981～1990年	1991～2000年	2001～2008年
全 省	**86**	**5772.00**		**580.00**	**1245.00**	**3947.00**
沈阳市	7	130.00				130.00
大连市	1	12.00				12.00
鞍山市	17	1944.00		550.00	345.00	1049.00
抚顺市	7	415.00		30.00	160.00	225.00
本溪市	16	1868.00			600.00	1268.00
营口市	5	695.00				695.00
辽阳市	27	280.00				280.00
铁岭市	1	18.00				18.00
朝阳市	5	410.00			140.00	270.00

轧钢设备

地 区	数量(座)	生产能力(万吨/年)				
		合计	按投产日期分			
			1980年及以前	1981~1990年	1991~2000年	2001~2008年
全 省	**612**	**9073.03**	**408.63**	**460.48**	**1885.45**	**6318.47**
沈阳市	43	136.50			13.00	123.50
大连市	64	116.74	1.19	0.01	43.95	71.59
鞍山市	182	3628.30	23.00	362.30	1265.20	1977.80
抚顺市	53	479.21	27.44	27.17	177.00	247.60
本溪市	27	2684.69	357.00	2.00	128.50	2197.19
营口市	7	786.50				786.50
辽阳市	193	713.30		3.00	96.50	613.80
铁岭市	14	90.00				90.00
朝阳市	14	403.80		63.00	140.30	200.50
葫芦岛市	15	34.00		3.00	21.00	10.00

铁合金设备

地 区	数量(座)	生产能力(万吨/年)								
		合计	按设备类型分				按投产日期分			
			铁合金高炉	铁合金转炉	铁合金电弧炉	铁合金矿热炉	1980年及以前	1981~1990年	1991~2000年	2001~2008年
全 省	**111**	**100.15**	**15.74**	**7.45**	**23.59**	**53.37**	**2.60**	**11.76**	**14.12**	**71.67**
大连市	2	0.30	0.30							0.30
鞍山市	4	4.04	3.04		1.00					4.04
抚顺市	5	8.02			8.02					8.02
本溪市	14	9.20				9.20		2.40	3.60	3.20
丹东市	10	12.40	12.40					2.10	3.80	6.50
锦州市	36	23.56		6.25	6.50	10.81	2.40	2.90	3.92	14.34
营口市	2	0.92			0.92				0.80	0.12
阜新市	2	0.56				0.56	0.20	0.36		
辽阳市	16	16.50		1.20		15.30		3.00	1.00	12.50
朝阳市	3	0.45			0.15	0.30				0.45
葫芦岛市	17	24.20			7.00	17.20		1.00	1.00	22.20

发电设备

地区	数量(台、套)	装机容量(万千瓦)								
		合计	按机组类型分				按投产日期分			
			火电	水电	风电	其他	1980年及以前	1981～1990年	1991～2000年	2001～2008年
全　　省	**1224**	**2317.96**	**2107.56**	**143.91**	**61.13**	**5.36**	**227.58**	**369.83**	**757.84**	**962.71**
沈 阳 市	283	240.22	211.75	1.00	22.51	4.96		29.50	26.45	184.27
大 连 市	59	379.54	378.89		0.65		2.00	89.27	116.81	171.46
鞍 山 市	37	102.92	102.75	0.17			28.50	3.15	7.56	63.71
抚 顺 市	75	292.46	283.25	9.21			29.06	24.03	80.74	158.63
本 溪 市	155	86.06	34.07	51.25	0.74		36.36	12.55	15.61	21.54
丹 东 市	97	158.60	83.55	72.95	2.10		21.44	49.71	80.95	6.50
锦 州 市	74	150.93	143.80		7.13		2.50	127.20	7.30	13.93
营 口 市	58	196.73	192.70	2.50	1.53			5.10	65.20	126.43
阜 新 市	79	184.97	177.50		7.47			2.40	21.50	161.07
辽 阳 市	24	38.50	34.30	4.20			3.72	3.32	31.06	0.40
盘 锦 市	8	13.00	13.00				2.40		8.60	2.00
铁 岭 市	198	221.46	206.40	0.06	15.00		60.00	20.40	126.06	15.00
朝 阳 市	32	52.97	50.80	2.17			40.00	1.80	5.00	6.17
葫芦岛市	45	199.60	194.80	0.40	4.00	0.40	1.60	1.40	165.00	31.60

火电设备

地区	数量(台、套)	装机容量(万千瓦)									
		合计	按单台机组容量分					按投产日期分			
			小于10万千瓦	10～20万千瓦	20～60万千瓦	60～80万千瓦	80万千瓦及以上	1980年及以前	1981～1990年	1991～2000年	2001～2008年
全　　省	**295**	**2107.56**	**363.96**	**162.60**	**1061.00**	**360.00**	**160.00**	**167.80**	**323.57**	**741.97**	**874.22**
沈 阳 市	27	211.75	31.75		60.00	120.00			29.50	26.45	155.80
大 连 市	52	378.89	77.19	24.70	157.00	120.00		2.00	89.27	116.51	171.11
鞍 山 市	25	102.75	24.85	47.90	30.00			28.50	3.00	7.56	63.69
抚 顺 市	37	283.25	63.25	10.00	210.00			26.20	22.95	78.50	155.60
本 溪 市	19	34.07	34.07					5.00	10.00	8.35	10.72
丹 东 市	14	83.55	13.55		70.00				8.05	75.50	
锦 州 市	22	143.80	23.80		120.00			2.50	127.20	7.30	6.80
营 口 市	14	192.70	8.70		64.00	120.00			5.10	65.20	122.40
阜 新 市	17	177.50	7.50	60.00	110.00				2.40	21.50	153.60
辽 阳 市	17	34.30	34.30						3.00	31.00	0.30
盘 锦 市	8	13.00	13.00					2.40		8.60	2.00
铁 岭 市	12	206.40	6.40		200.00			60.00	20.40	126.00	
朝 阳 市	17	50.80	10.80		40.00			40.00	1.50	4.50	4.80
葫芦岛市	14	194.80	14.80	20.00			160.00	1.20	1.20	165.00	27.40

1-7　全社会能源消费量

分　组	能源消费量(万吨标准煤)	煤炭(万吨)	煤气(亿立方米)	汽油(万吨)	煤油(万吨)	柴油(万吨)	燃料油(万吨)	液化石油气(万吨)	天然气(亿立方米)	电力(亿千瓦时)
总　计	**17801.26**	**15346.66**	**654.93**	**410.49**	**24.99**	**778.42**	**379.66**	**107.53**	**16.21**	**1411.99**
一、农、林、牧、渔业	305.28	109.18		40.21		60.14				22.94
二、工业	13012.61	14408.60	631.94	75.68	10.02	176.70	247.98	43.89	15.39	1074.65
三、建筑业	150.14	20.17	0.02	9.64	0.42	42.33	0.55	0.22		14.88
房屋和土木工程建筑业	138.26	12.27	0.02	7.32	0.39	40.11	0.53	0.13		14.88
建筑安装业	7.48	6.31		1.42	0.03	0.81	0.02	0.08		
建筑装饰业	1.46	0.65		0.54		0.16		0.01		
其它建筑业	2.95	0.94		0.36		1.25				
四、交通运输储运业和邮政业	1500.01	85.65	0.23	240.8	14.16	481.25	130.23	5.18	0.02	26.42
铁路运输业	176.67	54.77		0.83		33.48		0.14		17.74
道路运输业	539.21	2.13	0.07	71.95	0.2	296.04	0.07	0.04		
城市公共交通业	428.56	0.55	0.01	164.94		118.87	0.4	5	0.02	0.74
水上运输业	197.42	12.34		0.19		26.4	105.6			
航空运输业	56.03	0.24		1.31	13.93	1.37	22.02			
管道运输业	59.18									2.85
装卸搬运及其他运输服务业	16.51	1.02	0.15	0.91	0.03	4.01	2.13			1.34
仓储业	20.21	10.74		0.26		0.75	0.01			3.06
邮政业	6.22	3.86		0.41		0.33				0.69
五、批发零售业和住宿餐饮业	246.43	71.92	0.4	8.59	0.04	4.88	0.27	3	0.7	41.25
六、其他行业	680.78	230.66	6.24	35.57	0.35	13.12	0.63	3.61	0.1	67.45
七、城乡居民生活	1906.00	420.48	16.1					51.63		164.4

1-8 工业企业分行业

行业	能源消费量(万吨标准煤)	煤炭(万吨)	焦炭(万吨)	煤气(亿立方米)
总计	**13012.61**	**14408.60**	**2440.80**	**631.94**
采矿业	**1758.19**	**1707.95**	**27.91**	**1.85**
煤炭开采和洗选业	867.97	1493.14	0.06	0.06
石油和天然气开采业	422.48	106.82		
黑色金属矿采选业	274.80	30.32	22.52	1.79
有色金属矿采选业	133.70	52.56	4.62	
非金属矿采选业	58.76	25.00	0.71	
其他采矿业	0.48	0.11		
制造业	**10653.30**	**6053.02**	**2410.74**	**629.42**
农副食品加工业	189.17	102.95	11.53	
食品制造业	75.81	26.78	24.30	
饮料制造业	60.50	50.12	0.01	
烟草制品业	1.70	0.07		
纺织业	87.94	49.10	3.73	
纺织服装、鞋、帽制造业	64.08	33.39	2.91	
皮革、毛皮、羽毛(绒)及其制品业	7.86	4.91		
木材加工及木、竹、藤、棕、草制品业	44.25	22.20	1.01	
家具制造业	29.82	16.73	0.82	
造纸及纸制品业	85.98	63.25	26.15	
印刷业和记录媒介的复制	10.21	2.62	0.01	
文教体育用品制造业	3.68	2.41	0.03	
石油加工、炼焦及核燃料加工业	1257.83	462.72	1.34	0.14
化学原料及化学制品制造业	942.32	510.77	20.64	1.91
医药制造业	124.62	69.83	1.04	
化学纤维制造业	70.28	149.05		
橡胶制品业	65.61	55.67	2.15	
塑料制品业	109.53	49.23	7.48	
非金属矿物制品业	1262.62	839.44	129.13	1.91
黑色金属冶炼及压延加工业	4744.66	3058.42	2003.98	623.64
有色金属冶炼及压延加工业	310.54	144.60	40.54	0.02
金属制品业	154.88	37.84	9.77	
通用设备制造业	431.58	116.29	104.28	0.25
专用设备制造业	112.34	34.30	6.33	1.43
交通运输设备制造业	220.46	86.99	9.15	0.01
电气机械及器材制造业	115.18	43.16	3.83	0.11
通信设备、计算机及其他电子设备制造业	41.45	4.01	0.53	
仪器仪表及文化、办公用机械制造业	9.54	3.46		
工艺品及其他制造业	16.85	12.15	0.05	
废弃资源和废旧材料回收加工业	2.01	0.56		
电力、燃气及水的生产和供应业	**601.12**	**6647.63**	**2.15**	**0.67**
电力、热力的生产和供应业	521.91	6641.17	0.14	
燃气生产和供应业	32.02	1.75	2.01	0.67
水的生产和供应业	47.19	4.71		

分品种能源消费量

汽油（万吨）	煤油（万吨）	柴油（万吨）	燃料油（万吨）	液化石油气（万吨）	天然气（亿立方米）	电力（亿千瓦时）
75.68	**10.02**	**176.70**	**247.98**	**43.89**	**15.39**	**1074.65**
5.55	**0.73**	**67.68**	**79.05**	**0.05**	**4.40**	**124.57**
0.82	0.68	5.12				27.06
1.97		20.32	78.93	0.05	4.40	21.93
1.83	0.01	26.35	0.12			47.00
0.32	0.02	1.11				23.63
0.61	0.02	14.55				4.93
		0.23				0.02
68.84	**9.24**	**106.95**	**166.61**	**34.91**	**10.21**	**818.86**
4.33	0.12	6.06	3.54	1.84		20.04
0.62	0.02	1.15	0.66	1.47		5.43
1.06		1.44	0.22			5.10
		0.55				0.22
1.15	0.01	0.55	0.14	0.19		11.97
2.24	0.01	2.40	0.20	1.84		7.43
0.58		0.20	0.18			0.95
2.21		0.87	1.37	0.05	0.09	4.64
1.10		1.08		0.06		3.79
1.55		1.10	0.03	0.04	0.01	6.28
0.70	0.17	0.23	0.09	0.03		1.57
0.17		0.07				0.48
0.78		0.63	72.98	4.78	0.03	44.95
3.64	0.41	4.36	27.57	5.21	7.20	69.94
0.73	0.02	0.62	0.78		0.01	17.75
0.10		0.31	1.32		0.05	5.89
2.24		0.69	0.10	0.01		5.88
1.94	0.97	2.34	1.51	0.07		14.22
4.09	0.32	17.42	35.77	2.17	1.53	111.43
2.86	0.12	17.33	2.92	1.83	0.30	307.29
3.72	0.05	5.46	2.59	0.13		41.88
8.82	1.11	7.89	1.36	2.11	0.05	19.78
10.62	2.64	13.17	4.40	5.59	0.14	45.79
3.45	0.06	2.84	1.82	2.96	0.05	14.40
4.39	3.05	12.73	5.32	0.32	0.23	27.84
3.88	0.15	4.06	1.22	1.30	0.52	13.88
0.63		0.78	0.47	2.82		6.77
0.45		0.10		0.04		1.59
0.58	0.01	0.37	0.03	0.05		1.40
0.21		0.15	0.02			0.28
1.29	**0.05**	**2.07**	**2.32**	**8.93**	**0.78**	**131.22**
0.82	0.04	1.82	2.32			119.31
0.17		0.08		8.92	0.78	0.76
0.30	0.01	0.17		0.01		11.15

第2篇

规模以上工业企业科技情况

2-1 规模以上工业

分组	企业数(个)	#有科技活动	#有R&D活动	#有新产品开发	#有科技机构	从业人员年平均人数(人)
总计	**21876**	**1062**	**616**	**764**	**441**	**3662251**
总计中：国有控股企业	1048	176	138	152	102	1160561
一、按企业规模分组						
大型企业	127	70	67	64	58	1067601
中型企业	1214	233	171	214	139	866236
小型企业	20535	759	378	486	244	1728414
二、按登记注册类型分组						
内资企业	**18678**	**912**	**504**	**633**	**368**	**2960714**
国有企业	554	58	41	45	30	581899
集体企业	1300	24	10	10	6	176604
股份合作企业	283	13	7	12	9	25816
联营企业	31	1				11528
国有联营企业	3					566
集体联营企业	13					2504
国有与集体联营企业	7	1				7054
其他联营企业	8					1404
有限责任公司	2347	221	163	199	115	676775
国有独资公司	81	24	17	21	14	141966
其他有限责任公司	2266	197	146	178	101	534809
股份有限公司	411	55	45	50	37	203553
私营企业	13664	538	236	315	170	1269921
私营独资企业	5175	98	26	43	26	416262
私营合伙企业	311	4	2	2	1	25225
私营有限责任公司	7539	405	186	242	126	767348
私营股份有限公司	639	31	22	28	17	61086
其他企业	88	2	2	2	1	14618
港澳台商投资企业	**637**	**43**	**30**	**38**	**22**	**140672**
合资经营企业(港或澳、台资)	385	34	22	30	15	86783
合作经营企业(港或澳、台资)	30					7878
港、澳、台商独资经营企业	205	9	8	8	7	43860
港、澳、台商投资股份有限公司	17					2151
外商投资企业	**2561**	**107**	**82**	**93**	**51**	**560865**
中外合资经营企业	1281	85	64	74	36	244341
中外合作经营企业	137	3	3	2	3	25451
外资企业	1107	16	12	14	10	280173
外商投资股份有限公司	36	3	3	3	2	10900
三、按行业(大类)分组						
采矿业	**1759**	**12**	**9**	**7**	**8**	**495368**
煤炭开采和洗选业	247	4	3	2	2	186096
石油和天然气开采业	18	4	4	2	4	135431
黑色金属矿采选业	900					97981
有色金属矿采选业	239	1		1		42085
非金属矿采选业	353	3	2	2	2	33293
其他采矿业	2					482
制造业	**19671**	**1034**	**600**	**749**	**429**	**2982410**
农副食品加工业	1621	62	14	24	7	208372
食品制造业	411	14	3	7	3	52348
饮料制造业	236	13	5	9	6	34741
烟草制品业	4					2512
纺织业	543	25	7	16	6	87088

企业基本情况表

单位：千元

工业总产值	主营业务收入	主营业务成本	利润总额	年末固定资产原价	生产经营用机器设备原价	微电子控制设备原价	资产合计	出口交货值
2476908610	**2437224068**	**2132986376**	**78158490**	**1371976566**	**770917036**	**60793305**	**2204090784**	**284492090**
970024437	984833356	898732081	-6033505	841577068	499198701	46382274	1189262101	123356833
877644564	891828892	807471658	5050403	721577104	415151826	45119532	1036404565	137865246
565218260	541222207	467325414	19742908	308430629	174442078	9542430	519222472	84341044
1034045786	1004172969	858189304	53365179	341968833	181323132	6131343	648463747	62285800
1962876144	**1932266427**	**1696893338**	**60216897**	**1132931117**	**637040320**	**52064673**	**1777507081**	**139789647**
350206255	361170901	304805094	15571876	413129619	262266730	12016980	471767084	21114369
60281972	59877064	51328279	3069872	14617655	7183745	340282	33218388	1903577
15568071	14928086	12813015	773121	4318771	2323225	88050	9915306	841932
3342354	3110267	2289895	419387	2677175	1582754	34049	3378743	34836
82662	91565	68086	1795	83742	18432		95018	
947037	935909	707906	53686	93476	50131	4204	461603	34836
904030	709653	524046	66894	1494544	906386	29650	1846149	
1408625	1373140	989857	297012	1005413	607805	195	975973	
442704183	414823338	357574921	13597544	278312076	131367581	12965080	568027708	58560144
66728400	66265742	54684746	2299226	70130057	30288244	3447045	108892723	4554703
375975783	348557596	302890175	11298318	208182019	101079337	9518035	459134985	54005441
313684140	328920121	331643427	-20575481	192269384	117322830	22819034	260200345	29867190
763487870	735094691	623874226	46765372	224653852	112439153	3433297	421187318	26487104
223551166	215257628	182575109	14240136	58754213	29522115	720185	111059092	6164167
13640952	12971406	11111584	959900	4273472	2211983	91750	7610114	483890
489827282	471814136	401383787	28604247	148133113	74586034	2436197	276165723	18129424
36468470	35051521	28803746	2961089	13493054	6119021	185165	26352389	1709623
13601299	14341959	12564481	595206	2952585	2554302	367901	9812189	980495
91346217	**89282871**	**72165076**	**7978182**	**55580929**	**23443370**	**2168263**	**95985721**	**11673852**
54129207	53008313	41652886	6376758	30827416	11001970	1277281	57602706	5924789
3200215	3014546	2746837	95703	2300722	569409	12227	2484587	1238694
32386349	31852073	26488513	1489421	21764632	11576470	878546	34737700	4364255
1630446	1407939	1276840	16300	688159	295521	209	1160728	146114
422686249	**415674770**	**363927962**	**9963411**	**183464520**	**110433346**	**6560369**	**330597982**	**133028591**
267624417	263765166	233328460	3804045	99544381	60334863	3596151	204927579	70780563
11930363	11308477	9357496	619622	3862688	1936405	35448	7377389	4845436
135515376	133232707	114869504	5196297	71696794	41930278	2565447	109013709	56177483
7616093	7368420	6372502	343447	8360657	6231800	363323	9279305	1225109
169687066	**162577256**	**120155516**	**24324732**	**184571949**	**107294093**	**3992242**	**201753053**	**2721747**
34765690	34189611	26131179	2444541	41265285	20234609	1282876	55149201	67569
53107401	50616074	34458984	9800202	115250499	71308287	2600550	94448725	1303766
57308941	54463931	41956906	9161456	17873718	10700562	26716	32834499	77158
14137352	13491096	9927806	1944630	5298544	3013732	23099	11736189	691398
10318082	9766944	7634857	977029	4859699	2028601	59001	7561726	575351
49600	49600	45784	-3126	24204	8302		22713	6505
2176686155	**2143172187**	**1887975960**	**56013353**	**965397411**	**525315465**	**53616201**	**1783502206**	**281769774**
162822178	159820520	140052020	7739941	42818552	21997912	636176	68975616	17217565
27129757	26823404	22712466	1155402	12756777	7884361	142920	18950089	1815408
21553188	20056089	15009910	1735573	11711988	6351560	635101	18093756	857005
4163270	3941582	1405202	447257	1628575	1316474	11040	2665978	7756
25374323	24408273	21440793	699926	11071929	6270661	627229	18964823	5321023

2-1 续表

分 组	企业数（个）	#有科技活动	#有R&D活动	#有新产品开发	#有科技机构	从业人员年平均人数（人）
纺织服装、鞋、帽制造业	814	14				168051
皮革、毛皮、羽毛(绒)及其制品业	190					24291
木材加工及木、竹、藤、棕、草制品业	522	6			1	49073
家具制造业	260	3				38893
造纸及纸制品业	354	5	2	2	1	37877
印刷业和记录媒介的复制	203	6	5	5	1	16891
文教体育用品制造业	68	1		1		7981
石油加工、炼焦及核燃料加工业	295	13	8	11	10	61716
化学原料及化学制品制造业	1274	102	72	81	52	164118
医药制造业	279	52	39	49	35	44115
化学纤维制造业	36	4	3	4	2	29780
橡胶制品业	280	20	6	14	8	38334
塑料制品业	838	34	6	8	3	90749
非金属矿物制品业	1855	63	37	39	26	228543
黑色金属冶炼及压延加工业	591	28	20	24	20	297636
有色金属冶炼及压延加工业	392	26	13	17	9	72669
金属制品业	1199	49	22	31	18	131355
通用设备制造业	3392	136	86	107	51	382453
专用设备制造业	1245	99	67	75	49	148164
交通运输设备制造业	845	72	47	62	34	257513
电气机械及器材制造业	1086	86	67	73	42	147729
通信设备、计算机及其他电子设备制造业	286	43	28	39	15	94848
仪器仪表及文化、办公用机械制造业	319	50	38	45	26	28684
工艺品及其他制造业	199	7	4	5	4	27326
废弃资源和废旧材料回收加工业	34	1	1	1		8560
电力、燃气及水的生产和供应业	**446**	**16**	**7**	**8**	**4**	**184473**
电力、热力的生产和供应业	340	13	6	6	2	133322
燃气生产和供应业	37					17286
水的生产和供应业	69	3	1	2	2	33865
四、按隶属关系分组						
中央	191	65	56	56	43	538886
省(自治区、直辖市)	134	19	14	16	10	210538
地(区、市、州、盟)	1110	120	86	113	64	447464
县(区、市、旗)	851	49	25	33	19	161860
其他	19590	809	435	546	305	2303503
五、按地区分组						
沈 阳 市	5227	344	123	140	84	795445
大 连 市	5224	152	129	136	71	896711
鞍 山 市	1968	70	41	52	29	303269
抚 顺 市	838	40	36	36	19	160595
本 溪 市	614	54	30	45	29	151223
丹 东 市	1102	51	19	44	20	179237
锦 州 市	895	89	59	80	48	124464
营 口 市	1395	39	27	37	29	171812
阜 新 市	368	42	29	39	15	100003
辽 阳 市	803	44	40	41	22	126892
盘 锦 市	610	27	22	23	20	207314
铁 岭 市	1414	43	23	33	18	182363
朝 阳 市	868	40	22	35	17	125720
葫芦岛市	550	27	16	23	20	137203

单位：千元

工业总产值	主营业务收入	主营业务成本	利润总额	年末固定资产原价	生产经营用机器设备原价	微电子控制设备原价	资产合计	出口交货值
47348418	41725588	36382720	1984655	10112654	6321804	151217	25220881	14181159
8371029	8237184	7158064	189277	1156648	616295	17917	2400243	520119
25000075	24219989	20681627	1183998	8710706	4401013	62118	13053634	3324170
19729138	19242254	16106933	899638	6265244	3638082	78051	11157569	4139127
15810755	15420147	13343934	565959	7557464	3562080	85639	12361375	597699
8418218	8290811	6908161	322706	4799030	3246138	524101	6942016	271018
2390722	2360915	2024008	41064	899064	553950	9756	1843897	940324
279184363	274243298	293116727	-33782044	84195153	60690793	12334323	114263202	23100507
114723622	113876215	100804654	5399910	71049068	45836584	9730769	130061823	5204635
26836958	25212271	17813167	2041907	20198873	6788083	375146	28939566	2361955
8671454	8610586	8208411	-1966754	9150463	7374397	1536719	11357767	98596
23725337	22661755	19223157	519934	12207787	5576485	79659	17387305	1590637
49095632	47635622	41270088	2408796	20027338	11777388	1319198	43649805	3369652
134250897	126196159	106541031	8196889	53796747	28313063	749251	98351204	11661188
313032285	346621460	300478961	15085247	224842037	134511775	10625383	337453933	45456770
72639369	71160477	62175858	3652997	25192732	11264597	396266	54527525	2117043
85737404	76672337	66138724	3624654	29651287	12245740	1254063	50588447	17404092
221555939	213746566	178039674	11947596	96161304	41585327	3594585	185116529	18747059
103620318	95978618	79635190	5967447	45897930	16597123	1777403	102972042	7367588
187003534	183632809	155976186	7601322	80994013	43941888	3242099	268408954	46467535
102819311	99694641	85486949	4845152	44105075	17529437	1639091	74056476	11917425
61660824	59310832	50855551	2088884	19703394	10567791	1657238	46793550	31539580
13274111	12446486	9922624	832642	4487821	2235799	139849	10779378	1889020
8838159	8591632	7381006	358799	3755458	2030435	180494	6360401	2283519
1905567	2333667	1682164	224579	492300	288430	3400	1804422	600
130535389	**131474625**	**124854900**	**-2179595**	**222007206**	**138307478**	**3184862**	**218835525**	**569**
123905930	124891657	119300133	-1879369	201779215	124476098	2891868	194324662	569
2629202	2718568	2384866	-152213	4483075	3055462	1239	7302333	
4000257	3864400	3169901	-148013	15744916	10775918	291755	17208530	
614651701	616479464	579435607	-15753648	487230390	315327940	35914593	713759570	87589918
61532348	60209848	49302422	2392034	62952235	33869832	3979433	91888357	4209340
264255688	274264248	234028225	7822097	209700896	92546906	5886370	324186235	37723246
95697051	91751252	81162475	2278697	53855353	21181032	1637189	91939452	4604731
1440771822	1394519256	1189057647	81419310	558237692	307991326	13375720	982317170	150364855
706446434	689150211	592085196	27341278	394175925	165228452	10333223	522800233	30305615
582800969	556989301	506855205	-685596	259677884	173636702	9010303	598074286	169153612
182975301	191239675	150425654	16276352	121370847	70547523	6359789	214203163	21636448
115736749	113422382	110464457	-7787811	61780513	42656727	14763623	93017306	5716001
96341205	115670297	105734774	4439449	100649291	61996792	1218634	103428595	17457944
55727986	53152033	46013240	2203367	21535042	15583142	619093	37022977	7972626
105233547	101507711	91591118	3510085	32259248	14999993	389179	54386814	7024582
136273529	129004851	113586900	3160648	49279471	19039907	1772989	110754264	11402907
26047096	25045464	20976764	654240	26082979	18520421	173675	35288942	714699
117951351	117827317	100616317	14596491	54900795	33373612	10172446	92720737	3362074
116971865	112530501	90086219	11394237	134756949	86711349	3681369	142290023	2370631
95010088	93762561	77718669	3475534	43623847	22419882	1074845	59598736	954700
64232353	63273598	55007355	4102457	22311317	12335017	453668	46318710	1755011
75160137	74648166	71824508	-4522241	49572458	33867517	770469	94185998	4665240

2-2 规模以上工业

分组	科技活动人员合计	#1.参加科技项目人员	2.科技管理和服务人员	#女性
总计	**121778**	**82604**	**25697**	**28315**
总计中：国有控股企业	86734	58508	17835	20977
一、按企业规模分组				
大型企业	82782	56196	16982	19346
中型企业	22705	15523	4486	5681
小型企业	16291	10885	4229	3288
二、按登记注册类型分组				
内资企业	**107705**	**72261**	**23585**	**25100**
国有企业	26661	17463	6485	6119
集体企业	523	272	244	80
股份合作企业	752	543	194	123
联营企业	247		201	2
国有与集体联营企业	247		201	2
有限责任公司	48203	33360	9195	11977
国有独资公司	10601	7507	2092	2129
其他有限责任公司	37602	25853	7103	9848
股份有限公司	15777	10691	2949	3730
私营企业	15038	9563	4182	2927
私营独资企业	1698	923	592	266
私营合伙企业	68	51	17	10
私营有限责任公司	12212	7720	3394	2363
私营股份有限公司	1060	869	179	288
其他企业	504	369	135	142
港澳台商投资企业	**4365**	**3278**	**744**	**668**
合资经营企业(港或澳、台资)	3993	2968	682	555
独资经营企业	372	310	62	113
外商投资企业	**9708**	**7065**	**1368**	**2547**
中外合资经营企业	4618	3605	900	1011
中外合作经营企业	21	18	3	8
外资企业	855	552	303	112
外商投资股份有限公司	4214	2890	162	1416
三、按行业(大类)分组				
采矿业	**15719**	**10889**	**4770**	**2639**
煤炭开采和洗选业	9377	6230	3101	860
石油和天然气开采业	6255	4595	1660	1768
有色金属矿采选业	50	29	7	7
非金属矿采选业	37	35	2	4
制造业	**100718**	**68948**	**18417**	**25282**
农副食品加工业	1143	488	445	184
食品制造业	239	117	118	78
饮料制造业	476	263	150	150
纺织业	660	474	178	195
纺织服装、鞋、帽制造业	195		152	59
木材加工及木、竹、藤、棕、草制品业	81	11	68	17
家具制造业	45		34	11

企业科技活动人员情况

单位：人

#1.全时人员	2.非全时人员	#科学家 和工程师		
			高中级技术职称人员	R&D人员
53305	**68473**	**82304**	**51817**	**60664**
36469	50265	58199	39457	43739
35650	47132	55842	36581	44209
9930	12775	14692	9337	9040
7725	8566	11770	5899	7415
47251	**60454**	**71370**	**47420**	**50836**
12605	14056	19040	14093	11040
245	278	410	126	173
449	303	547	367	551
15	232	79	58	
15	232	79	58	
21379	26824	30625	20665	25423
5625	4976	7324	5239	5391
15754	21848	23301	15426	20032
5660	10117	10335	6963	7231
6742	8296	10049	5023	5989
795	903	1234	532	625
11	57	57	42	20
5394	6818	8177	4165	4608
542	518	581	284	736
156	348	285	125	429
2329	**2036**	**3242**	**1507**	**2307**
2131	1862	2933	1383	2026
198	174	309	124	281
3725	**5983**	**7692**	**2890**	**7521**
2731	1887	3091	1574	3013
11	10	19	6	18
206	649	384	232	285
777	3437	4198	1078	4205
7482	**8237**	**9806**	**8197**	**9506**
4236	5141	5189	4512	6071
3234	3021	4564	3652	3410
	50	29	20	
12	25	24	13	25
44360	**56358**	**69924**	**41273**	**49873**
773	370	789	263	188
119	120	165	65	75
308	168	324	219	145
240	420	364	171	232
166	29	178	59	
62	19	47	22	
31	14	42	9	

2-2 续表

分　　组	科技活动人员合计	#1.参加科技项目人员	2.科技管理和服务人员	# 女性
造纸及纸制品业	253	173	78	80
印刷业和记录媒介的复制	525	476	48	148
文教体育用品制造业	20	18	2	1
石油加工、炼焦及核燃料加工业	3245	1825	682	807
化学原料及化学制品制造业	8861	6539	1788	2576
医药制造业	3381	2384	494	1359
化学纤维制造业	546	417	129	171
橡胶制品业	874	459	371	244
塑料制品业	757	402	263	134
非金属矿物制品业	1783	1308	418	322
黑色金属冶炼及压延加工业	19938	13564	3775	5140
有色金属冶炼及压延加工业	2367	1458	335	245
金属制品业	2353	1589	535	559
通用设备制造业	11210	7267	2050	2015
专用设备制造业	9116	6783	2038	1724
交通运输设备制造业	18249	12754	2401	4784
电气机械及器材制造业	4435	3083	722	1553
通信设备、计算机及其他电子设备制造业	7664	5564	809	2201
仪器仪表及文化、办公用机械制造业	1961	1299	272	398
工艺品及其他制造业	306	205	55	117
废弃资源和废旧材料回收加工业	35	28	7	10
电力、燃气及水的生产和供应业	**5341**	**2767**	**2510**	**394**
电力、热力的生产和供应业	4995	2482	2459	332
水的生产和供应业	346	285	51	62
四、按隶属关系分组				
中央	42330	28625	8607	10827
省(自治区、直辖市)	12780	8270	4230	1976
地(区、市、州、盟)	21731	14580	4622	5269
县(区、市、旗)	4168	2296	756	1012
其他	40769	28833	7482	9231
五、按地区分组				
沈 阳 市	37478	21300	8083	9870
大 连 市	18015	15171	2796	3627
鞍 山 市	11021	7612	1475	2936
抚 顺 市	5040	3261	1562	1142
本 溪 市	8519	6401	1326	2180
丹 东 市	2603	1993	345	701
锦 州 市	4353	2990	1202	985
营 口 市	2013	1476	370	432
阜 新 市	2315	1555	746	416
辽 阳 市	5503	3955	866	621
盘 锦 市	9279	6827	2422	3101
铁 岭 市	8022	5671	2338	640
朝 阳 市	3182	1579	1303	615
葫芦岛市	4435	2813	863	1049

单位：人

#1.全时人员	2.非全时人员	#科学家和工程师		
			高中级技术职称人员	R&D人员
153	100	235	162	211
202	323	438	229	363
8	12	18	18	
1092	2153	2314	1572	1369
4551	4310	5796	3989	4223
1336	2045	2259	1283	1284
290	256	295	224	237
426	448	663	324	290
559	198	616	258	310
775	1008	1290	612	1132
7544	12394	14945	10514	8208
1209	1158	1471	405	1298
717	1636	1675	930	962
5611	5599	6952	4529	6544
5136	3980	6537	3778	4174
8218	10031	10315	5970	9705
1787	2648	3259	2137	2199
2109	5555	7200	2580	5788
754	1207	1519	816	771
164	142	183	110	143
20	15	35	25	22
1463	**3878**	**2574**	**2347**	**1285**
1328	3667	2254	2070	1224
135	211	320	277	61
19051	23279	27172	19098	19854
5046	7734	7516	6287	7605
9410	12321	14989	9716	9136
2862	1306	2708	1525	1935
16936	23833	29919	15191	22134
17199	20279	25470	13986	17115
7699	10316	12917	7066	13544
5846	5175	8974	6037	4215
2210	2830	3382	2385	2128
2421	6098	5396	3494	3397
742	1861	1991	1373	499
2006	2347	2755	1978	2810
1091	922	1108	686	968
429	1886	1340	886	738
2887	2616	3901	1974	3218
4446	4833	6165	4868	4311
3425	4597	4641	4106	5835
415	2767	2094	1379	781
2489	1946	2170	1599	1105

2-3 规模以上工业企业科技活动经费筹集情况

单位：千元

分组	科技活动经费筹集总额	企业资金	金融机构贷款	政府资金	国外资金	其他资金
总计	**26217400**	**23039052**	**796094**	**2202546**	**2700**	**177008**
总计中：国有控股企业	20328647	17873983	382118	1975079	100	97367
一、按企业规模分组						
大型企业	21083816	18735694	373438	1940234		34450
中型企业	3150430	2656660	234435	153462	2600	103273
小型企业	1983154	1646698	188221	108850	100	39285
二、按登记注册类型分组						
内资企业	**23770104**	**20742538**	**718894**	**2136271**	**2700**	**169701**
国有企业	8019795	7766829	109118	116801		27047
集体企业	38587	36287	1100	1200		
股份合作企业	167207	165567	500	960		180
有限责任公司	9127330	6986818	291855	1824835	100	23722
国有独资公司	2285278	1887479	186000	211299		500
其他有限责任公司	6842052	5099339	105855	1613536	100	23222
股份有限公司	4347914	4187836	48000	60622		51456
私营企业	1739471	1290291	268321	110963	2600	67296
私营独资企业	234890	192290	40200	2350		50
私营合伙企业	9013	7290		1010		713
私营有限责任公司	1357015	966201	228121	99560	2600	60533
私营股份有限公司	138553	124510		8043		6000
其他企业	329800	308910		20890		
港澳台商投资企业	**700253**	**624838**	**52650**	**17765**		**5000**
合资经营企业(港或澳台资)	515443	446988	52000	11455		5000
港、澳、台商独资经营企业	184810	177850	650	6310		
外商投资企业	**1747043**	**1671676**	**24550**	**48510**		**2307**
中外合资经营企业	1524950	1479883	24550	18210		2307
中外合作经营企业	1529	1429		100		
外资企业	89819	89619		200		
外商投资股份有限公司	130745	100745		30000		
三、按行业(大类)分组						
采矿业	**2152556**	**2118311**		**29385**		**4860**
煤炭开采和洗选业	305726	277771		27955		
石油和天然气开采业	1836622	1830332		1430		4860
有色金属矿采选业	848	848				
非金属矿采选业	9360	9360				
制造业	**23461056**	**20330188**	**786094**	**2169926**	**2700**	**172148**
农副食品加工业	373755	314455	50500	3800		5000
食品制造业	4860	4560		300		
饮料制造业	43995	43325		650		20
纺织业	32537	28927	2000	1610		
纺织服装、鞋、帽制造业	2506	2506				
木材加工及木、竹、藤、棕、草制品业	1165	1165				
家具制造业	530	530				
造纸及纸制品业	15435	14330		1105		

2-3　续表　　　　单位：千元

分　　组	科技活动经费筹集总　额	企业资金	金融机构贷款	政府资金	国外资金	其他资金
印刷业和记录媒介的复制	59685	53735		5950		
文教体育用品制造业	800	800				
石油加工、炼焦及核燃料加工业	332892	332792		100		
化学原料及化学制品制造业	1153719	934599	122550	18674	2600	75296
医药制造业	330867	293217	9250	28350		
化学纤维制造业	45182	40002		5180		
橡胶制品业	53293	45948	1155	6190		
塑料制品业	74578	45728	27000	1850		
非金属矿物制品业	526644	464804	48150	13490		200
黑色金属冶炼及压延加工业	8703605	8587447	26768	87540		1850
有色金属冶炼及压延加工业	233960	229103	200	3357		1300
金属制品业	275115	261925	10200	2790		200
通用设备制造业	2176807	1886841	147631	139011	100	3224
专用设备制造业	1961783	1603371	135000	167062		56350
交通运输设备制造业	5149624	3740127	70000	1333137		6360
电气机械及器材制造业	625769	509804	51190	53798		10977
通信设备、计算机及其他电子设备制造业	940908	609417	56800	264339		10352
仪器仪表及文化、办公用机械制造业	298782	239070	27100	31643		969
工艺品及其他制造业	38460	37860	600			
废弃资源和废旧材料回收加工业	3800	3800				
电力、燃气及水的生产和供应业	**603788**	**590553**	**10000**	**3235**		
电力、热力的生产和供应业	594538	581303	10000	3235		
水的生产和供应业	9250	9250				
四、按隶属关系分组						
中央	12438472	10676949	61748	1660658		39117
省(自治区、直辖市)	1141919	1104399		32020		5500
地(区、市、州、盟)	4539575	4062162	260325	214768		2320
县(区、市、旗)	1282376	1156792	72100	48982		4502
其他	6815058	6038750	401921	246118	2700	125569
五、按地区分组						
沈 阳 市	6896326	5107368	269450	1455961		63547
大 连 市	4750520	3992928	256170	442435	2700	56287
鞍 山 市	5285245	5095785	63299	117858		8303
抚 顺 市	729628	710911	600	17885		232
本 溪 市	2752938	2724158	18800	9760		220
丹 东 市	492246	420845	49800	19611		1990
锦 州 市	741469	708029	12840	20520		80
营 口 市	400856	389729	2000	7864		1263
阜 新 市	184138	127533	45155	10250		1200
辽 阳 市	561075	516610	20000	1525		22940
盘 锦 市	2189325	2157165	7700	10600		13860
铁 岭 市	257955	226205	4200	26420		1130
朝 阳 市	366974	355078	6800	4640		456
葫芦岛市	608705	506708	39280	57217		5500

2-4 规模以上工业企业

分　组	科技活动经费支出总额	内部经费支出	其中:1.经常费支出	劳务费	原材料费	购买和自制设备支出
总　计	**27420014**	**25512631**	**23312305**	**3704084**	**9633213**	**5447349**
总计中：国有控股企业	20365587	18807099	18049466	2841822	7251145	4210859
一、按企业规模分组						
大型企业	20945798	19207374	18422366	2871364	7497153	4193966
中型企业	4240743	4114696	2956235	474123	1375670	696639
小型企业	2233473	2190561	1933704	358597	760390	556744
二、按登记注册类型分组						
内资企业	**24608839**	**22950598**	**21457027**	**3404513**	**8730157**	**5118532**
国有企业	8079058	7495160	7387612	1142184	2328683	2338197
集体企业	29327	29327	15987	4681	5494	4168
股份合作企业	191965	191582	191292	30743	50620	59809
联营企业	1864	1864	1864	1864		
国有与集体联营企业	1864	1864	1864	1864		
有限责任公司	9209116	8374934	7765737	1314717	3339633	1050687
国有独资公司	2341294	2261563	2172176	335511	1379150	210809
其他有限责任公司	6867822	6113371	5593561	979206	1960483	839878
股份有限公司	4817608	4647801	4071573	545537	2205377	1082808
私营企业	1954101	1885130	1698162	284337	671350	538673
私营独资企业	257297	243360	224438	34414	65386	88200
私营合伙企业	6047	5969	5837	1971	1490	2200
私营有限责任公司	1502340	1455513	1294842	201586	538631	416400
私营股份有限公司	188417	180288	173045	46366	65843	31873
其他企业	325800	324800	324800	80450	129000	44190
港澳台商投资企业	**681148**	**660931**	**622494**	**81596**	**362977**	**102252**
合资经营企业(港或海澳台资)	511927	492506	469306	70038	302349	63295
港、澳、台商独资经营企业	169221	168425	153188	11558	60628	38957
外商投资企业	**2130027**	**1901102**	**1232784**	**217975**	**540079**	**226565**
中外合资经营企业	1917669	1688744	1020426	160973	451625	214229
中外合作经营企业	1429	1429	1429	330	145	234
外资企业	90184	90184	90184	16962	17808	11881
外商投资股份有限公司	120745	120745	120745	39710	70501	221
三、按行业(大类)分组						
采矿业	**2181765**	**1917983**	**1895054**	**424496**	**199217**	**223507**
煤炭开采和洗选业	312747	260784	260784	80394	92671	63610
石油和天然气开采业	1858810	1646991	1624062	342888	105166	156137
有色金属矿采选业	848	848	848	348		
非金属矿采选业	9360	9360	9360	866	1380	3760
制造业	**24592555**	**22973102**	**20795705**	**3099773**	**9364628**	**4878967**
农副食品加工业	392642	391642	367232	18661	115513	152866
食品制造业	5110	5050	4850	2136	1216	1037
饮料制造业	44355	43515	43115	4909	31470	5798
纺织业	27549	26799	23936	7437	11357	3073
纺织服装、鞋、帽制造业	2526	2526	2506	2506		
木材加工及木、竹、藤、棕、草制品业	1165	1165	1165	807	70	238
家具制造业	530	530	530	530		

科技活动经费支出情况

单位：千元

其他	2.科研基建支出	其中：固定资产购建	设备购置	其中：新产品开发经费支出	外部经费支出	对研究院所及高等学校支出	对其他企业支出
4527659	**2200326**	**7647675**	**6885526**	**13542788**	**1907383**	**390798**	**1340043**
3745640	757633	4968492	4719465	9320609	1558488	321863	1158510
3859883	785008	4978974	4702734	9992094	1738424	299321	1277443
409803	1158461	1855100	1504836	2268628	126047	65231	53722
257973	256857	813601	677956	1282066	42912	26246	8878
4203825	**1493571**	**6612103**	**5910546**	**11904036**	**1658241**	**383010**	**1169068**
1578548	107548	2445745	2370647	2405151	583898	127881	445639
1644	13340	17508	15048	12002			
50120	290	60099	59809	149142	383	383	
2060700	609197	1659884	1285481	5258746	834182	146676	615488
246706	89387	300196	238036	1802029	79731	49232	6319
1813994	519810	1359688	1047445	3456717	754451	97444	609169
237851	576228	1659036	1515632	2480030	169807	74950	91677
203802	186968	725641	619739	1277165	68971	32120	16264
36438	18922	107122	103714	186383	13937	1761	
176	132	2332	2291	548	78		78
138225	160671	577071	477511	956063	46827	27659	14571
28963	7243	39116	36223	134171	8129	2700	1615
71160		44190	44190	321800	1000	1000	
75669	**38437**	**140689**	**114262**	**566004**	**20217**	**3767**	**16436**
33624	23200	86495	75305	414959	19421	3767	15640
42045	15237	54194	38957	151045	796		796
248165	**668318**	**894883**	**860718**	**1072748**	**228925**	**4021**	**154539**
193599	668318	882547	848382	867263	228925	4021	154539
720		234	234	1045			
43533		11881	11881	83695			
10313		221	221	120745			
1047834	**22929**	**246436**	**223907**	**123050**	**263782**	**110923**	**142591**
24109		63610	63610	63031	51963	45140	6823
1019871	22929	179066	156537	58371	211819	65783	135768
500				848			
3354		3760	3760	800			
3452337	**2177397**	**7056364**	**6316744**	**13385656**	**1619453**	**278029**	**1175150**
80192	24410	177276	176076	241045	1000	1000	
461	200	1237	1237	3719	60	60	
938	400	6198	6188	40046	840	840	
2069	2863	5936	4636	22162	750	750	
	20	20	20				
50		238	238				

2-4 续表 1

分 组	科技活动经费支出总额	内部经费支出	其中:1.经常费支出	劳务费	原材料费	购买和自制设备支出
造纸及纸制品业	17103	17103	15435	5660	4515	3653
印刷业和记录媒介的复制	59363	56263	56263	12503	29630	4061
文教体育用品制造业	800	800	800	300	350	50
石油加工、炼焦及核燃料加工业	307368	293790	289865	57608	62320	93831
化学原料及化学制品制造业	1391439	1356116	1112349	191796	368497	422558
医药制造业	350538	324180	277234	73583	116246	42742
化学纤维制造业	44383	43268	41768	11476	9452	17799
橡胶制品业	92557	88725	88278	10394	45904	10098
塑料制品业	48106	48006	47506	13173	18272	10011
非金属矿物制品业	1199097	1179103	502828	48306	262559	142245
黑色金属冶炼及压延加工业	8700783	8326983	8251355	895947	4091206	2714194
有色金属冶炼及压延加工业	250878	249713	230627	31890	162604	25057
金属制品业	258285	249993	239287	42548	125509	56668
通用设备制造业	2506113	2309941	1942913	442587	1011222	257380
专用设备制造业	2046374	1973215	1869657	249797	1164954	234550
交通运输设备制造业	4277129	3861853	3784242	642426	1038179	390153
电气机械及器材制造业	1057876	1041309	577662	94341	315283	107345
通信设备、计算机及其他电子设备制造业	1102414	688566	661622	187870	214860	91754
仪器仪表及文化、办公用机械制造业	337902	323478	294320	36364	143844	59470
工艺品及其他制造业	66570	65870	64760	12498	18796	31516
废弃资源和废旧材料回收加工业	3600	3600	3600	1720	800	820
电力、燃气及水的生产和供应业	**645694**	**621546**	**621546**	**179815**	**69368**	**344875**
电力、热力的生产和供应业	630557	606669	606669	170628	67658	341160
水的生产和供应业	15137	14877	14877	9187	1710	3715
四、按隶属关系分组						
中央	12129746	10876159	10580994	1665687	3035547	2705578
省(自治区、直辖市)	1098095	1039648	1038450	207985	640061	141831
地(区、市、州、盟)	4654252	4542379	4378126	646284	2240918	1007564
县(区、市、旗)	1355018	1120662	793859	162611	311674	111678
其他	8182903	7933783	6520876	1021517	3405013	1480698
五、按地区分组						
沈 阳 市	6955840	6552604	5639177	954888	2315909	802114
大 连 市	5444774	4801266	4064241	892797	1841836	580342
鞍 山 市	5317809	4982419	4915793	516319	2171632	1745793
抚 顺 市	770903	744128	686394	101502	335442	216097
本 溪 市	2739141	2673122	2659883	305217	1391122	895790
丹 东 市	481080	470371	444093	52400	231995	76908
锦 州 市	697760	691923	659233	92985	219952	207576
营 口 市	381657	375022	363303	36180	199380	101510
阜 新 市	263780	258870	242760	24120	68660	112923
辽 阳 市	861573	849433	660502	140526	278798	188616
盘 锦 市	2257289	2022287	1955293	371649	222289	317384
铁 岭 市	243609	196801	190751	64076	68433	32152
朝 阳 市	407932	406832	355293	23617	231740	34656
葫芦岛市	596867	487553	475589	127808	56025	135488

单位：千元

其他	2.科研基建支出	其中：固定资产购建	设备购置	其中：新产品开发经费支出	外部经费支出	对研究院所及高等学校支出	对其他企业支出
1607	1668	5321	3653	15118			
10069		4061	4061	51857	3100	2100	1000
100		50	50	800			
76106	3925	97756	96976	167044	13578	6580	6998
129498	243767	666325	539671	772653	35323	23267	8075
44663	46946	89688	46633	193605	26358	12633	12289
3041	1500	19299	18299	39985	1115	1115	
21882	447	10545	10545	72132	3832	830	2
6050	500	10511	10011	28196	100		
49718	676275	818520	777899	444977	19994	3320	850
550008	75628	2789822	2762273	4222071	373800	36387	336323
11076	19086	44143	35074	206035	1165	405	
14562	10706	67374	65578	163417	8292	5877	90
231724	367028	624408	575634	1741507	196172	57132	46529
220356	103558	338108	271525	1423398	73159	61468	10991
1713484	77611	467764	410110	2320991	415276	46528	368444
60693	463647	570992	283219	477108	16567	12085	4392
167138	26944	118698	106363	572033	413848	2490	369341
54642	29158	88628	78239	143128	14424	2962	9326
1950	1110	32626	31716	20929	700	200	500
260		820	820	1700			
27488		**344875**	**344875**	**34082**	**24148**	**1846**	**22302**
27223		341160	341160	32532	23888	1586	22302
265		3715	3715	1550	260	260	
3174182	295165	3000743	2859570	4286936	1253587	171547	1029185
48573	1198	143029	143029	697829	58447	46924	11523
483360	164253	1171817	1080509	3175481	111873	47927	33850
207896	326803	438481	408738	655852	234356	48146	186210
613648	1412907	2893605	2393680	4726690	249120	76254	79275
1566266	913427	1715541	1305724	3075922	403236	99926	303210
749266	737025	1317367	1240214	3737396	643508	66496	439156
482049	66626	1812419	1791898	2200905	335390	29814	293160
33353	57734	273831	241246	465557	26775	18830	6865
67754	13239	909029	906311	1402797	66019	14189	49244
82790	26278	103186	79649	262286	10709	2346	6763
138720	32690	240266	233716	616258	5837	2567	3050
26233	11719	113229	105142	295433	6635	3757	78
37057	16110	129033	118553	75301	4910	1290	70
52562	188931	377547	281392	501650	12140	11301	788
1043971	66994	384378	347905	285607	235002	83961	139508
26090	6050	38202	33092	48812	46808	40975	5523
65280	51539	86195	61079	319189	1100	1100	
156268	11964	147452	139605	255675	109314	14246	92628

2-5 规模以上工业企业研究

分组	R&D人员折合全时当量（人年）	其中：科学家和工程师	其中：全时人员	基础研究	应用研究	试验发展	R&D经费内部支出	1.经常费支出	其中：人员劳务费
总　计	**45568**	**38197**	**38265**	**12**	**683**	**44873**	**3781672**	**13692201**	**2155684**
总计中：国有控股企业	32605	27047	26851	12	576	32017	0603756	10554264	1630936
一、按企业规模分组									
大型企业	32807	27403	26921	12	570	32225	1217932	11164174	1690069
中型企业	7180	6066	6382		34	7146	1679776	1657157	270978
小型企业	5581	4729	4963		80	5501	883964	870870	194637
二、按登记注册类型分组									
内资企业	36778	30073	29968	12	677	36089	2450228	12365340	1946075
国有企业	9359	8124	8209	12	208	9139	2827031	2822498	406374
集体企业	100	71	78		1	99	8900	8257	2437
股份合作企业	515	507	502			515	46196	46185	10838
有限责任公司	16740	12608	12805		235	16504	5790557	5758909	963358
国有独资公司	4044	3303	3565			4043	1575189	1570631	227917
其他有限责任公司	12696	9305	9240		235	12461	4215368	4188278	735441
股份有限公司	5383	4822	4334		178	5205	2601341	2557997	346420
私营企业	4400	3660	3855		54	4346	854403	849694	136356
私营独资企业	355	307	284			355	99419	99110	9090
私营合伙企业	14	9	10			14	1576	1566	478
私营有限责任公司	3544	2935	3122		54	3490	629408	625143	95842
私营股份有限公司	487	409	438			487	124000	123875	30946
其他企业	281	280	185			281	321800	321800	80292
港澳台商投资企业	**1779**	**1702**	**1438**		**1**	**1778**	**457166**	**453471**	**46902**
合资经营企业(港或澳、台资)	1529	1459	1206		1	1528	305723	303551	36141
港、澳、台商独资经营企业	250	243	232			250	151443	149920	10761
外商投资企业	**7011**	**6422**	**6859**		**6**	**7005**	**874278**	**873390**	**162707**
中外合资经营企业	2571	2039	2434		5	2566	693308	692420	111198
中外合作经营企业	11	10	10			11	1345	1345	310
外资企业	232	187	221		1	231	59021	59021	11514
外商投资股份有限公司	4197	4185	4195			4197	120604	120604	39685
三、按行业(大类)分组									
采矿业	**6193**	**3827**	**4263**		**186**	**6007**	**473946**	**473066**	**132127**
煤炭开采和洗选业	3338	1631	1842		111	3226	183268	183268	58859
石油和天然气开采业	2851	2193	2420		75	2777	289878	288998	73009
非金属矿采选业	5	3	1			5	800	800	259
制造业	**38216**	**33392**	**32875**	**12**	**489**	**37714**	**3214791**	**13126200**	**1991962**
农副食品加工业	179	133	176		13	166	206214	206184	7653
食品制造业	60	56	51			60	1406	1406	623
饮料制造业	136	86	129			136	35051	35048	2295
纺织业	152	105	109			152	16737	16451	4090
造纸及纸制品业	167	162	163			167	15161	15161	5386
印刷业和记录媒介的复制	327	246	310			327	56113	56113	12473
石油加工、炼焦及核燃料加工业	1349	1180	1336	4	163	1182	92521	92447	20507

与试验发展(R&D)情况

单位：千元

基础研究	应用研究	试验发展	2.R&D科研基建支出	内部经费支出中：固定资产购建支出	设备购置	内部经费支出中：政府资金	企业资金	国外资金	其他资金	R&D经费外部支出
874	**1046786**	**12644541**	**89471**	**2841733**	**2806521**	**1233775**	**12450926**	**2631**	**94357**	**1099559**
873	1039897	9513494	49492	2036811	2026396	1103871	9467583	23	32282	864073
873	1034448	10128853	53758	2117212	2104339	1106452	10088503		22981	1013305
	7984	1649173	22619	443337	428718	71206	1556717	2603	49253	64472
1	4354	866515	13094	281184	273464	56117	805706	28	22123	21782
873	1041584	11322883	84888	2598746	2566208	1183293	11174938	2628	89381	926228
873	487368	2334257	4533	962390	959394	44402	2767729		14901	227967
	340	7917	643	3113	2937	962	7935		2	
		46185	11	8832	8821	408	45697		91	38
	548024	5210885	31648	757170	738131	1030365	4742607	23	17565	515598
	26	1570605	4558	150022	147184	140995	1433726		467	64752
	547998	3640280	27090	607148	590947	889370	3308881	23	17098	450846
	4636	2553361	43344	530976	523810	38846	2558613		3884	148129
	1216	848478	4709	294285	291136	47740	751127	2605	52938	33496
	12	99098	309	41637	41575	780	98629		11	2945
		1566	10	699	696	329	828		419	57
	1204	623939	4265	226837	223843	40425	538909	2604	47474	22929
		123875	125	25112	25022	6206	112761	1	5034	7565
		321800		41980	41979	20570	301230			1000
1	**15**	**453455**	**3695**	**86793**	**84271**	**11411**	**441153**		**4605**	**2860**
1	15	303535	2172	47137	46138	5562	295559		4605	2064
		149920	1523	39656	38133	5849	145594			796
	5187	**868203**	**888**	**156194**	**156042**	**39071**	**834835**	**3**	**371**	**170471**
	5183	687237	888	149734	149582	11839	681097	3	371	170471
	1	1344		179	179	75	1270			
	3	59018		6060	6060	200	58821			
		120604		221	221	26957	93647			
	9151	**463915**	**880**	**80468**	**79620**	**17536**	**453373**		**3038**	**100526**
	5569	177699		39524	39524	16642	166627			43394
	3582	285416	880	40519	39671	894	285946		3038	57132
		800		425	425		800			
874	**1031890**	**12093436**	**88591**	**2720642**	**2686278**	**1215445**	**11905411**	**2631**	**91319**	**999009**
	2028	204156	30	114140	114140	2599	199014		4602	1000
		1406		256	256	90	1316			60
		35048	3	2093	2093	157	34892		3	375
		16451	286	1967	1837	336	16401			22
		15161		3653	3653	1105	14056			
		56113		4041	4041	5485	50629			3100
181	2778	89488	74	32287	32270	109	92410		3	7256

2-5 续表 1

分 组	R&D人员折合全时当量(人年)	其中:科学家和工程师	其中:全时人员	基础研究	应用研究	试验发展	R&D经费内部支出
化学原料及化学制品制造业	3651	3262	3496			3651	889184
医药制造业	1170	924	1094			1161	126006
化学纤维制造业	201	149	173			201	23180
橡胶制品业	239	166	220			239	12196
塑料制品业	303	228	297			303	26770
非金属矿物制品业	677	585	569			677	258257
黑色金属冶炼及压延加工业	5483	5148	4044	8	148	5327	4591618
有色金属冶炼及压延加工业	898	869	662		16	882	204951
金属制品业	453	363	289			453	72787
通用设备制造业	4934	4240	4388		1	4933	1695082
专用设备制造业	3508	2977	3116		7	3501	963386
交通运输设备制造业	6876	5407	5395		110	6766	3070119
电气机械及器材制造业	1625	1420	1375		17	1608	363579
通信设备、计算机及其他电子设备制造业	5167	5129	4919			5167	398168
仪器仪表及文化、办公用机械制造业	538	488	447		4	535	80836
工艺品及其他制造业	124	69	117			124	13569
废弃资源和废旧材料回收加工业							1900
电力、燃气及水的生产和供应业	**1159**	**977**	**1127**		**8**	**1151**	**92935**
电力、热力的生产和供应业	1104	922	1078		8	1096	92135
水的生产和供应业	55	55	49			55	800
四、按隶属关系分组							
中央	15144	12439	12485	12	459	14672	5659214
省(自治区、直辖市)	4069	2271	2331		111	3957	690044
地(区、市、州、盟)	7209	6259	6522		1	7208	2711413
县(区、市、旗)	1665	1555	1545		1	1664	650082
其他	17481	15673	15383		110	17371	4070919
五、按地区分组							
沈 阳 市	14333	12875	13188		73	14260	3458057
大 连 市	9197	7665	7391		1	9196	3573053
鞍 山 市	3138	3093	2479	8	148	2983	2235905
抚 顺 市	1659	1338	1374			1659	511514
本 溪 市	2129	1916	1378		12	2117	1595256
丹 东 市	405	351	354		3	402	37508
锦 州 市	2661	2251	2577		1	2660	525020
营 口 市	703	464	535			702	156229
阜 新 市	600	496	533		18	582	36938
辽 阳 市	2401	2278	2118		1	2399	531600
盘 锦 市	3656	2816	3152	4	103	3549	555801
铁 岭 市	3156	1540	1734		114	3042	145722
朝 阳 市	564	398	529		29	535	229563
葫芦岛市	965	716	923		181	783	189506

单位：千元

1.经常费支出	其中：人员劳务费	基础研究	应用研究	试验发展	2.R&D科研基建支出	内部经费支出中：固定资产购建支出	设备购置	内部经费支出中：政府资金	企业资金	国外资金	其他资金	R&D经费外部支出
879335	128442			879335	9849	365371	360436	15614	808460	2604	62509	20235
124101	27753		137	123964	1905	24396	22788	15841	110123		44	12295
23113	6074			23113	67	10276	10231	2307	20873			774
12196	3604			12196		635	635	3369	8828			681
26766	3255			26766	4	3603	3599		26770			8
257116	28867			257116	1141	77218	76889	10194	247992		71	8493
4586163	491066	693	485956	4099514	5455	1269368	1267222	40041	4550646	2	931	190959
203042	23951		100	202942	1909	20920	20013	2296	201947		708	800
72356	13144			72356	431	24223	24156	596	72188		3	3549
1662942	380174		341	1662601	32140	240429	238460	105893	1588287	24	880	169844
958040	105510		818	957222	5346	115277	112109	95675	863494		4218	52488
3065765	520170		539411	2526354	4354	256387	252668	807077	2259525		3514	312807
340121	51583		100	340021	23458	94968	81083	19623	339153	1	4803	10324
396734	134121			396734	1434	36932	36160	75409	314071		8688	198025
80242	16463		221	80021	594	19263	18691	11629	68867		342	5214
13458	3850			13458	111	2506	2415		13569			700
1900	908			1900		433	433		1900			
92935	**31595**		**5745**	**87190**		**40623**	**40623**	**794**	**92142**			**24**
92135	30823		5745	86390		40611	40611	794	91342			
800	772			800		12	12		800			24
5647440	863910	873	1029172	4617395	11774	1253561	1248200	894977	4738458		25779	628948
689957	141282		5569	684388	87	80264	80264	19229	669727		1090	48021
2699980	388303	1	49	2699930	11433	436766	430994	152874	2558001	1	536	67158
618185	131035		340	617845	31897	125364	123173	32904	613332		3846	192243
4036639	631154		11656	4024983	34280	945778	923890	133791	3871408	2630	63106	163189
3399136	478408		535899	2863237	58921	320702	300485	880685	2570058		7316	316589
3567666	810159		7	3567659	5387	545051	542293	220329	3297503	2623	52598	395600
2232679	232131	693	485630	1746356	3226	782287	781134	49664	2181589		4653	151461
506769	71549		1	506768	4745	156631	154028	11543	499863		109	20485
1594614	173815	1	516	1594097	642	351860	351670	2497	1592566		195	47091
36132	4295		202	35930	1376	9864	8600	2074	35414		22	5817
522164	57873		295	521869	2856	179941	179300	17053	507900		68	4098
155866	19296		4	155862	363	50893	50715	3923	151337		969	3217
36900	4610		130	36770	38	16895	16860	2364	34539		37	492
525895	104798		38	525857	5705	155750	152651	7821	508752	8	15023	6546
551199	94008	180	5282	545737	4602	174192	172261	5317	538671		11813	69420
145632	50997		6162	139470	90	22699	22628	12836	132767		120	40543
228100	7941		2127	225973	1463	18912	17895	1370	227858		336	391
189449	45804		10493	178956	57	56056	56001	16299	172109		1098	37809

2-6 规模以上工业企业办科技机构情况

分　组	企业办科技机构数合计(个)	科技活动人员(人)	博士毕业	硕士毕业	机构科技经费内部支出(千元)	仪器设备(千元)
总　计	**590**	**43073**	**497**	**3965**	**7097852**	**4992795**
总计中：国有控股企业	209	28236	239	2712	4853533	3485349
一、按企业规模分组						
大型企业	171	28811	258	2948	4922287	3018856
中型企业	161	9630	110	593	1633874	1467400
小型企业	258	4632	129	424	541691	506539
二、按登记注册类型分组						
内资企业	**498**	**38608**	**419**	**3410**	**6354393**	**4278661**
国有企业	54	8085	90	1162	1371380	634473
集体企业	7	88	1	1	4328	10140
股份合作企业	11	360	1	10	51103	86382
有限责任公司企业	193	20711	137	1634	3298466	2266689
国有独资公司	47	4210	21	643	854862	601837
其他有限责任公司	146	16501	116	991	2443604	1664852
股份有限公司	50	4375	77	344	910947	840621
私营企业	182	4689	110	249	708169	439056
私营独资企业	29	590	6	16	82421	80516
私营合伙企业	1	31			1488	71
私营有限责任公司	132	3766	100	215	562026	309631
私营股份有限公司	20	302	4	18	62234	48838
其他企业	1	300	3	10	10000	1300
港澳台商投资企业	**31**	**1440**	**18**	**275**	**147219**	**179258**
合资经营企业(港或澳、台资)	24	1229	13	204	115698	124707
港、澳、台商独资经营企业	7	211	5	71	31521	54551
外商投资企业	**61**	**3025**	**60**	**280**	**596240**	**534876**
中外合资经营企业	43	2512	60	266	555913	509739
中外合作经营企业	3	21		4	1345	1189
外资企业	13	444		8	6837	20002
外商投资股份有限公司	2	48		2	32145	3946
三、按行业(大类)分组						
采矿业	**34**	**7828**	**30**	**287**	**883850**	**343137**
煤炭开采和洗选业	15	5284	4	41	14045	81536
石油和天然气开采业	17	2529	22	244	862845	259151
非金属矿采选业	2	15	4	2	6960	2450
制造业	**551**	**34986**	**457**	**3657**	**6200242**	**4616026**
农副食品加工业	8	166		4	72355	74262
食品制造业	4	40	4	3	1840	5110
饮料制造业	6	300		15	37723	34709
纺织业	6	91	2	3	13156	3825
木材加工及木、竹、藤、棕、草制品业	1	4			150	150
造纸及纸制品业	1	125		3	12396	66989
印刷业和记录媒介的复制	1	224	7	45	42723	128500

2-6 续表

分 组	企业办科技机构数合计(个)	科技活动人员(人)	博士毕业	硕士毕业	机构科技经费内部支出(千元)	仪器设备(千元)
石油加工、炼焦及核燃料加工业	14	957	3	46	80206	159323
化学原料及化学制品制造业	60	3576	105	258	570943	462105
医药制造业	36	1343	27	146	132668	184512
化学纤维制造业	2	178	1	1	24767	18674
橡胶制品业	9	272	3	8	38640	72336
塑料制品业	3	35		2	1310	15291
非金属矿物制品业	32	844	22	56	253976	83257
黑色金属冶炼及压延加工业	29	4115	71	870	794878	598864
有色金属冶炼及压延加工业	10	495	4	23	58361	97464
金属制品业	25	1397	9	207	146087	154001
通用设备制造业	82	4302	92	521	586900	404791
专用设备制造业	78	5100	30	618	793259	460426
交通运输设备制造业	47	7244	33	491	1862826	1282707
电气机械及器材制造业	42	1898	21	94	307079	148146
通信设备、计算机及其他电子设备制造业	20	1275	9	155	234949	74381
仪器仪表及文化、办公用机械制造业	30	844	14	83	116421	79866
工艺品及其他制造业	5	161		5	16629	6337
电力、燃气及水的生产和供应业	**5**	**259**	**10**	**21**	**13760**	**33632**
电力、热力的生产和供应业	2	34		1	6150	28000
水的生产和供应业	3	225	10	20	7610	5632
四、按隶属关系分组						
中央	79	14080	132	1598	2626469	1956374
省(自治区、直辖市)	25	5775	13	87	459757	190581
地(区、市、州、盟)	116	9361	51	1049	1670773	1178647
县(区、市、旗)	24	1380	60	223	339981	60988
其他	346	12477	241	1008	2000872	1606205
五、按地区分组						
沈 阳 市	145	12292	146	1476	2826390	1890734
大 连 市	91	7022	120	819	1537990	673273
鞍 山 市	39	3169	80	812	282233	123224
抚 顺 市	21	1229	9	84	220092	227831
本 溪 市	31	1633	16	66	134081	228597
丹 东 市	29	778	5	35	214468	40887
锦 州 市	50	1691	16	68	265509	564306
营 口 市	30	1066	12	23	207924	107422
阜 新 市	15	533	5	9	12289	155476
辽 阳 市	23	2680	12	87	147847	191998
盘 锦 市	36	3124	58	336	1030758	540219
铁 岭 市	30	5550	6	42	28071	61827
朝 阳 市	18	444	11	26	95139	50749
葫芦岛市	32	1862	1	82	95061	136252

2-7 规模以上工业企业全部科技项目（课题）情况

指标名称	项目(课题)数（项）	项目参加人员折合全时当量（人年）		项目实际经费支出（千元）
			科学家和工程师	
总　计	**11719**	**61623**	**50770**	**18633290**
一、按学科分组				
自然科学				
农业科学				
医药科学				
工程与技术科学	11719	61623	50770	18633290
人文与社会科学(大类)				
二、按行业（大类）分组				
煤炭开采和洗选业	516	3614	1956	248320
石油和天然气开采业	855	3965	3387	418000
有色金属矿采选业	1	29	29	850
非金属矿采选业	4	6	4	7560
农副食品加工业	51	415	259	326810
食品制造业	25	89	67	3720
饮料制造业	55	245	194	41140
纺织业	31	359	232	22390
木材加工及木、竹、藤、棕、草制品业	2	2	1	340
造纸及纸制品业	9	129	125	15160
印刷业和记录媒介的复制	86	408	313	56260
文教体育用品制造业	1	9	9	800
石油加工、炼焦及核燃料加工业	215	1650	1464	216300
化学原料及化学制品制造业	472	5737	5012	1038500
医药制造业	372	1621	1326	266920
化学纤维制造业	36	356	266	41770
橡胶制品业	134	326	266	50800
塑料制品业	77	358	276	39530
非金属矿物制品业	156	789	632	417620
黑色金属冶炼及压延加工业	1097	9644	8040	6210500
有色金属冶炼及压延加工业	64	997	947	227260
金属制品业	134	651	520	211060
通用设备制造业	2307	5194	4223	1821890
专用设备制造业	1236	5750	4686	1828310
交通运输设备制造业	1477	9181	7347	3592260
电气机械及器材制造业	419	2363	2032	430910
通信设备、计算机及其他电子设备制造业	451	4803	4595	655600
仪器仪表及文化、办公用机械制造业	204	944	863	242690
工艺品及其他制造业	90	181	106	20930
废弃资源和废旧材料回收加工业	5			3600
电力、热力的生产和供应业	181	1541	1330	165300
水的生产和供应业	956	268	264	10200

2-7　续表

指标名称	项目(课题)数(项)	项目参加人员折合全时当量(人年)		项目实际经费支出(千元)
			科学家和工程师	
三、按地区分组				
沈 阳 市	3240	16307	14261	4735550
大 连 市	2844	10335	8759	4058220
鞍 山 市	736	5547	5274	2832270
抚 顺 市	671	2526	1993	656830
本 溪 市	1210	4910	3540	2634290
丹 东 市	180	1287	1118	416580
锦 州 市	352	2823	2246	633890
营 口 市	136	1158	772	361300
阜 新 市	491	926	636	142920
辽 阳 市	151	3101	2894	595960
盘 锦 市	957	5934	4886	745790
铁 岭 市	374	3046	1536	189630
朝 阳 市	135	1319	973	346280
葫芦岛市	242	2404	1882	283790
四、按活动类型分组				
基础研究	8	13	10	890
应用研究	182	495	419	552550
试验发展	8120	40943	34740	13639930
研究与试验发展成果应用	3409	20171	15600	4439930
五、按项目来源分组				
国家科技项目	772	3776	3259	1787260
地方科技项目	1327	5361	4469	2096720
其他企业委托科技项目	306	1472	1140	314750
本企业自选科技项目	8947	48812	39934	14009190
来自国外的科技项目	33	96	72	16820
其他科技项目	334	2107	1895	408560
六、按项目合作形式分组				
与境外机构合作	127	635	538	263580
与国内高校合作	1023	5857	5090	1604620
与国内独立研究机构合作	838	7339	5023	2170620
与境内注册的外商独资企业合作	44	322	295	20270
与境内注册的其他企业合作	507	2489	2065	575000
独立完成	8867	43984	36847	13785360
其他	312	996	912	213830

2-8 规模以上工业企业

分　组	科技项目数(项)	# 新产品开发项目数	# R&D项目数	参加项目人员合计(人)
总　计	**4249**	**2880**	**3013**	**54872**
总计中：国有控股企业	2732	1671	1998	35521
一、按企业规模分组				
大型企业	2406	1458	1762	34299
中型企业	909	726	624	11370
小型企业	934	696	627	9203
二、按登记注册类型分组				
内资企业	**3758**	**2507**	**2665**	**48165**
国有企业	1069	425	723	11307
集体企业	16	12	10	260
股份合作企业	25	18	11	532
有限责任公司	1564	1231	1151	19178
国有独资公司	602	540	506	5413
其他有限责任公司	962	691	645	13765
股份有限公司	448	313	357	9132
私营企业	583	455	361	7468
私营独资企业	52	43	26	791
私营合伙企业	5		3	45
私营有限责任公司	481	375	300	6021
私营股份有限公司	45	37	32	611
其他企业	53	53	52	288
港澳台商投资企业	**126**	**107**	**85**	**2811**
合资经营企业(港或澳、台资)	101	83	61	2552
港、澳、台商独资经营企业	25	24	24	259
外商投资企业	**365**	**266**	**263**	**3896**
中外合资经营企业	326	232	228	2711
中外合作经营企业	2		2	15
外资企业	27	24	23	389
外商投资股份有限公司	10	10	10	781
三、按行业(大类)分组				
采矿业	**473**	**72**	**264**	**5828**
煤炭开采和洗选业	92	35	69	2197
石油和天然气开采业	377	34	192	3577
有色金属矿采选业	1	1		29
非金属矿采选业	3	2	3	25
制造业	**3651**	**2749**	**2658**	**46880**
农副食品加工业	22	17	14	359
食品制造业	15	14	12	112
饮料制造业	15	10	6	215

科技项目情况（限额项目）

科学家和工程师	高中级技术职称人员	参加项目人员实际工作时间（人年）	项目经费内部支出（千元）	# R&D项目支出	# 新产品项目支出
45306	**29537**	**43389**	**14928813**	**11371584**	**11271025**
29155	20779	27795	10772652	8512253	8051202
28622	19459	26773	11415713	9157757	8678114
8996	5840	9267	2047224	1447850	1707269
7688	4238	7349	1465876	765977	885642
39640	**26958**	**37578**	**13285423**	**10084687**	**9904492**
9994	7588	9203	2762669	2222664	2064847
220	84	202	9732	8019	6042
492	348	546	150767	45665	146281
15450	10397	13877	5209011	4264435	4211615
4205	3045	4405	1730022	1480248	1676360
11245	7352	9473	3478989	2784187	2535255
7298	5165	7703	3557147	2504586	2314045
5901	3251	5859	1274297	718318	839862
709	361	407	96731	88013	85036
35	20	32	5139	1546	
4690	2636	4834	1020167	517104	711937
467	234	584	152260	111655	42889
285	125	188	321800	321000	321800
2625	**1119**	**2348**	**571983**	**436523**	**476586**
2379	1018	2107	420967	286632	329476
246	101	241	151016	149891	147110
3041	**1460**	**3463**	**1071407**	**850374**	**889947**
1970	1080	2324	872272	673754	692927
15	5	10	1300	1300	
287	199	198	77331	54816	76516
769	176	931	120504	120504	120504
4268	**3531**	**4661**	**526292**	**363752**	**94243**
1172	990	1287	215650	167593	47874
3052	2513	3334	308994	195359	44921
29	20	35	848		848
15	8	5	800	800	600
39196	**24282**	**37319**	**14281872**	**10926816**	**11144465**
250	133	318	275119	161380	164674
90	43	97	2936	1336	2436
163	94	216	40267	34708	37868

2-8 续表 1

分　组	科技项目数(项)	# 新产品开发项目数	# R&D项目数	参加项目人员合计(人)
纺织业	15	10	5	327
木材加工及木、竹、藤、棕、草制品业	1			4
造纸及纸制品业	5	5	5	165
印刷业和记录媒介的复制	84	74	83	374
文教体育用品制造业	1	1		18
石油加工、炼焦及核燃料加工业	123	51	61	1069
化学原料及化学制品制造业	266	149	200	3163
医药制造业	154	139	103	2174
化学纤维制造业	36	24	26	352
橡胶制品业	49	32	40	366
塑料制品业	50	9	42	394
非金属矿物制品业	83	62	70	1144
黑色金属冶炼及压延加工业	723	462	544	10580
有色金属冶炼及压延加工业	42	28	29	1360
金属制品业	66	49	36	1342
通用设备制造业	636	571	526	6029
专用设备制造业	357	302	258	5050
交通运输设备制造业	352	272	244	5618
电气机械及器材制造业	229	193	184	2214
通信设备、计算机及其他电子设备制造业	171	148	75	3243
仪器仪表及文化、办公用机械制造业	123	94	66	1032
工艺品及其他制造业	33	33	29	176
电力、燃气及水的生产和供应业	**125**	**59**	**91**	**2164**
电力、热力的生产和供应业	118	57	90	2086
水的生产和供应业	7	2	1	78
四、按隶属关系分组				
中央	1262	553	855	15156
省(自治区、直辖市)	415	307	305	3913
地(区、市、州、盟)	951	743	732	11971
县(区、市、旗)	102	89	67	1221
其他	1519	1188	1054	22611
五、按项目来源分组				
国家科技项目	280	225	206	3102
地方科技项目	481	432	388	5109
其他企业委托科技项目	111	81	72	1413
本企业自选科技项目	3244	2069	2252	43291
来自国外的科技项目	12	11	11	240
其他科技项目	121	62	84	1717

科学家和工程师	高中级技术职称人员	参加项目人员实际工作时间(人年)	项目经费内部支出(千元)	# R&D项目支出	# 新产品项目支出
184	99	247	14603	8690	11563
1	1	1	150		
161	128	138	15035	15035	15035
270	213	321	56159	56009	51637
18	18	9	600		600
930	824	1073	182691	90294	89008
2711	1708	3071	913315	822144	564096
1765	953	1614	232620	105192	136878
247	177	310	41767	23112	31636
295	161	296	42778	10943	37166
311	190	361	38259	26708	13081
977	482	734	358306	245669	219279
8960	6465	7912	5433251	4079757	3932265
1294	353	946	210537	188466	133635
1192	769	523	181429	62271	142518
4857	3181	4735	1730126	1602401	1678060
4227	2377	4561	1357693	905018	1224779
4306	2732	4289	2054702	1780036	1723238
1887	1278	1801	342311	257522	311244
3049	1336	2815	559368	375179	495029
939	495	776	179327	63796	110217
112	72	158	18523	11150	18523
1842	**1724**	**1409**	**120649**	**81016**	**32317**
1772	1662	1345	110449	80216	30767
70	62	65	10200	800	1550
12862	9518	11804	4278702	3721584	3255178
2788	2221	2112	958766	659489	664002
9351	6384	10375	3690206	2635870	2928010
1049	747	1203	648932	611704	640279
19256	10667	17895	5352207	3742937	3783556
2623	1811	2659	1431937	1223464	1292724
4301	2701	3775	1679874	1289127	1503233
1061	700	1036	252173	177569	218171
35598	23174	34369	11224023	8440007	8071887
219	119	67	13473	13213	7370
1504	1032	1483	327333	228204	177640

2-8 续表 2

分组	科技项目数(项)	# 新产品开发项目数	# R&D项目数	参加项目人员合计(人)
六、按项目合作形式分组				
与境外机构合作	46	33	36	594
与国内高校合作	371	207	239	4854
与国内独立研究院所合作	304	242	251	5883
与境内注册的外商独资企业合作	16	13	12	470
与境内注册的其他企业合作	184	86	110	2251
以本企业所办科技机构为主完成	1802	1335	1373	21847
由本企业有关部门组成联合攻关小组协作完成	1413	905	948	18107
其他	113	59	44	866
七、按项目活动类型分组				
基础研究	3	2	3	14
应用研究	66	29	66	584
试验发展	2944	2112	2944	36902
研究与试验发展成果应用	1236	737		17372
八、按项目技术经济目标分组				
开发全新产品	1498	1498	1090	20274
增加已有产品的功能	368	368	255	3810
提高产品性能	1014	1014	798	10811
提高劳动生产率	523		356	7664
减少能源消耗	156		102	2757
节约原材料	104		77	1953
减少环境污染	78		39	1724
其他	508		296	5879
九、按地区分组				
沈 阳 市	740	561	506	11793
大 连 市	1256	996	1082	12455
鞍 山 市	417	251	290	4709
抚 顺 市	352	274	278	2090
本 溪 市	218	133	139	5970
丹 东 市	124	93	47	1793
锦 州 市	130	109	91	1930
营 口 市	97	76	66	1153
阜 新 市	61	45	27	1064
辽 阳 市	84	50	72	2140
盘 锦 市	444	76	239	4363
铁 岭 市	83	42	53	2347
朝 阳 市	86	76	38	1344
葫芦岛市	157	98	85	1721

科学家和工程师	高中级技术职称人员	参加项目人员实际工作时间(人年)	项目经费内部支出(千元)	# R&D项目支出	# 新产品项目支出
475	237	447	211180	169757	169524
4122	2683	4124	1285609	949545	973665
4281	2969	5167	1739082	1087827	1105861
425	251	227	16242	11162	13541
1789	1359	1753	460684	388161	333698
17655	11511	17375	5483597	4609707	4477062
15766	10002	13595	5561100	4100032	4134413
793	525	701	171319	55393	63261
12	7	9	710	710	530
493	339	349	442695	442695	382000
31023	19836	28829	10928179	10928179	8903538
13778	9355	14203	3557229		1984957
16900	10601	17237	5743757	4530774	5743757
3186	2056	3140	1778284	1525276	1778284
9133	5516	7701	3748984	3230018	3748984
6164	4275	6130	1372873	796394	
2420	1463	2031	685578	397616	
1824	1276	955	260199	172469	
1160	804	1576	463254	84635	
4519	3546	4619	875884	634402	
10207	6487	9777	2812959	2039306	2405578
10717	6263	8698	3889615	3479167	3280745
4450	3007	3576	2036335	1710924	1859592
1680	1221	1711	632142	495690	449489
4527	3196	4994	2610278	1578605	1392316
1579	1169	1154	238776	28369	200770
1565	1048	2024	602050	512465	504740
758	484	994	286990	141085	191302
684	502	638	69464	19810	38115
1878	714	1687	423297	409567	185682
3656	2876	4077	620846	453598	255411
1335	1054	1252	151321	125886	22471
1001	558	1231	316078	214821	308692
1269	958	1575	238662	162291	176122

2-9 规模以上工业企业新产品产出和专利情况

分组	新产品产值(千元)	新产品销售收入(千元)	出口	专利申请数(件)	发明专利	拥有发明专利数(件)
总计	**198242731**	**191967477**	**40180858**	**3678**	**1383**	**1496**
总计中：国有控股企业	138637096	140434225	32642107	1944	681	551
一、按企业规模分组						
大型企业	154851901	152940192	35666428	2132	695	476
中型企业	29811584	26273475	3956192	709	297	424
小型企业	13579246	12753810	558238	837	391	596
二、按登记注册类型分组						
内资企业	**167281269**	**162733249**	**37377120**	**3270**	**1261**	**1372**
国有企业	23143483	21896037	2802212	1104	351	236
集体企业	584996	510498	141200	24	9	10
股份合作企业	104780	99179	4190	12	6	30
联营企业	32337	33842				
国有与集体联营企业	32337	33842				
有限责任公司	93333746	89895662	29200061	1048	420	406
国有独资公司	17773587	16188237	2387572	216	92	87
其他有限责任公司	75560159	73707425	26812489	832	328	319
股份有限公司	31331634	32215950	4155417	383	176	192
私营企业	14500025	13274951	821287	684	295	495
私营独资企业	1723696	1648307	54055	38	22	31
私营合伙企业	615	569		21	21	39
私营有限责任公司	11713891	10610702	547942	574	217	392
私营股份有限公司	1061823	1015373	219290	51	35	33
其他企业	4250268	4807130	252753	15	4	3
港澳台商投资企业	**4509116**	**4065945**	**224037**	**186**	**68**	**31**
合资经营企业(港或澳、台资)	3336270	3206278	111639	176	58	23
港、澳、台商独资经营企业	1172846	859667	112398	10	10	8
外商投资企业	**26452346**	**25168283**	**2579701**	**222**	**54**	**93**
中外合资经营企业	24227402	23185081	2193975	186	49	84
中外合作经营企业	200	250	250			
外资企业	2129054	1887945	385476	26	5	9
外商投资股份有限公司	95690	95007		10		
三、按行业(大类)分组						
采矿业	**1809095**	**777545**	**71968**	**258**	**77**	**62**
煤炭开采和洗选业	268000	247557		18	8	1
石油和天然气开采业	1091918	156336	59384	240	69	60
黑色金属矿采选业	79858	12564	12564			
有色金属矿采选业	349719	341932				
非金属矿采选业	19600	19156	20			
其他采矿业						1
制造业	**196433636**	**191189932**	**40108890**	**3349**	**1293**	**1433**
农副食品加工业	714401	644646	18512	28	21	10
食品制造业	92025	49729		8	7	9
饮料制造业	537050	496659		1		
纺织业	598691	453156	334394	28	15	40
纺织服装、鞋、帽制造业	155613	150607	22094			
木材加工及木、竹、藤、棕、草制品业	1440	1426				

2-9　续表

分　　组	新产品产值	新产品销售收入		专利申请数(件)		拥有发明专利数(件)
			出口		发明专利	
家具制造业	60058	66456	9401			
造纸及纸制品业	128711	125974	1434	5	4	6
印刷业和记录媒介的复制	424428	414776	41454	8	4	1
文教体育用品制造业	23474	28959	15720			
石油加工、炼焦及核燃料加工业	3510483	3562624		39	25	17
化学原料及化学制品制造业	7505585	7807888	587824	143	118	130
医药制造业	3734742	3364277	814622	93	75	108
化学纤维制造业	153570	147427	21719	6	5	13
橡胶制品业	633326	599139	134421	12	6	12
塑料制品业	1063862	1022580	81544	25	13	8
非金属矿物制品业	3097265	2918626	320747	51	30	23
黑色金属冶炼及压延加工业	45579736	45268289	6134283	790	277	118
有色金属冶炼及压延加工业	1542155	1470155	148542	94	12	28
金属制品业	8226865	4272053	2752019	212	64	51
通用设备制造业	20187906	18166862	1124746	274	112	201
专用设备制造业	21040230	18660297	2316694	518	204	308
交通运输设备制造业	61452936	58755772	16310346	469	153	109
电气机械及器材制造业	8887301	8769472	330643	149	36	111
通信设备、计算机及其他电子设备制造业	5345989	12497400	8480529	174	27	23
仪器仪表及文化、办公用机械制造业	1431969	1177527	104318	216	82	102
工艺品及其他制造业	303825	297156	2884	4	3	3
废弃资源和废旧材料回收加工业				2		2
电力、燃气及水的生产和供应业				**71**	**13**	**1**
电力、热力的生产和供应业				71	13	1
四、按隶属关系分组						
中央	70317156	73930447	25328080	1473	503	306
省(自治区、直辖市)	4339589	4069864	125368	23	13	19
地(区、市、州、盟)	48252004	42533985	9579580	476	199	251
县(区、市、旗)	10701630	9054211	358215	179	28	39
其他	64632352	62378970	4789615	1527	640	881
五、按地区分组						
沈 阳 市	72915381	64921288	6242328	1031	312	348
大 连 市	48194603	53442536	25098602	725	300	324
鞍 山 市	21655326	21237827	2346912	828	294	215
抚 顺 市	4505325	3423748	64521	62	20	24
本 溪 市	15199733	16320922	3723410	94	57	39
丹 东 市	2102421	2044795	23200	110	41	79
锦 州 市	1510697	1113091	71286	85	55	25
营 口 市	2822968	2614817	296447	166	69	76
阜 新 市	624794	607588	14210	86	67	97
辽 阳 市	2307195	2763011	327894	89	26	73
盘 锦 市	4827311	3922836	317713	262	79	88
铁 岭 市	1920218	1692655	10443	69	17	46
朝 阳 市	6307702	6213004	538854	24	21	16
葫芦岛市	13349057	11649359	1105038	47	25	46

2-10 规模以上工业企业技术改造、技术获取及减免税情况

单位：千元

分组	技术改造经费支出	引进国外技术经费支出	引进技术的消化吸收经费支出	购买国内技术经费支出	享受各级政府对技术开发的减免税
总　计	**26327149**	**2355285**	**333862**	**2041092**	**397504**
总计中：国有控股企业	23724418	2200020	272069	1988096	290771
一、按企业规模分组					
大型企业	23580011	2157843	251479	1935297	315707
中型企业	2370594	115387	68165	89995	60635
小型企业	376544	82055	14218	15800	21162
二、按登记注册类型分组					
内资企业	**25574511**	**2269023**	**311340**	**2017617**	**386649**
国有企业	11731938	1427094	10561	1669878	100867
集体企业	3950	235			875
股份合作企业	37051	145	681	3125	189
有限责任公司	3875462	710334	218643	139107	201839
国有独资公司	1797804	44712	21964	4050	80377
其他有限责任公司	2077658	665622	196679	135057	121462
股份有限公司	8864665	104412	46860	188652	62829
私营企业	1016725	26803	34595	16555	19300
私营独资企业	212494	200	14469	10042	7
私营合伙企业	312				
私营有限责任公司	756644	26583	20076	6463	13938
私营股份有限公司	47275	20	50	50	5355
其他企业	44720			300	750
港澳台商投资企业	**323938**	**47161**	**4088**	**8643**	**7185**
合资经营企业(港或澳、台资)	185164	41178	300	3895	4646
港、澳、台商独资经营企业	138774	5983	3788	4748	2539
外商投资	**428700**	**39101**	**18434**	**14832**	**3670**
中外合资经营企业	204652	28663	17867	13592	3670
中外合作经营企业	249				
外资企业	223799	10438	567	1240	
三、按行业(大类)分组					
采矿业	**328259**	**15414**	**2826**	**10546**	**6165**
煤炭开采和洗选业	241292	5414		1336	
石油和天然气开采业	86967	10000	2826	9210	6165
制造业	**25739185**	**2336871**	**331036**	**2023624**	**391339**
农副食品加工业	308559	15	2625	1975	
食品制造业	4233	2000			380
饮料制造业	22805	1600	300	500	
纺织业	4053		100	50	
木材加工及木、竹、藤、棕、草制品业	612				
家具制造业		780			
造纸及纸制品业	2876	2396			
印刷业和记录媒介的复制	18662			1156	

2-10 续表 单位：千元

分 组	技术改造经费支出	引进国外技术经费支出	引进技术的消化吸收经费支出	购买国内技术经费支出	享受各级政府对技术开发的减免税
石油加工、炼焦及核燃料加工业	2845456	29495	669	11547	3190
化学原料及化学制品制造业	466193	190469	84224	63969	5686
医药制造业	218545	15639	1976	47349	15106
化学纤维制造业	196913				
橡胶制品业	1975			360	
塑料制品业	25126	1000	300	3022	
非金属矿物制品业	188263	9421	12200	15503	2154
黑色金属冶炼及压延加工业	17108005	1475271	10689	1803544	122952
有色金属冶炼及压延加工业	67312	850			
金属制品业	37573	270	521	1167	36064
通用设备制造业	1011013	43310	32574	8443	44324
专用设备制造业	1651871	24094	9352	4063	69758
交通运输设备制造业	917666	132888	170226	47267	67811
电气机械及器材制造业	567351	16149	3480	7254	19159
通信设备、计算机及其他电子设备制造业	42860	384981	800	3022	1497
仪器仪表及文化、办公用机械制造业	30563	5343	700	3233	3258
工艺品及其他制造业	700	900	300	200	
电力、燃气及水的生产和供应业	**259705**	**3000**		**6922**	
电力、热力的生产和供应业	199900	3000		6922	
水的生产和供应业	59805				
四、按隶属关系分组					
中央	15045968	2044427	203809	1755421	168040
省(自治区、直辖市)	733799	6264	1030	38336	
地(区、市、州、盟)	3020550	155287	68018	183769	124471
县(区、市、旗)	180141	4277	2060	6165	32396
其他	7346691	145030	58945	57401	72597
五、按地区分组					
沈 阳 市	2054583	80534	27827	42911	134443
大 连 市	1811158	487808	140423	40535	78755
鞍 山 市	11146200	1410781	23166	1644192	94421
抚 顺 市	2911519	2438	1000	2036	3748
本 溪 市	5345101	4725	1806	171385	4548
丹 东 市	99751	46121	40500	1935	2903
锦 州 市	833656	47941	10893	23386	20581
营 口 市	151101	5000	200	9523	2035
阜 新 市	74233	5000	700	170	
辽 阳 市	125048	215	130	36800	750
盘 锦 市	287112	193206	83787	55950	10207
铁 岭 市	365247	5414	3100		20
朝 阳 市	289546	57312	180	300	41439
葫芦岛市	832894	8790	150	11969	3654

第 3 篇

建筑业企业生产经营及财务状况

3-A-1 建筑业按登记注册类型

分组	建筑业企业数（个）	年末从业人员（人）	其中：女性	全年经营收入（千元）
总　计	**14959**	**1282706**	**160262**	**273836800**
其中：国有及国有控股企业	913	341890	52733	106049765
一、按登记注册类型分组				
内资企业	**14756**	**1263458**	**158374**	**269251320**
国有企业	687	184255	28748	50957461
集体企业	1054	137555	27725	17206378
股份合作企业	192	12141	2228	2103842
联营企业	16	1822	281	112850
国有联营企业	2	301	92	18912
集体联营企业	6	642	31	42965
国有与集体联营企业	6	855	155	30563
其他联营企业	2	24	3	20410
有限责任公司	2228	394626	49813	101223055
国有独资公司	32	28623	4327	6019541
其他有限责任公司	2196	366003	45486	95203514
股份有限公司	197	40396	3481	10074064
私营企业	10348	492433	46047	87471287
私营独资企业	1759	44732	4208	7014481
私营合伙企业	182	3800	597	661864
私营有限责任公司	7955	418429	38433	75601351
私营股份有限公司	452	25472	2809	4193591
其他企业	34	230	51	102383
港、澳、台商投资企业	**50**	**4770**	**789**	**1099304**
合资经营企业(港或澳、台资)	37	4050	717	1068189
合作经营企业(港或澳、台资)	6	59	14	3523
港、澳、台商独资经营企业	4	108	17	11393
港、澳、台商投资股份有限公司	3	553	41	16199
外商投资企业	**153**	**14478**	**1099**	**3486176**
中外合资经营企业	82	8773	850	2347890
中外合作经营企业	7	237	25	30699
外资企业	57	4397	182	817731
外商投资股份有限公司	7	1071	42	289856
二、按控股情况分组				
国有控股	911	341860	52727	106048890
集体控股	1488	202911	39658	30331848
私人控股	12187	718361	65798	132775638
港澳台商控股	48	3998	695	917340
外商控股	125	13115	913	3098401
其他	198	2431	465	663808

和控股情况分基本情况

资产总计(千元)	期末在用计算机数(台)	年末拥有网站数(个)	全年电子商务采购金额(千元)	全年电子商务销售金额(千元)
223493058	**74186**	**1137**	**135861**	**32256**
82184569	23680	116	60663	81
218573741	**72546**	**1102**	**134729**	**32256**
47748910	12986	56	618	50
13514852	4116	40	8308	700
1871438	585	14	253	376
138926	61	2		
12749	6	1		
33361	14	1		
82256	39			
10560	2			
74962477	23024	252	85981	6585
3553885	826	9		
71408592	22198	243	85981	6585
6452787	2756	15	84	80
73863136	28970	722	39485	24465
5720143	2443	57	12468	11068
524101	364	5		
63389309	24710	624	26872	13387
4229583	1453	36	145	10
21215	48	1		
1199167	**368**	**17**		
1123585	305	16		
41884	17			
11209	4			
22489	42	1		
3720150	**1272**	**18**	**1132**	
1873714	828	14	155	
31973	17			
1441120	362	4	977	
373343	65			
82182969	23677	116	60663	81
24416514	7288	80	8406	700
112152878	41613	903	65448	30866
1083864	323	17	9	
2534405	1005	16	1077	
1120828	277	5	258	609

3-A-2 建筑业按隶属关系、

分组	建筑业企业数（个）	年末从业人员（人）		全年经营收入（千元）
			其中：女性	
总　计	**14959**	**1282706**	**160262**	**273836800**
一、按隶属关系分组				
中央	140	146833	21419	60241843
地方	14819	1135873	138843	213594957
省(自治区、直辖市)	183	50938	6594	12172603
地区(州、盟、省辖市)	1082	178319	33649	39726623
县(区、市、旗)	822	111022	14948	17449321
街道	114	7205	779	1243870
镇	81	6959	719	510314
乡	38	1898	187	347218
居委会	2	18	6	30
村委会	32	1853	91	172164
其他	12465	777661	81870	141972814
二、按营业状态分组				
营业	12934	1265313	156617	273089110
停业(歇业)	1691	13647	2937	673957
筹建	212	1494	284	19080
当年关闭	107	1994	369	46887
当年破产	4	6	1	25
其他	9	222	48	6866
三、按行业(中类)分组				
房屋和土木工程建筑业	5015	976741	110228	214608305
房屋工程建筑	2549	627094	54602	121176375
土木工程建筑业	2466	349647	55626	93431930
建筑安装业	4004	204682	33749	42627778
建筑装饰业	4586	71954	12609	12073348
其他建筑业	1354	29329	3676	4527369
工程准备	873	18417	2328	3005421
提供施工设备服务	112	2322	198	390484
其他未列明的建筑活动	369	8590	1150	1131464

营业状态和行业分基本情况

资产总计(千元)	期末在用计算机数(台)	年末拥有网站数(个)	全年电子商务采购金额(千元)	全年电子商务销售金额(千元)
223493058	**74186**	**1137**	**135861**	**32256**
41097436	13594	31	235	
182395622	60592	1106	135626	32256
10942885	3074	20	145	
35990760	9770	76	62171	1915
12377582	3037	53	49	31
1170734	314	4	6	
497192	96			
188196	60	1	12	
330	3			
240215	30	2		
120987728	44208	950	73243	30310
219170696	72919	1129	135798	32256
3626058	1063	6	57	
628143	133		6	
56263	56	1		
360	1			
9938	11	1		
169021392	41429	441	114046	2980
87392528	18479	232	43576	2301
81628864	22950	209	70470	679
37783373	19230	334	14586	22797
11739874	11121	303	5462	6344
4948419	2406	59	1767	135
3431091	1410	29	204	
305685	160	1	102	135
1211643	836	29	1461	

3-A-3 建筑业按地区

分组	建筑业企业数（个）	年末从业人员（人）	其中：女性	全年经营收入（千元）
总计	**14959**	**1282706**	**160262**	**273836800**
一、按地区分组				
沈阳市	4361	221913	29399	58028528
大连市	5210	421144	27999	78011765
鞍山市	999	99305	19733	26239206
抚顺市	759	64225	12323	13084207
本溪市	459	47372	9243	9025490
丹东市	559	54479	6107	11050385
锦州市	432	55784	9100	11771268
营口市	373	35604	3972	8222949
阜新市	351	28856	4889	4333179
辽阳市	260	62582	11101	21224561
盘锦市	372	63097	7567	13152669
铁岭市	239	42741	5749	8138419
朝阳市	293	50206	6980	6678882
葫芦岛市	292	35398	6100	4875292
二、按企业资质等级分组				
资质以上	**4547**	**1112990**	**132421**	**247640037**
施工总承包	1685	871822	98748	199703078
特级	17	116953	8580	39137740
一级	149	236299	30716	74840534
二级	382	232527	26562	41016442
三级及以下	1137	286043	32890	44708362
专业承包	2580	224720	31702	46829965
一级	132	51181	5481	16711261
二级	484	59704	8167	12073531
三级及以下	1964	113835	18054	18045173
劳务分包	282	16448	1971	1106994
一级	87	10471	695	458142
二级	97	2672	516	155712
不分等级	98	3305	760	493140
资质以外	**10412**	**169716**	**27841**	**26196763**

和资质等级分基本情况

资产总计 (千元)	期末在用 计算机数 (台)	年末拥有 网 站 数 (个)	全年电子商 务采购金额 (千元)	全年电子商 务销售金额 (千元)
223493058	**74186**	**1137**	**135861**	**32256**
53733792	22039	318	13184	6092
67114845	19378	456	51177	25042
18002073	5376	68	432	1082
7878702	3711	27	17	
7535862	2384	19		
9124450	2005	48	105	
7846460	3288	36	514	5
6413572	1605	14	109	
4608695	1328	5	7348	
13782242	5621	19	62940	10
12684709	2710	18	30	25
5976045	2387	14		
4259305	1233	60		
4532306	1121	35	5	
196769299	**57631**	**782**	**114887**	**12880**
151757730	34498	306	103341	2321
21024824	8572	14	601	
64333329	12822	73	62051	1331
33461452	6207	104	25169	
32938125	6897	115	15520	990
43902444	22471	456	11544	10559
14015417	6190	47	283	
10883975	5437	107	343	4481
19003052	10844	302	10918	6078
1109125	662	20	2	
462460	216	10		
186586	141	4		
460079	305	6	2	
26723759	**16555**	**355**	**20974**	**19376**

3-A-4 建筑业按登记注册类型

分　组	建筑业企业数（个）	有工作量的	建筑业总产值（千元）	装饰装修产值
总　计	**14959**	**11477**	**277411819**	**18688073**
其中：国有及国有控股企业	913	725	106263037	1104228
一、按登记注册类型分组				
内资企业	**14756**	**11333**	**272199560**	**17593204**
国有企业	687	545	51504319	639421
集体企业	1054	795	16414454	630546
股份合作企业	192	151	1960634	193509
联营企业	16	12	249585	16214
国有联营企业	2	2	17571	
集体联营企业	6	3	128050	
国有与集体联营企业	6	5	58864	16214
其他联营企业	2	2	45100	
有限责任公司	2228	1848	102297794	2889309
国有独资公司	32	26	6365058	18790
其他有限责任公司	2196	1822	95932736	2870519
股份有限公司	197	170	10885985	354443
私营企业	10348	7790	88789404	12829619
私营独资企业	1759	1340	6996305	788140
私营合伙企业	182	139	655053	153430
私营有限责任公司	7955	5958	76831961	11447753
私营股份有限公司	452	353	4306085	440296
其他企业	34	22	97385	40143
港、澳、台商投资企业	**50**	**36**	**1085816**	**287872**
合资经营企业(港或澳、台资)	37	27	1026027	244492
合作经营企业(港或澳、台资)	6	3	3522	2841
港、澳、台商独资经营企业	4	3	5965	5199
港、澳、台商投资股份有限公司	3	3	50302	35340
外商投资企业	**153**	**108**	**4126443**	**806997**
中外合资经营企业	82	55	2856958	494644
中外合作经营企业	7	6	29473	
外资企业	57	41	937517	26768
外商投资股份有限公司	7	6	302495	285585
二、按控股情况分组				
国有控股	911	743	106359877	1104435
集体控股	1488	1159	29522450	960329
私人控股	12187	9314	136397883	15714691
港澳台商控股	48	35	902629	285066
外商控股	125	90	3727506	518351
其他	198	135	500599	105201

和控股情况分工作量情况

计算建筑业劳动生产率的平均人数(人)	年末从业人员(人)	管理人员	工程技术人员	现场施工工人
1867541	**1282706**	**187813**	**189752**	**746522**
521042	341890	51933	46442	195824
1837913	**1263458**	**185444**	**187158**	**732923**
285560	184255	29911	27165	96343
176494	137555	14742	15410	68951
18406	12141	2381	2057	6131
2270	1822	101	192	732
7	301	1		
1226	642	37	54	388
581	855	62	115	343
456	24	1	23	1
597807	394626	58628	59373	232744
40841	28623	3593	3509	21226
556966	366003	55035	55864	211518
81992	40396	5305	4321	24810
675192	492433	74342	78618	303095
57588	44732	6061	7286	28116
6441	3800	616	752	2561
575752	418429	64450	66167	258690
35411	25472	3215	4413	13728
192	230	34	22	117
9421	**4770**	**765**	**923**	**2870**
8970	4050	682	843	2383
37	59	12	14	26
66	108	4	10	42
348	553	67	56	419
20207	**14478**	**1604**	**1671**	**10729**
14064	8773	1075	1400	6053
265	237	13	42	169
4648	4397	388	167	3977
1230	1071	128	62	530
522943	108	52163	46677	196416
277222	553	25645	25548	109099
1038723	14478	107672	114949	427792
7260	8773	644	841	2314
18716	237	1370	1417	9867
2657	4397	315	318	1022

3-A-5 建筑业按隶属关系、

分　组	建筑业企业数（个）	有工作量的	建筑业总产值（千元）	装饰装修产值
总　计	**14959**	**11477**	**277411819**	**18688073**
一、按隶属关系分组				
中央	140	118	58507557	406175
地方	14819	11359	218904262	18281898
省(自治区、直辖市)	183	156	13267473	391691
地区(州、盟、省辖市)	1082	858	41685711	1602975
县(区、市、旗)	822	645	17989652	504239
街道	114	79	1310557	92927
镇	81	57	567878	13280
乡	38	26	379911	8580
居委会	2	1	30	
村委会	32	20	207138	
其他	12465	9517	143495912	15668206
二、按营业状态分组				
营业	12934	11241	276695036	18642244
停业(歇业)	1691	184	653256	36786
筹建	212	17	16195	5180
当年关闭	107	31	41217	2823
当年破产	4			
其他	9	3	5240	1040
三、按行业(中类)分组				
房屋和土木工程建筑业	5015	4027	222042815	3034168
房屋工程建筑	2549	2049	126868467	2123157
土木工程建筑业	2466	1978	95174348	911011
建筑安装业	4004	3108	38675473	5550007
建筑装饰业	4586	3407	12188823	9879033
其他建筑业	1354	935	4504708	224865
工程准备	873	607	2927228	61125
提供施工设备服务	112	70	367872	22750
其他未列明的建筑活动	369	258	1209608	140990

营业状态和行业分工作量情况

计算建筑业劳动生产率的平均人数（人）	年末从业人员（人）			
		管理人员	工程技术人员	现场施工工人
1867541	**1282706**	**187813**	**189752**	**746522**
189568	146833	21730	17527	92272
1677973	1135873	166083	172225	654250
87429	50938	6985	7613	27019
292291	178319	30118	27735	94860
167764	111022	14382	17894	59536
10079	7205	1287	1155	4477
6379	6959	928	952	3304
2806	1898	206	334	1029
10	18	1	1	1
1888	1853	290	459	893
1109327	**777661**	**111886**	**116082**	**463131**
1857046	1265313	186122	188349	741038
9500	13647	1471	1224	5031
452	1494	141	100	161
470	1994	72	73	260
4	6			
49	**222**	**3**	**4**	**20**
1441418	976741	138893	138025	588447
963393	627094	86470	87523	392440
478025	349647	52423	50502	196007
288843	204682	31323	32748	104498
100921	71954	13293	14146	37215
36359	29329	4304	4833	16362
23788	18417	2603	3176	9867
3453	2322	296	393	1616
9118	8590	1405	1264	4879

3-A-6 建筑业按地区和

分　　组	建筑业企业数（个）	有工作量的	建筑业总产值（千元）	装饰装修产值
总　计	**14959**	**11477**	**277411819**	**18688073**
一、按地区分组				
沈 阳 市	4361	3354	59054612	8522188
大 连 市	5210	3801	79679905	5182357
鞍 山 市	999	810	24037793	1383286
抚 顺 市	759	646	13596594	884255
本 溪 市	459	391	9992134	237982
丹 东 市	559	425	11570836	282538
锦 州 市	432	334	12541391	397993
营 口 市	373	307	8247737	765370
阜 新 市	351	269	4572004	272303
辽 阳 市	260	221	20233562	287517
盘 锦 市	372	284	13347559	95422
铁 岭 市	239	183	8613982	69601
朝 阳 市	293	238	6665605	114779
葫芦岛市	292	214	5258105	192482
二、按企业资质等级分组				
资质以上	**4547**	**4037**	**252020020**	**13558265**
施工总承包	1685	1560	205350713	2837846
特级	17	14	39403324	690741
一级	149	145	77176663	539333
二级	382	371	41752807	421020
三级及以下	1137	1030	47017919	1186752
专业承包	2580	2243	45566209	10709578
一级	132	123	15606725	6622335
二级	484	451	11934939	2327893
三级及以下	1964	1669	18024545	1759350
劳务分包	282	234	1103098	10841
一级	87	77	458909	991
二级	97	79	154586	5624
不分等级	98	78	489603	4226
资质以外	**10412**	**7440**	**25391799**	**5129808**

资质等级分工作量情况

计算建筑业劳动生产率的平均人数（人）	年末从业人员（人）			
		管理人员	工程技术人员	现场施工工人
1867541	**1282706**	**187813**	**189752**	**746522**
457710	221913	36815	40940	101694
538869	421144	55728	53997	292588
114946	99305	12479	11725	50395
133848	64225	9381	9321	34878
67095	47372	7393	8106	25657
58915	54479	10713	8497	31195
77814	55784	8956	8178	34931
57803	35604	6703	6989	20639
48988	28856	5769	5331	17774
79922	62582	11373	9098	36126
65151	63097	7131	9676	29801
54415	42741	5159	5654	28257
60192	50206	5994	6590	28448
51873	35398	4219	5650	14139
1658995	**1112990**	**166736**	**167993**	**652158**
1296335	871822	126946	124016	528011
164353	116953	14026	8394	92052
408058	236299	38054	34508	141040
327728	232527	35097	36158	135029
396196	286043	39769	44956	159890
342707	224720	38110	42216	112106
90485	51181	9192	8064	27300
95689	59704	10039	11202	29733
156533	113835	18879	22950	55073
19953	16448	1680	1761	12041
11083	10471	658	686	8923
3367	2672	372	236	1511
5503	3305	650	839	1607
208546	**169716**	**21077**	**21759**	**94364**

3-A-7 建筑业按登记注册类型

分组	建筑业总产值(千元)	建筑工程产值	安装工程产值	其他产值
总计	**277411819**	**229521156**	**40245798**	**6537906**
其中：国有及国有控股企业	106263037	89992864	14580291	1689882
一、按登记注册类型分组				
内资企业	**272199560**	**225285375**	**39287654**	**6519729**
国有企业	51504319	40707899	10045838	675141
集体企业	16414454	10827918	5094294	378368
股份合作企业	1960634	1615929	268525	69401
联营企业	249585	231577	5808	7150
国有联营企业	17571	16843	728	
集体联营企业	128050	121000	2000	
国有与集体联营企业	58864	48734	2980	7150
其他联营企业	45100	45000	100	
有限责任公司	102297794	87909948	12215866	1788968
国有独资公司	6365058	5476998	840625	47435
其他有限责任公司	95932736	82432950	11375241	1741533
股份有限公司	10885985	9968964	603718	311013
私营企业	88789404	73997112	11027546	3244390
私营独资企业	6996305	5149612	963364	840430
私营合伙企业	655053	427906	197281	21570
私营有限责任公司	76831961	64734218	9354311	2286728
私营股份有限公司	4306085	3685376	512590	95662
其他企业	97385	26028	26059	45298
港、澳、台商投资企业	**1085816**	**494784**	**590045**	**830**
合资经营企业(港或澳、台资)	1026027	439231	586639	
合作经营企业(港或澳、台资)	3522	351	2841	330
港、澳、台商独资经营企业	5965	4965	500	500
港、澳、台商投资股份有限公司	50302	50237	65	
外商投资企业	**4126443**	**3740997**	**368099**	**17347**
中外合资经营企业	2856958	2583057	263378	10523
中外合作经营企业	29473	19886	6321	3266
外资企业	937517	838279	95680	3558
外商投资股份有限公司	302495	299775	2720	
二、按控股情况分组				
国有控股	106359877	89991989	14580291	1689882
集体控股	29522450	20652564	7887929	640941
私人控股	136397883	114857613	16883091	3989108
港澳台商控股	902629	471183	430459	830
外商控股	3727506	3402280	318402	6824
其他	500599	144652	145626	210321

和控股情况分生产情况

竣工产值（千元）	房屋建筑施工面积（平方米）	本年新开工	房屋建筑竣工面积（平方米）	住　宅
178767662	**199131082**	**97003041**	**95838827**	**73762788**
62685114	35322682	18734725	13061283	8045678
175504160	**197417280**	**96051811**	**94893160**	**73286158**
32472305	13545454	6700683	5200296	3812510
11555495	9786859	6780975	5801449	4451375
1380969	1464791	1073099	909626	723469
226673	304300	700	79637	
123000	224000			
99660	72300		71637	
4013	8000	700	8000	
65401546	59611136	34997997	25120403	17976308
3358789	1518988	946106	321626	258458
62042757	58092148	34051891	24798777	17717850
6621500	13218178	8272543	4662767	3516046
57785180	99479546	38218798	53111966	42800250
5199383	3508776	2189748	1893293	1283865
378662	85859	82516	83450	44612
49745842	93715207	34911753	50124744	40766957
2461293	2169704	1034781	1010479	704816
60492	7016	7016	7016	6200
655972	**119564**	**25200**	**95403**	**75403**
626402	119564	25200	95403	75403
351				
1833				
27386				
2607530	**1594238**	**926030**	**850264**	**401227**
2282975	1091608	824060	819236	394806
22115				
39214	502030	101970	2028	21
263226	600		29000	6400
62684239	35322682	18734725	13061283	8045678
20354313	16880415	10585584	9404233	7242138
92668658	145243043	66763032	72461004	57982072
496666	121564	25200	95403	75403
2274731	1531558	863550	787584	401227
288180	31820	30950	29320	16270

3-A-8 建筑业按隶属关系、

分　组	建筑业总产值（千元）	建筑工程产值	安装工程产值	其他产值
总　计	**277411819**	**229521156**	**40245798**	**6537906**
一、按隶属关系分组				
中央	58507557	49127796	8352394	1027367
地方	218904262	180393360	31893404	5510539
省(自治区、直辖市)	13267473	10493694	2363132	192481
地区(州、盟、省辖市)	41685711	34229391	6827705	473248
县(区、市、旗)	17989652	16301255	1341524	292976
街道	1310557	1001702	297867	8411
镇	567878	520410	37763	8875
乡	379911	360254	10260	9297
居委会	30		30	
村委会	207138	201936	1329	3873
其他	143495912	117284718	21013794	4521378
二、按营业状态分组				
营业	276695036	228918677	40170807	6498593
停业(歇业)	653256	548097	70791	34368
筹建	16195	15195	1000	
当年关闭	41217	37272	3200	745
当年破产				
其他	5240	1040		4200
三、按行业(中类)分组				
房屋和土木工程建筑业	222042815	201445110	15929686	4041200
房屋工程建筑	126868467	121034850	3701158	1812112
土木工程建筑业	95174348	80410260	12228528	2229088
建筑安装业	38675473	14453636	22683979	1200508
建筑装饰业	12188823	10440611	1249678	487389
其他建筑业	4504708	3181799	382455	808809
工程准备	2927228	2113042	117407	603862
提供施工设备服务	367872	263717	44110	42355
其他未列明的建筑活动	1209608	805040	220938	162592

营业状态和行业分生产情况

竣工产值 (千元)	房屋建筑 施工面积 (平方米)	本年新开工	房屋建筑 竣工面积 (平方米)	住　宅
178767662	**199131082**	**97003041**	**95838827**	**73762788**
31234529	10503270	4653895	3073781	1432571
147533133	188627812	92349146	92765046	72330217
8111896	5772931	4062270	2363049	1529506
28507421	69154830	17721732	34409959	30420581
14617371	17369167	10662267	9171665	6850069
1037208	1152337	356126	705142	428973
371533	730598	650979	342730	237013
291042	354579	188099	261322	157524
142174	273710	175050	167854	155654
94454488	93819660	58532623	45343325	32550897
178304432	198586031	96818771	95478618	73538902
432880	530643	173770	349959	219886
15664	5693	4000	5535	4000
8891	8715	6500	4715	
4920				
144278915	146604232	88101834	68381237	48891408
84110624	141106788	84535679	65784989	47639266
60168291	5497444	3566155	2596248	1252142
23373662	51819065	8408006	27085412	24713135
7994442	319687	209795	229440	105270
3120643	388098	283406	142738	52975
2182259	165357	79325	78330	27155
190577	7703	3500	6671	2838
747807	215038	200581	57737	22982

3-A-9 建筑业按地区和

分组	建筑业总产值(千元)			
		建筑工程产值	安装工程产值	其他产值
总计	**277411819**	**229521156**	**40245798**	**6537906**
一、按地区分组				
沈阳市	59054612	49143730	9564993	274676
大连市	79679905	68828488	8902974	1697130
鞍山市	24037793	18465418	4064470	1445617
抚顺市	13596594	9434053	3525269	534290
本溪市	9992134	8079936	1564510	246541
丹东市	11570836	10545890	875476	121327
锦州市	12541391	9619525	2591074	60558
营口市	8247737	7935704	278687	31636
阜新市	4572004	3834960	692582	33585
辽阳市	20233562	18647551	1329212	256799
盘锦市	13347559	8163868	4036184	1147507
铁岭市	8613982	6422161	1561928	451914
朝阳市	6665605	5906697	683572	59596
葫芦岛市	5258105	4493175	574867	176730
二、按企业资质等级分组				
资质以上	**252020020**	**213392386**	**32690344**	**4834192**
施工总承包	205350713	185677448	15806963	3866302
特级	39403324	37777452	1053628	572244
一级	77176663	66099625	10196458	880580
二级	41752807	38682813	2422544	647450
三级及以下	47017919	43117558	2134333	1766028
专业承包	45566209	27714938	16883381	967890
一级	15606725	11491714	4026574	88437
二级	11934939	6696561	4899289	339089
三级及以下	18024545	9526663	7957518	540364
劳务分包	1103098			
一级	458909			
二级	154586			
不分等级	489603			
资质以外	**25391799**	**16128770**	**7555454**	**1703714**

资质等级分生产情况

竣工产值 (千元)	房屋建筑 施工面积 (平方米)	本年新开工	房屋建筑 竣工面积 (平方米)	住　宅
178767662	**199131082**	**97003041**	**95838827**	**73762788**
36178420	78936413	22155341	38574993	32815487
48108202	55621833	30988148	23599599	17014367
15457970	11655545	5904854	5835800	3162001
9205282	4337115	3363785	2410266	2199388
5605721	9503847	6645999	2186316	1382948
7043319	4703813	3742095	2187586	1293579
7888248	5270304	3569368	3606944	2942377
6704139	4971848	4084944	3389875	2453101
3738371	3943970	2137158	2172404	1611095
12434130	4592453	2612148	1984316	1675192
9644610	1546582	1495059	1097994	599594
8136380	4024259	2790652	2680264	1697912
4982204	5962158	4131208	3366057	2823296
3640666	4060942	3382282	2746413	2092451
162982087	**146167997**	**87873769**	**67073328**	**48371145**
131416096	141973791	84920032	64859186	47087059
23593123	28931893	15261312	8854419	6757595
45174116	40932007	21300986	15879938	10471727
29640817	35186157	21353243	18098029	13527498
33008040	36923734	27004491	22026800	16330239
31565991	4194206	2953737	2214142	1284086
8422109	704941	430449	398871	14000
9186408	1702965	1325407	1063695	761737
13957474	1786300	1197881	751576	508349
15785575	**52963085**	**9129272**	**28765499**	**25391643**

3-A-10 建筑业按登记注册类型

分　　组	年末从业人员合计	按学历分				
		研究生及以上	大学本科	大专学历	高中学历	初中及以下
总　　计	**1282706**	**7074**	**88421**	**184486**	**333263**	**669462**
其中：国有及国有控股企业	341890	1637	30885	59744	93045	156579
一、按登记注册类型分组						
内资企业	**1263458**	**6954**	**86646**	**182016**	**325270**	**662572**
国有企业	184255	932	15607	34741	51455	81520
集体企业	137555	374	5192	15971	33878	82140
股份合作企业	12141	116	874	2015	3613	5523
联营企业	1822	24	106	253	402	1037
国有联营企业	301	5	6	90		200
集体联营企业	642		11	25	93	513
国有与集体联营企业	855	19	88	128	296	324
其他联营企业	24		1	10	13	
有限责任公司	394626	1744	29596	55473	99824	207989
国有独资公司	28623	143	3183	4877	5493	14927
其他有限责任公司	366003	1601	26413	50596	94331	193062
股份有限公司	40396	464	3087	5669	14743	16433
私营企业	492433	3300	32170	67820	121278	267865
私营独资企业	44732	189	1816	5368	10816	26543
私营合伙企业	3800	49	396	565	1120	1670
私营有限责任公司	418429	2916	28472	58238	102256	226547
私营股份有限公司	25472	146	1486	3649	7086	13105
其他企业	230		14	74	77	65
港、澳、台商投资企业	**4770**	**39**	**692**	**849**	**1434**	**1756**
合资经营企业(港或澳、台资)	4050	31	604	767	931	1717
合作经营企业(港或澳、台资)	59	4	17	22	16	
港、澳、台商独资经营企业	108	2	11	44	32	19
港、澳、台商投资股份有限公司	553	2	60	16	455	20
外商投资企业	**14478**	**81**	**1083**	**1621**	**6559**	**5134**
中外合资经营企业	8773	63	713	1265	2716	4016
中外合作经营企业	237		15	31	66	125
外资企业	4397	18	308	255	3675	141
外商投资股份有限公司	1071		47	70	102	852
二、按控股情况分组						
国有控股	341860	1637	30883	59739	93035	156566
集体控股	202911	889	10191	25820	51414	114597
私人控股	718361	4388	45421	96161	180626	391765
港澳台商控股	3998	39	658	788	1155	1358
外商控股	13115	79	951	1422	6232	4431
其他	2431	42	315	551	791	732

和控股情况分年末从业人员情况

单位：人

按技术职称分			按技术等级分			
高级职称	中级职称	初级职称	高级技师	技　师	高级工	中级工
17946	**73481**	**95162**	**6154**	**17682**	**57044**	**65753**
5628	24234	31505	1580	7167	34740	29338
17582	**72386**	**93869**	**6073**	**17453**	**56301**	**65114**
3039	13063	18232	947	3855	15909	14581
1010	6000	9481	391	1191	3184	5982
152	796	1169	32	131	733	448
13	119	159	18	86	154	360
	12	26		8	12	14
3	20	30	2	10	30	208
10	87	103	16	68	112	138
5474	23608	29944	2111	6122	25783	25547
370	1692	1428	107	372	4251	2291
5104	21916	28516	2004	5750	21532	23256
1203	2318	2756	364	684	2017	1640
6679	26474	32119	2206	5384	8515	16547
319	1404	1887	149	296	460	863
46	172	272	10	54	60	112
5969	23219	27502	1909	4756	7172	14345
345	1679	2458	138	278	823	1227
12	8	9	4		6	9
115	**471**	**550**	**52**	**130**	**512**	**418**
103	399	545	49	128	507	416
6	2	2	3	2	5	2
	5					
6	65	3				
249	**624**	**743**	**29**	**99**	**231**	**221**
152	461	647	15	47	195	142
8	25	19	1	1		2
55	107	66	13	35	36	65
34	31	11		16		12
5627	24232	31502	1580	7167	34725	29337
2195	9493	14521	596	1796	4931	8865
9756	38602	47727	3888	8510	16884	27128
103	442	535	52	130	223	133
209	581	691	28	70	204	191
55	129	183	10	9	62	98

3-A-11 建筑业按隶属关系、

分组	年末从业人员合计	按学历分				
		研究生及以上	大学本科	大专学历	高中学历	初中及以下
总计	**1282706**	**7074**	**88421**	**184486**	**333263**	**669462**
一、按隶属关系分组						
中央	146833	351	16081	24438	41566	64397
地方	1135873	6723	72340	160048	291697	605065
省(自治区、直辖市)	50938	342	5793	8739	14978	21086
地区(州、盟、省辖市)	178319	1403	13643	33184	46371	83718
县(区、市、旗)	111022	327	3844	12497	30673	63681
街道	7205	35	348	1076	1374	4372
镇	6959	23	203	858	1317	4558
乡	1898	3	107	365	496	927
居委会	18	1		3	10	4
村委会	1853	3	29	245	502	1074
其他	777661	4586	48373	103081	195976	425645
二、按营业状态分组						
营业	1265313	6895	86854	179914	327815	663835
停业(歇业)	13647	138	1283	3673	3972	4581
筹建	1494	21	213	596	413	251
当年关闭	1994	4	59	260	917	754
当年破产	6	1	3	1	1	
其他	222	15	7	37	135	28
三、按行业(中类)分组						
房屋和土木工程建筑业	976741	4283	58631	119929	244404	549494
房屋工程建筑	627094	2793	27973	61852	147729	386747
土木工程建筑业	349647	1490	30658	58077	96675	162747
建筑安装业	204682	1692	18800	42429	58618	83143
建筑装饰业	71954	832	8787	17140	22072	23123
其他建筑业	29329	267	2203	4988	8169	13702
工程准备	18417	122	1303	3248	5138	8606
提供施工设备服务	2322	36	109	270	424	1483
其他未列明的建筑活动	8590	109	791	1470	2607	3613

营业状态和行业分年末从业人员情况

单位：人

按技术职称分			按技术等级分			
高级职称	中级职称	初级职称	高级技师	技　师	高级工	中级工
17946	**73481**	**95162**	**6154**	**17682**	**57044**	**65753**
2457	9984	14442	627	2801	17728	14889
15489	63497	80720	5527	14881	39316	50864
1149	4365	5040	311	720	3454	4475
3206	12375	14567	839	3662	12419	10274
884	6136	8824	215	1005	3470	4935
123	349	444	74	98	87	326
51	356	691	11	49	93	147
24	162	249	30	82	70	202
1	10					
5	122	92	14	6	14	88
10046	39622	50813	4033	9259	19709	30417
17737	72573	94310	6065	17503	56823	65191
188	727	732	85	146	169	487
17	96	64	4	28	21	49
2	26	30			6	5
1	57	23		5	10	20
12687	54743	76561	4616	14437	44525	53186
6946	33607	46937	3268	9640	20239	32088
5741	21136	29624	1348	4797	24286	21098
3625	12547	13318	1082	2188	11042	9735
1199	4631	3887	347	844	920	1937
435	1560	1396	109	213	557	895
260	975	893	64	141	289	500
17	77	50	3	8	129	13
158	508	453	42	64	139	382

3-A-12 建筑业按地区和

分 组	年末从业人员合计	按学历分				
		研究生及以上	大学本科	大专学历	高中学历	初中及以下
总 计	**1282706**	**7074**	**88421**	**184486**	**333263**	**669462**
一、按地区分组						
沈阳市	221913	2755	27262	53978	60643	77275
大连市	421144	1520	20733	34873	87990	276028
鞍山市	99305	251	6509	14412	28643	49490
抚顺市	64225	154	3794	10035	21360	28882
本溪市	47372	172	2184	6541	12450	26025
丹东市	54479	1011	3464	7761	14735	27508
锦州市	55784	167	3584	7305	12153	32575
营口市	35604	128	1646	6057	7536	20237
阜新市	28856	45	1814	4671	10739	11587
辽阳市	62582	406	7440	11053	23237	20446
盘锦市	63097	74	2652	9055	18154	33162
铁岭市	42741	126	1768	5506	11133	24208
朝阳市	50206	180	3671	8317	13878	24160
葫芦岛市	35398	85	1900	4922	10612	17879
二、按企业资质等级分组						
资质以上	**1112990**	**5472**	**73538**	**150661**	**283427**	**599892**
施工总承包	871822	3058	50497	104579	215107	498581
特级	116953	415	8068	10096	28089	70285
一级	236299	905	20141	35816	55451	123986
二级	232527	1067	10565	26250	52553	142092
三级及以下	286043	671	11723	32417	79014	162218
专业承包	224720	2384	21994	44202	64756	91384
一级	51181	454	5410	12012	12413	20892
二级	59704	652	5935	11076	18452	23589
三级及以下	113835	1278	10649	21114	33891	46903
劳务分包	16448	30	1047	1880	3564	9927
一级	10471	12	167	533	1611	8148
二级	2672	5	117	523	1066	961
不分等级	3305	13	763	824	887	818
资质以外	**169716**	**1602**	**14883**	**33825**	**49836**	**69570**

资质等级分年末从业人员情况

单位：人

按技术职称分			按技术等级分			
高级职称	中级职称	初级职称	高级技师	技 师	高级工	中级工
17946	**73481**	**95162**	**6154**	**17682**	**57044**	**65753**
6248	17553	18616	1671	4062	8029	11685
4602	18283	24385	2193	4846	9851	14407
1034	4681	5795	315	689	4194	6641
466	4423	7428	147	647	4868	3906
596	3735	4847	378	2194	6743	4518
1166	3572	4661	332	1011	3722	3429
582	3279	4934	129	632	4191	3780
291	2491	2661	44	136	409	1115
475	2357	3017	260	527	1835	2031
986	4720	6209	146	819	5760	5874
527	2670	4218	236	579	3307	3355
356	1872	2787	88	497	2252	2159
290	1791	2793	142	448	956	1549
327	2054	2811	73	595	927	1304
15767	**66253**	**86941**	**5364**	**15972**	**53743**	**60469**
11663	49447	69307	4159	13340	44533	49853
1956	5026	6379	1158	2228	7770	9772
4523	16146	23136	914	4487	21629	17543
2874	12371	16797	1172	3998	7488	9849
2310	15904	22995	915	2627	7646	12689
3973	16233	16525	1149	2491	8482	9439
1028	2547	2965	348	510	2149	2196
1143	5095	4589	268	740	2101	2780
1802	8591	8971	533	1241	4232	4463
131	573	1109	56	141	728	1177
38	230	463	12	35	235	422
49	119	174	16	36	223	188
44	224	472	28	70	270	567
2179	**7228**	**8221**	**790**	**1710**	**3301**	**5284**

3-A-13 建筑业按登记注册类型

分　组	固定资产原价	本年折旧	所有者权益	实收资本
总　计	**59607056**	**4337950**	**81577640**	**60124836**
其中：国有及国有控股企业	21898159	1669712	18699966	14544901
一、按登记注册类型分组				
内资企业	**58107618**	**4253658**	**79375342**	**58396014**
国有企业	12856904	834219	11762526	8769633
集体企业	4137893	276914	4734285	3559486
股份合作企业	697534	32236	775035	633099
联营企业	52019	3265	61310	63009
国有联营企业	7791	1225	50	6050
集体联营企业	10678	632	17112	15081
国有与集体联营企业	33095	1387	35733	33463
其他联营企业	455	21	8415	8415
有限责任公司	18632540	1519766	23463222	17033264
国有独资公司	1280133	86779	574311	954412
其他有限责任公司	17352407	1432987	22888911	16078852
股份有限公司	1452133	109676	2729353	1697093
私营企业	20267388	1476156	35839474	26630975
私营独资企业	2394141	150494	3044778	2445611
私营合伙企业	175690	10342	321846	280815
私营有限责任公司	16536681	1226924	30277166	22344257
私营股份有限公司	1160876	88396	2195684	1560292
其他企业	11207	1426	10137	9455
港、澳、台商投资企业	**239285**	**13395**	**495795**	**468138**
合资经营企业(港或澳、台资)	216776	12642	438817	405393
合作经营企业(港或澳、台资)	12819	131	31434	38361
港、澳、台商独资经营企业	1150	122	9992	9100
港、澳、台商投资股份有限公司	8540	500	15552	15284
外商投资企业	**1260153**	**70897**	**1706503**	**1260684**
中外合资经营企业	631071	46678	920676	755967
中外合作经营企业	17960	1152	21632	25410
外资企业	314126	13531	603040	312957
外商投资股份有限公司	296996	9536	161155	166350
二、按控股情况分组				
国有控股	22018714	1675925	18775719	14618586
集体控股	7193527	469560	8415247	6377881
私人控股	29210149	2112570	52410791	37558583
港澳台商控股	218028	12426	465063	450552
外商控股	729634	44094	1247747	884524
其他	236584	23333	262053	233710

和控股情况分实收资本情况

单位：千元

国家资本	集体资本	法人资本	个人资本	港澳台资本	外商资本
12977419	**5685021**	**6750272**	**33500709**	**379733**	**831682**
12554608	34033	1722441	211644	7100	15075
12901715	**5645285**	**6672002**	**33167736**	**5692**	**3584**
8295726	14324	415567	44016		
97076	3275989	114936	71485		
6150	426343	142256	58350		
24290	22793	7561	8365		
6000			50		
	14730	51	300		
18290	7663	7510			
	400		8015		
4122076	1727404	3170498	8011465	1792	29
851409	500	101003	1500		
3270667	1726904	3069495	8009965	1792	29
340606	94332	663143	599012		
15791	83400	2154456	24369873	3900	3555
6340	7374	446685	1981762	450	3000
195		33735	246885		
9256	63495	1597415	20670086	3450	555
	12531	76621	1471140		
	700	3585	5170		
14360	**2490**	**27919**	**38048**	**370171**	**15150**
14360	2490	27219	29717	317507	14100
		700	2500	34111	1050
			100	9000	
			5731	9553	
61344	**37246**	**50351**	**294925**	**3870**	**812948**
61344	33332	45281	203580	3570	408860
	3914	3712	2350	300	15134
		1358	6475		305124
			82520		83830
12625244	34133	1725041	211964	7100	15104
110026	5390640	593726	281547	542	1400
140396	204630	4318840	32792609	5594	96514
	2490	32311	36908	363693	15150
15889	32696	26664	120810	2504	685961
84864	20432	53690	56871	300	17553

3-A-14 建筑业按隶属关系、营业状态

分　组	固定资产原价	本年折旧	所有者权益	实收资本
总　计	**59607056**	**4337950**	**81577640**	**60124836**
一、按隶属关系分组				
中央	10690868	1010925	7614461	5706223
地方	48916188	3327025	73963179	54418613
省(自治区、直辖市)	3035034	220810	3399240	2565100
地区(州、盟、省辖市)	9798964	603942	10534740	8231832
县(区、市、旗)	4118267	253642	5071125	3904423
街道	339350	23187	540541	356479
镇	225342	13316	262983	193432
乡	72696	5426	89090	80546
居委会	330	4	30	10
村委会	74045	4455	127852	124980
其他	31252160	2202243	53937578	38961811
二、按营业状态分组				
营业	58591031	4281778	79398270	58237859
停业(歇业)	790318	49014	1799742	1555382
筹建	185282	3884	300838	281458
当年关闭	37815	3105	49360	46837
当年破产	320	34	300	300
其他	1870	93	28110	2000
三、按行业(中类)分组				
房屋和土木工程建筑业	44885552	3290123	57789052	40125973
房屋工程建筑	20836238	1460993	34362843	24180676
土木工程建筑业	24049314	1829130	23426209	15945297
建筑安装业	9512825	662999	14477309	11874766
建筑装饰业	3045121	226804	6534789	5751883
其他建筑业	2163558	158024	2776490	2372214
工程准备	1629515	112403	1926126	1571427
提供施工设备服务	173746	13639	159787	138067
其他未列明的建筑活动	360297	31982	690577	662720

和行业分实收资本情况

单位：千元

国家资本	集体资本	法人资本	个人资本	港澳台资本	外商资本
12977419	**5685021**	**6750272**	**33500709**	**379733**	**831682**
4418685	136057	1090018	61463		
8558734	5548964	5660254	33439246	379733	831682
1897834	157950	429108	72922	5542	1744
4226603	1709222	676885	1328000	229747	61375
1202689	1272110	461467	905612	5650	56895
10910	176434	87090	81745	300	
2730	127498	14944	36260	12000	
7567	20056	11460	41463		
			10		
	94797	8423	21760		
1210401	1990897	3970877	30951474	126494	711668
12691391	5440200	6415048	32740979	192975	757266
182825	228144	288142	623764	166608	65899
101203	13000	37901	109179	20050	125
1000	3277	9181	24987		8392
			200	100	
	400		1600		
10730412	3665615	4806885	20429676	19642	473743
3381471	2458804	2854276	15187801	11300	287024
7348941	1206811	1952609	5241875	8342	186719
1966177	1687612	1092474	6792855	238275	97373
146973	231724	652826	4430924	89955	199481
133857	100070	198087	1847254	31861	61085
66001	81233	146946	1241750		35497
37882	9288	10740	76101	3000	1056
29974	9549	40401	529403	28861	24532

3-A-15 建筑业按地区和

分组	固定资产原价	本年折旧	所有者权益	实收资本
总计	**59607056**	**4337950**	**81577640**	**60124836**
一、按地区分组				
沈阳市	10971693	724575	18661662	14506852
大连市	16999700	1404386	29994959	20253862
鞍山市	5407021	498805	6252211	4399841
抚顺市	2583549	151598	2489307	2507111
本溪市	2290552	135263	3265266	2268337
丹东市	2867230	175395	3536265	2449935
锦州市	2273634	173702	2429332	2338503
营口市	2187067	130019	2457908	1735522
阜新市	1484049	65401	1724827	1393485
辽阳市	4438419	380783	2264369	2025439
盘锦市	3663453	244051	3548342	2184875
铁岭市	1683101	95811	1794052	1378539
朝阳市	1528662	101767	1712940	1417810
葫芦岛市	1228926	56394	1446200	1264725
二、按企业资质等级分组				
资质以上	**50763768**	**3608804**	**67512636**	**46799920**
施工总承包	38364624	2780461	48817032	33324309
特级	5553580	591618	7168145	2983002
一级	14648955	1036923	16331908	10710705
二级	8810533	556460	12512317	9787697
三级及以下	9351556	595460	12804662	9842905
专业承包	12058349	797112	18272143	13182022
一级	3168420	169401	4286631	2560675
二级	3210853	241819	4877432	3621887
三级及以下	5679076	385892	9108080	6999460
劳务分包	340795	31231	423461	293589
一级	142240	9600	133338	119298
二级	54709	3363	71363	57736
不分等级	143846	18268	218760	116555
资质以外	**8843288**	**729146**	**14065004**	**13324916**

资质等级分实收资本情况

单位：千元

国家资本	集体资本	法人资本	个人资本	港澳台资本	外商资本
12977419	**5685021**	**6750272**	**33500709**	**379733**	**831682**
3939603	1088053	2476700	6489645	264575	248276
1380683	942091	1116387	16372762	92183	349756
1265353	705607	849798	1547131	921	31031
716453	442599	225669	1122390		
979022	235938	67909	943993	100	41375
380247	393527	214699	1417660	12000	31802
938539	568529	41254	767013	4504	18664
333306	97105	4680	1216711		83720
400144	203866	186440	590165	5400	7470
372876	322730	619751	706834		3248
896678	140931	616020	531246		
735900	168552	33257	427420	50	13360
432657	122822	130859	731472		
205958	252671	166849	636267		2980
11771718	**4748646**	**4798873**	**24729254**	**143475**	**607954**
9773814	3268363	3887554	16075699	21000	297879
420163	22010	1273357	1267472		
5949305	532135	1086170	3115314		27781
2434774	1123293	492959	5683049	5000	48622
969572	1590925	1035068	6009864	16000	221476
1926268	1400641	905999	8516693	122375	310046
585945	189117	208049	1382895	39042	155627
533812	428707	303809	2230285	48641	76633
806511	782817	394141	4903513	34692	77786
71636	79642	5320	136862	100	29
60000	8437	3100	47732		29
3016	34666	2050	18004		
8620	36539	170	71126	100	
1205701	**936375**	**1951399**	**8771455**	**236258**	**223728**

3-A-16 建筑业按登记注册类型

分 组	营业收入 总 计	主营业务收入 (工程结算收入)	主营业务成本 (工程结算成本)
总 计	**273357499**	**270495925**	**235646069**
其中：国有及国有控股企业	105555889	104509909	93217534
一、按登记注册类型分组			
内资企业	**268772219**	**265925432**	**231865092**
国有企业	50957260	50407406	45021328
集体企业	17193778	16866142	14535100
股份合作企业	2103542	2068947	1766907
联营企业	112850	111617	93277
国有联营企业	18912	17871	17460
集体联营企业	42965	42773	39007
国有与集体联营企业	30563	30563	17345
其他联营企业	20410	20410	19465
有限责任公司	100802882	99910123	88411716
国有独资公司	6019541	6004088	5647087
其他有限责任公司	94783341	93906035	82764629
股份有限公司	10074064	10021341	8951843
私营企业	87425511	86437528	73001575
私营独资企业	6992508	6983070	5714895
私营合伙企业	661303	660760	506948
私营有限责任公司	75578109	74645340	63283957
私营股份有限公司	4193591	4148358	3495775
其他企业	102332	102328	83346
港、澳、台商投资企业	**1099304**	**1091291**	**980213**
合资经营企业(港或澳、台资)	1068189	1065856	955082
合作经营企业(港或澳、台资)	3523	3523	2836
港、澳、台商独资经营企业	11393	5713	7386
港、澳、台商投资股份有限公司	16199	16199	14909
外商投资企业	**3485976**	**3479202**	**2800764**
中外合资经营企业	2347690	2342020	1867221
中外合作经营企业	30699	30699	26237
外资企业	817731	816787	666076
外商投资股份有限公司	289856	289696	241230
二、按控股情况分组			
国有控股	105648689	104601731	93289371
集体控股	30318948	29840969	26147545
私人控股	132709639	131386566	112422099
港澳台商控股	917340	909327	806516
外商控股	3098201	3092674	2479393
其他	663807	663783	500643

和控股情况分财务收支情况

单位：千元

主营业务税金及附加	费用合计	营业利润	利润总额	从业人员劳动报酬	全部从业人员年平均人数（人）
9471312	**13921363**	**12060023**	**11357815**	**42162147**	**1939170**
3718741	4722850	3037195	2241750	13338283	542523
9328182	**13674079**	**11649231**	**10948934**	**41592874**	**1908657**
1727426	2635724	1127227	1088692	6914891	295959
562671	1101916	727921	693868	3324622	183114
73867	131966	95068	94870	358689	19036
4119	5295	2086	2625	53919	2470
628	372	-589	-589	3498	152
1441	1281	1094	1094	32905	1272
1387	3445	1496	2035	9953	589
663	197	85	85	7563	457
3620162	4076127	4069999	3314451	13953193	617438
178515	261774	-76719	-76339	1248202	41046
3441647	3814353	4146718	3390790	12704991	576392
306589	315827	467476	468282	1890446	82075
3030874	5403746	5147047	5273739	15093076	708292
249829	440448	576697	577582	1047847	60983
22185	49558	83727	82551	114051	7009
2611674	4668131	4239562	4372589	13193889	604532
147186	245609	247061	241017	737289	35768
2474	3478	12407	12407	4038	273
28853	**53376**	**35300**	**34294**	**183573**	**9518**
27904	50011	34486	33722	175089	9043
73	710	-96	-96	930	55
377	897	1877	1645	1722	72
499	1758	-967	-977	5832	348
114277	**193908**	**375492**	**374587**	**385700**	**20995**
71265	127596	289282	286396	253054	14674
976	2498	988	638	4445	300
31190	48418	72080	74409	99968	4702
10846	15396	13142	13144	28233	1319
3721638	4741428	3036683	2242968	13364176	544431
1008166	1709519	1069261	1048985	5269288	285672
4593044	7232118	7459640	7573336	22981652	1079597
23018	51891	34353	33347	150959	7356
101353	137800	368808	367901	351120	19438
24069	48553	90983	90983	44556	2654

3-A-17 建筑业按隶属关系、

分组	营业收入总计	主营业务收入(工程结算收入)	主营业务成本(工程结算成本)
总计	**273357499**	**270495925**	**235646069**
一、按隶属关系分组			
中央	59841843	59195713	52718414
地方	213515656	211300212	182927655
省(自治区、直辖市)	12172603	12145326	10753841
地区(州、盟、省辖市)	39720381	39426190	34966731
县(区、市、旗)	17449320	17405342	15473060
街道	1243870	1241119	1085036
镇	510314	509858	442641
乡	347218	347018	312356
居委会	30	30	133
村委会	172164	172134	152547
其他	141899756	140053195	119741310
二、按营业状态分组			
营业	272616255	269756414	235033279
停业(歇业)	669522	667789	558726
筹建	19080	19080	12490
当年关闭	44876	44876	33999
当年破产	25	25	8
其他	6866	6866	7065
三、按行业(中类)分组			
房屋和土木工程建筑业	214175656	212735980	188294878
房屋工程建筑	121172352	120337717	107457562
土木工程建筑业	93003304	92398263	80837316
建筑安装业	42603213	41300179	34160947
建筑装饰业	12051785	11980774	9585552
其他建筑业	4526845	4478992	3604692
工程准备	3004898	2962119	2415766
提供施工设备服务	390484	386148	318787
其他未列明的建筑活动	1131463	1130725	870139

营业状态和行业分财务收支情况

单位：千元

主营业务税金及附加	费用合计	营业利润	利润总额	从业人员劳动报酬	全部从业人员年平均人数（人）
9471312	**13921363**	**12060023**	**11357815**	**42162147**	**1939170**
2244775	2428020	1915685	1029653	5662287	202071
7226537	11493343	10144338	10328162	36499860	1737099
417858	681559	298227	328298	2042641	88880
1266531	1868715	1398667	1424079	6404850	300277
654836	764652	525741	501045	3220095	172722
41101	57491	58088	63503	250659	10246
18794	19102	30270	30765	134559	6690
20283	11698	5212	5352	56976	3000
3		-106	-106	162	12
5434	6157	7973	7834	31116	1858
4801697	8083969	7820266	7967392	24358802	1153414
9447799	13847631	12028516	11326080	41989338	1922122
21157	61745	28171	28380	152620	15505
708	5983	-101	-101	6845	697
1479	4378	5041	5024	7941	574
1	71	-55	-19	44	5
144	1501	-1844	-1844	4963	245
7726034	8759930	8291442	7602114	33392735	1486023
4658740	4089266	4390283	4359664	22270344	982121
3067294	4670664	3901159	3242450	11122391	503902
1185651	3645641	2591262	2582497	6271181	308963
415416	1092114	890359	885814	1863019	105701
144211	423678	286960	287390	635212	38483
95412	261578	194450	194402	402833	24920
11129	35336	19739	19770	64770	3535
37670	126764	72771	73218	167609	10028

3-A-18 建筑业按地区和

分 组	营业收入总 计	主营业务收入（工程结算收入）	主营业务成本（工程结算成本）
总 计	**273357499**	**270495925**	**235646069**
一、按地区分组			
沈 阳 市	58025838	57424001	49509366
大 连 市	78011652	77158647	67729518
鞍 山 市	26225268	25250506	20573996
抚 顺 市	13084207	13029902	11598914
本 溪 市	9025490	9010055	7596812
丹 东 市	11031254	10999692	9319293
锦 州 市	11768268	11744265	10548900
营 口 市	8215716	8197265	7067950
阜 新 市	4333179	4261051	3834275
辽 阳 市	20795305	20745366	19046505
盘 锦 市	13149770	13052570	11517865
铁 岭 市	8138419	8109849	6949293
朝 阳 市	6677841	6640591	5929015
葫芦岛市	4875292	4872165	4424367
二、按企业资质等级分组			
资质以上	**247220906**	**244476497**	**215516210**
施工总承包	199283947	197816761	177023738
特级	38737740	38509115	34699576
一级	74840534	74143574	66512150
二级	41016442	40721348	36500528
三级及以下	44689231	44442724	39311484
专业承包	46829965	45572393	37566074
一级	16711261	16486988	13208306
二级	12073531	11568618	9858375
三级及以下	18045173	17516787	14499393
劳务分包	1106994	1087343	926398
一级	458142	451461	419482
二级	155712	152252	125615
不分等级	493140	483630	381301
资质以外	**26136593**	**26019428**	**20129859**

资质等级分财务收支情况

单位：千元

主营业务税金及附加	费用合计	营业利润	利润总额	从业人员劳动报酬	全部从业人员年平均人数（人）
9471312	**13921363**	**12060023**	**11357815**	**42162147**	**1939170**
1860404	4133392	2050400	2116218	10436981	489608
2573337	3387311	3626500	3835402	12521051	549659
1146912	1057361	2624195	1737100	2500966	119785
437603	687004	306566	310103	2762611	134606
263918	503691	648772	652994	1766611	70218
543261	522347	709586	706066	2143866	61749
517334	474507	221190	217239	1750926	79558
284712	332939	514213	514311	1074557	58837
145748	249825	30921	37613	687959	49216
663973	776668	276033	276059	1885381	89325
387890	586061	579193	517815	1290483	65444
264960	621643	272280	265578	1119615	56620
226188	360568	136626	109641	1239351	60806
155072	228046	63548	61676	981789	53739
8561913	**11491413**	**9579097**	**8876889**	**38563832**	**1696819**
6967726	7218425	6989690	6279108	30080616	1328427
1495084	1206678	1284305	1323601	4730126	175942
2495449	2667909	2567501	1888584	10856922	413443
1433618	1519701	1317040	1285921	7140625	334250
1543575	1824137	1820844	1781002	7352943	404792
1562515	4184624	2528947	2544486	8079314	348255
414278	1740436	1183662	1182616	2192228	90983
375966	874949	571404	553302	1941885	97681
772271	1569239	773881	808568	3945201	159591
31672	88364	60460	53295	403902	20137
10586	25931	2143	3309	260412	11182
5591	14293	10113	10264	43329	3385
15495	48140	48204	39722	100161	5570
909399	**2429950**	**2480926**	**2480926**	**3598315**	**242351**

3-A-19 建筑业按地区分企业单位数

单位：个

地　区	企业单位数	资质以内	总包和专包建筑业企业			劳务分包建筑业企业	资质以外建筑业企业
				总承包	专业承包		
全　省	**14959**	**4547**	**4265**	**1685**	**2580**	**282**	**10412**
沈阳市	4361	1312	1258	258	1000	54	3049
大连市	5210	1227	1176	513	663	51	3983
鞍山市	999	289	268	137	131	21	710
抚顺市	759	224	172	74	98	52	535
本溪市	459	202	164	79	85	38	257
丹东市	559	182	170	94	76	12	377
锦州市	432	189	181	58	123	8	243
营口市	373	142	137	69	68	5	231
阜新市	351	160	144	66	78	16	191
辽阳市	260	167	167	83	84		93
盘锦市	372	116	115	70	45	1	256
铁岭市	239	80	79	55	24	1	159
朝阳市	293	145	128	73	55	17	148
葫芦岛市	292	112	106	56	50	6	180

3-A-20 建筑业按地区分建筑业总产值

单位：千元

地　区	建筑业总产值	资质以内	总包和专包建筑业企业			劳务分包建筑业企业	资质以外建筑业企业
				总承包	专业承包		
全　省	**277411819**	**252020020**	**250916922**	**205350713**	**45566209**	**1103098**	**25391799**
沈阳市	59054612	52722216	52651003	34605261	18045742	71213	6332396
大连市	79679905	70706004	70458552	62234260	8224292	247452	8973901
鞍山市	24037793	21814389	21752101	18715501	3036600	62288	2223404
抚顺市	13596594	11038246	10935264	8315341	2619923	102982	2558348
本溪市	9992134	9373998	9272851	8183153	1089698	101147	618136
丹东市	11570836	10634785	10606642	7684802	2921840	28143	936051
锦州市	12541391	11926162	11655928	8492903	3163025	270234	615229
营口市	8247737	7481420	7479710	5458206	2021504	1710	766317
阜新市	4572004	4152241	4141364	3486398	654966	10877	419763
辽阳市	20233562	20070655	20070655	19283713	786942		162907
盘锦市	13347559	12740775	12740775	11697629	1043146		606784
铁岭市	8613982	8205762	8027783	7334462	693321	177979	408220
朝阳市	6665605	6284476	6268736	5637738	630998	15740	381129
葫芦岛市	5258105	4868891	4855558	4221346	634212	13333	389214

3-A-21　建筑业按地区分利润总额

单位：千元

地　区	利润总额	资质以内	总包和专包建筑业企业			劳务分包建筑业企业	资质以外建筑业企业
				总承包	专业承包		
全　省	**11357815**	**8876889**	**8823594**	**6279108**	**2544486**	**53295**	**2480926**
沈阳市	2116218	1648377	1648101	498649	1149452	276	467841
大连市	3835402	3136204	3123442	2768247	355195	12762	699198
鞍山市	1737100	1302384	1280766	872005	408761	21618	434716
抚顺市	310103	22828	28412	-41454	69866	-5584	287275
本溪市	652994	560558	553359	509851	43508	7199	92436
丹东市	706066	512206	510158	354318	155840	2048	193860
锦州市	217239	146171	135241	94480	40761	10930	71068
营口市	514311	423874	423816	260361	163455	58	90437
阜新市	37613	18562	18543	16515	2028	19	19051
辽阳市	276059	271906	271906	250410	21496		4153
盘锦市	517815	437236	437236	328172	109064		80579
铁岭市	265578	252985	252911	245314	7597	74	12593
朝阳市	109641	97999	94228	85508	8720	3771	11642
葫芦岛市	61676	45599	45475	36732	8743	124	16077

3-B-1 资质以上建筑企业按登记注册类型

分组	建筑业企业数(个)	有工作量的	建筑业总产值(千元)	装饰装修产值
总计	**4547**	**4037**	**252020020**	**13558265**
其中：国有及国有控股企业	444	419	103768465	928279
一、按登记注册类型分组				
内资企业	**4470**	**3971**	**247251787**	**12556410**
国有企业	310	290	49279024	487731
集体企业	381	348	14050374	363148
股份合作企业	72	64	1739613	174856
联营企业	5	5	210640	
国有联营企业				
集体联营企业	2	2	125050	
国有与集体联营企业	2	2	40590	
其他联营企业	1	1	45000	
有限责任公司	1064	964	98683456	2467368
国有独资公司	24	22	6343651	18790
其他有限责任公司	1040	942	92339805	2448578
股份有限公司	79	73	10677573	312518
私营企业	2559	2227	72611107	8750789
私营独资企业	149	127	3345319	54239
私营合伙企业	24	22	233560	19561
私营有限责任公司	2235	1944	65421283	8396868
私营股份有限公司	151	134	3610945	280121
其他企业				
港、澳、台商投资企业	**25**	**21**	**983651**	**266223**
合资经营企业(港或澳、台资)	22	18	932163	229684
合作经营企业(港或澳、台资)				
港、澳、台商独资经营企业	1	1	1451	1199
港、澳、台商投资股份有限公司	2	2	50037	35340
外商投资企业	**52**	**45**	**3784582**	**735632**
中外合资经营企业	37	30	2660161	476225
中外合作经营企业	5	5	25793	
外资企业	8	8	840102	3421
外商投资股份有限公司	2	2	258526	255986
二、按控股情况分组				
国有控股	466	438	103866180	928486
集体控股	591	543	26201031	635069
私人控股	3420	2996	117676714	11273931
港澳台商控股	24	20	823651	266223
外商控股	46	40	3452444	454556
其他				

和控股情况分生产情况

计算建筑业劳动生产率的平均人数（人）	年末从业人员（人）	管理人员	工程技术人员	现场施工工人
1658995	**1109304**	**166736**	**167993**	**652158**
502424	**317630**	**50295**	**44523**	**187415**
1631994	1092290	164619	165630	640114
268381	163510	28469	25543	88596
157908	114495	13081	13847	60285
16271	9976	2136	1829	5548
1998	800	59	85	443
1221	597	30	27	353
326	181	29	36	90
451	22		22	
568523	372927	55578	56105	218685
40652	28512	3572	3454	21168
527871	344415	52006	52651	197517
79834	38815	5075	4066	24120
539079	391767	60221	64155	242437
23942	20434	3132	4149	11977
2463	1804	295	401	935
483349	349004	54193	55888	218223
29325	20525	2601	3717	11302
8443	4187	710	890	2545
8091	3630	643	828	2128
9	9	2	7	
343	**548**	**65**	**55**	**417**
18558	12827	1407	1473	9499
13203	8120	968	1258	5468
265	205	12	39	153
4060	3955	316	126	3511
1030	**547**	**111**	**50**	**367**
504345	318809	50529	44760	188019
249485	174816	23035	23035	95865
881571	600481	91338	98094	357480
6793	3487	584	804	1971
16801	11711	1250	1300	8823

3-B-2 资质以上建筑企业按隶属关系、

分 组	建筑业企业数(个)	有工作量的	建筑业总产值(千元)	装饰装修产值
总 计	**4547**	**4037**	**252020020**	**13558265**
一、按隶属关系分组				
中央	83	78	58197634	357963
地方	4464	3959	193822386	13200302
省(自治区、直辖市)	113	103	13041483	385620
地区(州、盟、省辖市)	477	434	39693753	1388639
县(区、市、旗)	336	316	16049714	275343
街道	34	29	1146427	74257
镇	16	15	449136	11700
乡	7	6	289909	
居委会				
村委会	7	6	156460	
其他	3474	3050	122995504	11064743
二、按营业状态分组				
营业	4312	4027	251953489	13557811
停业(歇业)	215	8	60534	332
筹建	6			
当年关闭	12	2	5997	122
当年破产	2			
其他				
三、按行业(中类)分组				
房屋和土木工程建筑业	2117	1944	211494585	2316279
房屋工程建筑	1318	1216	122377240	1894932
土木工程建筑业	799	728	89117345	421347
建筑安装业	1255	1130	31644141	5218402
建筑装饰业	890	753	6912011	6019697
其他建筑业	285	210	1969283	3887
工程准备	232	164	1398327	304
提供施工设备服务	9	5	187973	
其他未列明的建筑活动	44	41	382983	3583

营业状态和行业分生产情况

计算建筑业劳动生产率的平均人数(人)	年末从业人员(人)			
		管理人员	工程技术人员	现场施工工人
1658995	**1109304**	**166736**	**167993**	**652158**
187696	140470	21487	17322	90920
1471299	968834	145249	150671	561238
84677	48302	6749	7321	26022
280335	163211	28522	26022	89295
147470	97698	12614	16065	50172
8848	5985	1054	898	3703
5011	3996	818	838	2692
2263	1298	147	270	743
1342	1337	235	418	704
941353	647007	95110	98839	387907
1658023	1108376	166571	167781	651927
845	829	143	198	176
14	19	11	2	3
111	78	11	12	52
2	2			
1351259	897167	131133	129657	546191
918571	595425	82969	83512	371246
432688	301742	48164	46145	174945
231050	160303	25939	26818	81093
58549	38960	7540	8736	18107
18137	12874	2124	2782	6767
12746	8764	1458	1900	4339
1954	1199	131	207	798
3437	2911	535	675	1630

3-B-3 资质以上建筑企业按

分 组	建筑业企业数（个）	有工作量的	建筑业总产值（千元）	装饰装修产值
总 计	**4547**	**4037**	**252020020**	**13558265**
一、按企业资质等级分组				
施工总承包	**1685**	**1560**	**205350713**	**2837846**
特级	17	14	39403324	690741
一级	149	145	77176663	539333
二级	382	371	41752807	421020
三级及以下	1137	1030	47017919	1186752
专业承包	**2580**	**2243**	**45566209**	**10709578**
一级	132	123	15606725	6622335
二级	484	451	11934939	2327893
三级及以下	1964	1669	18024545	1759350
劳务分包	**282**	**234**	**1103098**	**10841**
一级	87	77	458909	991
二级	97	79	154586	5624
三级及以下	98	78	489603	4226
二、按地区分组				
沈 阳 市	1312	1087	52722216	7444808
大 连 市	1227	1136	70706004	2686612
鞍 山 市	289	267	21814389	1113624
抚 顺 市	224	224	11038246	398317
本 溪 市	202	177	9373998	116257
丹 东 市	182	163	10634785	184676
锦 州 市	189	164	11926162	272546
营 口 市	142	134	7481420	547919
阜 新 市	160	141	4152241	100016
辽 阳 市	167	159	20070655	283846
盘 锦 市	116	92	12740775	87840
铁 岭 市	80	71	8205762	59646
朝 阳 市	145	126	6284476	104314
葫芦岛市	112	96	4868891	157844

资质等级和地区分生产情况

计算建筑业劳动生产率的平均人数（人）	年末从业人员（人）	管理人员	工程技术人员	现场施工工人
1658995	**1109304**	**166736**	**167993**	**652158**
1296335	**869206**	**126946**	**124016**	**528011**
164353	116953	14026	8394	92052
408058	236283	38054	34508	141040
327728	232515	35097	36158	135029
396196	283455	39769	44956	159890
342707	**223906**	**38110**	**42216**	**112106**
90485	51181	9192	8064	27300
95689	59253	10039	11202	29733
156533	113472	18879	22950	55073
19953	**16192**	**1680**	**1761**	**12041**
11083	10344	658	686	8923
3367	2585	372	236	1511
5503	3263	650	839	1607
402146	181552	30061	33385	78453
469287	358771	48304	47195	256300
105941	87634	11191	10716	46374
97298	48596	8433	8072	26444
63208	42324	6943	7464	22919
54840	47952	10139	7918	27957
72999	50085	8299	7377	31342
53704	32608	6291	6353	18452
45921	24812	5360	4838	15771
78754	61072	11154	8894	35580
59537	57656	6638	9382	28028
50354	38450	4725	5270	25348
55884	45849	5454	6040	26303
49122	31943	3744	5089	12887

3-B-4 资质以上建筑企业按登记注册类型

分　　组	固定资产原价	本年折旧	资产总计	负债合计	所有者权益	实收资本
总　计	**50763768**	**3608804**	**196369840**	**128857204**	**67512636**	**46799920**
其中：国有及国有控股企业	20618478	1588773	78018780	60273121	17745659	13329245
一、按登记注册类型分组						
内资企业	**49565490**	**3550698**	**192819233**	**126883862**	**65935371**	**45711342**
国有企业	11774425	768506	44241765	33278072	10963693	7701264
集体企业	3204072	194475	11424915	7678149	3746766	2733232
股份合作企业	620000	25087	1643017	1013460	629557	487221
联营企业	24417	1172	89432	52500	36932	33810
国有联营企业						
集体联营企业	9112	601	27550	13408	14142	12730
国有与集体联营企业	14855	551	51342	36952	14390	12680
其他联营企业	450	20	10540	2140	8400	8400
有限责任公司	17376667	1411647	70695208	49189747	21505461	15325139
国有独资公司	1278282	86472	3523615	2952605	571010	951362
其他有限责任公司	16098385	1325175	67171593	46237142	20934451	14373777
股份有限公司	1365823	103101	6277022	3688768	2588254	1568431
私营企业	15200086	1046710	58447874	31983166	26464708	17862245
私营独资企业	1074276	54191	3196621	1652911	1543710	1086908
私营合伙企业	90630	3577	233811	100837	132974	111899
私营有限责任公司	13093116	922265	51607275	28527021	23080254	15580765
私营股份有限公司	942064	66677	3410167	1702397	1707770	1082673
其他企业						
港、澳、台商投资企业	**188808**	**11077**	**667718**	**416608**	**251110**	**208752**
合资经营企业(港或澳、台资)	179490	10512	634994	407775	227219	186021
合作经营企业(港或澳、台资)						
港、澳、台商独资经营企业	1008	111	10735	843	9892	9000
港、澳、台商投资股份有限公司	8310	454	21989	7990	13999	13731
外商投资企业	**1009470**	**47029**	**2882889**	**1556734**	**1326155**	**879826**
中外合资经营企业	430003	26654	1176741	516646	660095	524343
中外合作经营企业	16445	1122	30461	10329	20132	24110
外资企业	271754	10233	1310313	820404	489909	170093
外商投资股份有限公司	291268	9020	365374	209355	156019	161280
二、按控股情况分组						
国有控股	20739453	1595028	78339602	60517170	17822432	13403930
集体控股	6014976	373073	21652244	14593480	7058764	5226821
私人控股	23170429	1594430	93455644	52079505	41376139	27304416
港澳台商控股	167978	10067	592538	371278	221260	188752
外商控股	670932	36206	2329812	1295771	1034041	676001
其他						

和控股情况分资产负债情况

单位：千元

国家资本	集体资本	法人资本	个人资本	港澳台资本	外商资本
11771718	**4748646**	**4798873**	**24729254**	**143475**	**607954**
11611950	14304	1547210	150781	5000	
11741138	**4720540**	**4738227**	**24511158**	**250**	**29**
7434618		266646			
	2672236	60996			
6150	390182	72857	18032		
3640	14660	7510	8000		
	12730				
3640	1530	7510			
	400		8000		
3959444	1553487	2804676	7007253	250	29
850659		100703			
3108785	1553487	2703973	7007253	250	29
337286	89975	637986	503184		
		887556	16974689		
		234520	852388		
		490	111409		
		624926	14955839		
		27620	1055053		
14360		**21411**	**29756**	**143225**	
14360		21411	24025	126225	
				9000	
			5731	8000	
16220	**28106**	**39235**	**188340**		**607925**
16220	24192	35523	104920		343488
	3914	3712	1350		15134
					170093
			82070		79210
11683586	14404	1549810	151101	5000	29
7800	4652266	445134	121621		
64443	53870	2762704	24336676	250	86473
		21411	29116	138225	
15889	28106	19814	90740		521452

3-B-5 资质以上建筑企业按隶属关系、

分　组	固定资产原价	本年折旧	资产总计	负债合计	所有者权益	实收资本
总　计	**50763768**	**3608804**	**196369840**	**128857204**	**67512636**	**46799920**
一、按隶属关系分组						
中央	10437483	999322	40741934	33379330	7362604	5470642
地方	40326285	2609482	155627906	95477874	60150032	41329278
省(自治区、直辖市)	2933813	210087	10015165	6949297	3065868	2346340
地区(州、盟、省辖市)	9081861	550152	33320056	23569885	9750171	7198021
县(区、市、旗)	3259397	172931	10568326	6448520	4119806	3112670
街道	257483	15745	939367	484123	455244	300424
镇	135029	8355	396856	208554	188302	146073
乡	36705	2389	115597	57939	57658	49403
居委会						
村委会	23308	710	99801	53540	46261	42957
其他	24598689	1649113	100172738	57706016	42466722	28133390
二、按营业状态分组						
营业	50638162	3600996	195923359	128665373	67257986	46554677
停业(歇业)	113895	7600	414611	189669	224942	224353
筹建	10941	150	21979	48	21931	13990
当年关闭	570	32	9791	2114	7677	6800
当年破产	200	26	100		100	100
其他						
三、按行业(中类)分组						
房屋和土木工程建筑业	40617964	2955118	157049124	105033807	52015317	34541083
房屋工程建筑	19274579	1366164	82686687	50449116	32237571	21809727
土木工程建筑业	21343385	1588954	74362437	54584691	19777746	12731356
建筑安装业	7321143	471804	30994019	20252928	10741091	8519731
建筑装饰业	1782708	117449	6331869	2773900	3557969	2890966
其他建筑业	1041953	64433	1994828	796569	1198259	848140
工程准备	859982	51158	1540599	568826	971773	652051
提供施工设备服务	69451	3871	132304	76241	56063	46932
其他未列明的建筑活动	112520	9404	321925	151502	170423	149157

营业状态和行业分资产负债情况

单位：千元

国家资本	集体资本	法人资本	个人资本	港澳台资本	外商资本
11771718	**4748646**	**4798873**	**24729254**	**143475**	**607954**
4257387	127144	1033278	52833		
7514331	4621502	3765595	24676421	143475	607954
1749699	150684	412243	28685	5000	29
3961368	1589500	512713	1047953	40540	45947
1036541	960554	360033	707007	5000	43535
9200	153571	79840	57513	300	
	107257	10000	16816	12000	
	12040	2600	34763		
	35957		7000		
757523	1611939	2388166	22776684	80635	518443
11751510	4729442	4778713	24548743	143315	602954
19208	12204	17260	170621	60	5000
	7000	2900	4090		
1000			5800		
				100	
9881550	3223445	4036583	17037176	16000	346329
3076072	2240491	2530623	13742787	11000	208754
6805478	982954	1505960	3294389	5000	137575
1670990	1394456	546833	4777637	66590	63225
122737	107817	177123	2259312	60885	163092
96441	22928	38334	655129		35308
59037	21948	27634	514724		28708
31630		600	14702		
5774	980	10100	125703		6600

3-B-6 资质以上建筑企业按

分组	固定资产原价	本年折旧	资产总计	负债合计	所有者权益	实收资本
总计	**50763768**	**3608804**	**196369840**	**128857204**	**67512636**	**46799920**
一、按企业资质等级分组						
施工总承包	**38364624**	**2780461**	**151542625**	**102725593**	**48817032**	**33324309**
特级	5553580	591618	21024824	13856679	7168145	2983002
一级	14648955	1036923	64323957	47992049	16331908	10710705
二级	8810533	556460	33455392	20943075	12512317	9787697
三级及以下	9351556	595460	32738452	19933790	12804662	9842905
专业承包	**12058349**	**797112**	**43751983**	**25479840**	**18272143**	**13182022**
一级	3168420	169401	14015417	9728786	4286631	2560675
二级	3210853	241819	10870703	5993271	4877432	3621887
三级及以下	5679076	385892	18865863	9757783	9108080	6999460
劳务分包	**340795**	**31231**	**1075232**	**651771**	**423461**	**293589**
一级	142240	9600	449410	316072	133338	119298
二级	54709	3363	171644	100281	71363	57736
三级及以下	143846	18268	454178	235418	218760	116555
二、按地区分组						
沈阳市	8687624	511570	45591479	31393366	14198113	10450881
大连市	14107596	1163816	56490372	32085455	24404917	14489920
鞍山市	4569844	436400	15934287	10572258	5362029	3646556
抚顺市	2050319	104083	6818395	4908252	1910143	2026108
本溪市	2072012	122684	6982680	3949175	3033505	2082425
丹东市	2471038	138186	8104064	5044087	3059977	2011012
锦州市	2009489	159977	7379166	5266609	2112557	2050881
营口市	1910596	104949	5893969	3621737	2272232	1548312
阜新市	1322316	53605	4205086	2699908	1505178	1177759
辽阳市	4360858	375520	13559596	11361509	2198087	1962993
盘锦市	3278916	218341	12029454	8854108	3175346	1844664
铁岭市	1430522	83077	5504230	3967439	1536791	1143646
朝阳市	1374089	88947	3636544	2212803	1423741	1195578
葫芦岛市	1118549	47649	4240518	2920498	1320020	1169185

资质等级和地区分资产负债情况

单位：千元

国家资本	集体资本	法人资本	个人资本	港澳台资本	外商资本
11771718	**4748646**	**4798873**	**24729254**	**143475**	**607954**
9773814	**3268363**	**3887554**	**16075699**	**21000**	**297879**
420163	22010	1273357	1267472		
5949305	532135	1086170	3115314		27781
2434774	1123293	492959	5683049	5000	48622
969572	1590925	1035068	6009864	16000	221476
1926268	**1400641**	**905999**	**8516693**	**122375**	**310046**
585945	189117	208049	1382895	39042	155627
533812	428707	303809	2230285	48641	76633
806511	782817	394141	4903513	34692	77786
71636	**79642**	**5320**	**136862**	**100**	**29**
60000	8437	3100	47732		29
3016	34666	2050	18004		
8620	36539	170	71126	100	
3455278	813575	1466243	4477996	75532	162257
1128811	733037	676356	11674315	46218	231183
1158333	583195	546071	1327806	121	31030
670878	314218	205386	835626		
960918	189222	55971	834839	100	41375
312520	364671	193188	1100531	12000	28102
908645	527719	36204	555145	4504	18664
319373	94785	4680	1045754		83720
392653	191627	165709	415300	5000	7470
366346	321500	612371	661603		1173
808415	134520	569435	332294		
676048	143945	6768	316885		
416555	94438	103880	580705		
196945	242194	156611	570455		2980

3-B-7 资质以上建筑企业按登记

分　组	营业收入总　计	主营业务收入(工程结算收入)	主营业务成本(工程结算成本)	主营业务税金及附加	费用合计
总　计	**247220906**	**244476497**	**215516210**	**8561913**	**11491413**
其中：国有及国有控股企业	102950433	101913490	91072203	3622361	4497177
一、按登记注册类型分组					
内资企业	**243064678**	**240334486**	**212085260**	**8430270**	**11308311**
国有企业	48633028	48090420	43087715	1641640	2434118
集体企业	14692408	14365912	12639757	474514	882144
股份合作企业	1874313	1839718	1612825	63484	104108
联营企业	72577	72527	66380	2817	2691
国有联营企业					
集体联营企业	39978	39928	36717	1441	1060
国有与集体联营企业	12289	12289	10263	717	1450
其他联营企业	20310	20310	19400	659	181
有限责任公司	97152032	96293917	85590335	3491878	3758729
国有独资公司	5998134	5982681	5630997	177817	257809
其他有限责任公司	91153898	90311236	79959338	3314061	3500920
股份有限公司	9841797	9789924	8773743	298456	298817
私营企业	70798523	69882068	60314505	2457481	3827704
私营独资企业	3233180	3230562	2878641	121828	117119
私营合伙企业	275814	275271	231328	8566	20895
私营有限责任公司	63843798	62975632	54249285	2206949	3515158
私营股份有限公司	3445731	3400603	2955251	120138	174532
其他企业					
港、澳、台商投资企业	**1002144**	**994131**	**892446**	**26142**	**46946**
合资经营企业(港或澳、台资)	979331	976998	873707	25465	44581
合作经营企业(港或澳、台资)					
港、澳、台商独资经营企业	6879	1199	3878	193	802
港、澳、台商投资股份有限公司	15934	15934	14861	484	1563
外商投资企业	**3154084**	**3147880**	**2538504**	**105501**	**136156**
中外合资经营企业	2151668	2146548	1707106	65872	87160
中外合作经营企业	27199	27199	23612	861	2048
外资企业	729330	728406	596008	29531	32894
外商投资股份有限公司	245887	245727	211778	9237	14054
二、按控股情况分组					
国有控股	103044108	102006187	91144542	3625282	4515809
集体控股	26846508	26398444	23509930	884838	1421800
私人控股	113654648	112409194	97857788	3936325	5394162
港澳台商控股	842144	834131	739546	20812	45636
外商控股	2833498	2828541	2264404	94656	114006
其他					

注册类型和控股情况分财务收支情况

单位：千元

营业利润	利润总额	从业人员劳动报酬	劳动失业保险费	住房公积金及住房补贴	全部从业人员年平均人数（人）
9579097	**8876889**	**38563832**	**1550697**	**580744**	**1696819**
2909262	2113817	12941089	907442	379988	517455
9174170	**8473873**	**38033507**	**1539350**	**577678**	**1669018**
1019924	981389	6549769	458172	215205	272667
418232	384179	2980263	87800	24889	161530
65631	65433	322990	19158	6784	16657
689	1228	44942	242		2013
760	760	32453	212		1233
-141	398	5033	30		329
70	70	7456			451
3724104	2968556	13422926	638199	238643	585646
-77373	-76993	1242935	83679	40338	40826
3801477	3045549	12179991	554520	198305	544820
440101	440907	1862167	45824	14219	80198
3505489	3632181	12850450	289955	77938	550307
114406	115291	470833	8383	966	25208
14843	13667	43890	2122	470	2502
3214574	3347601	11685268	263141	74172	492712
161666	155622	650459	16309	2330	29885
34220	**33214**	**169270**	**2988**	**607**	**8507**
33594	32830	163284	2761	548	8149
1600	1368	254	40		15
-974	-984	5732	187	59	343
370707	**369802**	**361055**	**8359**	**2459**	**19294**
288549	285663	241039	5304	803	13909
678	328	4025	443	56	268
70822	73151	91564	1872	1600	4086
10658	10660	24427	740		1031
2909045	2115330	12967378	916531	380755	519385
654608	634332	4767578	155922	62506	254166
5623645	5737341	20356397	467717	134565	898874
33760	32754	145558	2988	512	6857
358039	357132	326921	7539	2406	17537

3-B-8 资质以上建筑企业按隶属关系、

分 组	营业收入总 计	主营业务收入（工程结算收入）	主营业务成本（工程结算成本）	主营业务税金及附加	费用合计
总 计	**247220906**	**244476497**	**215516210**	**8561913**	**11491413**
一、按隶属关系分组					
中央	59514356	58869668	52462087	2232883	2396943
地方	187706550	185606829	163054123	6329030	9094470
省(自治区、直辖市)	11916156	11889629	10550840	408286	647085
地区(州、盟、省辖市)	37692127	37401836	33305838	1195154	1695307
县(区、市、旗)	15457001	15417064	13849631	582798	615078
街道	1078973	1078272	961107	34229	43096
镇	384673	384217	346367	14435	8785
乡	257434	257434	231239	18102	7415
居委会					
村委会	128852	128822	118742	4242	3513
其他	120791334	119049555	103690359	4071784	6074191
二、按营业状态分组					
营业	247142556	244398147	215453989	8559270	11479722
停业(歇业)	71103	71103	56768	2413	10852
筹建					109
当年关闭	7247	7247	5453	230	694
当年破产					36
其他					
三、按行业(中类)分组					
房屋和土木工程建筑业	203166271	201746411	179538951	7331295	7944442
房屋工程建筑	116685935	115854715	103902985	4493344	3768429
土木工程建筑业	86480336	85891696	75635966	2837951	4176013
建筑安装业	35352925	34131582	28668662	942918	2928947
建筑装饰业	6821280	6760277	5730410	230374	476171
其他建筑业	1880430	1838227	1578187	57326	141853
工程准备	1381935	1340480	1150459	43467	98135
提供施工设备服务	205482	205472	183304	4642	11547
其他未列明的建筑活动	293013	292275	244424	9217	32171

营业状态和行业分财务收支情况

单位：千元

营业利润	利润总额	从业人员劳动报酬	劳动失业保险费	住房公积金及住房补贴	全部从业人员年平均人数(人)
9579097	**8876889**	**38563832**	**1550697**	**580744**	**1696819**
1879052	993020	5620033	546172	235072	199576
7700045	7883869	32943799	1004525	345672	1497243
294460	324531	1968339	97872	45950	85539
1280702	1306114	6108713	274704	110118	283095
387886	363190	2910568	66291	20066	150133
40125	45540	228807	3402	884	8912
14836	15331	107934	326	200	5172
678	818	45668	417	119	2332
2325	2186	22775	120		1347
5679033	5826159	21550995	561393	168335	960713
9577302	8874866	38549634	1549500	579926	1695785
1070	1279	12614	1118	818	898
-109	-109	175			21
870	853	1400	79		113
-36		9			2
7329707	6640379	31765907	1160810	431703	1382529
3960441	3929822	21555509	491609	177824	934689
3369266	2710557	10210398	669201	253879	447840
1846832	1838067	5378897	340796	134889	236005
337096	332551	1090273	38934	9910	59844
65462	65892	328755	10157	4242	18441
52343	52295	226456	5201	2544	12972
5989	6020	39031	1223	1027	1956
7130	7577	63268	3733	671	3513

3-B-9 资质以上建筑企业按资质

分组	营业收入总计	主营业务收入（工程结算收入）	主营业务成本（工程结算成本）	主营业务税金及附加	费用合计
总计	**247220906**	**244476497**	**215516210**	**8561913**	**11491413**
一、按企业资质等级分组					
施工总承包	**199283947**	**197816761**	**177023738**	**6967726**	**7218425**
特级	38737740	38509115	34699576	1495084	1206678
一级	74840534	74143574	66512150	2495449	2667909
二级	41016442	40721348	36500528	1433618	1519701
三级及以下	44689231	44442724	39311484	1543575	1824137
专业承包	**46829965**	**45572393**	**37566074**	**1562515**	**4184624**
一级	16711261	16486988	13208306	414278	1740436
二级	12073531	11568618	9858375	375966	874949
三级及以下	18045173	17516787	14499393	772271	1569239
劳务分包	**1106994**	**1087343**	**926398**	**31672**	**88364**
一级	458142	451461	419482	10586	25931
二级	155712	152252	125615	5591	14293
三级及以下	493140	483630	381301	15495	48140
二、按地区分组					
沈阳市	51544935	50960895	44504330	1599443	3410394
大连市	68991693	68200995	60676179	2317046	2526650
鞍山市	23738513	22766853	18759194	1055410	941453
抚顺市	10484354	10430349	9651809	344586	421557
本溪市	8324101	8309408	7052648	250345	453123
丹东市	10065598	10034056	8571589	504111	463565
锦州市	11132575	11109420	10065455	494267	415861
营口市	7429606	7411155	6494025	244295	251610
阜新市	3880373	3808270	3452866	126623	215643
辽阳市	20627597	20577658	18905872	659347	764406
盘锦市	12505027	12408519	11049766	361742	523732
铁岭市	7761028	7733584	6635627	253311	593439
朝阳市	6260909	6252412	5601759	210041	320169
葫芦岛市	4474597	4472923	4095091	141346	189811

等级和地区分财务收支情况

单位：千元

营业利润	利润总额	从业人员劳动报酬	劳动失业保险费	住房公积金及住房补贴	全部从业人员年平均人数（人）
9579097	**8876889**	**38563832**	**1550697**	**580744**	**1696819**
6989690	**6279108**	**30080616**	**1182109**	**431852**	**1328427**
1284305	1323601	4730126	217545	75945	175942
2567501	1888584	10856922	576815	241923	413443
1317040	1285921	7140625	206906	67243	334250
1820844	1781002	7352943	180843	46741	404792
2528947	**2544486**	**8079314**	**347908**	**144968**	**348255**
1183662	1182616	2192228	107810	38959	90983
571404	553302	1941885	88345	29382	97681
773881	808568	3945201	151753	76627	159591
60460	**53295**	**403902**	**20680**	**3924**	**20137**
2143	3309	260412	6265	995	11182
10113	10264	43329	1561	619	3385
48204	39722	100161	12854	2310	5570
1582559	1648377	9384906	305625	106533	405952
2927302	3136204	11444908	273041	76261	481818
2189479	1302384	2361153	247819	97743	110190
19291	22828	2125690	122625	37908	97460
556336	560558	1691311	81994	22310	64875
515726	512206	2016675	57266	35751	55490
150122	146171	1684585	83737	37738	74372
423776	423874	1022868	34902	18314	54339
11870	18562	626249	21842	7602	45965
271880	271906	1866601	110816	39791	88062
498614	437236	1177083	96408	33153	60230
259687	252985	1063426	96908	57251	51971
124984	97999	1179372	8233	3887	56290
47471	45599	919005	9481	6502	49805

3-C-1 总承包与专业承包

指标名称	单位	总计	按登记注册类型分组				
			国有企业	集体企业	股份合作企业	联营企业	有限责任公司
全部从业人员年平均人数	人	1676682	271432	159209	16355	1976	580015
固定资产原价	千元	50422973	11659886	3147762	618878	24393	17294986
固定资产合计	千元	34676820	6629731	2144112	419702	16966	12036907
年末自有施工机械设备台数	台	361603	62213	31096	13208	131	110702
年末自有施工机械设备净值	千元	16067080	3344944	743324	158916	8956	5888977
年末自有施工机械设备总功率	千瓦	8266489	1700046	564448	77481	3020	3212777
建筑业总产值	千元	250916922	49203583	13936500	1732834	205590	98300444
建筑业增加值	千元	61821898	10664078	4098214	486121	48467	22786561
#固定资产本年折旧	千元	3577573	762729	191568	24899	1163	1403889
#本年主营业务应付工资总额	千元	33591722	5771737	2584517	272649	38878	11697469
#本年主营业务应付福利费总额	千元	3775112	655037	292289	25949	5232	1383919
#工程结算税金及附加	千元	8530241	1639259	470847	63295	2539	3480252
#管理费用中的税金	千元	532529	108710	24011	6877	101	176605
#工会经费	千元	189247	38916	10272	1964	18	70243
#劳动、失业保险费	千元	1530017	449814	84503	19037	50	634004
#住房公积金及住房补贴	千元	576820	214621	24033	6757		236940
#营业利润	千元	9518637	1023255	416174	64694	486	3703240
房屋建筑施工面积	平方米	146167997	13216505	9227491	1433482	304000	54327276
房屋建筑竣工面积	平方米	67073328	4923696	5320545	906511	79337	24356873
利润总额	千元	8823594	983164	382118	64496	1025	2947941
利税总额	千元	17886364	2731133	876976	134668	3665	6604798
计算建筑业劳动生产率的平均人数	人	1635046	267036	155161	15813	1963	562458
全员劳动生产率							
按总产值计算	元/人	153462	184258	89820	109583	104733	174769
按增加值计算	元/人	37810	39935	26413	30742	24690	40512
技术装备率	元/人	9827	12526	4791	10050	4562	10470
动力装备率	千瓦/人	5.1	6.4	3.6	4.9	1.5	5.7
房屋建筑面积竣工率	%	45.9	37.3	57.7	63.2	26.1	44.8
产值利润率	%	3.5	2	2.7	3.7	0.5	3
产值利税率	%	7.1	5.6	6.3	7.8	1.8	6.7

建筑企业主要经济指标

按登记注册类型分组				按经济组织类型分组			
股份有限公司	私营企业	港澳台商投资企业	外商投资企业	独资企业	合作伙伴企业	股份有限公司	有限责任公司
80141	539763	8497	19294	459294	20883	111124	1085381
1363596	15115248	188754	1009470	16138772	748524	2597620	30938057
851680	11595403	114009	868310	10071606	516646	1777887	22310681
12922	124899	3362	3070	99549	14326	24626	223102
514055	5211837	64226	131845	4391069	188614	871110	10616287
193055	2437865	7197	70600	2417992	99068	418182	5331247
10675283	72094612	983494	3784582	67284056	2189481	14582334	166861051
2748986	19843133	245496	900842	15736269	613186	3836326	41636117
103056	1032198	11042	47029	1018216	30668	178204	2350485
1665305	11087652	149831	323684	8850388	351728	2270896	22118710
168045	1188869	19302	36470	1005121	36045	240423	2493523
298037	2444373	26138	105501	2260026	74911	426650	5768654
11659	198723	993	4850	143532	8305	25142	355550
2900	62774	377	1783	53001	2146	6669	127431
45809	285453	2988	8359	544307	21619	62885	901206
14204	77199	607	2459	241129	7273	16495	311923
439971	3465892	34218	370707	1620549	80491	608962	7208635
13189878	52798393	79564	1591408	25567321	1765752	15284211	103550713
4641895	25950032	75403	819036	11355197	1013113	5627626	49077392
440777	3601059	33212	369802	1549942	79306	603963	6590383
750473	6244155	60343	480153	3953500	162522	1055755	12714587
79754	525937	8399	18525	449415	20256	109803	1055572
133853	137078	117097	204296	149715	108090	132805	158076
34468	37729	29229	48628	35015	30272	34938	39444
6446	9910	7647	7117	9771	9312	7933	10057
2.4	4.6	0.9	3.8	5.4	4.9	3.8	5.1
35.2	49.1	94.8	51.5	44.4	57.4	36.8	47.4
4.1	5	3.4	9.8	2.3	3.6	4.1	3.9
7	8.7	6.1	12.7	5.9	7.4	7.2	7.6

3-C-2 总承包与专业承包建筑企业按登记注册类型

分 组	企业单位数（个）			合同	
	建筑业企业	有工作量企业	亏损企业	签订的合同额	1.上年结转合同额
总 计	**4265**	**3803**	**979**	**396629835**	**129928625**
其中：国有及国有控股企业	444	419	86	207820195	77433095
一、按登记注册类型分组					
内资企业	**4189**	**3738**	**954**	**391219085**	**128601713**
国有企业	293	275	54	98418053	36913919
集体企业	318	292	74	15640586	2193135
股份合作企业	67	60	20	2137961	334458
联营企业	4	4	1	215819	152910
国有联营企业					
集体联营企业	1	1		120000	120000
国有与集体联营企业	2	2	1	50819	32910
其他联营企业	1	1		45000	
有限责任公司	1031	938	201	159071995	55183511
国有独资公司	24	22	4	9814159	3413610
其他有限责任公司	1007	916	197	149257836	51769901
股份有限公司	77	71	12	20971808	5876393
私营企业	2399	2098	592	94762863	27947387
私营独资企业	119	101	27	3386333	358047
私营合伙企业	22	20	6	240646	57004
私营有限责任公司	2120	1855	533	86959271	26419480
私营股份有限公司	138	122	26	4176613	1112856
其他企业					
港、澳、台商投资企业	**24**	**20**	**7**	**1134671**	**332923**
合资经营企业(港或澳、台资)	21	17	6	1091802	332653
合作经营企业(港或澳、台资)					
港、澳、台商独资经营企业	1	1		1217	
港、澳、台商投资股份有限公司	2	2	1	41652	270
外商投资企业	**52**	**45**	**18**	**4276079**	**993989**
中外合资经营企业	37	30	13	2858273	182319
中外合作经营企业	5	5	1	24943	5960
外资企业	8	8	4	1134337	805710
外商投资股份有限公司	2	2		258526	
二、按控股情况分组					
国有控股	444	419	86	207820195	77433095
集体控股	519	480	122	30452118	5941202
私人控股	3233	2845	747	153438910	45244377
港澳台商控股	23	19	7	974671	332923
外商控股	46	40	17	3943941	977028
其他					

和控股情况分单位数与工程承包情况

情况（千元）	承包工程完成情况（千元）			
2.本年新签合同额	1.直接从建设单位承揽工程完成的产值	(1)自行完成施工产值	(2)分包出去工程的产值	2.从建设单位以外承揽工程完成的产值
266701210	**249478216**	**248403449**	**1074767**	**2513473**
130387100	103262730	102438053	824677	1330412
262617372	**244711410**	**243640922**	**1070488**	**2507924**
61504134	49430985	48645705	785280	557878
13447451	13906238	13897228	9010	39272
1803503	1732889	1732834	55	
62909	205590	205590		
	120000	120000		
17909	40590	40590		
45000	45000	45000		
103888484	96915769	96833585	82184	1466859
6400549	6268217	6267677	540	75974
97487935	90647552	90565908	81644	1390885
15095415	10673853	10672017	1836	3266
66815476	71846086	71653963	192123	440649
3028286	3302420	3302420		
183642	226234	224564	1670	700
60539791	64720679	64538346	182333	430094
3063757	3596753	3588633	8120	9855
801748	**985983**	**983494**	**2489**	
759149	934495	932006	2489	
1217	1451	1451		
41382	50037	50037		
3282090	**3780823**	**3779033**	**1790**	**5549**
2675954	2660161	2660161		
18983	25793	25793		
328627	836343	834553	1790	5549
258526	258526	258526		
130387100	103262730	102438053	824677	1330412
24510916	25818716	25803606	15110	56409
108194533	116122102	115891401	230701	1121103
641748	825983	823494	2489	
2966913	3448685	3446895	1790	5549

3-C-3　总承包与专业承包建筑企业按隶属关系、营业状态、

分　组	企业单位数（个）			合同	
	建筑业企业	有工作量企　业	亏损企业	签订的合同额	1.上年结转合同额
总　计	**4265**	**3803**	**979**	**396629835**	**129928625**
一、按隶属关系分组					
中央	83	78	13	144497587	59580679
地方	4182	3725	966	252132248	70347946
省(自治区、直辖市)	108	98	31	16803469	5387322
地区(州、盟、省辖市)	425	391	84	53341169	12272119
县(区、市、旗)	315	295	68	19007350	4431073
街道	30	25	5	1827342	901941
镇	12	12	2	505470	20187
乡	6	5	1	295319	95503
居委会					
村委会	7	6	1	181565	49610
其他	3279	2893	774	160170564	47190191
二、按营业状态分组					
营业	4060	3793	932	396562218	129871321
停业（歇业）	185	8	46	61620	57182
筹建	6		1		
当年关闭	12	2		5997	122
当年破产	2				
其他					
三、按行业(中类)分组					
房屋和土木工程建筑业	1979	1826	401	349466597	120558229
房屋工程建筑	1229	1142	227	171221305	55305310
土木工程建筑	750	684	174	178245292	65252919
建筑安装业	1168	1058	265	38255854	8041626
建筑装饰业	872	740	237	7173824	1093847
其他建筑业	246	179	76	1733560	234923
工程准备	203	141	65	1230788	118488
提供施工设备服务	6	4		170647	2050
其他未列明的建筑活动	37	34	11	332125	114385
四、按企业资质等级分组					
施工总承包	1685	1560	309	343126642	119877858
特级	17	14	3	91594422	41236536
一级	149	145	18	146713437	53032633
二级	382	371	52	48775378	12959988
三级及以下	1137	1030	236	56043405	12648701
专业承包	2580	2243	670	53503193	10050767
一级	132	123	23	20887892	5043686
二级	484	451	105	13401377	2447667
三级及以下	1964	1669	542	19213924	2559414

行业和资质等级分单位数与工程承包情况

情况（千元）	承包工程完成情况（千元）			
2.本年新签合同额	1.直接从建设单位承揽工程完成的产值	(1)自行完成施工产值	(2)分包出去工程的产值	2.从建设单位以外承揽工程完成的产值
266701210	**249478216**	**248403449**	**1074767**	**2513473**
84916908	58279717	57743147	536570	454487
181784302	191198499	190660302	538197	2058986
11416147	12640103	12623251	16852	200066
41069050	39125588	38897815	227773	640571
14576277	15975128	15973288	1840	22529
925401	1137176	1137176		6674
485283	448306	448306		
199816	289809	289809		
131955	156460	156460		
112980373	121425929	121134197	291732	1189146
266690897	249411685	248336918	1074767	2513473
4438	60534	60534		
5875	5997	5997		
228908368	209538558	208788827	749731	2078939
115915995	121595493	121427074	168419	629819
112992373	87943065	87361753	581312	1449120
30214228	31230926	30930409	300517	376382
6079977	6874469	6871173	3296	33554
1498637	1834263	1813040	21223	24598
1112300	1305000	1297680	7320	7730
168597	170283	170283		
217740	358980	345077	13903	16868
223248784	204370495	203444735	925760	1905978
50357886	39403324	39403324		
93680804	77110092	76355846	754246	820817
35815390	41081564	41002611	78953	750196
43394704	46775515	46682954	92561	334965
43452426	45107721	44958714	149007	607495
15844206	15421425	15398837	22588	207888
10953710	11862236	11820540	41696	114399
16654510	17824060	17739337	84723	285208

3-C-4 总承包与专业承包建筑企业按地区分单位数与工程承包情况

地区	企业单位数（个）			合同情况（千元）		
	建筑业企业	有工作量企业	亏损企业	签订的合同额	1.上年结转合同额	2.本年新签合同额
全省	**4265**	**3803**	**979**	**396629835**	**129928625**	**266701210**
沈阳市	1258	1048	329	89323642	30497638	58826004
大连市	1176	1089	307	105643335	39874719	65768616
鞍山市	268	247	43	32428396	9144095	23284301
抚顺市	172	172	15	11729804	2096695	9633109
本溪市	164	148	32	9608466	2438583	7169883
丹东市	170	152	30	15257532	5366470	9891062
锦州市	181	158	66	13693601	3291720	10401881
营口市	137	131	7	8394188	762109	7632079
阜新市	144	132	42	4778095	919642	3858453
辽阳市	167	159	40	53999142	23225343	30773799
盘锦市	115	92	6	26848793	6612043	20236750
铁岭市	79	70	11	11865025	3329891	8535134
朝阳市	128	114	36	7841955	1487918	6354037
葫芦岛市	106	91	15	5217861	881759	4336102

3-C-4 续表

地区	承包工程完成情况（千元）			
	1.直接从建设单位承揽工程完成的产值	(1)自行完成施工产值	(2)分包出去工程的产值	2.从建设单位以外承揽工程完成的产值
全省	**249478216**	**248403449**	**1074767**	**2513473**
沈阳市	52138926	52094069	44857	556934
大连市	70222984	70040817	182167	417735
鞍山市	21438518	21406090	32428	346011
抚顺市	10447654	10447654		487610
本溪市	8790042	8790042		482809
丹东市	10612687	10606642	6045	
锦州市	11644693	11644693		11235
营口市	7477930	7477410	520	2300
阜新市	4144068	4140834	3234	530
辽阳市	20236898	20019001	217897	51654
盘锦市	13145735	12633597	512138	107178
铁岭市	8061037	7986096	74941	41687
朝阳市	6267186	6266646	540	2090
葫芦岛市	4849858	4849858		5700

3-C-5　总承包与专业承包建筑企业按登记注册类型和控股情况分房屋建筑面积与价值情况

分　组	房屋建筑施工面积(平方米)	其中：本年新开工面积	其中：实行投标承包面积	其中：本年新开工	房屋建筑竣工面积(平方米)	房屋建筑竣工价值(千元)
总　计	**146167997**	**87873769**	**129884618**	**80544440**	**67073328**	**66418968**
其中：国有及国有控股企业	34980228	18621326	29569503	16044786	12771178	14981839
一、按登记注册类型分组						
内资企业	**144497025**	**86924509**	**128547985**	**79857960**	**66178889**	**65487120**
国有企业	13216505	6600704	12025552	6131106	4923696	4669078
集体企业	9227491	6394849	7918042	6036986	5320545	4527761
股份合作企业	1433482	1068999	1334801	981577	906511	872740
联营企业	304000	700	81300	700	79337	89513
国有联营企业						
集体联营企业	224000		74000			
国有与集体联营企业	72000				71337	85600
其他联营企业	8000	700	7300	700	8000	3913
有限责任公司	54327276	30238563	48179173	26810228	24356873	25758154
国有独资公司	1518988	946106	1506956	938774	321626	245267
其他有限责任公司	52808288	29292457	46672217	25871454	24035247	25512887
股份有限公司	13189878	8258673	11609006	8031576	4641895	4884906
私营企业	52798393	34362021	47400111	31865787	25950032	24684968
私营独资企业	2623325	1460356	1723864	1382105	1110956	959264
私营合伙企业	28270	27270	24791	24791	27265	27505
私营有限责任公司	48052465	31872161	43847237	29555792	23826080	22722996
私营股份有限公司	2094333	1002234	1804219	903099	985731	975203
其他企业						
港、澳、台商投资企业	**79564**	**25200**	**79564**	**25200**	**75403**	**107445**
合资经营企业(港或澳、台资)	79564	25200	79564	25200	75403	107445
合作经营企业(港或澳、台资)						
港、澳、台商独资经营企业						
港、澳、台商投资股份有限公司						
外商投资企业	**1591408**	**924060**	**1257069**	**661280**	**819036**	**824403**
中外合资经营企业	1091408	824060	757069	561280	819036	824403
中外合作经营企业						
外资企业	500000	100000	500000	100000		
外商投资股份有限公司						
二、按控股情况分组						
国有控股	34980228	18621326	29569503	16044786	12771178	14981839
集体控股	15870255	10094206	14084965	9590278	8666231	7416913
私人控股	93709022	58271457	84893517	54222896	44803960	43129704
港澳台商控股	79564	25200	79564	25200	75403	107445
外商控股	1528928	861580	1257069	661280	756556	783067
其他						

3-C-6 总承包与专业承包建筑企业按隶属关系、营业状态、行业和资质等级分房屋建筑面积与价值情况

分组	房屋建筑施工面积（平方米）	其中：本年新开工面积	其中：实行投标承包面积	其中：本年新开工	房屋建筑竣工面积（平方米）	房屋建筑竣工价值（千元）
总计	**146167997**	**87873769**	**129884618**	**80544440**	**67073328**	**66418968**
一、按隶属关系分组						
中央	10346287	4637745	9269462	3961846	2954001	5486549
地方	135821710	83236024	120615156	76582594	64119327	60932419
省(自治区、直辖市)	5755970	4053749	5665168	4012390	2347888	2317632
地区(州、盟、省辖市)	20519286	11328891	16763376	10319604	9148391	8283158
县(区、市、旗)	16820047	10472727	14943694	9616760	8813751	7996819
街道	1136917	341006	1064637	300896	691292	633481
镇	609533	533435	565805	532933	226515	184567
乡	320107	158799	318052	156744	232150	154522
居委会						
村委会	241510	162850	192103	162850	135654	99040
其他	90418340	56184567	81102321	51480417	42523686	41263200
二、按营业状态分组						
营业	146161497	87867269	129878118	80537940	67070828	66416718
停业（歇业）						
筹建						
当年关闭	6500	6500	6500	6500	2500	2250
当年破产						
其他						
三、按行业(中类)分组						
房屋和土木工程建筑业	143161359	85825747	128393488	79302705	65544856	65334905
房屋工程建筑	138381355	82702648	124169148	76409333	63489942	62716499
土木工程建筑	4780004	3123099	4224340	2893372	2054914	2618406
建筑安装业	2770632	1858134	1316392	1067347	1494410	1068159
建筑装饰业						
其他建筑业	236006	189888	174738	174388	34062	15904
工程准备	66216	22475	22275	22275	11735	4250
提供施工设备服务						
其他未列明的建筑活动	169790	167413	152463	152113	22327	11654
四、按企业资质等级分组						
施工总承包	141973791	84920032	127337577	78662313	64859186	64798548
特级	28931893	15261312	27779210	15159691	8854419	12323321
一级	40932007	21300986	37701081	20021128	15879938	17002741
二级	35186157	21353243	30657224	19301003	18098029	16554338
三级及以下	36923734	27004491	31200062	24180491	22026800	18918148
专业承包	4194206	2953737	2547041	1882127	2214142	1620420
一级	704941	430449	80750	45291	398871	349443
二级	1702965	1325407	1064178	844485	1063695	662669
三级及以下	1786300	1197881	1402113	992351	751576	608308

3-C-7　总承包与专业承包建筑企业按地区分房屋建筑面积与价值情况

地　区	房屋建筑施工面积	其中：本年新开工面积	其中：实行投标承包面积	其中：本年新开工	房屋建筑竣工面积(平方米)	房屋建筑竣工价值(千元)
全　省	**146167997**	**87873769**	**129884618**	**80544440**	**67073328**	**66418968**
沈阳市	33511010	19712725	29769527	18700636	12452033	12294883
大连市	53907136	29724072	52511634	29014625	22174102	23962257
鞍山市	11251722	5710568	8212532	4298834	5525414	7239429
抚顺市	4337115	3363785	4336053	3363785	2410266	1797379
本溪市	5064072	2265521	3440950	1949495	2131019	2170384
丹东市	4510552	3607658	2575313	2111128	2033919	1940149
锦州市	5078299	3380727	4923408	3299838	3415884	2635753
营口市	4928799	4041895	3781166	3289635	3367695	2805438
阜新市	3863440	2063891	3739429	1958817	2102292	1504808
辽阳市	4592453	2612148	3096228	2424991	1984316	1713125
盘锦市	1374846	1344323	988070	960332	949658	887774
铁岭市	3843644	2636587	3108892	2106390	2530279	2662759
朝阳市	5932754	4113270	5592677	3851140	3336653	2592124
葫芦岛市	3972155	3296599	3808739	3214794	2659798	2212706

3-C-8 总承包与专业承包建筑企业

分组	企业总产值	在境外完成的营业额	建筑业总产值	其中：装饰装修产值
总计	**254888743**	**2020866**	**250916922**	**13547424**
其中：国有及国有控股企业	105691520	1838357	103768465	928279
一、按登记注册类型分组				
内资企业	**250094411**	**2020866**	**246148846**	**12545569**
国有企业	50125174	260982	49203583	487524
集体企业	14343410		13936500	362963
股份合作企业	1733123		1732834	174856
联营企业	205590		205590	
国有联营企业				
集体联营企业	120000		120000	
国有与集体联营企业	40590		40590	
其他联营企业	45000		45000	
有限责任公司	99927941	1398863	98300444	2466873
国有独资公司	6351262		6343651	18790
其他有限责任公司	93576679	1398863	91956793	2448083
股份有限公司	10694130	209130	10675283	312518
私营企业	73065043	151891	72094612	8740835
私营独资企业	3322958		3302420	53195
私营合伙企业	234339		225264	19561
私营有限责任公司	65865068	151891	64968440	8388485
私营股份有限公司	3642678		3598488	279594
其他企业				
港、澳、台商投资企业	**1001661**		**983494**	**266223**
合资经营企业(港或澳、台资)	945151		932006	229684
合作经营企业(港或澳、台资)				
港、澳、台商独资经营企业	6473		1451	1199
港、澳、台商投资股份有限公司	50037		50037	35340
外商投资企业	**3792671**		**3784582**	**735632**
中外合资经营企业	2664034		2660161	476225
中外合作经营企业	25793		25793	
外资企业	844318		840102	3421
外商投资股份有限公司	258526		258526	255986
二、按控股情况分组				
国有控股	105691520	1838357	103768465	928279
集体控股	26401356	30618	25860015	634884
私人控股	118493673	151891	117012504	11263482
港澳台商控股	841661		823494	266223
外商控股	3460533		3452444	454556
其他				

按登记注册类型和控股情况分产值情况

单位：千元

其中：在外省完成的产值	1.建　筑 工程产值	2.安　装 工程产值	3.其他产值	竣工产值
35101868	**213392386**	**32690344**	**4834192**	**162982087**
25205352	88275864	13962992	1529609	61151429
34666110	**209425635**	**31894285**	**4828926**	**159830963**
11205732	39088819	9574773	539991	31026281
102949	9611560	4026779	298161	9854647
	1494199	190302	48333	1253854
	195750	2690	7150	221513
	120000			120000
	30750	2690	7150	97600
	45000			3913
15379675	85781731	11067136	1451577	63190433
2256543	5457097	839119	47435	3337480
13123132	80324634	10228017	1404142	59852953
900785	9877846	545986	251451	6479248
7076969	63375730	6486619	2232263	47804987
29410	2698843	80517	523060	2485413
17304	100207	123057	2000	182336
6961441	57415395	5902261	1650784	43032075
68814	3161285	380784	56419	2105163
353626	**404881**	**578613**		**609396**
343526	353393	578613		580797
	1451			1319
10100	50037			27280
82132	**3561870**	**217446**	**5266**	**2541728**
74694	2482338	177823		2237354
5992	16206	6321	3266	18435
1446	807340	30762	2000	27413
	255986	2540		258526
25205352	88275864	13962992	1529609	61151429
387720	18764060	6597991	497964	18142007
9143852	102708123	11503028	2801353	81005525
313626	404881	418613		449396
51318	3239458	207720	5266	2233730

3-C-9 总承包与专业承包建筑企业按

分组	企业总产值	在境外完成的营业额	建筑业总产值	其中：装饰装修产值
总计	**254888743**	**2020866**	**250916922**	**13547424**
一、按隶属关系分组				
中央	59404306	1603861	58197634	357963
地方	195484437	417005	192719288	13189461
省(自治区、直辖市)	13039344	30618	12823317	385620
地区(州、盟、省辖市)	40305710	214660	39538386	1387783
县(区、市、旗)	16123867	19836	15995817	275312
街道	1143965		1143850	74257
镇	448306		448306	11700
乡	289809		289809	
居委会				
村委会	157555		156460	
其他	123975881	151891	122323343	11054789
二、按营业状态分组				
营业	254822212	2020866	250850391	13546970
停业（歇业）	60534		60534	332
筹建				
当年关闭	5997		5997	122
当年破产				
其他				
三、按行业(中类)分组				
房屋和土木工程建筑业	213660155	1980587	210867766	2314012
房屋工程建筑	123408681	369036	122056893	1892865
土木工程建筑	90251474	1611551	88810873	421147
建筑安装业	32429960	37202	31306791	5213546
建筑装饰业	6956731	3077	6904727	6015979
其他建筑业	1841897		1837638	3887
工程准备	1309549		1305410	304
提供施工设备服务	170283		170283	
其他未列明的建筑活动	362065		361945	3583
四、按企业资质等级分组				
施工总承包	208252274	1978387	205350713	2837846
特级	39934113	1232210	39403324	690741
一级	78585177	580781	77176663	539333
二级	42289055	140070	41752807	421020
三级及以下	47443929	25326	47017919	1186752
专业承包	46636469	42479	45566209	10709578
一级	15646418		15606725	6622335
二级	12463078	6584	11934939	2327893
三级及以下	18526973	35895	18024545	1759350

隶属关系、营业状态、行业和资质等级分产值情况

单位：千元

其中：在外省完成的产值	1.建　筑工程产值	2.安　装工程产值	3.其他产值	竣工产值
35101868	**213392386**	**32690344**	**4834192**	**162982087**
19726684	48865493	8315179	1016962	31051758
15375184	164526893	24375165	3817230	131930329
2050884	10412203	2219661	191453	7964279
2845704	32955897	6247366	335123	27147948
40349	15030942	826821	138054	13297948
32610	932468	206335	5047	951951
5320	438650	5320	4336	281284
	280759	2150	6900	235811
	156460			99515
10400317	104319514	14867512	3136317	81951593
35101536	213327205	32689162	4834024	162919821
332	59184	1182	168	59894
	5997			2372
28106681	192925281	14444240	3498245	136640277
4555710	117071191	3319447	1666255	80528201
23550971	75854090	11124793	1831990	56112076
6160120	12536870	17832985	936936	19439207
692726	6531429	281790	91508	5242368
142341	1398806	131329	307503	1660235
62550	999234	50710	255466	1302823
	170283			92316
79791	229289	80619	52037	265096
27794223	185677448	15806963	3866302	131416096
10255253	37777452	1053628	572244	23593123
14962746	66099625	10196458	880580	45174116
1127650	38682813	2422544	647450	29640817
1448574	43117558	2134333	1766028	33008040
7307645	27714938	16883381	967890	31565991
5840484	11491714	4026574	88437	8422109
997827	6696561	4899289	339089	9186408
469334	9526663	7957518	540364	13957474

3-C-10 总承包与专业承包建筑企业按地区分产值情况

单位：千元

地区	企业总产值	在境外完成的营业额	建筑业总产值	其中：装饰装修产值
全省	**254888743**	**2020866**	**250916922**	**13547424**
沈阳市	53329909	39260	52651003	7437050
大连市	71445346	358984	70458552	2685062
鞍山市	22803527	163438	21752101	1113624
抚顺市	10986839		10935264	398317
本溪市	9380353		9272851	115865
丹东市	10610916		10606642	183560
锦州市	11684565		11655928	272521
营口市	7483592		7479710	547919
阜新市	4205077		4141364	100016
辽阳市	20695651	1232210	20070655	283846
盘锦市	13071997	178256	12740775	87840
铁岭市	8061988	48718	8027783	59646
朝阳市	6273425		6268736	104314
葫芦岛市	4855558		4855558	157844

3-C-10 续表

单位：千元

地区	其中：在外省完成的产值	1.建筑工程产值	2.安装工程产值	3.其他产值	竣工产值
全省	**35101868**	**213392386**	**32690344**	**4834192**	**162982087**
沈阳市	9546437	45418073	7035385	197545	31476233
大连市	7262265	62677737	6447046	1333769	44120576
鞍山市	1778660	17546096	3165110	1040895	14172918
抚顺市	81357	7914960	2749766	270538	7550210
本溪市	736258	7773596	1434165	65090	5262884
丹东市	764998	9787417	784393	34832	6406636
锦州市	2436720	9152640	2484306	18982	7331295
营口市	56951	7244646	214485	20579	6018401
阜新市	389093	3521317	617114	2933	3482316
辽阳市	8944727	18525450	1317622	227583	12303069
盘锦市	2377492	7718742	3979891	1042142	9066547
铁岭市	38115	6184385	1445683	397715	7820769
朝阳市	557304	5753572	491024	24140	4703172
葫芦岛市	131491	4173755	524354	157449	3267061

3-C-11　总承包与专业承包建筑企业按登记注册类型和控股情况分主要建筑材料消耗情况

分　组	1.钢材(吨)	2.木材(立方米)	3.水泥(吨)	4.玻璃(重量箱)	4.玻璃(平方米)	5.铝材(吨)
总　计	**10789524**	**3312408**	**36908580**	**2915737**	**20080808**	**121875**
其中：国有及国有控股企业	3901113	735088	11182312	443180	3311037	12128
一、按登记注册类型分组						
内资企业	**10664046**	**3293642**	**36102647**	**2820856**	**19575647**	**117771**
国有企业	1632254	376380	4782417	194279	1768099	5290
集体企业	2196865	212523	8267407	186130	1315972	5003
股份合作企业	37640	31658	159166	25747	230875	1201
联营企业	8300	1470	21089	2462	23330	4
国有联营企业						
集体联营企业	5265	508	11616	2450	23100	
国有与集体联营企业	2915	866	5525			4
其他联营企业	120	96	3948	12	230	
有限责任公司	4000456	1048578	12338833	834466	5947710	19624
国有独资公司	206031	23500	670604	33704	255219	70
其他有限责任公司	3794425	1025078	11668229	800762	5692491	19554
股份有限公司	313012	114730	1242844	262564	1596692	4770
私营企业	2475519	1508303	9290891	1315208	8692969	81879
私营独资企业	76310	43693	433675	64701	347464	2071
私营合伙企业	4323	408	7080	2368	15092	
私营有限责任公司	2264440	1380275	8329322	1209054	8098239	77628
私营股份有限公司	130446	83927	520814	39085	232174	2180
其他企业						
港、澳、台商投资企业	**14218**	**3672**	**22371**	**47083**	**230723**	**2779**
合资经营企业(港或澳、台资)	14158	872	20980	47083	230723	2779
合作经营企业(港或澳、台资)						
港、澳、台商独资经营企业		200	520			
港、澳、台商投资股份有限公司	60	2600	871			
外商投资企业	**111260**	**15094**	**783562**	**47798**	**274438**	**1325**
中外合资经营企业	96099	14635	449803	41218	247159	98
中外合作经营企业	460		50			
外资企业	14641	459	332669	559	3195	202
外商投资股份有限公司	60		1040	6021	24084	1025
二、按控股情况分组						
国有控股	3901113	735088	11182312	443180	3311037	12128
集体控股	2528996	337205	9439855	320665	2838855	7987
私人控股	4241526	2221369	15481980	2064695	13458155	98681
港澳台商控股	12489	3652	22171	47083	230723	2779
外商控股	105400	15094	782262	40114	242038	300
其他						

3-C-12 总承包与专业承包建筑企业按隶属关系、营业状态、行业和资质等级分主要建筑材料消耗情况

分　组	1.钢材(吨)	2.木材(立方米)	3.水泥(吨)	4.玻璃(重量箱)	4.玻璃(平方米)	5.铝材(吨)
总　计	**10789524**	**3312408**	**36908580**	**2915737**	**20080808**	**121875**
一、按隶属关系分组						
中央	2183768	282799	5165789	57320	401362	2602
地方	8605756	3029609	31742791	2858417	19679446	119273
省(自治区、直辖市)	874363	139105	2075471	122855	1111523	2039
地区(州、盟、省辖市)	1098170	386253	4316690	335576	2165931	10581
县(区、市、旗)	791891	335629	2902759	348668	2539027	5746
街道	37330	9763	75071	20817	121675	2277
镇	15496	19308	78217	7231	91680	96
乡	9640	6802	51283	22500	115302	900
居委会						
村委会	4257	1478	24963	170	970	2
其他	5774609	2131271	22218337	2000600	13533338	97632
二、按营业状态分组						
营业	10786653	3311354	36870494	2915727	20080708	121875
停业（歇业）	2845	1000	37956	10	100	
筹建						
当年关闭	26	54	130			
当年破产						
其他						
三、按行业(中类)分组						
房屋和土木工程建筑业	8075753	3090612	28904903	2356386	16847112	53705
房屋工程建筑	5755792	2668036	19602456	2228149	15673947	50859
土木工程建筑	2319961	422576	9302447	128237	1173165	2846
建筑安装业	2630486	81980	7220815	212094	1502534	49734
建筑装饰业	60151	136138	394138	346672	1728734	18427
其他建筑业	23134	3678	388724	585	2428	9
工程准备	15998	2120	159619	516	2033	
提供施工设备服务	230	110	226226			
其他未列明的建筑活动	6906	1448	2879	69	395	9
四、按企业资质等级分组						
施工总承包	9905271	3027316	34287927	2295681	15429895	54221
特级	1710999	179051	4172271	350552	2110056	7374
一级	3096727	878721	10057397	491803	3523231	9229
二级	3260471	976809	12715760	619808	4179973	12105
三级及以下	1837074	992735	7342499	833518	5616635	25513
专业承包	884253	285092	2620653	620056	4650913	67654
一级	300137	61703	817598	269301	1614465	55846
二级	256646	90133	831953	162390	791573	5296
三级及以下	327470	133256	971102	188365	2244875	6512

3-C-13　总承包与专业承包建筑企业按地区分主要建筑材料消耗情况

地　区	1.钢材(吨)	2.木材(立方米)	3.水泥(吨)	4.玻璃(重量箱)	4.玻璃(平方米)	5.铝材(吨)
全　省	**10789524**	**3312408**	**36908580**	**2915737**	**20080808**	**121875**
沈阳市	2071919	738341	6687716	826622	6253066	66157
大连市	2287109	1124277	8600225	834451	4974744	27158
鞍山市	2871050	136532	8714084	98861	604210	5002
抚顺市	371560	106210	711957	56553	290536	1847
本溪市	372700	157624	1664769	107388	726258	1464
丹东市	230263	131819	905809	139001	2115113	3204
锦州市	407480	119581	1199207	98941	428008	1801
营口市	235721	143529	1022037	166702	1089456	7275
阜新市	134561	62847	554095	118776	603334	209
辽阳市	704021	160970	2985832	118801	598373	2272
盘锦市	521177	82088	959948	33034	560145	2932
铁岭市	162591	103250	1020066	142815	911096	1426
朝阳市	234870	167150	1171046	83278	466183	991
葫芦岛市	184502	78190	711789	90514	460286	137

3-C-14　总承包与专业承包建筑企业按登记注册类型

分　组	施工机械设备		
	年末自有施工机械设备净值（千元）	年末自有施工机械设备总台数（台）	年末自有施工机械设备总功率（千瓦）
总　计	**16067080**	**361603**	**8266489**
其中：国有及国有控股企业	6547169	103661	3357136
一、按登记注册类型分组			
内资企业	**15871009**	**355171**	**8188692**
国有企业	3344944	62213	1700046
集体企业	743324	31096	564448
股份合作企业	158916	13208	77481
联营企业	8956	131	3020
国有联营企业			
集体联营企业	7719	110	1654
国有与集体联营企业	1107	16	1179
其他联营企业	130	5	187
有限责任公司	5888977	110702	3212777
国有独资公司	398723	5793	196489
其他有限责任公司	5490254	104909	3016288
股份有限公司	514055	12922	193055
私营企业	5211837	124899	2437865
私营独资企业	277699	5406	136482
私营合伙企业	20084	885	15710
私营有限责任公司	4621764	109065	2065358
私营股份有限公司	292290	9543	220315
其他企业			
港、澳、台商投资企业	**64226**	**3362**	**7197**
合资经营企业(港或澳、台资)	60226	1345	6469
合作经营企业(港或澳、台资)			
港、澳、台商独资经营企业	515	36	39
港、澳、台商投资股份有限公司	3485	1981	689
外商投资企业	**131845**	**3070**	**70600**
中外合资经营企业	45320	1990	46643
中外合作经营企业	658	102	2857
外资企业	24587	798	16977
外商投资股份有限公司	61280	180	4123
二、按控股情况分组			
国有控股	6547169	103661	3357136
集体控股	1525651	64630	1038649
私人控股	7877253	187383	3801447
港澳台商控股	54166	3148	6897
外商控股	62841	2781	62360
其他			

和控股情况分机械与人员情况

从业人员情况（人）						
计算建筑业劳动生产率平均人数	年末从业人员	年末从业人员中管理人员	年末从业人员中工程技术人员	年末从业人员中一级建造师	年末从业人员中现场施工工人	其中：持证上岗人员
1639042	**1093112**	**165056**	**166232**	**8777**	**640117**	**342951**
502424	317630	50295	44523	3280	187415	104904
1612049	**1076108**	**162943**	**163871**	**8610**	**628083**	**333679**
267155	162534	28305	25335	2305	88092	49550
155611	112430	12805	13681	231	59138	26743
16030	9677	2117	1808	177	5280	3124
1963	783	54	83	9	433	317
1186	580	25	25	2	343	232
326	181	29	36	7	90	85
451	22		22			
562910	369821	55017	55355	2463	217012	119804
40652	28512	3572	3454	193	21168	9292
522258	341309	51445	51901	2270	195844	110512
79778	38757	5062	4061	244	24080	12714
528602	382106	59583	63548	3181	234048	121427
23295	19833	3042	4063	784	11524	5081
2245	1586	278	391	7	744	505
474013	340418	53706	55404	2253	210656	110198
29049	20269	2557	3690	137	11124	5643
8435	**4177**	**706**	**888**	**44**	**2535**	**1537**
8083	3620	639	826	33	2118	1442
9	9	2	7			
343	548	65	55	11	417	95
18558	**12827**	**1407**	**1473**	**123**	**9499**	**7735**
13203	8120	968	1258	90	5468	3920
265	205	12	39	1	153	31
4060	3955	316	126	12	3511	3453
1030	547	111	50	20	367	331
502424	317630	50295	44523	3280	187415	104904
245529	171052	22455	22452	728	93861	49907
867503	589242	90476	97155	4630	348057	179455
6785	3477	580	802	34	1961	1450
16801	11711	1250	1300	105	8823	7235

3-C-15 总承包与专业承包建筑企业按隶属关系、营业状态、

分 组	施工机械设备		
	年末自有施工机械设备净值（千元）	年末自有施工机械设备总台数（台）	年末自有施工机械设备总功率（千瓦）
总 计	**16067080**	**361603**	**8266489**
一、按隶属关系分组			
中央	3561702	43713	1434096
地方	12505378	317890	6832393
省(自治区、直辖市)	666051	27208	536979
地区(州、盟、省辖市)	2695573	47348	1405174
县(区、市、旗)	912486	27368	614486
街道	63649	1978	41382
镇	56042	2474	44599
乡	22012	1830	10367
居委会			
村委会	4783	369	12402
其他	8084782	209315	4167004
二、按营业状态分组			
营业	16062438	361365	8261991
停业（歇业）	4486	220	4334
筹建			
当年关闭	156	18	164
当年破产			
其他			
三、按行业(中类)分组			
房屋和土木工程建筑业	13994742	293798	6993527
房屋工程建筑	7147026	189443	3672935
土木工程建筑	6847716	104355	3320592
建筑安装业	1430967	45146	943222
建筑装饰业	379604	19177	176286
其他建筑业	261767	3482	153454
工程准备	227987	2272	117259
提供施工设备服务	17662	246	14415
其他未列明的建筑活动	16118	964	21780
四、按企业资质等级分组			
施工总承包	12956289	271296	6544116
特级	2377788	22958	855891
一级	4531483	81132	2089363
二级	2850830	64900	1709532
三级及以下	3196188	102306	1889330
专业承包	3110791	90307	1722373
一级	666427	17472	363163
二级	964251	21504	421439
三级及以下	1480113	51331	937771

行业和资质等级分机械与人员情况

从业人员情况（人）						
计算建筑业劳动生产率平均人数	年末从业人员	年末从业人员中管理人员	年末从业人员中工程技术人员	年末从业人员中一级建造师	年末从业人员中现场施工工人	其中：持证上岗人员
1639042	**1093112**	**165056**	**166232**	**8777**	**640117**	**342951**
187696	140470	21487	17322	1290	90920	48069
1451346	952642	143569	148910	7487	549197	294882
83099	46850	6433	6904	1034	25449	17708
276545	160150	28142	25631	1323	87591	51829
146602	96869	12505	15947	311	49554	31233
8742	5890	1044	889	28	3620	1690
4995	3978	814	835	10	2682	832
2243	1278	142	267		726	309
1342	1337	235	418	27	704	188
927778	636290	94254	98019	4754	378871	191093
1638116	1092233	164906	166026	8774	639889	342866
799	780	128	192	3	173	35
14	19	11	2		3	
111	78	11	12		52	50
2	2					
1337917	886746	130422	128873	6895	537358	283948
909613	589793	82605	83214	3824	366379	192688
428304	296953	47817	45659	3071	170979	91260
228150	157489	25380	26227	1321	79574	47749
58369	38794	7492	8707	488	18005	9032
14606	10083	1762	2425	73	5180	2222
10671	7444	1309	1770	56	3792	1736
1123	342	28	39		203	135
2812	2297	425	616	17	1185	351
1296335	869206	126946	124016	6924	528011	271935
164353	116953	14026	8394	386	92052	42699
408058	236283	38054	34508	2797	141040	74678
327728	232515	35097	36158	1629	135029	67949
396196	283455	39769	44956	2112	159890	86609
342707	223906	38110	42216	1853	112106	71016
90485	51181	9192	8064	575	27300	22311
95689	59253	10039	11202	477	29733	17326
156533	113472	18879	22950	801	55073	31379

3-C-16 总承包与专业承包建筑企业按地区分机械与人员情况

地区	施工机械设备			从业人员情况（人）	
	年末自有施工机械设备净值（千元）	年末自有施工机械设备总台数（台）	年末自有施工机械设备总功率（千瓦）	计算建筑业劳动生产率平均人数	年末从业人员
全省	**16067080**	**361603**	**8266489**	**1639042**	**1093112**
沈阳市	2162670	62447	1208554	400431	180395
大连市	4772892	100081	2007157	464108	353013
鞍山市	1088983	25635	791168	105421	87093
抚顺市	591673	14589	346696	95987	47539
本溪市	776831	15319	508326	60990	40887
丹东市	1122453	41160	824392	54410	47537
锦州市	500177	14352	300368	69561	48670
营口市	896409	13456	376408	53553	32459
阜新市	379004	8843	197960	45596	24458
辽阳市	1636480	14101	623164	78754	61072
盘锦市	769947	14278	349229	59537	57656
铁岭市	470981	10001	242573	46354	35250
朝阳市	496078	10267	281090	55374	45286
葫芦岛市	402502	17074	209404	48966	31797

3-C-16 续表

地区	从业人员情况（人）				
	年末从业人员中管理人员	年末从业人员中工程技术人员	年末从业人员中一一级建造师	年末从业人员中现场施工工人	其中：持证上岗人员
全省	**165056**	**166232**	**8777**	**640117**	**342951**
沈阳市	29858	33244	1444	77656	52778
大连市	47831	46596	2045	251569	105241
鞍山市	11103	10665	608	45973	21580
抚顺市	8247	7835	309	25875	10233
本溪市	6750	7358	239	22261	14630
丹东市	10079	7853	537	27685	23735
锦州市	8003	6970	319	30793	22837
营口市	6274	6342	98	18320	8168
阜新市	5298	4802	162	15529	8224
辽阳市	11154	8894	832	35580	17961
盘锦市	6638	9382	1602	28028	14775
铁岭市	4717	5268	177	22158	13372
朝阳市	5391	5948	179	25897	19871
葫芦岛市	3713	5075	226	12793	9546

3-C-17　总承包和专业承包建筑企业按登记注册类型和控股情况分竣工房屋面积情况

单位：平方米

分　组	合　计	1.厂房、仓库	2.住宅	3.办公用房	4.批发和零售用房	5.住宿和餐饮用房
总　计	**67073328**	**9801859**	**48371145**	**2902230**	**856106**	**610999**
其中：国有及国有控股企业	12771178	2489849	7955534	802547	191516	326124
一、按登记注册类型分组						
内资企业	**66178889**	**9418669**	**47900936**	**2861190**	**856106**	**610999**
国有企业	4923696	566941	3722366	245602	32016	44537
集体企业	5320545	485224	4133703	188220	13565	25411
股份合作企业	906511	120430	723289	22740		
联营企业	79337	74337		5000		
国有联营企业						
集体联营企业						
国有与集体联营企业	71337	71337				
其他联营企业	8000	3000		5000		
有限责任公司	24356873	3156238	17718276	1286504	407303	162523
国有独资公司	321626	22432	258458	28236		
其他有限责任公司	24035247	3133806	17459818	1258268	407303	162523
股份有限公司	4641895	674186	3502856	145136		155160
私营企业	25950032	4341313	18100446	967988	403222	223368
私营独资企业	1110956	166681	827317	34942		32000
私营合伙企业	27265	14391	12874			
私营有限责任公司	23826080	4025335	16576287	914340	403222	145151
私营股份有限公司	985731	134906	683968	18706		46217
其他企业						
港、澳、台商投资企业	**75403**		**75403**			
合资经营企业(港或澳、台资)	75403		75403			
合作经营企业(港或澳、台资)						
港、澳、台商独资经营企业						
港、澳、台商投资股份有限公司						
外商投资企业	**819036**	**383190**	**394806**	**41040**		
中外合资经营企业	819036	383190	394806	41040		
中外合作经营企业						
外资企业						
外商投资股份有限公司						
二、按控股情况分组						
国有控股	12771178	2489849	7955534	802547	191516	326124
集体控股	8666231	713076	6727074	367728	60837	28850
私人控股	44803960	6278224	33218328	1690915	603753	256025
港澳台商控股	75403		75403			
外商控股	756556	320710	394806	41040		
其他						

3-C-17　续表　　　　单位：平方米

分　　组	6.居民服务业用房	7.教育用房	8.文化、体育用房	9.卫生医疗用房	10.科研用房	11.其他用房
总　计	**511907**	**1458903**	**346959**	**368049**	**94069**	**1751102**
其中：国有及国有控股企业	195377	343279	63030	62306	25634	315982
一、按登记注册类型分组						
内资企业	**511907**	**1458903**	**346959**	**368049**	**94069**	**1751102**
国有企业	76828	154442	24000	38140		18824
集体企业	17360	241018	14950	56277	8826	135991
股份合作企业	1470	8535	17002	2475	110	10460
联营企业						
国有联营企业						
集体联营企业						
国有与集体联营企业						
其他联营企业						
有限责任公司	209325	540621	152459	59811	32356	631457
国有独资公司				11400		1100
其他有限责任公司	209325	540621	152459	48411	32356	630357
股份有限公司	35748	71216	3200	6500	26985	20908
私营企业	171176	443071	135348	204846	25792	933462
私营独资企业		23256	3610	2160	3881	17109
私营合伙企业						
私营有限责任公司	130932	418555	131738	176355	21911	882254
私营股份有限公司	40244	1260		26331		34099
其他企业						
港、澳、台商投资企业						
合资经营企业(港或澳、台资)						
合作经营企业(港或澳、台资)						
港、澳、台商独资经营企业						
港、澳、台商投资股份有限公司						
外商投资企业						
中外合资经营企业						
中外合作经营企业						
外资企业						
外商投资股份有限公司						
二、按控股情况分组						
国有控股	195377	343279	63030	62306	25634	315982
集体控股	35008	425214	31952	59702	14322	202468
私人控股	281522	690410	251977	246041	54113	1232652
港澳台商控股						
外商控股						
其他						

3-C-18 总承包和专业承包建筑企业按隶属关系、营业状态、行业和资质等级分竣工房屋面积情况

单位：平方米

分 组	合 计	1.厂房、仓库	2.住宅	3.办公用房	4.批发和零售用房	5.住宿和餐饮用房
总 计	**67073328**	**9801859**	**48371145**	**2902230**	**856106**	**610999**
一、按隶属关系分组						
中央	2954001	1258041	1403171	84609	41396	115265
地方	64119327	8543818	46967974	2817621	814710	495734
省(自治区、直辖市)	2347888	263753	1526081	352694	45583	11696
地区(州、盟、省辖市)	9148391	1022799	6784333	353070	101534	174940
县(区、市、旗)	8813751	876668	6576372	309141	197976	9488
街道	691292	32545	425213	111052		
镇	226515	23627	132583	15203	6565	15000
乡	232150	77726	152024			
居委会						
村委会	135654		135654			
其他	42523686	6246700	31235714	1676461	463052	284610
二、按营业状态分组						
营业	67070828	9799359	48371145	2902230	856106	610999
停业（歇业）						
筹建						
当年关闭	2500	2500				
当年破产						
其他						
三、按行业（中类）分组						
房屋和土木工程建筑业	65544856	9394083	47417868	2851410	856106	610999
房屋工程建筑	63489942	8678253	46385533	2755457	856106	489660
土木工程建筑	2054914	715830	1032335	95953		121339
建筑安装业	1494410	390576	951230	50520		
建筑装饰业						
其他建筑业	34062	17200	2047	300		
工程准备	11735	200	20			
提供施工设备服务						
其他未列明的建筑活动	22327	17000	2027	300		
四、按企业资质等级分组						
施工总承包	64859186	9073341	47087059	2869402	856106	610390
特级	8854419	1149557	6757595	447269	103000	150660
一级	15879938	2700890	10471727	804268	512591	137999
二级	18098029	2530267	13527498	563704	74484	159373
三级及以下	22026800	2692627	16330239	1054161	166031	162358
专业承包	2214142	728518	1284086	32828		609
一级	398871	317531	14000			
二级	1063695	291958	761737			
三级及以下	751576	119029	508349	32828		609

3-C-18 续表　　　　单位：平方米

分　组	6.居民服务业用房	7.教育用房	8.文化、体育用房	9.卫生医疗用房	10.科研用房	11.其他用房
总　计	**511907**	**1458903**	**346959**	**368049**	**94069**	**1751102**
一、按隶属关系分组						
中央	25974	9208	7027			9310
地方	485933	1449695	339932	368049	94069	1741792
省(自治区、直辖市)	21949	69108		11657	22903	22464
地区(州、盟、省辖市)	161381	230781	56300	21580	8227	233446
县(区、市、旗)	51934	406209	44041	50064		291858
街道		113692				8790
镇		9190		11020	1026	12301
乡						2400
居委会						
村委会						
其他	250669	620715	239591	273728	61913	1170533
二、按营业状态分组						
营业	511907	1458903	346959	368049	94069	1751102
停业（歇业）						
筹建						
当年关闭						
当年破产						
其他						
三、按行业（中类）分组						
房屋和土木工程建筑业	505847	1452695	279419	368049	86159	1722221
房屋工程建筑	505847	1439066	276419	364049	74919	1664633
土木工程建筑		13629	3000	4000	11240	57588
建筑安装业	6060	6208	67540		7910	14366
建筑装饰业						
其他建筑业						14515
工程准备						11515
提供施工设备服务						
其他未列明的建筑活动						3000
四、按企业资质等级分组						
施工总承包	511907	1429852	262617	368049	93959	1696504
特级	32748	74817	23078	6500	26985	82210
一级	184064	558979	54905	77260	31020	346235
二级	95453	399186	51910	176730	29847	489577
三级及以下	199642	396870	132724	107559	6107	778482
专业承包		29051	84342		110	54598
一级			67340			
二级						10000
三级及以下		29051	17002		110	44598

3-C-19　总承包和专业承包建筑企业按地区分竣工房屋面积情况

单位：平方米

地　区	合　计	1.厂房、仓库	2.住宅	3.办公用房	4.批发和零售用房	5.住宿和餐饮用房
全　省	**67073328**	**9801859**	**48371145**	**2902230**	**856106**	**610999**
沈阳市	12452033	1604405	8904577	451077	196989	174525
大连市	22174102	3410701	16248731	981522	291437	121450
鞍山市	5525414	1881162	3015041	137799	51725	119593
抚顺市	2410266	114459	2199388	35878	4420	
本溪市	2131019	354453	1370221	114737	36754	4500
丹东市	2033919	537792	1211760	95052	9000	3500
锦州市	3415884	333495	2790594	56586	5113	10422
营口市	3367695	506879	2436521	178978		72354
阜新市	2102292	259609	1575717	108542	75136	9284
辽阳市	1984316	142407	1675192	46660	2643	63251
盘锦市	949658	83702	475625	28598		
铁岭市	2530279	310688	1624695	285122	166722	9358
朝阳市	3336653	121699	2810045	121522	15810	22762
葫芦岛市	2659798	140408	2033038	260157	357	

3-C-19　续表　　单位：平方米

地　区	6.居民服务业用房	7.教育用房	8.文化、体育用房	9.卫生医疗用房	10.科研用房	11.其他用房
全　省	**511907**	**1458903**	**346959**	**368049**	**94069**	**1751102**
沈阳市	125871	584827	30537	11154	26985	341086
大连市	71201	307051	65027	145109	21911	509962
鞍山市	25114	23951	144767	27028	12707	86527
抚顺市	31149	7625	2515		136	14696
本溪市	24433	24798	30803	23083	2731	144506
丹东市	13015	69122	30210	12125	1200	51143
锦州市	44300	74904	3155	22394		74921
营口市	19191	66794		11300		75678
阜新市	10497	34396	5818	1049	5386	16858
辽阳市	3734	17592	6000	10228	110	16499
盘锦市	22000					339733
铁岭市	38891	43865	2673	17282	22903	8080
朝阳市	41368	128798	10954	12900		50795
葫芦岛市	41143	75180	14500	74397		20618

3-C-20 总承包和专业承包建筑企业按登记注册类型

分 组	合 计	1.厂房、仓库	2.住宅	3.办公用房	4.批发和零售用房
总 计	**66418968**	**12687694**	**43576728**	**3293925**	**828545**
其中：国有及国有控股企业	14981839	4789548	7202069	1044378	187881
一、按登记注册类型分组					
内资企业	**65487120**	**12230858**	**43136825**	**3258816**	**828545**
国有企业	4669078	743079	3208087	248401	27880
集体企业	4527761	475778	3338554	176875	11900
股份合作企业	872740	89810	709099	30369	
联营企业	89513	88190		1323	
国有联营企业					
集体联营企业					
国有与集体联营企业	85600	85600			
其他联营企业	3913	2590		1323	
有限责任公司	25758154	5326735	16228788	1588177	397352
国有独资公司	245267	31109	180260	30410	
其他有限责任公司	25512887	5295626	16048528	1557767	397352
股份有限公司	4884906	633470	3575131	186474	
私营企业	24684968	4873796	16077166	1027197	391413
私营独资企业	959264	177775	670804	16929	
私营合伙企业	27505	15040	12465		
私营有限责任公司	22722996	4500029	14839347	992124	391413
私营股份有限公司	975203	180952	554550	18144	
其他企业					
港、澳、台商投资企业	**107445**		**107445**		
合资经营企业(港或澳、台资)	107445		107445		
合作经营企业(港或澳、台资)					
港、澳、台商独资经营企业					
港、澳、台商投资股份有限公司					
外商投资企业	**824403**	**456836**	**332458**	**35109**	
中外合资经营企业	824403	456836	332458	35109	
中外合作经营企业					
外资企业					
外商投资股份有限公司					
二、按控股情况分组					
国有控股	14981839	4789548	7202069	1044378	187881
集体控股	7416913	675671	5444308	354566	50157
私人控股	43129704	6806975	30490448	1859872	590507
港澳台商控股	107445		107445		
外商控股	783067	415500	332458	35109	
其他					

和控股情况分竣工房屋价值情况

单位：千元

5.住宿和餐饮用房	6.居民服务业用房	7.教育用房	8.文化、体育用房	9.卫生医疗用房	10.科研用房	11.其他用房
806293	**571854**	**1595737**	**373490**	**444866**	**116071**	**2123765**
480329	231516	377337	114510	52456	21213	480602
806293	**571854**	**1595737**	**373490**	**444866**	**116071**	**2123765**
42654	106660	155191	44520	37696		54910
19033	9564	223825	13450	54810	16362	187610
	1600	9100	13136	2670	75	16881
219075	231372	656520	175611	113987	31647	788890
				3000		488
219075	231372	656520	175611	110987	31647	788402
270020	28710	70510	6500	6550	41070	66471
255511	193948	480591	120273	229153	26917	1009003
53510		8950	3580	2660	3680	21376
135333	134198	470441	116693	196663	23237	923518
66668	59750	1200		29830		64109
480329	231516	377337	114510	52456	21213	480602
31673	27492	456155	26586	58680	24845	266780
294291	312846	762245	232394	333730	70013	1376383

3-C-21 总承包和专业承包建筑企业按隶属关系、营业状态、

分组	合计	1.厂房、仓库	2.住宅	3.办公用房	4.批发和零售用房
总计	**66418968**	**12687694**	**43576728**	**3293925**	**828545**
一、按隶属关系分组					
中央	5486549	3431240	1690637	99016	31670
地方	60932419	9256454	41886091	3194909	796875
省(自治区、直辖市)	2317632	215592	1307342	513957	54699
地区(州、盟、省辖市)	8283158	1206078	5398029	413937	89773
县(区、市、旗)	7996819	916173	5677067	312460	155417
街道	633481	28970	346468	88393	
镇	184567	26936	92732	18875	4900
乡	154522	61817	90505		
居委会					
村委会	99040		99040		
其他	41263200	6800888	28874908	1847287	492086
二、按营业状态分组					
营业	66416718	12685444	43576728	3293925	828545
停业（歇业）					
筹建					
当年关闭	2250	2250			
当年破产					
其他					
三、按行业（中类）分组					
房屋和土木工程建筑业	65334905	12428909	42870311	3249150	828545
房屋工程建筑	62716499	11362480	41668510	3139580	828545
土木工程建筑	2618406	1066429	1201801	109570	
建筑安装业	1068159	249538	705339	44326	
建筑装饰业					
其他建筑业	15904	9247	1078	449	
工程准备	4250	200	20		
提供施工设备服务					
其他未列明的建筑活动	11654	9047	1058	449	
四、按企业资质等级分组					
施工总承包	64798548	12069316	42740257	3262399	828545
特级	12323321	3296199	7709177	568922	114260
一级	17002741	3448661	10110795	1034418	516588
二级	16554338	2786483	11541884	591954	74245
三级及以下	18918148	2537973	13378401	1067105	123452
专业承包	1620420	618378	836471	31526	
一级	349443	310493	6700		
二级	662669	225170	432999		
三级及以下	608308	82715	396772	31526	

行业和资质等级分竣工房屋价值情况

单位：千元

5.住宿和餐饮用房	6.居民服务业用房	7.教育用房	8.文化、体育用房	9.卫生医疗用房	10.科研用房	11.其他用房
806293	**571854**	**1595737**	**373490**	**444866**	**116071**	**2123765**
156386	31530	14220	8910			22940
649907	540324	1581517	364580	444866	116071	2100825
15988	27112	70090		3803	16752	92297
304235	200267	236478	86216	20957	12944	314244
6653	30511	394940	70970	53046		379582
		164770				4880
8000		6030		13902	762	12430
						2200
315031	282434	709209	207394	353158	85613	1295192
806293	571854	1595737	373490	444866	116071	2123765
806293	566154	1590147	341104	444866	100396	2109030
645795	566154	1576959	338164	443626	91179	2055507
160498		13188	2940	1240	9217	53523
	5700	5590	32386		15675	9605
						5130
						4030
						1100
805687	571854	1558737	328104	444866	115996	2072787
264620	26910	99640	48530	6550	41070	147443
191513	254070	691548	93700	86990	29621	544837
205460	115735	424834	70260	191033	39263	513187
144094	175139	342715	115614	160293	6042	867320
606		37000	45386		75	50978
			32250			
						4500
606		37000	13136		75	46478

3-C-22　总承包和专业承包建筑企业按地区分竣工房屋价值情况

单位：千元

地　区	合　计	1.厂房、仓库	2.住宅	3.办公用房	4.批发和零售用房	5.住宿和餐饮用房
全　省	**66418968**	**12687694**	**43576728**	**3293925**	**828545**	**806293**
沈阳市	12294883	1876228	8201785	463703	147230	294254
大连市	23962257	4079301	16875396	1140528	299071	146790
鞍山市	7239429	3718417	2815968	158415	46430	161736
抚顺市	1797379	110054	1582343	35649	2840	
本溪市	2170384	565512	1146968	151871	41312	1600
丹东市	1940149	460052	1184605	90938	7360	6330
锦州市	2635753	442377	1912464	67147	2724	16810
营口市	2805438	476694	1865120	160797		93200
阜新市	1504808	205725	1051630	104270	59212	7529
辽阳市	1713125	135564	1367843	60983	3320	55111
盘锦市	887774	132852	344355	61940		
铁岭市	2662759	294198	1470527	444297	203296	9043
朝阳市	2592124	74478	2125511	111379	15442	13890
葫芦岛市	2212706	116242	1632213	242008	308	

3-C-22　续表

单位：千元

地　区	6.居民服务业用房	7.教育用房	8.文化、体育用房	9.卫生医疗用房	10.科研用房	11.其他用房
全　省	**571854**	**1595737**	**373490**	**444866**	**116071**	**2123765**
沈阳市	147034	581644	54030	12410	41070	475495
大连市	104963	460687	91530	165160	23237	575594
鞍山市	30380	31570	77440	37860	20042	141171
抚顺市	33915	7526	2490		426	22136
本溪市	18377	23710	57580	21552	4461	137441
丹东市	15700	72864	27970	17390	1600	55340
锦州市	31550	96991	2600	24560		38530
营口市	37165	60150		11000		101312
阜新市	9192	25436	13751	1587	8408	18068
辽阳市	1000	22600	15736	11963	75	38930
盘锦市	3680					344947
铁岭市	48888	48817	2850	69448	16752	54643
朝阳市	48020	85701	14513	4200		98990
葫芦岛市	41990	78041	13000	67736		21168

3-C-23　总承包与专业承包建筑企业按登记注册类型和控股情况分资产情况

单位：千元

分　组	年初存货	流动资产总　计		长期投资	固定资产总　计	固定资产原　价	
			存　货				生产经营用
总　计	**24126647**	**149260136**	**34388946**	**5695481**	**34676820**	**50422973**	**44294984**
其中：国有及国有控股企业	13034049	61131571	18517678	1940702	12106042	20618478	18214269
一、按登记注册类型分组							
内资企业	**23726691**	**146802806**	**33995513**	**5665718**	**33694501**	**49224749**	**43349513**
国有企业	5638070	34792686	10004626	1132976	6629731	11659886	10059763
集体企业	1308962	8567948	1969804	286460	2144112	3147762	2598606
股份合作企业	68645	1114097	154161	31546	419702	618878	438033
联营企业	18032	67832	27664	300	16966	24393	12889
国有联营企业							
集体联营企业		18117	9232		7719	9088	6132
国有与集体联营企业	18032	39485	18432	300	8937	14855	6307
其他联营企业		10230			310	450	450
有限责任公司	10680668	53764936	13701018	2488498	12036907	17294986	15307630
国有独资公司	854369	2801017	860093		698238	1278282	1064026
其他有限责任公司	9826299	50963919	12840925	2488498	11338669	16016704	14243604
股份有限公司	357174	5095515	575793	97407	851680	1363596	1256849
私营企业	5655140	43399792	7562447	1628531	11595403	15115248	13675743
私营独资企业	140980	2178008	503187	32035	926600	1058362	983184
私营合伙企业	10690	154217	15623	1200	73354	88808	56707
私营有限责任公司	5235759	38605820	6450110	1478883	9841884	13033632	11832696
私营股份有限公司	267711	2461747	593527	116413	753565	934446	803156
其他企业							
港、澳、台商投资企业	**153818**	**551819**	**47075**		**114009**	**188754**	**180848**
合资经营企业(港或澳、台资)	135992	523204	37821		109900	179436	171656
合作经营企业(港或澳、台资)							
港、澳、台商独资经营企业	4178	10210	2673		525	1008	907
港、澳、台商投资股份有限公司	13648	18405	6581		3584	8310	8285
外商投资企业	**246138**	**1905511**	**346358**	**29763**	**868310**	**1009470**	**764623**
中外合资经营企业	152489	813639	159151	17453	321990	430003	390736
中外合作经营企业	960	21745	949		6624	16445	15720
外资企业	65251	903221	141727	12310	370638	271754	255457
外商投资股份有限公司	27438	166906	44531		169058	291268	102710
二、按控股情况分组							
国有控股	13034049	61131571	18517678	1940702	12106042	20618478	18214269
集体控股	2433624	16184067	3961002	619180	3982730	5925824	4945356
私人控股	8311245	69825506	11592737	3105836	17865828	23039815	20400206
港澳台商控股	149828	497469	38795		93589	167924	160018
外商控股	197901	1621523	278734	29763	628631	670932	575135
其他							

3-C-23 续表 单位：千元

分组	累计折旧	本年折旧	在建工程	无形及递延资产	无形资产	其他资产	资产总计
总 计	**18978429**	**3577573**	**1764403**	**5004752**	**4155815**	**657419**	**195294608**
其中：国有及国有控股企业	9436842	1588773	579414	2342375	1893807	498090	78018780
一、按登记注册类型分组							
内资企业	**18585937**	**3519502**	**1628642**	**4926664**	**4110767**	**654482**	**191744171**
国有企业	5589555	762729	371723	1055581	864392	331902	43942876
集体企业	1315118	191568	68689	229936	206074	24915	11253371
股份合作企业	205293	24899	2271	65380	56827	2968	1633693
联营企业	7427	1163				2628	87726
国有联营企业							
集体联营企业	1369	592				8	25844
国有与集体联营企业	5918	551				2620	51342
其他联营企业	140	20					10540
有限责任公司	6588368	1403889	909442	1867183	1537886	222576	70380100
国有独资公司	605241	86472		22190	12810	2170	3523615
其他有限责任公司	5983127	1317417	909442	1844993	1525076	220406	66856485
股份有限公司	605735	103056	30721	213037	150283	16895	6274534
私营企业	4274441	1032198	245796	1495547	1295305	52598	58171871
私营独资企业	177451	53575	29595	26797	23401	277	3163717
私营合伙企业	22457	3484	4435	2967	1929		231738
私营有限责任公司	3787819	909465	175502	1403241	1211757	50666	51380494
私营股份有限公司	286714	65674	36264	62542	58218	1655	3395922
其他企业							
港、澳、台商投资企业	**88344**	**11042**		**1694**	**1469**	**26**	**667548**
合资经营企业(港或澳、台资)	83135	10477		1694	1469	26	634824
合作经营企业(港或澳、台资)							
港、澳、台商独资经营企业	483	111					10735
港、澳、台商投资股份有限公司	4726	454					21989
外商投资企业	**304148**	**47029**	**135761**	**76394**	**43579**	**2911**	**2882889**
中外合资经营企业	137618	26654	5796	22192	18918	1467	1176741
中外合作经营企业	11500	1122		757	653	1335	30461
外资企业	32820	10233	129965	24035	24008	109	1310313
外商投资股份有限公司	122210	9020		29410			365374
二、按控股情况分组							
国有控股	9436842	1588773	579414	2342375	1893807	498090	78018780
集体控股	2366891	368369	97573	470927	421792	45859	21302763
私人控股	6888272	1574193	956474	2143182	1795488	110533	93050885
港澳台商控股	85954	10032		1284	1149	26	592368
外商控股	200470	36206	130942	46984	43579	2911	2329812
其他							

3-C-24　总承包与专业承包建筑企业按隶属关系、营业状态、行业和资质等级分资产情况

单位：千元

分　组	年初存货	流动资产总　计		长期投资	固定资产总　计	固定资产原　价	
			存　货				生产经营用
总　计	**24126647**	**149260136**	**34388946**	**5695481**	**34676820**	**50422973**	**44294984**
一、按隶属关系分组							
中央	7610421	31830188	11897422	997854	5755588	10437483	9370216
地方	16516226	117429948	22491524	4697627	28921232	39985490	34924768
省(自治区、直辖市)	1687680	7531240	1781160	247517	1707602	2895150	2660804
地区(州、盟、省辖市)	4249101	25593191	5799328	1017605	5697132	8942705	7742149
县(区、市、旗)	843297	7497105	1743486	285573	2504859	3240087	2479330
街道	89094	731688	90880	65076	111569	255879	145523
镇	17460	261758	17006	3699	112576	134729	116835
乡	36586	81364	2098		32734	36485	32391
居委会							
村委会	6848	80138	19560	61	19602	23308	17587
其他	9586160	75653464	13038006	3078096	18735158	24457147	21730149
二、按营业状态分组							
营业	24080617	148927716	34350011	5686143	34578611	50299575	44215317
停业（歇业）	45126	312022	38900	9338	86737	111687	73138
筹建		11038			10941	10941	5880
当年关闭	904	9360	35		431	570	449
当年破产					100	200	200
其他							
三、按行业(中类)分组							
房屋和土木工程建筑业	19612384	119061146	28429482	4603837	27924833	40376037	35865112
房屋工程建筑	9008776	63216359	12561132	2352577	14507091	19133596	17259318
土木工程建筑	10603608	55844787	15868350	2251260	13417742	21242441	18605794
建筑安装业	3405194	24209454	4829067	910488	4855651	7246927	6156893
建筑装饰业	990686	4840448	965211	114513	1235808	1778910	1338970
其他建筑业	118383	1149088	165186	66643	660528	1021099	934009
工程准备	62403	831584	99782	57813	549989	841026	764164
提供施工设备服务	1507	91481	37352	380	34435	68972	61915
其他未列明的建筑活动	54473	226023	28052	8450	76104	111101	107930
四、按企业资质等级分组							
施工总承包	19384643	116579388	28400062	4528975	26032308	38364624	34028264
特级	4034854	16004910	4644012	324203	3478760	5553580	5370200
一级	9461655	51850517	14193447	2317473	8388284	14648955	13141434
二级	3123565	24797970	4856985	1302617	6711505	8810533	7615819
三级及以下	2764569	23925991	4705618	584682	7453759	9351556	7900811
专业承包	4742004	32680748	5988884	1166506	8644512	12058349	10266720
一级	1818785	11060837	2314132	210381	2280697	3168420	2835328
二级	1104770	8059201	1383990	301609	2248865	3210853	2721069
三级及以下	1818449	13560710	2290762	654516	4114950	5679076	4710323

3-C-24 续表

单位：千元

分组	累计折旧		在建工程	无形及递延资产		其他资产	资产总计
		本年折旧			无形资产		
总　计	**18978429**	**3577573**	**1764403**	**5004752**	**4155815**	**657419**	**195294608**
一、按隶属关系分组							
中央	5045290	999322	330303	1749478	1467476	408826	40741934
地方	13933139	2578251	1434100	3255274	2688339	248593	154552674
省(自治区、直辖市)	1432801	208301	176612	321843	212610	29613	9837815
地区(州、盟、省辖市)	3661797	543883	119697	522742	466478	81205	32911875
县(区、市、旗)	949355	171225	46492	233710	213774	10585	10531832
街道	148587	15692		21752	19337	2468	932553
镇	35279	8347	8788	18280	18280		396313
乡	9374	2351	5622	719	16		114817
居委会							
村委会	5671	710	1580				99801
其他	7690275	1627742	1075309	2136228	1757844	124722	99727668
二、按营业状态分组							
营业	18936575	3569992	1763163	5001791	4153094	657307	194851568
停业（歇业）	41329	7373	1240	2961	2721	112	411170
筹建	150	150					21979
当年关闭	275	32					9791
当年破产	100	26					100
其他							
三、按行业(中类)分组							
房屋和土木工程建筑业	15143841	2935223	1522551	4184461	3433902	600096	156374373
房屋工程建筑	6081440	1359515	784747	1998812	1600576	180055	82254894
土木工程建筑	9062401	1575708	737804	2185649	1833326	420041	74119479
建筑安装业	2821832	462128	207290	675480	625770	46203	30697276
建筑装饰业	622129	117271	25195	116610	70517	9903	6317282
其他建筑业	390627	62951	9367	28201	25626	1217	1905677
工程准备	313050	49886	8048	26434	24183	915	1466735
提供施工设备服务	38097	3818		1632	1315		127928
其他未列明的建筑活动	39480	9247	1319	135	128	302	311014
四、按企业资质等级分组							
施工总承包	14626788	2780461	1320158	3795073	3099579	606881	151542625
特级	2241464	591618	147500	1179619	1001422	37332	21024824
一级	6786441	1036923	330055	1319548	1010339	448135	64323957
二级	2825346	556460	470070	559636	400273	83664	33455392
三级及以下	2773537	595460	372533	736270	687545	37750	32738452
专业承包	4351641	797112	444245	1209679	1056236	50538	43751983
一级	1304331	169401	259582	449957	373939	13545	14015417
二级	1120156	241819	44790	245728	197811	15300	10870703
三级及以下	1927154	385892	139873	513994	484486	21693	18865863

3-C-25 总承包与专业承包建筑企业按地区分资产情况

单位：千元

地 区	年初存货	流动资产总计	存货	长期投资	固定资产总计	固定资产原价	生产经营用
全 省	**24126647**	**149260136**	**34388946**	**5695481**	**34676820**	**50422973**	**44294984**
沈阳市	5445608	36919586	7790396	1350874	6019673	8665321	7721738
大连市	6240377	43568395	7735885	1892648	9626774	14045247	13486352
鞍山市	2285502	11426569	2898398	586869	2997053	4552486	3252380
抚顺市	223349	5255244	546197	56062	1094020	1904726	1703305
本溪市	810569	4572006	1123100	705961	1513987	2053427	1617171
丹东市	802017	5396219	1548361	322978	1787519	2456067	2220019
锦州市	1581550	5447149	1626307	236615	1289042	1976560	1458031
营口市	498759	4288956	708669	54438	1402553	1907264	1420625
阜新市	324907	3030205	376899	75266	982328	1313209	1217779
辽阳市	3056577	9768703	4123267	42614	3050349	4360858	4167438
盘锦市	1160262	9911493	3440756	119521	1956594	3278916	2550769
铁岭市	1020448	4237238	1190633	145761	857260	1426934	1223865
朝阳市	166224	2612662	418231	45331	870821	1367457	1234191
葫芦岛市	510498	2825711	861847	60543	1228847	1114501	1021321

3-C-25 续表

单位：千元

地 区	累计折旧	本年折旧	在建工程	无形及递延资产	无形资产	其他资产	资产总计
全 省	**18978429**	**3577573**	**1764403**	**5004752**	**4155815**	**657419**	**195294608**
沈阳市	3400164	510491	306174	989006	840613	244761	45523900
大连市	5032026	1156057	318143	1146407	833320	86432	56320656
鞍山市	1903171	428154	53168	683496	626319	154939	15848926
抚顺市	822987	97937		41988	34615	1577	6448891
本溪市	897022	121047	188014	84680	81413	29390	6906024
丹东市	800215	137346	59154	574445	559202	2194	8083355
锦州市	714480	158276	22207	223136	175382	10996	7206938
营口市	515259	104709	6219	140756	97026	3928	5890631
阜新市	388404	52935	26255	77013	63073	17639	4182451
辽阳市	1482519	375520	153429	673906	545136	24024	13559596
盘锦市	1493059	218341	166014	38508	28100	3338	12029454
铁岭市	597617	80754	4138	137640	86202	70721	5448620
朝阳市	546803	88649	32857	87947	87797	6517	3623278
葫芦岛市	384703	47357	428631	105824	97617	963	4221888

3-C-26 总承包与专业承包建筑企业按登记注册

分 组	流动负债总计	长期负债总计	负债合计	所有者权益合计	实收资本
总 计	**121631813**	**6573620**	**128205433**	**67089175**	**46506331**
其中：国有及国有控股企业	57180137	3092984	60273121	17745659	13329245
一、按登记注册类型分组					
内资企业	**119784861**	**6447297**	**126232158**	**65512013**	**45417853**
国有企业	31868812	1177596	33046408	10896468	7632779
集体企业	7508840	64939	7573779	3679592	2681040
股份合作企业	976786	31938	1008724	624969	482921
联营企业	51265	610	51875	35851	32730
国有联营企业					
集体联营企业	12783		12783	13061	11650
国有与集体联营企业	36952		36952	14390	12680
其他联营企业	1530	610	2140	8400	8400
有限责任公司	46262082	2739078	49001160	21378940	15263535
国有独资公司	2886000	66605	2952605	571010	951362
其他有限责任公司	43376082	2672473	46048555	20807930	14312173
股份有限公司	3602281	86483	3688764	2585770	1565971
私营企业	29514795	2346653	31861448	26310423	17758877
私营独资企业	1607853	33497	1641350	1522367	1070018
私营合伙企业	98010	2827	100837	130901	110299
私营有限责任公司	26117751	2304018	28421769	22958725	15504171
私营股份有限公司	1691181	6311	1697492	1698430	1074389
其他企业					
港、澳、台商投资企业	**398613**	**17928**	**416541**	**251007**	**208652**
合资经营企业(港或澳、台资)	389780	17928	407708	227116	185921
合作经营企业(港或澳、台资)					
港、澳、台商独资经营企业	843		843	9892	9000
港、澳、台商投资股份有限公司	7990		7990	13999	13731
外商投资企业	**1448339**	**108395**	**1556734**	**1326155**	**879826**
中外合资经营企业	469721	46925	516646	660095	524343
中外合作经营企业	10329		10329	20132	24110
外资企业	820404		820404	489909	170093
外商投资股份有限公司	147885	61470	209355	156019	161280
二、按控股情况分组					
国有控股	57180137	3092984	60273121	17745659	13329245
集体控股	14195745	153290	14349035	6953728	5147279
私人控股	48709892	3206403	51916295	41134590	27165154
港澳台商控股	357163	14048	371211	221157	188652
外商控股	1188876	106895	1295771	1034041	676001
其他					

类型和控股情况分负债和所有者权益情况

单位：千元

国家资本	集体资本	法人资本	个人资本	港澳台资本	外商资本
11700082	**4669004**	**4793553**	**24592392**	**143375**	**607925**
11611950	14304	1547210	150781	5000	
11669502	**4640898**	**4732907**	**24374296**	**250**	
7366133		266646			
	2620044	60996			
6150	385882	72857	18032		
3640	13580	7510	8000		
	11650				
3640	1530	7510			
	400		8000		
3956293	1531417	2799576	6975999	250	
850659		100703			
3105634	1531417	2698873	6975999	250	
337286	89975	637986	500724		
		887336	16871541		
		234470	835548		
		490	109809		
		624756	14879415		
		27620	1046769		
14360		**21411**	**29756**	**143125**	
14360		21411	24025	126125	
				9000	
			5731	8000	
16220	**28106**	**39235**	**188340**		**607925**
16220	24192	35523	104920		343488
	3914	3712	1350		15134
					170093
			82070		79210
11611950	14304	1547210	150781	5000	
7800	4572724	445134	121621		
64443	53870	2759984	24200134	250	86473
		21411	29116	138125	
15889	28106	19814	90740		521452

3-C-27 总承包与专业承包建筑企业按隶属关系、

分组	流动负债总计	长期负债总计	负债合计	所有者权益合计	实收资本
总计	**121631813**	**6573620**	**128205433**	**67089175**	**46506331**
一、按隶属关系分组					
中央	31130217	2249113	33379330	7362604	5470642
地方	90501596	4324507	94826103	59726571	41035689
省(自治区、直辖市)	6675348	132431	6807779	3030036	2321005
地区(州、盟、省辖市)	22653968	614948	23268916	9642959	7097902
县(区、市、旗)	6167568	262800	6430368	4101464	3098133
街道	471524	9442	480966	451587	296894
镇	199404	9030	208434	187879	145679
乡	57489		57489	57328	49103
居委会					
村委会	53540		53540	46261	42957
其他	54222755	3295856	57518611	42209057	27984016
二、按营业状态分组					
营业	121458564	6561943	128020507	66831061	46264093
停业（歇业）	171087	11677	182764	228406	221348
筹建	48		48	21931	13990
当年关闭	2114		2114	7677	6800
当年破产				100	100
其他					
三、按行业(中类)分组					
房屋和土木工程建筑业	99167012	5461678	104628690	51745683	34359030
房屋工程建筑	48532985	1607708	50140693	32114201	21694624
土木工程建筑	50634027	3853970	54487997	19631482	12664406
建筑安装业	19156206	920001	20076207	10621069	8428070
建筑装饰业	2594811	171990	2766801	3550481	2885812
其他建筑业	713784	19951	733735	1171942	833419
工程准备	505106	9539	514645	952090	641050
提供施工设备服务	72681	1842	74523	53405	45332
其他未列明的建筑活动	135997	8570	144567	166447	147037
四、按企业资质等级分组					
施工总承包	97717847	5007746	102725593	48817032	33324309
特级	12228266	1628413	13856679	7168145	2983002
一级	45715817	2276232	47992049	16331908	10710705
二级	20397427	545648	20943075	12512317	9787697
三级及以下	19376337	557453	19933790	12804662	9842905
专业承包	23913966	1565874	25479840	18272143	13182022
一级	8992600	736186	9728786	4286631	2560675
二级	5658233	335038	5993271	4877432	3621887
三级及以下	9263133	494650	9757783	9108080	6999460

营业状态、行业和资质等级分负债和所有者权益情况

单位：千元

国家资本	集体资本	法人资本	个人资本	港澳台资本	外商资本
11700082	**4669004**	**4793553**	**24592392**	**143375**	**607925**
4257387	127144	1033278	52833		
7442695	4541860	3760275	24539559	143375	607925
1745948	129684	412243	28130	5000	
3902448	1551835	512013	1045119	40540	45947
1028896	955192	360033	705477	5000	43535
8880	150361	79840	57513	300	
	106863	10000	16816	12000	
	11740	2600	34763		
	35957		7000		
756523	1600228	2383546	22644741	80535	518443
11681260	4650089	4773553	24413051	143215	602925
17822	11915	17100	169451	60	5000
	7000	2900	4090		
1000			5800		
				100	
9814010	3181137	4031583	16969971	16000	346329
3021027	2208367	2527623	13717853	11000	208754
6792983	972770	1503960	3252118	5000	137575
1668579	1365462	546663	4717680	66490	63196
122637	106728	177073	2255397	60885	163092
94856	15677	38234	649344		35308
57452	14697	27634	512559		28708
31630		500	13202		
5774	980	10100	123583		6600
9773814	3268363	3887554	16075699	21000	297879
420163	22010	1273357	1267472		
5949305	532135	1086170	3115314		27781
2434774	1123293	492959	5683049	5000	48622
969572	1590925	1035068	6009864	16000	221476
1926268	1400641	905999	8516693	122375	310046
585945	189117	208049	1382895	39042	155627
533812	428707	303809	2230285	48641	76633
806511	782817	394141	4903513	34692	77786

3-C-28 总承包与专业承包建筑企业按地区分负债和所有者权益情况

地 区	流动负债总 计	长期负债总 计	负债合计	所 有 者权益合计	实收资本
全 省	**121631813**	**6573620**	**128205433**	**67089175**	**46506331**
沈 阳 市	29780620	1582098	31362718	14161182	10423849
大 连 市	30044848	1978388	32023236	24297420	14440547
鞍 山 市	9875368	670975	10546343	5302583	3619182
抚 顺 市	4631899	19300	4651199	1797692	1921146
本 溪 市	3790088	103452	3893540	3012484	2069939
丹 东 市	4656224	385416	5041640	3041715	1995332
锦 州 市	4912886	212220	5125106	2081832	2024550
营 口 市	3584345	35404	3619749	2270882	1547082
阜 新 市	2524638	165850	2690488	1491963	1169145
辽 阳 市	10155131	1206378	11361509	2198087	1962993
盘 锦 市	8787864	66244	8854108	3175346	1844664
铁 岭 市	3880855	32909	3913764	1534856	1141942
朝 阳 市	2133486	74063	2207549	1415729	1188365
葫芦岛市	2873561	40923	2914484	1307404	1157595

3-C-28 续表

地 区	国家资本	集体资本	法人资本	个人资本	港澳台资本	外商资本
全 省	**11700082**	**4669004**	**4793553**	**24592392**	**143375**	**607925**
沈 阳 市	3453527	810175	1466023	4456364	75532	162228
大 连 市	1127811	724859	674256	11636220	46218	231183
鞍 山 市	1158333	580770	546071	1302857	121	31030
抚 顺 市	609254	283605	205386	822901		
本 溪 市	958223	180131	55971	834239		41375
丹 东 市	311660	364572	193188	1085810	12000	28102
锦 州 市	907259	506719	36204	551200	4504	18664
营 口 市	319053	94375	4680	1045254		83720
阜 新 市	390653	189883	162709	413430	5000	7470
辽 阳 市	366346	321500	612371	661603		1173
盘 锦 市	808415	134520	569435	332294		
铁 岭 市	676048	143945	6768	315181		
朝 阳 市	416555	92546	103880	575384		
葫芦岛市	196945	241404	156611	559655		2980

3-C-29　总承包与专业承包建筑企业按登记注册类型和控股情况分损益及分配情况

单位：千元

分　组	工程结算收入	工程结算成本	工程结算税金及附加	工程结算利润	其他业务收入	其他业务利润	经营费用
总　计	**243389154**	**214589812**	**8530241**	**19443856**	**2724758**	**652585**	**825245**
其中：国有及国有控股企业	101913490	91072203	3622361	6982286	1036943	187513	236640
一、按登记注册类型分组							
内资企业	**239247293**	**211158986**	**8398602**	**18878212**	**2710548**	**643981**	**811493**
国有企业	48019549	43031397	1639259	3210048	542169	92538	138845
集体企业	14254617	12540136	470847	1212764	322907	45146	30870
股份合作企业	1832966	1607737	63295	154824	34568	6303	7110
联营企业	67527	61885	2539	3092			11
国有联营企业							
集体联营企业	34928	32222	1163	1543			
国有与集体联营企业	12289	10263	717	1299			10
其他联营企业	20310	19400	659	250			1
有限责任公司	95912011	85276295	3480252	6939939	856746	269760	215525
国有独资公司	5982681	5630997	177817	165491	15453	6569	8376
其他有限责任公司	89929330	79645298	3302435	6774448	841293	263191	207149
股份有限公司	9787634	8772193	298037	709959	51863	21183	7445
私营企业	69372989	59869343	2444373	6647586	902295	209051	411687
私营独资企业	3188466	2847057	120196	214223	1661	475	6990
私营合伙企业	267671	224540	8216	33989	543	361	926
私营有限责任公司	62528741	53851881	2197069	6081888	856462	198730	397903
私营股份有限公司	3388111	2945865	118892	317486	43629	9485	5868
其他企业							
港、澳、台商投资企业	**993981**	**892322**	**26138**	**73074**	**8006**	**5616**	**2447**
合资经营企业(港或澳、台资)	976848	873583	25461	75361	2326	342	2443
合作经营企业(港或澳、台资)							
港、澳、台商独资经营企业	1199	3878	193	-2873	5680	5274	1
港、澳、台商投资股份有限公司	15934	14861	484	586			3
外商投资企业	**3147880**	**2538504**	**105501**	**492570**	**6204**	**2988**	**11305**
中外合资经营企业	2146548	1707106	65872	363836	5120	2139	9734
中外合作经营企业	27199	23612	861	2714			12
外资企业	728406	596008	29531	101979	924	849	888
外商投资股份有限公司	245727	211778	9237	24041	160		671
二、按控股情况分组							
国有控股	101913490	91072203	3622361	6982286	1036943	187513	236640
集体控股	26060084	23223112	872882	1911527	444398	69066	52563
私人控股	111753058	97290671	3919534	10019541	1230454	387826	523312
港澳台商控股	833981	739422	20808	71304	8006	5616	2447
外商控股	2828541	2264404	94656	459198	4957	2564	10283
其他							

3-C-29 续表

分　组	管理费用	税　金	财产保险费	差旅费	工会经费	财务费用
总　计	**9612334**	**532529**	**63120**	**463793**	**189247**	**965470**
其中：国有及国有控股企业	3930103	188073	24758	227232	58665	330434
一、按登记注册类型分组						
内资企业	**9467215**	**526686**	**62281**	**453149**	**187087**	**941266**
国有企业	2099728	108710	13819	132348	38916	179603
集体企业	829130	24011	4790	17392	10272	12606
股份合作企业	92227	6877	1312	4691	1964	4206
联营企业	2606	101		323	18	
国有联营企业						
集体联营企业	986	2		210		
国有与集体联营企业	1440	69		107	18	
其他联营企业	180	30		6		
有限责任公司	3172412	176605	25101	163965	70243	334047
国有独资公司	220315	9716	2665	10909	4300	29118
其他有限责任公司	2952097	166889	22436	153056	65943	304929
股份有限公司	275175	11659	738	12551	2900	15996
私营企业	2995937	198723	16521	121879	62774	394808
私营独资企业	95061	10077	226	3747	3259	10939
私营合伙企业	18235	812	100	561	143	1482
私营有限责任公司	2723902	174831	14527	112247	55681	373462
私营股份有限公司	158739	13003	1668	5324	3691	8925
其他企业						
港、澳、台商投资企业	**42601**	**993**	**204**	**2510**	**377**	**1871**
合资经营企业(港或澳、台资)	40237	880	204	2327	342	1874
合作经营企业(港或澳、台资)						
港、澳、台商独资经营企业	800	13		80		1
港、澳、台商投资股份有限公司	1564	100		103	35	-4
外商投资企业	**102518**	**4850**	**635**	**8134**	**1783**	**22333**
中外合资经营企业	65778	3234	203	3658	1165	11648
中外合作经营企业	2030	515	29	71	21	6
外资企业	30637	721	403	4195	554	1369
外商投资股份有限公司	4073	380		210	43	9310
二、按控股情况分组						
国有控股	3930103	188073	24758	227232	58665	330434
集体控股	1307125	51100	8365	35433	18392	23839
私人控股	4241139	288206	29246	191278	110166	598279
港澳台商控股	41641	983	204	2100	377	1521
外商控股	92326	4167	547	7750	1647	11397
其他						

单位：千元

利息支出	营业利润	营业外收入	营业外支出	利润总额	应交所得税	应付利润	劳动、失业保险费	住房公积金及住房补贴
657645	**9518637**	**251575**	**251531**	**8823594**	**2222342**	**1987338**	**1530017**	**576820**
311928	2909262	139601	148517	2113817	527214	412307	907442	379988
644547	**9113712**	**241557**	**249513**	**8420580**	**2180130**	**1705571**	**1518670**	**573754**
155348	1023255	80738	68250	983164	271801	222721	449814	214621
5513	416174	5633	15865	382118	87580	55653	84503	24033
2011	64694	581	368	64496	13675	8237	19037	6757
	486		134	1025	318	520	50	
	557			557	139	418	20	
	-141		134	398	161	50	30	
	70			70	18	52		
281935	3703240	100810	106432	2947941	701072	520818	634004	236940
24558	-77373	2733	1770	-76993	10794	23545	83679	40338
257377	3780613	98077	104662	3024934	690278	497273	550325	196602
4647	439971	13242	12416	440777	131615	88824	45809	14204
195093	3465892	40553	46048	3601059	974069	808798	285453	77199
2917	108698	75	19	110141	34637	29092	8078	875
1312	14633	22	130	13457	4487	2946	2089	460
185841	3183254	39726	43483	3323951	884075	728031	259137	73632
5023	159307	730	2416	153510	50870	48729	16149	2232
1365	**34218**	**7393**	**516**	**33212**	**5862**	**19437**	**2988**	**607**
1369	33592	7393	274	32828	5352	19131	2761	548
	1600		232	1368	448	274	40	
-4	-974		10	-984	62	32	187	59
11733	**370707**	**2625**	**1502**	**369802**	**36350**	**262330**	**8359**	**2459**
1415	288549	194	1169	285663	11708	260279	5304	803
-2	678		312	328	212	131	443	56
1010	70822	2427	19	73151	21766	4	1872	1600
9310	10658	4	2	10660	2664	1916	740	
311928	2909262	139601	148517	2113817	527214	412307	907442	379988
6383	649629	21139	25421	629720	157357	120549	152298	61623
337464	5567949	80821	75577	5690173	1499475	1176372	459750	132291
1015	33758	7393	516	32752	5722	19437	2988	512
855	358039	2621	1500	357132	32574	258673	7539	2406

3-C-30 总承包与专业承包建筑企业按隶属关系、营业状况、

分组	工程结算收入	工程结算成本	工程结算税金及附加	工程结算利润	其他业务收入	其他业务利润
总计	**243389154**	**214589812**	**8530241**	**19443856**	**2724758**	**652585**
一、按隶属关系分组						
中央	58869668	52462087	2232883	4095213	644688	101297
地方	184519486	162127725	6297358	15348643	2080070	551288
省(自治区、直辖市)	11671407	10370310	400373	882340	26492	11007
地区(州、盟、省辖市)	37246925	33173742	1190321	2809091	287829	72703
县(区、市、旗)	15369361	13808753	581237	926665	39739	18131
街道	1075706	958988	34144	82185	690	274
镇	383393	345724	14408	22439	450	200
乡	257334	231149	18101	8081		
居委会						
村委会	128822	118742	4242	5543	30	
其他	118386538	103120317	4054532	10612299	1724840	448973
二、按营业状态分组						
营业	243311459	214527808	8527673	19430892	2724758	652585
停业（歇业）	70448	56551	2338	11401		
筹建						
当年关闭	7247	5453	230	1563		
当年破产						
其他						
三、按行业(中类)分组						
房屋和土木工程建筑业	201129119	179005355	7316816	14284858	1409495	387719
房屋工程建筑	115537797	103611171	4489176	7192511	827461	266825
土木工程建筑	85591322	75394184	2827640	7092347	582034	120894
建筑安装业	33801178	28396178	930125	4218806	1213792	248226
建筑装饰业	6753060	5724842	230045	761564	60980	13751
其他建筑业	1705797	1463437	53255	178628	40491	2889
工程准备	1248668	1071180	40609	128563	39775	2244
提供施工设备服务	187792	167168	4059	16445		
其他未列明的建筑活动	269337	225089	8587	33620	716	645
四、按企业资质等级分组						
施工总承包	197816761	177023738	6967726	13434628	1467186	382818
特级	38509115	34699576	1495084	2268368	228625	176528
一级	74143574	66512150	2495449	5046550	696960	99435
二级	40721348	36500528	1433618	2685699	295094	49539
三级及以下	44442724	39311484	1543575	3434011	246507	57316
专业承包	45572393	37566074	1562515	6009228	1257572	269767
一级	16486988	13208306	414278	2687432	224273	59694
二级	11568618	9858375	375966	1286339	504913	112076
三级及以下	17516787	14499393	772271	2035457	528386	97997

行业和资质等级分损益及分配情况

单位：千元

经营费用	管理费用					财务费用		营业利润
		税 金	财产保险费	差旅费	工会经费		利息支出	
825245	**9612334**	**532529**	**63120**	**463793**	**189247**	**965470**	**657645**	**9518637**
79485	2132724	111283	14127	143648	28349	184734	193321	1879052
745760	7479610	421246	48993	320145	160898	780736	464324	7639585
18384	525814	24546	3627	32002	6415	74927	73746	292606
73771	1527047	73868	8033	54391	19936	73445	39094	1281302
52706	518548	37186	1796	18266	12023	40046	17459	386202
389	41483	2019	165	2096	1046	939	-58	40037
822	6273	377	132	355	553	1552	817	14814
3	7312	389	20	69	179	90	33	679
295	3010	211	30	92	22	208	208	2325
599390	4850123	282650	35190	212874	120724	589529	333025	5621620
825086	9602202	531873	63115	463308	189193	964824	657649	9516451
158	9566	634	5	455	53	374	-61	1461
	109	5		4	1			-109
1	421	17		26		272	57	870
	36							-36
522090	6607676	374683	48025	351033	152323	775752	579509	7289149
244939	3090333	187910	20526	120027	85643	416206	256078	3952797
277151	3517343	186773	27499	231006	66680	359546	323431	3336352
256069	2481346	118028	11725	76602	27597	153359	55485	1832327
36609	407377	33632	2286	28450	6412	31002	18926	336936
10477	115935	6186	1084	7708	2915	5357	3725	60225
8316	78673	2996	935	5493	2387	3640	2104	48494
120	10578	157	98	330	265	484	484	5383
2041	26684	3033	51	1885	263	1233	1137	6348
390669	6165489	351537	45685	315549	149100	662267	474372	6989690
46087	993472	31320	8804	39198	9949	167119	136246	1284305
89425	2351451	134963	15303	162462	44548	227033	200167	2567501
101503	1306595	94447	10265	44250	34411	111603	68430	1317040
153654	1513971	90807	11313	69639	60192	156512	69529	1820844
434576	3446845	180992	17435	148244	40147	303203	183273	2528947
176972	1401498	50845	4623	30834	7446	161966	71756	1183662
47938	769377	53598	3850	43955	11085	57634	41496	571404
209666	1275970	76549	8962	73455	21616	83603	70021	773881

3-C-30 续表

单位：千元

分组	营业外收入	营业外支出	利润总额	应交所得税	应付利润	劳动、失业保险费	住房公积金及住房补贴
总计	**251575**	**251531**	**8823594**	**2222342**	**1987338**	**1530017**	**576820**
一、按隶属关系分组							
中央	66704	114275	993020	181488	134835	546172	235072
地方	184871	137256	7830574	2040854	1852503	983845	341748
省(自治区、直辖市)	32638	6174	323047	78528	67487	97660	45877
地区(州、盟、省辖市)	59247	42386	1305005	264851	486907	265186	109477
县(区、市、旗)	15572	6634	361503	126577	148556	65879	19695
街道	187	70	45452	14881	11210	3325	872
镇	17	6	15309	4672	2465	322	200
乡	31	1	819	251	426	417	119
居委会							
村委会		139	2186	697	466	120	
其他	77179	81846	5777253	1550397	1134986	550936	165508
二、按营业状态分组							
营业	251568	251132	8821183	2220626	1986469	1529062	576003
停业（歇业）	7	399	1667	1590	142	876	817
筹建			-109				
当年关闭			853	126	727	79	
当年破产							
其他							
三、按行业(中类)分组							
房屋和土木工程建筑业	171503	206393	6602030	1748711	1603463	1142981	428728
房屋工程建筑	88655	116105	3923046	1165424	954428	489963	177502
土木工程建筑	82848	90288	2678984	583287	649035	653018	251226
建筑安装业	75740	38296	1829929	370491	279293	339185	134412
建筑装饰业	2943	4673	332608	85511	88824	38730	9847
其他建筑业	1389	2169	59027	17629	15758	9121	3833
工程准备	477	1789	46574	12132	10264	4571	2169
提供施工设备服务	18	3	5414	1327	3079	1118	1027
其他未列明的建筑活动	894	377	7039	4170	2415	3432	637
四、按企业资质等级分组							
施工总承包	171830	210411	6279108	1655609	1477422	1182109	431852
特级	16912	29888	1323601	379420	187107	217545	75945
一级	100137	121453	1888584	518563	357217	576815	241923
二级	29900	26145	1285921	392085	309363	206906	67243
三级及以下	24881	32925	1781002	365541	623735	180843	46741
专业承包	79745	41120	2544486	566733	509916	347908	144968
一级	29154	17129	1182616	190699	134189	107810	38959
二级	6132	10297	553302	159414	124212	88345	29382
三级及以下	44459	13694	808568	216620	251515	151753	76627

3-C-31　总承包与专业承包建筑企业按地区分损益及分配情况

单位：千元

地　区	工程结算收入	工程结算成本	工程结算税金及附加	工程结算利润	其他业务收入	其他业务利润	经营费用
全　省	**243389154**	**214589812**	**8530241**	**19443856**	**2724758**	**652585**	**825245**
沈阳市	50889698	44442555	1596393	4588709	583571	135362	262041
大连市	67953100	60462114	2308295	5041727	785364	240848	140964
鞍山市	22710956	18726922	1052571	2873018	961748	168771	58445
抚顺市	10335658	9572012	341423	422223	53707	6596	
本溪市	8209333	6967218	247181	958508	12406	757	36426
丹东市	10006182	8548755	502988	883087	31015	20408	71352
锦州市	10838531	9844109	486283	500257	23155	16285	7882
营口市	7409445	6492648	244230	665551	18451	2551	7016
阜新市	3797393	3443716	126272	224843	72103	-1268	2562
辽阳市	20577658	18905872	659347	962650	49939	23847	49789
盘锦市	12408519	11049766	361742	962240	96508	25335	34771
铁岭市	7555719	6458083	253007	736395	27330	8366	108234
朝阳市	6237372	5592391	209602	398040	7797	3941	37339
葫芦岛市	4459590	4083651	140907	226608	1664	786	8424

3-C-31　续表 1　　单位：千元

地　区	管理费用					财务费用		营业利润
		税　金	财产保险费	差旅费	工会经费		利息支出	
全　省	**9612334**	**532529**	**63120**	**463793**	**189247**	**965470**	**657645**	**9518637**
沈阳市	2847687	99023	12590	130824	22995	294337	171192	1582047
大连市	2130878	152376	19513	85910	66339	238110	140622	2913587
鞍山市	850720	80312	3307	39175	10509	29939	41882	2161130
抚顺市	391405	11144	5009	22318	5531	12985	10900	24429
本溪市	397732	18088	3666	16481	12287	10236	9039	551297
丹东市	300362	13878	1024	14370	4404	89455	76611	513678
锦州市	350711	19419	2137	20669	5109	27086	22920	138745
营口市	209760	27073	1390	8288	3827	34624	29278	423718
阜新市	191717	9186	1225	6786	2591	20009	11941	11849
辽阳市	626927	27253	5231	37935	4934	87690	84692	271880
盘锦市	445320	28907	3302	32054	29113	43641	4255	498614
铁岭市	457334	17028	1362	28503	9077	27814	17022	259613
朝阳市	251479	22745	3005	16291	9374	29789	24539	120713
葫芦岛市	160302	6097	359	4189	3157	19755	12752	47337

3-C-31　续表 2　　单位：千元

地　区	营业外收入	营业外支出	利润总额	应交所得税	应付利润	劳动、失业保险费	住房公积金及住房补贴
全　省	**251575**	**251531**	**8823594**	**2222342**	**1987338**	**1530017**	**576820**
沈阳市	102468	47802	1648101	350432	259558	304522	106319
大连市	46736	42453	3123442	1098186	650577	264464	74030
鞍山市	29792	78593	1280766	211930	30408	247380	97444
抚顺市	2003	2955	28412	38782	38965	113863	37455
本溪市	13488	8384	553359	144112	160665	81120	21822
丹东市	5420	7499	510158	65812	417746	57098	35606
锦州市	8160	6956	135241	15075	53580	83474	37736
营口市	4568	1821	423816	101831	69935	34799	18301
阜新市	6343	1797	18543	9680	8043	21727	7546
辽阳市	6011	9914	271906	42823	16176	110816	39791
盘锦市	9218	32834	437236	51707	110186	96408	33153
铁岭市	14448	4461	252911	47696	105412	96908	57251
朝阳市	1773	3486	94228	32507	48202	8040	3864
葫芦岛市	1147	2576	45475	11769	17885	9398	6502

3-C-32 总承包与专业承包建筑企业按登记注册类型

分组	本年应付工资总额	主营业务	本年应付福利费总额	主营业务
总计	**34300315**	**33591722**	**3859615**	**3775112**
其中：国有及国有控股企业	11601024	11406983	1340065	1283169
一、按登记注册类型分组				
内资企业	**33825924**	**33118207**	**3803765**	**3719340**
国有企业	5875657	5771737	659219	655037
集体企业	2655096	2584517	298486	292289
股份合作企业	293459	272649	26413	25949
联营企业	38998	38878	5249	5232
国有联营企业				
集体联营企业	27858	27858	3900	3900
国有与集体联营企业	4599	4599	434	434
其他联营企业	6541	6421	915	898
有限责任公司	11870636	11697469	1448141	1383919
国有独资公司	1094098	1093390	148837	148357
其他有限责任公司	10776538	10604079	1299304	1235562
股份有限公司	1692450	1665305	168917	168045
私营企业	11399628	11087652	1197340	1188869
私营独资企业	413031	411525	49170	49013
私营合伙企业	36655	36655	4385	4385
私营有限责任公司	10369780	10060395	1074924	1066738
私营股份有限公司	580162	579077	68861	68733
其他企业				
港、澳、台商投资企业	**149876**	**149831**	**19310**	**19302**
合资经营企业(港或澳、台资)	144589	144589	18611	18611
合作经营企业(港或澳、台资)				
港、澳、台商独资经营企业	225	180	29	21
港、澳、台商投资股份有限公司	5062	5062	670	670
外商投资企业	**324515**	**323684**	**36540**	**36470**
中外合资经营企业	216714	216257	24325	24255
中外合作经营企业	3546	3546	479	479
外资企业	82803	82429	8761	8761
外商投资股份有限公司	21452	21452	2975	2975
二、按控股情况分组				
国有控股	11601024	11406983	1340065	1283169
集体控股	4244418	4097698	457332	449766
私人控股	18031610	17664654	2013086	1993123
港澳台商控股	129076	129031	16398	16390
外商控股	294187	293356	32734	32664
其他				

和控股情况分工资、福利费和应收款情况

单位：千元

应　收 工程款	竣工工程	全部从业人员 年平均人数 (人)	资产减 值损失	公允价值 变动收益	投资收益
34580380	**15536699**	**1676682**	**125178**	**-8136**	**17012**
15339097	6252260	517455	114984	-9448	14422
34197897	**15333867**	**1648891**	**125178**	**-8136**	**17044**
9079755	2866866	271432	92392	-4724	3613
1665497	1350114	159209	790		
129626	111259	16355			66
9960	9960	1976			
1854	1854	1196			
8106	8106	329			
		451			
12647347	7100686	580015	27766	-4624	11446
807619	414276	40826			
11839728	6686410	539189	27766	-4624	11446
1428720	386933	80141	43		
9236992	3508049	539763	4187	1212	1919
96328	60123	24552			
33288	27456	2284			
8498341	3134066	483318	4187	1212	1919
609035	286404	29609			
141755	**81348**	**8497**			
133490	73083	8139			
		15			
8265	8265	343			
240728	**121484**	**19294**			**-32**
142539	110641	13909			
7045	6345	268			
88454	1808	4086			-32
2690	2690	1031			
15339097	6252260	517455	114984	-9448	14422
2693751	1894969	250123	912		162
16173699	7194248	884720	9282	1312	2460
141755	81348	6847			
232078	113874	17537			-32

3-C-33 总承包与专业承包建筑企业按隶属关系、营业状态、

分组	本年应付工资总额	主营业务	本年应付福利费总额	主营业务
总计	**34300315**	**33591722**	**3859615**	**3775112**
一、按隶属关系分组				
中央	5023321	4894940	596712	543411
地方	29276994	28696782	3262903	3231701
省(自治区、直辖市)	1728410	1723638	200660	200602
地区(州、盟、省辖市)	5484845	5348904	573871	568312
县(区、市、旗)	2613629	2592035	287785	283970
街道	201957	199666	25750	25583
镇	96660	95452	11088	10903
乡	42571	42222	3007	3007
居委会				
村委会	20347	20347	2428	2428
其他	19088575	18674518	2158314	2136896
二、按营业状态分组				
营业	34287634	33579218	3858455	3773959
停业（歇业）	11177	11051	1080	1073
筹建	170	119	5	5
当年关闭	1325	1325	75	75
当年破产	9	9		
其他				
三、按行业(中类)分组				
房屋和土木工程建筑业	28272361	27647313	3191706	3114804
房屋工程建筑	19172358	18778455	2143054	2124309
土木工程建筑	9100003	8868858	1048652	990495
建筑安装业	4796366	4720746	531355	524692
建筑装饰业	982036	975224	106550	105786
其他建筑业	249552	248439	30004	29830
工程准备	178045	177467	21223	21143
提供施工设备服务	23693	23158	3148	3054
其他未列明的建筑活动	47814	47814	5633	5633
四、按企业资质等级分组				
施工总承包	26893880	26514298	3186736	3108885
特级	4199214	4196934	530912	480602
一级	9678013	9531421	1178909	1170001
二级	6400584	6362546	740041	736511
三级及以下	6616069	6423397	736874	721771
专业承包	7406435	7077424	672879	666227
一级	1997776	1991309	194452	194141
二级	1752963	1741647	188922	188077
三级及以下	3655696	3344468	289505	284009

行业和资质等级分工资、福利费和应收款情况

单位：千元

应收工程款	竣工工程	全部从业人员年平均人数（人）	资产减值损失	公允价值变动收益	投资收益
34580380	**15536699**	**1676682**	**125178**	**-8136**	**17012**
9057716	3017354	199576	97999	-9448	14595
25522664	12519345	1477106	27179	1312	2417
1886679	950112	83961	20204		
4806264	2840593	279222	2293	99	-41
1755009	1324349	149259	1	1	1
156236	59596	8806			
22723	2700	5154			
31834	31834	2312			
500	500	1347			
16863419	7309661	947045	4681	1212	2457
34574715	15531234	1675696	125178	-8136	17012
5665	5465	850			
		21			
		113			
		2			
27710784	12150623	1369095	123358	-8139	15472
14410671	6176932	925722	17699	-3648	8030
13300113	5973691	443373	105659	-4491	7442
5711389	2548486	233072	812	3	1486
895791	659416	59655	886		54
262416	178174	14860	122		
119441	68501	10876	122		
6502	3650	1125			
136473	106023	2859			
26504853	11127774	1328427	122552	-8294	15132
5262039	2125821	175942	5276	-4724	6432
12621075	4190518	413443	99578	78	5473
4478794	1948220	334250	2615		710
4142945	2863215	404792	15083	-3648	2517
8075527	4408925	348255	2626	158	1880
3557367	1167561	90983	79		66
2110171	1520311	97681	786		480
2407989	1721053	159591	1761	158	1334

3-C-34 总承包与专业承包建筑企业按地区分工资、福利费和应收款情况

单位：千元

地　区	本年应付工资总额	主营业务	本年应付福利费总额	主营业务
全　省	**34300315**	**33591722**	**3859615**	**3775112**
沈阳市	8501154	8489086	867741	864455
大连市	10059499	10009046	1309954	1303805
鞍山市	2109536	1966702	247812	239922
抚顺市	1852444	1852444	255829	255829
本溪市	1492279	1487548	170296	170124
丹东市	1935108	1558800	76798	76001
锦州市	1500777	1471652	111287	108593
营口市	896226	894138	125232	124939
阜新市	547454	544669	76002	75608
辽阳市	1675818	1644630	190783	135124
盘锦市	1068000	1034479	109083	105917
铁岭市	787780	777452	102846	101805
朝阳市	1052393	1039786	120555	117673
葫芦岛市	821847	821290	95397	95317

3-C-34 续表

单位：千元

地　区	应收工程款	竣工工程	全部从业人员年平均人数（人）	资产减值损失	公允价值变动收益	投资收益
全　省	**34580380**	**15536699**	**1676682**	**125178**	**-8136**	**17012**
沈阳市	9938859	3964009	404223	-11010		683
大连市	11822999	3951788	476530	18385	1058	2540
鞍山市	2698792	1309603	109661	10552	-9448	12864
抚顺市	610003	272032	96148	276	78	
本溪市	456533	340891	62624	579		
丹东市	645628	254457	55052	9820		435
锦州市	889028	490476	70929	3356		18
营口市	520486	404576	54188	322	21	36
阜新市	379493	247293	45640			
辽阳市	2458574	1648953	88062	-666		
盘锦市	1747840	1357379	60230	72765	155	436
铁岭市	1072478	100522	47969	20799		
朝阳市	914155	811370	55779			
葫芦岛市	425512	383350	49647			

3-C-35　总承包与专业承包建筑企业按登记注册类型和控股情况分主要效益情况

分　组	按总产值计算劳动生产率(元/人)	房屋建筑面积竣工率(%)	产值利润率(%)	产值利税率(%)	人均竣工产值(元/人)	人均施工面积(平米/人)
总　计	**153462**	**45.9**	**3.5**	**7.1**	**99680**	**89.4**
其中：国有及国有控股企业	206594	36.5	2.0	5.7	121747	69.6
一、按登记注册类型分组						
内资企业	**153066**	**45.8**	**3.4**	**7.0**	**99390**	**89.9**
国有企业	184258	37.3	2.0	5.6	116188	49.5
集体企业	89820	57.7	2.7	6.3	63512	59.5
股份合作企业	109583	63.2	3.7	7.8	79293	90.7
联营企业	104733	26.1	0.5	1.8	112844	154.9
国有联营企业						
集体联营企业	101180		0.5	1.4	101180	188.9
国有与集体联营企业	124509	99.1	1.0	2.9	299387	220.9
其他联营企业	99778	100.0	0.2	1.7	8676	17.7
有限责任公司	174769	44.8	3.0	6.7	112347	96.6
国有独资公司	156048	21.2	-1.2	1.7	82099	37.4
其他有限责任公司	176228	45.5	3.3	7.1	114703	101.2
股份有限公司	133853	35.2	4.1	7.0	81240	165.4
私营企业	137078	49.1	5.0	8.7	90895	100.4
私营独资企业	142659	42.3	3.3	7.3	107366	113.3
私营合伙企业	101699	96.4	6.0	10.0	82319	12.8
私营有限责任公司	137675	49.6	5.1	8.8	91190	101.8
私营股份有限公司	125488	47.1	4.3	7.9	73412	73.0
其他企业						
港、澳、台商投资企业	**117097**	**94.8**	**3.4**	**6.1**	**72556**	**9.5**
合资经营企业(港或澳、台资)	115820	94.8	3.5	6.3	72176	9.9
合作经营企业(港或澳、台资)						
港、澳、台商独资经营企业	161222		94.3	108.5	146556	
港、澳、台商投资股份有限公司	145880		-2.0	-0.8	79534	
外商投资企业	**204296**	**51.5**	**9.8**	**12.7**	**137205**	**85.9**
中外合资经营企业	201986	75.0	10.7	13.3	169883	82.9
中外合作经营企业	97332		1.3	6.6	69566	
外资企业	206922		8.7	12.3	6752	123.2
外商投资股份有限公司	250996		4.1	7.8	250996	
二、按控股情况分组						
国有控股	206594	36.5	2.0	5.7	121747	69.6
集体控股	105620	54.6	2.4	6.0	74097	64.8
私人控股	135367	47.8	4.9	8.5	93712	108.4
港澳台商控股	122017	94.8	4.0	6.6	66587	11.8
外商控股	205895	49.5	10.3	13.2	133214	91.2
其他						

3-C-35 续表

分　组	人均竣工面积(平米/人)	人均利润(元/人)	人均利税(元/人)	资产负债率(%)	技术装备率(元/人)	动力装备率(千瓦/人)	竣工产值利润率(%)
总　计	**41.0**	**5263**	**10668**	**65.6**	**9827**	**5.0**	**5.4**
其中：国有及国有控股企业	25.4	4085	11449	77.3	13035	6.7	3.5
一、按登记注册类型分组							
内资企业	**41.2**	**5107**	**10520**	**65.8**	**9869**	**5.1**	**5.3**
国有企业	18.4	3622	10062	75.2	12526	6.4	3.2
集体企业	34.3	2400	5508	67.3	4791	3.6	3.9
股份合作企业	57.3	3944	8234	61.7	10050	4.8	5.1
联营企业	40.4	519	1855	59.1	4562	1.5	0.5
国有联营企业							
集体联营企业		466	1440	49.5	6508	1.4	0.5
国有与集体联营企业	218.8	1210	3599	72.0	3396	3.6	0.4
其他联营企业	17.7	155	1683	20.3	288	0.4	1.8
有限责任公司	43.3	5083	11387	69.6	10470	5.7	4.7
国有独资公司	7.9	-1886	2708	83.8	9808	4.8	-2.3
其他有限责任公司	46.1	5610	12044	68.9	10522	5.8	5.1
股份有限公司	58.2	5500	9364	58.8	6446	2.4	6.8
私营企业	49.3	6672	11568	54.8	9910	4.6	7.5
私营独资企业	48.0	4486	9792	51.9	11996	5.9	4.4
私营合伙企业	12.3	5892	9845	43.5	9067	7.0	7.4
私营有限责任公司	50.5	6877	11785	55.3	9794	4.4	7.7
私营股份有限公司	34.4	5185	9639	50.0	10193	7.6	7.3
其他企业							
港、澳、台商投资企业	**9.0**	**3909**	**7102**	**62.4**	**7647**	**0.9**	**5.4**
合资经营企业(港或澳、台资)	9.4	4033	7270	64.2	7484	0.8	5.7
合作经营企业(港或澳、台资)							
港、澳、台商独资经营企业		91200	104933	7.9	57222	4.3	103.7
港、澳、台商投资股份有限公司		-2869	-1166	36.3	10160	2.0	-3.6
外商投资企业	**44.2**	**19167**	**24886**	**54.0**	**7117**	**3.8**	**14.5**
中外合资经营企业	62.2	20538	25506	43.9	3441	3.5	12.8
中外合作经营企业		1224	6358	33.9	2483	10.8	1.8
外资企业		17903	25307	62.6	6056	4.2	266.8
外商投资股份有限公司		10339	19667	57.3	59495	4.0	4.1
二、按控股情况分组							
国有控股	25.4	4085	11449	77.3	13035	6.7	3.5
集体控股	35.4	2518	6212	67.4	6231	4.2	3.5
私人控股	51.8	6432	11188	55.8	9113	4.4	7.0
港澳台商控股	11.2	4783	7966	62.7	8026	1.0	7.3
外商控股	45.1	20364	26000	55.6	3748	3.7	16.0
其他							

3-C-36 总承包与专业承包建筑企业按隶属关系、营业状态、行业和资质等级分主要效益情况

分组	按总产值计算劳动生产率(元/人)	房屋建筑面积竣工率(%)	产值利润率(%)	产值利税率(%)	人均竣工产值(元/人)	人均施工面积(平米/人)
总计	**153462**	**45.9**	**3.5**	**7.1**	**99680**	**89.4**
一、按隶属关系分组						
中央	310076	28.6	1.7	5.7	165443	55.1
地方	**133152**	**47.2**	**4.1**	**7.5**	**91153**	**93.8**
省(自治区、直辖市)	154422	40.8	2.5	5.8	95908	69.3
地区(州、盟、省辖市)	143116	44.6	3.3	6.5	98266	74.3
县(区、市、旗)	109180	52.4	2.3	6.1	90765	114.8
街道	135319	60.8	4.0	7.1	112617	134.5
镇	89751	37.2	3.4	6.7	56313	122.0
乡	129206	72.5	0.3	6.7	105132	142.7
居委会						
村委会	116761	56.2	1.4	4.2	74265	180.2
其他	132312	47.0	4.7	8.3	88643	97.8
二、按营业状态分组						
营业	153461	45.9	3.5	7.1	99669	89.4
停业(歇业)	182331		2.8	7.7	180404	
筹建						
当年关闭	60576	38.5	14.2	18.3	23960	65.7
当年破产						
其他						
三、按行业(中类)分组						
房屋和土木工程建筑业	157840	45.8	3.1	6.8	102279	107.2
房屋工程建筑	134356	45.9	3.2	7.0	88642	152.3
土木工程建筑	207745	43.0	3.0	6.4	131256	11.2
建筑安装业	137721	53.9	5.8	9.2	85515	12.2
建筑装饰业	119803		4.8	8.6	90960	
其他建筑业	130052	14.4	3.2	6.4	117497	16.7
工程准备	127806	17.7	3.6	6.9	127553	6.5
提供施工设备服务	151903		3.2	5.7	82351	
其他未列明的建筑活动	129497	13.1	1.9	5.2	94847	60.7
四、按企业资质等级分组						
施工总承包	158611	45.7	3.1	6.6	101505	109.7
特级	239785	30.6	3.4	7.2	143573	176.1
一级	189138	38.8	2.4	5.9	110709	100.3
二级	127438	51.4	3.1	6.7	90470	107.4
三级及以下	119131	59.7	3.8	7.3	83634	93.6
专业承包	133874	52.8	5.6	9.4	92741	12.3
一级	172542	56.6	7.6	10.6	93111	7.8
二级	125100	62.5	4.6	8.2	96291	17.9
三级及以下	116655	42.1	4.5	9.2	90333	11.6

3-C-36 续表

分 组	人均竣工面积(平米/人)	人均利润(元/人)	人均利税(元/人)	资产负债率(%)	技术装备率(元/人)	动力装备率(千瓦/人)	竣工产值利润率(%)
总 计	**41.0**	**5263**	**10668**	**65.6**	**9827**	**5.0**	**5.4**
一、按隶属关系分组							
中央	15.7	4976	16721	81.9	18977	7.6	3.2
地方	**44.3**	**5301**	**9850**	**61.4**	**8640**	**4.7**	**5.9**
省(自治区、直辖市)	28.3	3848	8908	69.2	8021	6.5	4.1
地区(州、盟、省辖市)	33.1	4674	9201	70.7	9757	5.1	4.8
县(区、市、旗)	60.2	2422	6565	61.1	6228	4.2	2.7
街道	81.8	5161	9268	51.6	7530	4.7	4.8
镇	45.3	2970	5839	52.6	11220	8.9	5.4
乡	103.5	354	8352	50.1	9814	4.6	0.3
居委会							
村委会	101.2	1623	4929	53.6	3569	9.2	2.2
其他	46.0	6100	10680	57.7	8745	4.5	7.0
二、按营业状态分组							
营业	41.0	5264	10671	65.7	9826	5.0	5.4
停业（歇业）		1961	5458	44.4	13512	5.4	2.8
筹建		-5190	-4952	0.2			
当年关闭	25.3	7549	9735	21.6	1576	1.5	36.0
当年破产							
其他							
三、按行业(中类)分组							
房屋和土木工程建筑业	49.1	4822	10440	66.9	10475	5.2	4.8
房屋工程建筑	69.9	4238	9290	61.0	7867	4.0	4.9
土木工程建筑	4.8	6042	12841	73.5	16018	7.8	4.8
建筑安装业	6.6	7851	12348	65.4	6295	4.1	9.4
建筑装饰业		5576	9996	43.8	6586	3.0	6.3
其他建筑业	2.4	3972	7972	38.5	18526	10.5	3.6
工程准备	1.1	4282	8292	35.1	22321	11.0	3.6
提供施工设备服务		4812	8560	58.3	15756	12.8	5.9
其他未列明的建筑活动	8.0	2462	6526	46.5	5767	7.7	2.7
四、按企业资质等级分组							
施工总承包	50.1	4727	10236	67.8	10007	5.0	4.8
特级	53.9	7523	16199	65.9	14470	5.2	5.6
一级	38.9	4568	10930	74.6	11105	5.1	4.2
二级	55.2	3847	8419	62.6	8701	5.2	4.3
三级及以下	55.8	4400	8437	60.9	8098	4.8	5.4
专业承包	6.5	7306	12313	58.2	9140	5.0	8.1
一级	4.4	12998	18110	69.4	7368	4.0	14.0
二级	11.1	5664	10062	55.1	10107	4.4	6.0
三级及以下	4.9	5067	10385	51.7	9579	6.0	5.8

3-C-37 总承包与专业承包建筑企业按地区分主要效益情况

地区	按总产值计算劳动生产率(元/人)	房屋建筑面积竣工率(%)	产值利润率(%)	产值利税率(%)	人均竣工产值(元/人)	人均施工面积(平米/人)
全省	**153462**	**45.9**	**3.5**	**7.1**	**99680**	**89.4**
沈阳市	131673	37.2	3.1	6.4	78718	83.8
大连市	152583	41.1	4.4	7.9	95546	116.7
鞍山市	206588	49.1	5.9	11.1	134606	106.9
抚顺市	113924	55.6	0.3	3.5	78659	45.2
本溪市	152039	42.1	6.0	8.8	86291	83.0
丹东市	196339	45.1	4.8	9.7	118593	83.5
锦州市	168477	67.3	1.2	5.5	105968	73.4
营口市	139669	68.3	5.7	9.3	112382	92.0
阜新市	90829	54.4	0.4	3.7	76375	84.7
辽阳市	255031	43.2	1.4	4.8	156331	58.4
盘锦市	214149	69.1	3.4	6.5	152392	23.1
铁岭市	173184	65.8	3.2	6.5	168718	82.9
朝阳市	113381	56.2	1.5	5.2	85065	107.3
葫芦岛市	99194	67.0	0.9	4.0	66743	81.1

3-C-37 续表

地区	人均竣工面积(平米/人)	人均利润(元/人)	人均利税(元/人)	资产负债率(%)	技术装备率(元/人)	动力装备率(千瓦/人)	竣工产值利润率(%)
全省	**41.0**	**5263**	**10668**	**65.6**	**9827**	**5.0**	**5.4**
沈阳市	31.1	4077	8271	68.9	5409	3.0	5.2
大连市	48.0	6555	11718	56.9	10336	4.3	7.1
鞍山市	52.5	11679	22010	66.5	10343	7.5	9.0
抚顺市	25.1	296	3962	72.1	6164	3.6	0.4
本溪市	34.9	8836	13072	56.4	12737	8.3	10.5
丹东市	37.6	9267	18656	62.4	20778	15.2	8.0
锦州市	49.4	1907	9036	71.1	7230	4.3	1.8
营口市	62.9	7821	12828	61.4	16739	7.0	7.0
阜新市	46.1	406	3374	64.3	8312	4.3	0.5
辽阳市	25.2	3088	10884	83.8	20794	7.9	2.2
盘锦市	16.0	7259	13745	73.6	12941	5.9	4.8
铁岭市	54.6	5272	10902	71.8	10161	5.2	3.2
朝阳市	60.3	1689	5855	60.9	8972	5.1	2.0
葫芦岛市	54.3	916	3877	69.0	8223	4.3	1.4

3-C-38 总承包与专业承包建筑施工企业单位数

地区	企业单位数(个)	按登记注册类型分组					
		国有企业	集体企业	股份合作企业	联营企业	有限责任公司	股份有限公司
全省	**4265**	**293**	**318**	**67**	**4**	**1031**	**77**
沈阳市	1258	94	67	13	1	267	37
大连市	1176	41	44	19		162	2
鞍山市	268	25	50	2	1	68	17
抚顺市	172	15	25			70	
本溪市	164	12	17			84	1
丹东市	170	13	17	15		36	6
锦州市	181	21	22	3		70	
营口市	137	10	2	1	1	28	
阜新市	144	10	5			58	
辽阳市	167	10	24	7		23	5
盘锦市	115	14	9	5		61	1
铁岭市	79	16	10	1		17	5
朝阳市	128	2	9			50	
葫芦岛市	106	10	17	1	1	37	3

3-C-38 续表

地区	按登记注册类型分组			按经济组织类型分组			
	私营企业	港澳台商投资企业	外商投资企业	独资企业	合作伙伴企业	股份有限公司	有限责任公司
全省	**2399**	**24**	**52**	**739**	**98**	**219**	**3209**
沈阳市	754	11	14	197	20	71	970
大连市	878	8	22	135	29	39	973
鞍山市	102	1	2	82	4	37	145
抚顺市	62			43	2	7	120
本溪市	47		3	36		8	120
丹东市	81	1	1	34	17	20	99
锦州市	61	2	2	46	4	3	128
营口市	93		2	18	5	6	108
阜新市	67	1	3	15			129
辽阳市	96		2	39	7	11	110
盘锦市	25			26	5	4	80
铁岭市	30			29	3	5	42
朝阳市	67			11			117
葫芦岛市	36		1	28	2	8	68

3-C-39 总承包与专业承包建筑亏损企业单位数

地 区	企 业 单位数	按登记注册类型分组					
		国有企业	集体企业	股份合作企 业	联营企业	有限责任公 司	股份有限公 司
全 省	**979**	**54**	**74**	**20**	**1**	**201**	**12**
沈 阳 市	329	18	18			66	5
大 连 市	307	7	6	9		37	
鞍 山 市	43	3	14	1	1	10	3
抚 顺 市	15	2	3			5	
本 溪 市	32	2	8			10	1
丹 东 市	30	4	4	5		6	1
锦 州 市	66	7	6	2		26	
营 口 市	7	1				1	
阜 新 市	42	2	3			18	
辽 阳 市	40	1	6	2		3	1
盘 锦 市	6	3	1	1			
铁 岭 市	11	2	2			1	
朝 阳 市	36	1	1			12	
葫芦岛市	15	1	2			6	1

3-C-39 续表

地 区	按登记注册类型分组			按经济组织类型分组			
	私营企业	港澳台商 投资企业	外商投资 企 业	独资企业	合作伙伴 企 业	股份有限 公 司	有限责任 公 司
全 省	**592**	**7**	**18**	**159**	**28**	**39**	**753**
沈 阳 市	212	3	7	46	3	12	268
大 连 市	239	3	6	23	10	8	266
鞍 山 市	10		1	18	3	7	15
抚 顺 市	5			6			9
本 溪 市	10		1	12		3	17
丹 东 市	10			9	6	3	12
锦 州 市	23	1	1	16	3	1	46
营 口 市	5			2			5
阜 新 市	19			5			37
辽 阳 市	25		2	9	2	3	26
盘 锦 市	1			4	1	1	
铁 岭 市	6			4			7
朝 阳 市	22			2			34
葫芦岛市	5			3		1	11

3-C-40 总承包与专业承包建筑企业建筑业总产值

地　　区	建筑业总产　　值	按登记注册类型分组						
		国有企业	集体企业	股份合作企　　业	联营企业	有限责任公　　司	股份有限公　　司	私营企业
全　　省	**250916922**	**49203583**	**13936500**	**1732834**	**205590**	**98300444**	**10675283**	**72094612**
沈 阳 市	52651003	13424251	3871609	521559	120000	14077237	6248378	13321285
大 连 市	70458552	9960697	1592997	229002		16362048	2795960	37627151
鞍 山 市	21752101	1944015	1987466	13978	28590	14414002	493982	2622431
抚 顺 市	10935264	1730990	1250527			6696102		1257645
本 溪 市	9272851	377683	221278			7763390	34017	857734
丹 东 市	10606642	2120594	580515	549404		3339093	154217	2849619
锦 州 市	11655928	5072916	884994	7580		4699979		953086
营 口 市	7479710	971335	85470	10007	12000	2291340		3852256
阜 新 市	4141364	732823	77161			2160986		968108
辽 阳 市	20070655	1736213	671258	179955		15958037	134940	1365830
盘 锦 市	12740775	7016200	186509	156701		3261976	49	2119340
铁 岭 市	8027783	3337744	486209	40170		2869278	306080	988302
朝 阳 市	6268736	135986	765553			3037334		2329863
葫芦岛市	4855558	642136	1274954	24478	45000	1369642	507660	981962

3-C-40 续表

地　　区			按经济组织类型分组			
	港澳台商投资企业	外商投资企　　业	独资企业	合作伙伴企　　业	股份有限公　　司	有限责任公　　司
全　　省	**983494**	**3784582**	**67284056**	**2189481**	**14582334**	**166861051**
沈 阳 市	567773	498911	17618651	698114	6753498	27580740
大 连 市	222309	1668388	14104477	333377	4407507	51613191
鞍 山 市	21337	226300	4034066	43355	987582	16687098
抚 顺 市			2986218	38130	142792	7768124
本 溪 市		18749	653040		434870	8184941
丹 东 市	11200	1002000	2705112	569759	262160	7069611
锦 州 市	875	36498	5959260	9124	6765	5680779
营 口 市		257302	1310051	41909	491523	5636227
阜 新 市	160000	42286	809984			3331380
辽 阳 市		24422	2457736	179955	234197	17198767
盘 锦 市			7962709	156701	6030	4615335
铁 岭 市			3840463	49579	306080	3831661
朝 阳 市			901539			5367197
葫芦岛市		9726	1940750	69478	549330	2296000

3-C-41　总承包与专业承包建筑企业资产

地　区	资产总计（千元）	按登记注册类型分组					
		国有企业	集体企业	股份合作企业	联营企业	有限责任公司	股份有限公司
全　省	**195294608**	**43942876**	**11253371**	**1633693**	**87726**	**70380100**	**6274534**
沈阳市	45523900	16101253	2526252	385917	25844	9728598	3615739
大连市	56320656	6738796	1535941	130176		15901912	1873756
鞍山市	15848926	1669604	2126973	226227	27550	8165875	304349
抚顺市	6448891	1117751	555702			3916656	
本溪市	6906024	219173	301033			5387412	57249
丹东市	8083355	1894663	381869	582163		2239097	100542
锦州市	7206938	2736684	605167	43643		3083776	
营口市	5890631	789192	71073	7942	23792	1706974	
阜新市	4182451	1290808	49130			1966464	
辽阳市	13559596	1682035	869902	117169		9517797	47592
盘锦市	12029454	6880920	128116	117343		3051399	16337
铁岭市	5448620	2055654	403687	14267		2413629	131413
朝阳市	3623278	177670	497208			1823088	
葫芦岛市	4221888	588673	1201318	8846	10540	1477423	127557

3-C-41　续表

地　区	按登记注册类型分组			按经济组织类型分组			
	私营企业	港澳台商投资企业	外商投资企业	独资企业	合作伙伴企业	股份有限公司	有限责任公司
全　省	**58171871**	**667548**	**2882889**	**59681012**	**1983618**	**10057819**	**123572159**
沈阳市	12359424	301191	479682	19089831	469701	4115373	21848995
大连市	28350236	265410	1524429	10348610	212683	3343212	42416151
鞍山市	3180870	4104	143374	4047990	254698	837215	10709023
抚顺市	858782			1679538	28907	110797	4629649
本溪市	870304		70853	639611		379491	5886922
丹东市	2815229	16337	53455	2303807	641659	295260	4842629
锦州市	682988	5326	49354	3345937	48531	4977	3807493
营口市	2934758		356900	1123706	49768	518719	4198438
阜新市	711181	75180	89688	1339938			2842513
辽阳市	1311640		13461	2597494	117169	109704	10735229
盘锦市	1835339			8196606	117343	54025	3661480
铁岭市	429970			2493085	23773	131413	2800349
朝阳市	1125312			674878			2948400
葫芦岛市	705838		101693	1799981	19386	157633	2244888

3-C-42 总承包与专业承包建筑企业负债

地　区	负债合计(千元)	按登记注册类型分组					
		国有企业	集体企业	股份合作企业	联营企业	有限责任公司	股份有限公司
全　省	**128205433**	**33046408**	**7573779**	**1008724**	**51875**	**49001160**	**3688764**
沈阳市	31362718	12533636	1737950	246340	12783	6831474	2262101
大连市	32023236	5451366	965713	30560		9131549	976983
鞍山市	10546343	866776	1255497	214096	18400	5915457	177952
抚顺市	4651199	756049	342805			3043297	
本溪市	3893540	106342	217856			3055915	10538
丹东市	5041640	1388279	241015	342623		1580281	69603
锦州市	5125106	2268803	347427	15850		2143287	
营口市	3619749	416278	56251	934	18552	1109372	
阜新市	2690488	874063	25732			1271922	
辽阳市	11361509	1251161	638000	65155		8657687	17511
盘锦市	8854108	5182653	65968	84106		2413189	6337
铁岭市	3913764	1531325	344143	7806		1724182	88416
朝阳市	2207549	85686	422025			1013420	
葫芦岛市	2914484	333991	913397	1254	2140	1110128	79323

3-C-42 续表

地　区	按登记注册类型分组			按经济组织类型分组			
	私营企业	港澳台商投资企业	外商投资企业	独资企业	合作伙伴企业	股份有限公司	有限责任公司
全　省	**31861448**	**416541**	**1556734**	**43082784**	**1171765**	**5603601**	**78347283**
沈阳市	7245129	192706	300599	14565572	306966	2432077	14058103
大连市	14502125	172624	792316	7398691	56836	1756947	22810762
鞍山市	1991201	2943	104021	2320703	232842	481998	7510800
抚顺市	509048			1101933	19304	37053	3492909
本溪市	428899		73990	381276		258324	3253940
丹东市	1417218	2621		1635983	346817	127286	2931554
锦州市	325178	317	24244	2616230	17163	584	2491129
营口市	1879042		139320	674327	27870	250587	2666965
阜新市	434118	45330	39323	899795			1790693
辽阳市	725785		6210	1919407	65155	48421	9328526
盘锦市	1101855			5918621	84106	41725	2809656
铁岭市	217892			1891837	11312	88416	1922199
朝阳市	686418			507711			1699838
葫芦岛市	397540		76711	1250698	3394	80183	1580209

3-C-43　总承包与专业承包建筑企业实收资本

地　区	实收资本（千元）	按登记注册类型分组					
		国有企业	集体企业	股份合作企　业	联营企业	有限责任公　司	股份有限公　司
全　省	**46506331**	**7632779**	**2681040**	**482921**	**32730**	**15263535**	**1565971**
沈阳市	10423849	2725593	514190	112065	11650	2331222	824388
大连市	14440547	855752	410817	65738		3570455	400000
鞍山市	3619182	479625	478695	10952	9150	1551545	110761
抚顺市	1921146	188840	201616			1234858	
本溪市	2069939	89607	94455			1466948	40000
丹东市	1995332	255408	103844	178360		484688	49721
锦州市	2024550	682880	207239	20000		788475	
营口市	1547082	286110	13230	5100	3530	325521	
阜新市	1169145	236627	23808			602553	
辽阳市	1962993	287346	229431	48231		817139	26990
盘锦市	1844664	886486	56104	30374		520497	10000
铁岭市	1141942	362970	74963	6101		491426	39048
朝阳市	1188365	67761	75587			675182	
葫芦岛市	1157595	227774	197061	6000	8400	403026	65063

3-C-43　续表

地　区	按登记注册类型分组			按经济组织类型分组			
	私营企业	港澳台商投资企业	外商投资企　业	独资企业	合作伙伴企　业	股份有限公　司	有限责任公　司
全　省	**17758877**	**208652**	**879826**	**11562930**	**650060**	**2815371**	**31477970**
沈阳市	3621434	95024	188283	3431725	133696	996737	5861691
大连市	8731836	75044	330905	1916889	110206	817564	11595888
鞍山市	940903	121	37430	1001011	20602	290956	2306613
抚顺市	295832			393356	9560	43130	1475100
本溪市	337554		41375	218562		132572	1718805
丹东市	870709	12500	40102	375092	228360	142476	1249404
锦州市	290957	5963	29036	894269	25000	4397	1100884
营口市	747801		165790	355203	17530	198273	976076
阜新市	257857	20000	28300	260435			908710
辽阳市	545183		8673	530157	48231	58535	1326070
盘锦市	341203			1160060	30374	12200	642030
铁岭市	167434			451438	12101	39048	639355
朝阳市	369835			143348			1045017
葫芦岛市	240339		9932	431385	14400	79483	632327

3-C-44 总承包与专业承包建筑企业工程结算税金及附加与管理费用中的税金

地 区	税金合计(千元)	按登记注册类型分组					
		国有企业	集体企业	股份合作企业	联营企业	有限责任公司	股份有限公司
全 省	**9062770**	**1747969**	**494858**	**70172**	**2640**	**3656857**	**309696**
沈阳市	1695416	487818	127732	21015	1165	489186	185830
大连市	2460671	330383	57026	7937		566189	74139
鞍山市	1132883	75958	91541	330	450	830694	15267
抚顺市	352567	53533	39830			217270	
本溪市	265269	12890	6528			217980	1441
丹东市	516866	75267	14467	24975		112025	5065
锦州市	505702	228596	37973	545		198106	
营口市	271303	37677	2881	588	336	78786	
阜新市	135458	24360	2412			72605	
辽阳市	686600	71905	25482	6625		525166	3920
盘锦市	390649	205655	7615	5190		105091	141
铁岭市	270035	120415	15503	1362		94331	9797
朝阳市	232347	5464	29504			102483	
葫芦岛市	147004	18048	36364	1605	689	46945	14096

3-C-44 续表

地 区	按登记注册类型分组			按经济组织类型分组			
	私营企业	港澳台商投资企业	外商投资企业	独资企业	合作伙伴企业	股份有限公司	有限责任公司
全 省	**2643096**	**27131**	**110351**	**2403558**	**83216**	**451792**	**6124204**
沈阳市	357491	15954	9225	623035	24035	203160	845186
大连市	1354366	4617	66014	502922	12688	134266	1810795
鞍山市	101282	750	16611	171823	877	33605	926578
抚顺市	41934			93635	1320	4513	253099
本溪市	25649		781	21618		11173	232478
丹东市	280359	420	4288	90087	26321	8742	391716
锦州市	38595	50	1837	266651	616	329	238106
营口市	141548		9487	49602	1813	17417	202471
阜新市	29024	5340	1717	26772			108686
辽阳市	53413		89	99178	6625	13570	567227
盘锦市	66957			231560	5190	351	153548
铁岭市	28627			136494	1437	9797	122307
朝阳市	94896			34968			197379
葫芦岛市	28955		302	55213	2294	14869	74628

3-C-45 总承包与专业承包建筑企业利润总额

地区	利润总额(千元)	按登记注册类型分组					
		国有企业	集体企业	股份合作企业	联营企业	有限责任公司	股份有限公司
全省	**8823594**	**983164**	**382118**	**64496**	**1025**	**2947941**	**440777**
沈阳市	1648101	203443	165191	24775	557	256603	131531
大连市	3123442	242174	61393	3767		771912	251460
鞍山市	1280766	226405	111924	289	-90	594552	47241
抚顺市	28412	5673	22833			-34628	
本溪市	553359	34681	-6056			504799	-3490
丹东市	510158	-5911	2209	16397		33324	2315
锦州市	135241	67789	5381	-144		44884	
营口市	423816	33034	4014	564	488	156315	
阜新市	18543	6884	-993			-4856	
辽阳市	271906	17513	-10606	11807		235380	549
盘锦市	437236	62022	283	6897		220234	48
铁岭市	252911	84069	12441	5		126377	10450
朝阳市	94228	3957	5713			23470	
葫芦岛市	45475	1431	8391	139	70	19575	673

3-C-45 续表

地区	按登记注册类型分组			按经济组织类型分组			
	私营企业	港澳台商投资企业	外商投资企业	独资企业	合作伙伴企业	股份有限公司	有限责任公司
全省	**3601059**	**33212**	**369802**	**1549942**	**79306**	**603963**	**6590383**
沈阳市	860021	23092	-17112	360377	24249	144682	1118793
大连市	1684388	1680	106668	459456	15917	332330	2315739
鞍山市	280549	7801	12095	340141	167	69563	870895
抚顺市	34534			28592	239	11251	-11670
本溪市	23125		300	38793		-753	515319
丹东市	212773	119	248932	-3227	16693	10822	485870
锦州市	10958	60	6313	72948	-223	29	62487
营口市	219134		10267	45350	3327	24801	350338
阜新市	14962	460	2086	5891			12652
辽阳市	18213		-950	10608	11807	885	248606
盘锦市	147752			74605	6897	-940	356674
铁岭市	19569			96906	24	10450	145531
朝阳市	61088			9670			84558
葫芦岛市	13993		1203	9832	209	843	34591

3-C-46 总承包与专业承包建筑企业利税总额

地区	利税总额(千元)	按登记注册类型分组					
		国有企业	集体企业	股份合作企业	联营企业	有限责任公司	股份有限公司
全省	**17886364**	**2731133**	**876976**	**134668**	**3665**	**6604798**	**750473**
沈阳市	3343517	691261	292923	45790	1722	745789	317361
大连市	5584113	572557	118419	11704		1338101	325599
鞍山市	2413649	302363	203465	619	360	1425246	62508
抚顺市	380979	59206	62663			182642	
本溪市	818628	47571	472			722779	-2049
丹东市	1027024	69356	16676	41372		145349	7380
锦州市	640943	296385	43354	401		242990	
营口市	695119	70711	6895	1152	824	235101	
阜新市	154001	31244	1419			67749	
辽阳市	958506	89418	14876	18432		760546	4469
盘锦市	827885	267677	7898	12087		325325	189
铁岭市	522946	204484	27944	1367		220708	20247
朝阳市	326575	9421	35217			125953	
葫芦岛市	192479	19479	44755	1744	759	66520	14769

3-C-46 续表

地区	按登记注册类型分组			按经济组织类型分组			
	私营企业	港澳台商投资企业	外商投资企业	独资企业	合作伙伴企业	股份有限公司	有限责任公司
全省	**6244155**	**60343**	**480153**	**3953500**	**162522**	**1055755**	**12714587**
沈阳市	1217512	39046	-7887	983412	48284	347842	1963979
大连市	3038754	6297	172682	962378	28605	466596	4126534
鞍山市	381831	8551	28706	511964	1044	103168	1797473
抚顺市	76468			122227	1559	15764	241429
本溪市	48774		1081	60411		10420	747797
丹东市	493132	539	253220	86860	43014	19564	877586
锦州市	49553	110	8150	339599	393	358	300593
营口市	360682		19754	94952	5140	42218	552809
阜新市	43986	5800	3803	32663			121338
辽阳市	71626		-861	109786	18432	14455	815833
盘锦市	214709			306165	12087	-589	510222
铁岭市	48196			233400	1461	20247	267838
朝阳市	155984			44638			281937
葫芦岛市	42948		1505	65045	2503	15712	109219

3-D-1　总承包建筑企业按登记注册类型和控股情况分单位数与工程承包情况

分　组	企业单位数（个）			合同情况（千元）		
	建筑业企业	有工作量企业	亏损企业	签订的合同额	1.上年结转合同额	2.本年新签合同额
总　计	**1685**	**1560**	**309**	**343126642**	**119877858**	**223248784**
其中：国有及国有控股企业	243	232	37	197347675	75751708	121595967
一、按登记注册类型分组						
内资企业	**1674**	**1550**	**305**	**339769501**	**118954871**	**220814630**
国有企业	163	154	24	91530077	35874798	55655279
集体企业	184	173	43	10797394	1729078	9068316
股份合作企业	37	35	6	1324110	174048	1150062
联营企业	3	3	1	203819	152910	50909
国有联营企业						
集体联营企业	1	1		120000	120000	
国有与集体联营企业	1	1	1	38819	32910	5909
其他联营企业	1	1		45000		45000
有限责任公司	482	458	77	146606150	53162539	93443611
国有独资公司	18	17	3	9710157	3409660	6300497
其他有限责任公司	464	441	74	136895993	49752879	87143114
股份有限公司	42	38	7	19778191	5793204	13984987
私营企业	763	689	147	69529760	22068294	47461466
私营独资企业	48	44	8	2956132	260476	2695656
私营合伙企业	2	1		56010		56010
私营有限责任公司	668	606	133	63659564	20904649	42754915
私营股份有限公司	45	38	6	2858054	903169	1954885
其他企业						
港、澳、台商投资企业	**3**	**3**	**1**	**272598**	**55500**	**217098**
合资经营企业(港或澳、台资)	3	3	1	272598	55500	217098
合作经营企业(港或澳、台资)						
港、澳、台商独资经营企业						
港、澳、台商投资股份有限公司						
外商投资企业	**8**	**7**	**3**	**3084543**	**867487**	**2217056**
中外合资经营企业	6	5	2	1985949	63447	1922502
中外合作经营企业						
外资企业	2	2	1	1098594	804040	294554
外商投资股份有限公司						
二、按控股情况分组						
国有控股	243	232	37	197347675	75751708	121595967
集体控股	303	287	66	21904570	5106884	16797686
私人控股	1129	1032	202	120677256	38096279	82580977
港澳台商控股	2	2	1	112598	55500	57098
外商控股	8	7	3	3084543	867487	2217056
其他						

3-D-1 续表

分 组	承包工程完成情况（千元）			
	1.直接从建设单位承揽工程完成的产值	(1)自行完成施工产值	(2)分包出去工程的产值	2.从建设单位以外承揽工程完成的产值
总 计	**204370495**	**203444735**	**925760**	**1905978**
其中：国有及国有控股企业	94203286	93380157	823129	1122045
一、按登记注册类型分组				
内资企业	**201501979**	**200576219**	**925760**	**1900978**
国有企业	43297231	42513251	783980	360431
集体企业	9599322	9591292	8030	27130
股份合作企业	1104415	1104415		
联营企业	193590	193590		
国有联营企业				
集体联营企业	120000	120000		
国有与集体联营企业	28590	28590		
其他联营企业	45000	45000		
有限责任公司	85683724	85624896	58828	1314014
国有独资公司	6163174	6162634	540	75974
其他有限责任公司	79520550	79462262	58288	1238040
股份有限公司	9810732	9808942	1790	3220
私营企业	51812965	51739833	73132	196183
私营独资企业	2872845	2872845		
私营合伙企业	56010	56010		
私营有限责任公司	46339186	46272674	66512	188813
私营股份有限公司	2544924	2538304	6620	7370
其他企业				
港、澳、台商投资企业	**244894**	**244894**		
合资经营企业(港或澳、台资)	244894	244894		
合作经营企业(港或澳、台资)				
港、澳、台商独资经营企业				
港、澳、台商投资股份有限公司				
外商投资企业	**2623622**	**2623622**		**5000**
中外合资经营企业	1827655	1827655		
中外合作经营企业				
外资企业	795967	795967		5000
外商投资股份有限公司				
二、按控股情况分组				
国有控股	94203286	93380157	823129	1122045
集体控股	18235485	18221410	14075	29430
私人控股	89223208	89134652	88556	749503
港澳台商控股	84894	84894		
外商控股	2623622	2623622		5000
其他				

3-D-2　总承包建筑企业按隶属关系、营业状态、行业、资质等级和地区分单位数与工程承包情况

分　组	企业单位数（个）			合同情况（千元）		
	建筑业企业	有工作量企业	亏损企业	签订的合同额	1.上年结转合同额	2.本年新签合同额
总　计	**1685**	**1560**	**309**	**343126642**	**119877858**	**223248784**
一、按隶属关系分组						
中央	52	51	9	141357275	58969040	82388235
地方	1633	1509	300	201769367	60908818	140860549
二、按营业状态分组						
营业	1611	1558	297	343082387	119841858	223240529
停业（歇业）	61	1	11	38380	36000	2380
筹建	4		1			
当年关闭	8	1		5875		5875
当年破产	1					
其他						
三、按行业(中类)分组						
房屋和土木工程建筑业	1520	1413	282	332883890	117860880	215023010
房屋工程建筑	1154	1072	207	166017802	54463383	111554419
土木工程建筑	366	341	75	166866088	63397497	103468591
建筑安装业	128	115	18	9733994	1957582	7776412
建筑装饰业	30	28	7	408839	34216	374623
其他建筑业	7	4	2	99919	25180	74739
工程准备	6	4	2	99919	25180	74739
提供施工设备服务	1					
其他未列明的建筑活动						
四、按企业资质等级分组						
特级	17	14	3	91594422	41236536	50357886
一级	149	145	18	146713437	53032633	93680804
二级	382	371	52	48775378	12959988	35815390
三级及以下	1137	1030	236	56043405	12648701	43394704
五、按地区分组						
沈 阳 市	258	224	61	65598142	24722649	40875493
大 连 市	513	487	95	96884266	38048365	58835901
鞍 山 市	137	120	19	29206565	8734479	20472086
抚 顺 市	74	74	6	8923001	1780669	7142332
本 溪 市	79	76	15	8485366	2160452	6324914
丹 东 市	94	83	14	11693014	4823271	6869743
锦 州 市	58	55	19	10183302	2724667	7458635
营 口 市	69	67	2	6227555	699133	5528422
阜 新 市	66	61	24	3997658	875855	3121803
辽 阳 市	83	78	16	53062904	23164713	29898191
盘 锦 市	70	60	5	26113456	6565379	19548077
铁 岭 市	55	50	7	11093686	3313992	7779694
朝 阳 市	73	70	19	7120885	1389835	5731050
葫芦岛市	56	55	7	4536842	874399	3662443

3-D-2 续表

分组	承包工程完成情况（千元）			
	1.直接从建设单位承揽工程完成的产值	(1)自行完成施工产值	(2)分包出去工程的产值	2.从建设单位以外承揽工程完成的产值
总　计	**204370495**	**203444735**	**925760**	**1905978**
一、按隶属关系分组				
中央	55652360	55116770	535590	453507
地方	148718135	148327965	390170	1452471
二、按营业状态分组				
营业	204326240	203400480	925760	1905978
停业（歇业）	38380	38380		
筹建				
当年关闭	5875	5875		
当年破产				
其他				
三、按行业(中类)分组				
房屋和土木工程建筑业	195169412	194423129	746283	1795129
房屋工程建筑	117486730	117319011	167719	603119
土木工程建筑	77682682	77104118	578564	1192010
建筑安装业	8698303	8518826	179477	110639
建筑装饰业	412329	412329		
其他建筑业	90451	90451		210
工程准备	90451	90451		210
提供施工设备服务				
其他未列明的建筑活动				
四、按企业资质等级分组				
特级	39403324	39403324		
一级	77110092	76355846	754246	820817
二级	41081564	41002611	78953	750196
三级及以下	46775515	46682954	92561	334965
五、按地区分组				
沈阳市	34260023	34241724	18299	363537
大连市	62196617	62111736	84881	122524
鞍山市	18471315	18439587	31728	275914
抚顺市	7827731	7827731		487610
本溪市	7708834	7708834		474319
丹东市	7690847	7684802	6045	
锦州市	8492903	8492903		
营口市	5457056	5457056		1150
阜新市	3487802	3485868	1934	530
辽阳市	19449901	19232059	217842	51654
盘锦市	12102589	11613039	489550	84590
铁岭市	7372553	7297612	74941	36850
朝阳市	5636678	5636138	540	1600
葫芦岛市	4215646	4215646		5700

3-D-3　总承包建筑企业按登记注册类型和控股情况分产值情况

单位：千元

分　组	企　业总产值	在境外完成的营业额	建筑业总产值	其中：装饰装修产值
总　计	**208252274**	**1978387**	**205350713**	**2837846**
其中：国有及国有控股企业	96202096	1832827	94502202	595441
一、按登记注册类型分组				
内资企业	**205374009**	**1978387**	**202477197**	**2836776**
国有企业	43665435	255452	42873682	320902
集体企业	9877555		9618422	147678
股份合作企业	1104415		1104415	70400
联营企业	193590		193590	
国有联营企业				
集体联营企业	120000		120000	
国有与集体联营企业	28590		28590	
其他联营企业	45000		45000	
有限责任公司	88261410	1368245	86938910	1264566
国有独资公司	6241368		6238608	
其他有限责任公司	82020042	1368245	80700302	1264566
股份有限公司	9821257	209130	9812162	173170
私营企业	52450347	145560	51936016	860060
私营独资企业	2893270		2872845	12333
私营合伙企业	56010		56010	
私营有限责任公司	46954823	145560	46461487	810645
私营股份有限公司	2546244		2545674	37082
其他企业				
港、澳、台商投资企业	**245770**		**244894**	**1070**
合资经营企业(港或澳、台资)	245770		244894	1070
合作经营企业(港或澳、台资)				
港、澳、台商独资经营企业				
港、澳、台商投资股份有限公司				
外商投资企业	**2632495**		**2628622**	
中外合资经营企业	1831528		1827655	
中外合作经营企业				
外资企业	800967		800967	
外商投资股份有限公司				
二、按控股情况分组				
国有控股	96202096	1832827	94502202	595441
集体控股	18523567		18250840	279301
私人控股	90808346	145560	89884155	1962034
港澳台商控股	85770		84894	1070
外商控股	2632495		2628622	
其他				

3-D-3 续表 单位：千元

分 组	其中：在外省完成的产值	1.建 筑工程产值	2.安 装工程产值	3.其他产值	竣工产值
总 计	**27794223**	**185677448**	**15806963**	**3866302**	**131416096**
其中：国有及国有控股企业	23401473	82450629	10618363	1433210	53593735
一、按登记注册类型分组					
内资企业	**27734593**	**183079932**	**15530963**	**3866302**	**129655999**
国有企业	9796682	34830017	7586965	456700	25554352
集体企业	80127	8415997	933952	268473	6952449
股份合作企业		964658	91654	48103	799150
联营企业		183750	2690	7150	209513
国有联营企业					
集体联营企业		120000			120000
国有与集体联营企业		18750	2690	7150	85600
其他联营企业		45000			3913
有限责任公司	14626842	80048978	5587988	1301944	54015049
国有独资公司	2206456	5436537	754636	47435	3232737
其他有限责任公司	12420386	74612441	4833352	1254509	50782312
股份有限公司	741397	9173366	412536	226260	6029834
私营企业	2489545	49463166	915178	1557672	36095652
私营独资企业	12910	2406474	4371	462000	2134208
私营合伙企业		56010			27511
私营有限责任公司	2423674	44510932	872543	1078012	32533921
私营股份有限公司	52961	2489750	38264	17660	1400012
其他企业					
港、澳、台商投资企业	**40000**	**84894**	**160000**		**267445**
合资经营企业(港或澳、台资)	40000	84894	160000		267445
合作经营企业(港或澳、台资)					
港、澳、台商独资经营企业					
港、澳、台商投资股份有限公司					
外商投资企业	**19630**	**2512622**	**116000**		**1492652**
中外合资经营企业	19630	1711655	116000		1492652
中外合作经营企业					
外资企业		800967			
外商投资股份有限公司					
二、按控股情况分组					
国有控股	23401473	82450629	10618363	1433210	53593735
集体控股	288905	15980310	1865585	404945	12469163
私人控股	4084215	84648993	3207015	2028147	63753101
港澳台商控股		84894			107445
外商控股	19630	2512622	116000		1492652
其他					

3-D-4　总承包建筑企业按隶属关系、营业状态、行业、资质等级和地区分产值情况

单位：千元

分　组	企　业 总产值	在境外完成 的营业额	建筑业 总产值	其中：装饰 装修产值
总　计	**208252274**	**1978387**	**205350713**	**2837846**
一、按隶属关系分组				
中央	56774650	1603861	55570277	305420
地方	151477624	374526	149780436	2532426
二、按营业状态分组				
营业	208208019	1978387	205306458	2837846
停业（歇业）	38380		38380	
筹建				
当年关闭	5875		5875	
当年破产				
其他				
三、按行业（中类）分组				
房屋和土木工程建筑业	198760082	1978387	196218258	2242270
房屋工程建筑	119273082	369036	117922130	1883820
土木工程建筑	79487000	1609351	78296128	358450
建筑安装业	8989202		8629465	443613
建筑装饰业	412329		412329	151963
其他建筑业	90661		90661	
工程准备	90661		90661	
提供施工设备服务				
其他未列明的建筑活动				
四、按企业资质等级分组				
特级	39934113	1232210	39403324	690741
一级	78585177	580781	77176663	539333
二级	42289055	140070	41752807	421020
三级及以下	47443929	25326	47017919	1186752
五、按地区分组				
沈 阳 市	35164196	39260	34605261	549915
大 连 市	62867025	349200	62234260	1032967
鞍 山 市	19406286	161361	18715501	613588
抚 顺 市	8364240		8315341	63989
本 溪 市	8198869		8183153	47022
丹 东 市	7687724		7684802	129851
锦 州 市	8519132		8492903	30243
营 口 市	5462079		5458206	25120
阜 新 市	3497926		3486398	830
辽 阳 市	19904373	1232210	19283713	128220
盘 锦 市	11956016	178256	11697629	66769
铁 岭 市	7360667	18100	7334462	40074
朝 阳 市	5642395		5637738	22642
葫芦岛市	4221346		4221346	86616

3-D-4 续表 单位：千元

分　组	其中：在外省完成的产值	1.建筑工程产值	2.安装工程产值	3.其他产值	竣工产值
总　计	**27794223**	**185677448**	**15806963**	**3866302**	**131416096**
一、按隶属关系分组					
中央	18832101	46911481	7641834	1016962	29296941
地方	8962122	138765967	8165129	2849340	102119155
二、按营业状态分组					
营业	27794223	185633193	15806963	3866302	131375466
停业（歇业）		38380			38380
筹建					
当年关闭		5875			2250
当年破产					
其他					
三、按行业(中类)分组					
房屋和土木工程建筑业	26598906	180979676	11915414	3323168	125036265
房屋工程建筑	4512930	113282267	2974868	1664995	77468962
土木工程建筑	22085976	67697409	8940546	1658173	47567303
建筑安装业	1195317	4249211	3853190	527064	6005256
建筑装饰业		375882	35947	500	298294
其他建筑业		72679	2412	15570	76281
工程准备		72679	2412	15570	76281
提供施工设备服务					
其他未列明的建筑活动					
四、按企业资质等级分组					
特级	10255253	37777452	1053628	572244	23593123
一级	14962746	66099625	10196458	880580	45174116
二级	1127650	38682813	2422544	647450	29640817
三级及以下	1448574	43117558	2134333	1766028	33008040
五、按地区分组					
沈阳市	4019413	33102780	1332777	169704	21359206
大连市	6768018	58674016	2730528	829716	37429372
鞍山市	1757993	15765354	2116937	833210	12032733
抚顺市	19987	7124664	952595	238082	5698118
本溪市	720649	7288220	836496	58437	4462842
丹东市	694224	7290332	375970	18500	4405211
锦州市	1724164	7449491	1024430	18982	5018940
营口市	711	5432475	5152	20579	4181475
阜新市	284639	2898923	584542	2933	2873314
辽阳市	8874771	18163349	963362	157002	11709781
盘锦市	2358819	7246404	3443696	1007529	8232956
铁岭市		5862366	1081931	390165	6864333
朝阳市	448344	5485732	127866	24140	4261349
葫芦岛市	122491	3893342	230681	97323	2886466

3-D-5　总承包建筑企业按登记注册类型和控股情况分房屋建筑面积与价值情况

分组	房屋建筑施工面积（平方米）	其中：本年新开工面积	其中：实行投标承包面积	其中：本年新开工	房屋建筑竣工面积（平方米）	房屋建筑竣工价值（千元）
总　计	**141973791**	**84920032**	**127337577**	**78662313**	**64859186**	**64798548**
其中：国有及国有控股企业	34582589	18323211	29381308	15868266	12685984	14913845
一、按登记注册类型分组						
内资企业	**140635630**	**84233552**	**126000944**	**77975833**	**64227558**	**64118530**
国有企业	13102084	6509848	11923021	6040250	4878585	4628878
集体企业	9099342	6330333	7802178	5984424	5240072	4445273
股份合作企业	955922	745881	864177	658459	619680	653855
联营企业	304000	700	81300	700	79337	89513
国有联营企业						
集体联营企业	224000		74000			
国有与集体联营企业	72000				71337	85600
其他联营企业	8000	700	7300	700	8000	3913
有限责任公司	52982282	29345917	47339816	26181617	23753892	25426012
国有独资公司	1515556	942674	1506956	938774	318194	243568
其他有限责任公司	51466726	28403243	45832860	25242843	23435698	25182444
股份有限公司	13189878	8258673	11609006	8031576	4641895	4884906
私营企业	51002122	33042200	46381446	31078807	25014097	23990093
私营独资企业	2538034	1375065	1651114	1309355	1110956	959264
私营合伙企业	27270	27270	24791	24791	27265	27505
私营有限责任公司	46359485	30654631	42906322	28846562	22902145	22031956
私营股份有限公司	2077333	985234	1799219	898099	973731	971368
其他企业						
港、澳、台商投资企业	**79564**	**25200**	**79564**	**25200**	**75403**	**107445**
合资经营企业(港或澳、台资)	79564	25200	79564	25200	75403	107445
合作经营企业(港或澳、台资)						
港、澳、台商独资经营企业						
港、澳、台商投资股份有限公司						
外商投资企业	**1258597**	**661280**	**1257069**	**661280**	**556225**	**572573**
中外合资经营企业	758597	561280	757069	561280	556225	572573
中外合作经营企业						
外资企业	500000	100000	500000	100000		
外商投资股份有限公司						
二、按控股情况分组						
国有控股	34582589	18323211	29381308	15868266	12685984	14913845
集体控股	15264096	9706122	13498027	9214148	8298477	7114190
私人控股	90788945	56204219	83121609	52893419	43243097	42090495
港澳台商控股	79564	25200	79564	25200	75403	107445
外商控股	1258597	661280	1257069	661280	556225	572573
其他						

3-D-6 总承包建筑企业按隶属关系、营业状态、行业、资质等级和地区分房屋建筑面积与价值情况

分　组	房屋建筑施工面积（平方米）	其中：本年新开工面积	其中：实行投标承包面积	其中：本年新开工	房屋建筑竣工面积（平方米）	房屋建筑竣工价值（千元）
总　计	**141973791**	**84920032**	**127337577**	**78662313**	**64859186**	**64798548**
一、按隶属关系分组						
中央	10346287	4637745	9269462	3961846	2954001	5486549
地方	131627504	80282287	118068115	74700467	61905185	59311999
二、按营业状态分组						
营业	141967291	84913532	127331077	78655813	64856686	64796298
停业（歇业）						
筹建						
当年关闭	6500	6500	6500	6500	2500	2250
当年破产						
其他						
三、按行业(中类)分组						
房屋和土木工程建筑业	140351737	83887037	126327592	77806198	64002209	64109586
房屋工程建筑	135600007	80786742	122114552	74924126	61961565	61511400
土木工程建筑	4751730	3100295	4213040	2882072	2040644	2598186
建筑安装业	1622054	1032995	1009985	856115	856977	688962
建筑装饰业						
其他建筑业						
工程准备						
提供施工设备服务						
其他未列明的建筑活动						
四、按企业资质等级分组						
特级	28931893	15261312	27779210	15159691	8854419	12323321
一级	40932007	21300986	37701081	20021128	15879938	17002741
二级	35186157	21353243	30657224	19301003	18098029	16554338
三级及以下	36923734	27004491	31200062	24180491	22026800	18918148
五、按地区分组						
沈 阳 市	32906806	19399474	29496208	18524634	12330354	12188820
大 连 市	53428394	29335243	52094759	28672800	22111533	23892244
鞍 山 市	10599034	5210220	8209532	4295834	4946726	6808970
抚 顺 市	4314115	3340785	4313053	3340785	2387266	1782429
本 溪 市	4947249	2148698	3440950	1949495	2095168	2145289
丹 东 市	3313792	2813024	1722090	1513022	1363575	1446283
锦 州 市	4327414	2808517	4172523	2727628	2975199	2404343
营 口 市	4800558	3965875	3705146	3213615	3291675	2732138
阜 新 市	3670834	1938250	3623951	1902094	1938033	1376760
辽 阳 市	4567091	2593722	3083802	2412565	1966954	1685990
盘 锦 市	1363331	1332808	976555	948817	938143	883744
铁 岭 市	3832344	2625287	3097592	2095090	2518979	2647708
朝 阳 市	5932754	4113270	5592677	3851140	3336653	2592124
葫芦岛市	3970075	3294859	3808739	3214794	2658928	2211706

3-D-7　总承包建筑企业按登记注册类型和控股情况分机械与人员情况

分　组	施工机械设备			从业人员情况（人）	
	年末自有施工机械设备净值（千元）	年末自有施工机械设备总台数（台）	年末自有施工机械设备总功率（千瓦）	计算建筑业劳动生产率平均人数	年末从业人员
总　计	**12956289**	**271296**	**6544116**	**1296335**	**869206**
其中：国有及国有控股企业	5787146	88964	2931998	437387	272821
一、按登记注册类型分组					
内资企业	**12898336**	**269381**	**6501882**	**1280893**	**858687**
国有企业	2910497	52780	1446420	226602	134510
集体企业	584407	26078	447058	105010	83859
股份合作企业	105930	10324	42316	9090	5580
联营企业	7849	115	1841	1788	753
国有联营企业					
集体联营企业	7719	110	1654	1186	580
国有与集体联营企业				151	151
其他联营企业	130	5	187	451	22
有限责任公司	5016098	92938	2738379	477532	318519
国有独资公司	376977	5487	190300	39037	26999
其他有限责任公司	4639121	87451	2548079	438495	291520
股份有限公司	438019	11505	143897	72077	32829
私营企业	3835536	75641	1681971	388794	282637
私营独资企业	243477	4481	117951	19112	16300
私营合伙企业	4980	192	4004	230	98
私营有限责任公司	3392637	63746	1395984	348865	251959
私营股份有限公司	194442	7222	164032	20587	14280
其他企业					
港、澳、台商投资企业	**10310**	**226**	**530**	**2145**	**1075**
合资经营企业(港或澳、台资)	10310	226	530	2145	1075
合作经营企业(港或澳、台资)					
港、澳、台商独资经营企业					
港、澳、台商投资股份有限公司					
外商投资企业	**47643**	**1689**	**41704**	**13297**	**9444**
中外合资经营企业	24150	926	26377	9459	5600
中外合作经营企业					
外资企业	23493	763	15327	3838	3844
外商投资股份有限公司					
二、按控股情况分组					
国有控股	5787146	88964	2931998	437387	272821
集体控股	1147450	53806	807086	170365	126597
私人控股	5973800	126825	2763098	674791	459969
港澳台商控股	250	12	230	495	375
外商控股	47643	1689	41704	13297	9444
其他					

3-D-7 续表

分 组	从业人员情况（人）				
	年末从业人员中管理人员	年末从业人员中工程技术人员	年末从业人员中一一级建造师	年末从业人员中现场施工工人	其中：持证上岗人员
总 计	**126946**	**124016**	**6924**	**528011**	**271935**
其中：国有及国有控股企业	42709	36856	2875	165861	90416
一、按登记注册类型分组					
内资企业	**125782**	**122975**	**6860**	**519686**	**265079**
国有企业	22983	20048	2035	73397	39778
集体企业	9185	10481	183	44027	19297
股份合作企业	1194	1165	144	2610	1266
联营企业	50	63	9	416	300
国有联营企业					
集体联营企业	25	25	2	343	232
国有与集体联营企业	25	16	7	73	68
其他联营企业		22			
有限责任公司	47008	45394	2017	193398	103255
国有独资公司	3433	3343	190	20252	8401
其他有限责任公司	43575	42051	1827	173146	94854
股份有限公司	4329	3301	214	23045	11896
私营企业	41033	42523	2258	182793	89287
私营独资企业	2477	3300	771	9513	4550
私营合伙企业	7	80	1	10	
私营有限责任公司	37103	36781	1417	164485	80403
私营股份有限公司	1446	2362	69	8785	4334
其他企业					
港、澳、台商投资企业	**291**	**181**	**15**	**684**	**91**
合资经营企业(港或澳、台资)	291	181	15	684	91
合作经营企业(港或澳、台资)					
港、澳、台商独资经营企业					
港、澳、台商投资股份有限公司					
外商投资企业	**873**	**860**	**49**	**7641**	**6765**
中外合资经营企业	590	771	37	4170	3352
中外合作经营企业					
外资企业	283	89	12	3471	3413
外商投资股份有限公司					
二、按控股情况分组					
国有控股	42709	36856	2875	165861	90416
集体控股	16043	16766	578	68976	35349
私人控股	67156	69439	3417	285423	139401
港澳台商控股	165	95	5	110	4
外商控股	873	860	49	7641	6765
其他					

3-D-8 总承包建筑企业按隶属关系、营业状态、行业、资质等级和地区分机械与人员情况

分 组	施工机械设备			从业人员情况（人）	
	年末自有施工机械设备净值（千元）	年末自有施工机械设备总台数（台）	年末自有施工机械设备总功率（千瓦）	计算建筑业劳动生产率平均人数	年末从业人员
总　计	**12956289**	**271296**	**6544116**	**1296335**	**869206**
一、按隶属关系分组					
中央	3472906	40887	1378532	178746	134805
地方	9483383	230409	5165584	1117589	734401
二、按营业状态分组					
营业	12953587	271164	6541781	1295879	868774
停业（歇业）	2546	114	2171	354	362
筹建				14	14
当年关闭	156	18	164	88	56
当年破产					
其他					
三、按行业(中类)分组					
房屋和土木工程建筑业	12459287	255768	6183835	1233889	819143
房屋工程建筑	6635786	166503	3390543	880285	570339
土木工程建筑	5823501	89265	2793292	353604	248804
建筑安装业	446122	14390	333595	58650	46696
建筑装饰业	30867	1015	15441	3249	2909
其他建筑业	20013	123	11245	547	458
工程准备	20001	122	11244	546	457
提供施工设备服务	12	1	1	1	1
其他未列明的建筑活动					
四、按企业资质等级分组					
特级	2377788	22958	855891	164353	116953
一级	4531483	81132	2089363	408058	236283
二级	2850830	64900	1709532	327728	232515
三级及以下	3196188	102306	1889330	396196	283455
五、按地区分组					
沈 阳 市	1418388	37991	785821	259700	108263
大 连 市	4303308	82038	1723159	404430	304067
鞍 山 市	941219	21687	659333	81588	65088
抚 顺 市	468412	11015	236259	72560	36841
本 溪 市	493112	12097	373856	51141	32586
丹 东 市	725884	20078	566417	37915	32486
锦 州 市	403435	11078	247352	50283	38036
营 口 市	484650	10075	292502	41598	26272
阜 新 市	246601	6511	143606	37635	18060
辽 阳 市	1570244	12659	602005	70276	55962
盘 锦 市	727238	12974	316789	54211	52146
铁 岭 市	426871	9229	202798	41969	31025
朝 阳 市	432664	8513	247749	49388	40290
葫芦岛市	314263	15351	146470	43641	28084

3-D-8 续表

分组	从业人员情况（人）				
	年末从业人员中管理人员	年末从业人员中工程技术人员	年末从业人员中一级建造师	年末从业人员中现场施工工人	其中：持证上岗人员
总 计	**126946**	**124016**	**6924**	**528011**	**271935**
一、按隶属关系分组					
中央	20353	16331	1240	87695	45041
地方	106593	107685	5684	440316	226894
二、按营业状态分组					
营业	126879	123918	6922	527932	271885
停业（歇业）	55	94	2	29	
筹建	9	2			
当年关闭	3	2		50	50
当年破产					
其他					
三、按行业(中类)分组					
房屋和土木工程建筑业	119592	116918	6271	501469	260670
房屋工程建筑	79612	80254	3571	354091	183291
土木工程建筑	39980	36664	2700	147378	77379
建筑安装业	6787	6378	646	24551	10568
建筑装饰业	520	568	2	1737	489
其他建筑业	47	152	5	254	208
工程准备	46	152	5	254	208
提供施工设备服务	1				
其他未列明的建筑活动					
四、按企业资质等级分组					
特级	14026	8394	386	92052	42699
一级	38054	34508	2797	141040	74678
二级	35097	36158	1629	135029	67949
三级及以下	39769	44956	2112	159890	86609
五、按地区分组					
沈 阳 市	16914	17946	892	49315	30201
大 连 市	39538	37189	1650	221132	92530
鞍 山 市	8816	8468	493	37346	17628
抚 顺 市	6334	5916	216	19735	7023
本 溪 市	5147	5554	174	17874	12115
丹 东 市	7470	5624	314	17894	15085
锦 州 市	5943	4844	234	25438	18095
营 口 市	4885	4969	75	15184	6401
阜 新 市	4371	3630	114	11077	5949
辽 阳 市	10035	7777	730	33369	16808
盘 锦 市	6272	8598	1552	26635	13568
铁 岭 市	4133	4211	159	19459	11520
朝 阳 市	4464	5012	147	22647	17041
葫芦岛市	2624	4278	174	10906	7971

3-D-9 总承包建筑企业按登记注册类型和控股情况分主要建筑材料消耗情况

分组	1.钢材(吨)	2.木材(立方米)	3.水泥(吨)	4.玻璃(重量箱)	4.玻璃(平方米)	5.铝材(吨)
总计	**9905271**	**3027316**	**34287927**	**2295681**	**15429895**	**54221**
其中：国有及国有控股企业	3684537	677942	10049877	409371	3107466	10133
一、按登记注册类型分组						
内资企业	**9828870**	**3017467**	**33525896**	**2266471**	**15236977**	**54009**
国有企业	1470036	343310	3997716	191713	1747509	4163
集体企业	2113282	204833	8177239	175666	1232971	4461
股份合作企业	25259	26755	129892	16893	117830	1068
联营企业	7650	1470	20709	2462	23330	4
国有联营企业						
集体联营企业	5265	508	11616	2450	23100	
国有与集体联营企业	2265	866	5145			4
其他联营企业	120	96	3948	12	230	
有限责任公司	3819889	982438	11615220	724513	4950266	14174
国有独资公司	204434	23123	662304	30204	239619	62
其他有限责任公司	3615455	959315	10952916	694309	4710647	14112
股份有限公司	297342	113259	1193297	262476	1595904	4764
私营企业	2095412	1345402	8391823	892748	5569167	25375
私营独资企业	73252	41437	417917	35018	216073	1910
私营合伙企业	1115	106	1449	2116	13522	
私营有限责任公司	1904171	1225040	7561650	822399	5135768	22337
私营股份有限公司	116874	78819	410807	33215	203804	1128
其他企业						
港、澳、台商投资企业	**2731**	**52**	**1045**			**1**
合资经营企业(港或澳、台资)	2731	52	1045			1
合作经营企业(港或澳、台资)						
港、澳、台商独资经营企业						
港、澳、台商投资股份有限公司						
外商投资企业	**73670**	**9797**	**760986**	**29210**	**192918**	**211**
中外合资经营企业	59076	9597	428447	28685	189918	11
中外合作经营企业						
外资企业	14594	200	332539	525	3000	200
外商投资股份有限公司						
二、按控股情况分组						
国有控股	3684537	677942	10049877	409371	3107466	10133
集体控股	2396491	322323	9247668	296622	2234579	7240
私人控股	3749571	2017222	14228551	1560478	9894932	36636
港澳台商控股	1002	32	845			1
外商控股	73670	9797	760986	29210	192918	211
其他						

3-D-10　总承包建筑企业按隶属关系、营业状态、行业、资质等级和地区分主要建筑材料消耗情况

分　组	1.钢材（吨）	2.木材（立方米）	3.水泥（吨）	4.玻璃（重量箱）	4.玻璃（平方米）	5.铝材（吨）
总　计	**9905271**	**3027316**	**34287927**	**2295681**	**15429895**	**54221**
一、按隶属关系分组						
中央	2118635	279673	4977842	53316	383816	2269
地方	7786636	2747643	29310085	2242365	15046079	51952
二、按营业状态分组						
营业	9902993	3027282	34258279	2295681	15429895	54221
停业（歇业）	2257		29523			
筹建						
当年关闭	21	34	125			
当年破产						
其他						
三、按行业(中类)分组						
房屋和土木工程建筑业	7616891	2991211	27246528	2260574	15130044	52140
房屋工程建筑	5525930	2607053	19068425	2138120	14024701	49601
土木工程建筑	2090961	384158	8178103	122454	1105343	2539
建筑安装业	2277984	33183	6862238	29110	250565	2034
建筑装饰业	9920	2922	165885	5997	49286	47
其他建筑业	476		13276			
工程准备	476		13276			
提供施工设备服务						
其他未列明的建筑活动						
四、按企业资质等级分组						
特级	1710999	179051	4172271	350552	2110056	7374
一级	3096727	878721	10057397	491803	3523231	9229
二级	3260471	976809	12715760	619808	4179973	12105
三级及以下	1837074	992735	7342499	833518	5616635	25513
五、按地区分组						
沈 阳 市	1750170	622065	6128905	545078	4556945	10337
大 连 市	2226312	1066639	8274773	777990	4644282	23632
鞍 山 市	2766339	126074	8268714	69427	457250	3226
抚 顺 市	301591	96359	653654	45491	234512	756
本 溪 市	346537	153381	1281623	68577	587633	1436
丹 东 市	161139	86878	609995	73629	967899	2030
锦 州 市	324408	108347	900053	94589	411688	1405
营 口 市	182438	139766	902837	120689	820964	4121
阜 新 市	98408	59887	532145	102472	533315	67
辽 阳 市	694186	156807	2949686	87071	435160	2051
盘 锦 市	515275	74865	938505	23124	101145	2918
铁 岭 市	155924	102580	1014456	142220	903123	1417
朝 阳 市	226449	165990	1142430	75655	433068	695
葫芦岛市	156095	67678	690151	69669	342911	130

3-D-11　总承包建筑企业按登记注册类型和控股情况分竣工房屋面积情况

单位：平方米

分　组	合　计	1.厂房、仓库	2.住宅	3.办公用房	4.批发和零售用房	5.住宿和餐饮用房
总　计	**64859186**	**9073341**	**47087059**	**2869402**	**856106**	**610390**
其中：国有及国有控股企业	12685984	2473417	7891198	802547	191516	325515
一、按登记注册类型分组						
内资企业	**64227558**	**8952631**	**46616881**	**2828662**	**856106**	**610390**
国有企业	4878585	553941	3694681	245602	32016	43928
集体企业	5240072	480624	4064830	181220	13565	25411
股份合作企业	619680	69586	520677	14212		
联营企业	79337	74337		5000		
国有联营企业						
集体联营企业						
国有与集体联营企业	71337	71337				
其他联营企业	8000	3000		5000		
有限责任公司	23753892	3112156	17259232	1286504	407303	162523
国有独资公司	318194	19000	258458	28236		
其他有限责任公司	23435698	3093156	17000774	1258268	407303	162523
股份有限公司	4641895	674186	3502856	145136		155160
私营企业	25014097	3987801	17574605	950988	403222	223368
私营独资企业	1110956	166681	827317	34942		32000
私营合伙企业	27265	14391	12874			
私营有限责任公司	22902145	3683823	16050446	897340	403222	145151
私营股份有限公司	973731	122906	683968	18706		46217
其他企业						
港、澳、台商投资企业	**75403**		**75403**			
合资经营企业(港或澳、台资)	75403		75403			
合作经营企业(港或澳、台资)						
港、澳、台商独资经营企业						
港、澳、台商投资股份有限公司						
外商投资企业	**556225**	**120710**	**394775**	**40740**		
中外合资经营企业	556225	120710	394775	40740		
中外合作经营企业						
外资企业						
外商投资股份有限公司						
二、按控股情况分组						
国有控股	12685984	2473417	7891198	802547	191516	325515
集体控股	8298477	657182	6455589	352200	60837	28850
私人控股	43243097	5822032	32270094	1673915	603753	256025
港澳台商控股	75403		75403			
外商控股	556225	120710	394775	40740		
其他						

3-D-11 续表

单位：平方米

分组	6.居民服务业用房	7.教育用房	8.文化、体育用房	9.卫生医疗用房	10.科研用房	11.其他用房
总计	**511907**	**1429852**	**262617**	**368049**	**93959**	**1696504**
其中：国有及国有控股企业	195377	340519	63030	62306	25634	314925
一、按登记注册类型分组						
内资企业	**511907**	**1429852**	**262617**	**368049**	**93959**	**1696504**
国有企业	76828	151682	24000	38140		17767
集体企业	17360	241018	14950	56277	8826	135991
股份合作企业	1470	880		2475		10380
联营企业						
国有联营企业						
集体联营企业						
国有与集体联营企业						
其他联营企业						
有限责任公司	209325	540621	85119	59811	32356	598942
国有独资公司				11400		1100
其他有限责任公司	209325	540621	85119	48411	32356	597842
股份有限公司	35748	71216	3200	6500	26985	20908
私营企业	171176	424435	135348	204846	25792	912516
私营独资企业		23256	3610	2160	3881	17109
私营合伙企业						
私营有限责任公司	130932	399919	131738	176355	21911	861308
私营股份有限公司	40244	1260		26331		34099
其他企业						
港、澳、台商投资企业						
合资经营企业(港或澳、台资)						
合作经营企业(港或澳、台资)						
港、澳、台商独资经营企业						
港、澳、台商投资股份有限公司						
外商投资企业						
中外合资经营企业						
中外合作经营企业						
外资企业						
外商投资股份有限公司						
二、按控股情况分组						
国有控股	195377	340519	63030	62306	25634	314925
集体控股	35008	417559	14950	59702	14212	202388
私人控股	281522	671774	184637	246041	54113	1179191
港澳台商控股						
外商控股						
其他						

3-D-12　总承包建筑企业按隶属关系、营业状态、行业、资质等级和地区分竣工房屋面积情况

单位：平方米

分　组	合　计	1.厂房、仓库	2.住宅	3.办公用房	4.批发和零售用房	5.住宿和餐饮用房
总　计	**64859186**	**9073341**	**47087059**	**2869402**	**856106**	**610390**
一、按隶属关系分组						
中央	2954001	1258041	1403171	84609	41396	115265
地方	61905185	7815300	45683888	2784793	814710	495125
二、按营业状态分组						
营业	64856686	9070841	47087059	2869402	856106	610390
停业（歇业）						
筹建						
当年关闭	2500	2500				
当年破产						
其他						
三、按行业(中类)分组						
房屋和土木工程建筑业	64002209	8856019	46515048	2826112	856106	610390
房屋工程建筑	61961565	8144489	45485683	2737159	856106	489051
土木工程建筑	2040644	711530	1029365	88953		121339
建筑安装业	856977	217322	572011	43290		
建筑装饰业						
其他建筑业						
工程准备						
提供施工设备服务						
其他未列明的建筑活动						
四、按企业资质等级分组						
特级	8854419	1149557	6757595	447269	103000	150660
一级	15879938	2700890	10471727	804268	512591	137999
二级	18098029	2530267	13527498	563704	74484	159373
三级及以下	22026800	2692627	16330239	1054161	166031	162358
五、按地区分组						
沈 阳 市	12330354	1592643	8799110	450977	196989	174525
大 连 市	22111533	3381461	16239702	981222	291437	121450
鞍 山 市	4946726	1669162	2715693	137799	51725	119593
抚 顺 市	2387266	114459	2176388	35878	4420	
本 溪 市	2095168	354453	1334370	114737	36754	4500
丹 东 市	1363575	312993	840332	76754	9000	3500
锦 州 市	2975199	280495	2402909	56586	5113	10422
营 口 市	3291675	437759	2436521	172078		72354
阜 新 市	1938033	141628	1529439	108542	75136	9284
辽 阳 市	1966954	136091	1669192	46430	2643	62642
盘 锦 市	938143	83702	475625	28598		
铁 岭 市	2518979	306388	1624695	278122	166722	9358
朝 阳 市	3336653	121699	2810045	121522	15810	22762
葫芦岛市	2658928	140408	2033038	260157	357	

3-D-12 续表

单位：平方米

分 组	6.居民服务业用房	7.教育用房	8.文化、体育用房	9.卫生医疗用房	10.科研用房	11.其他用房
总 计	**511907**	**1429852**	**262617**	**368049**	**93959**	**1696504**
一、按隶属关系分组						
中央	25974	9208	7027			9310
地方	485933	1420644	255590	368049	93959	1687194
二、按营业状态分组						
营业	511907	1429852	262617	368049	93959	1696504
停业（歇业）						
筹建						
当年关闭						
当年破产						
其他						
三、按行业（中类）分组						
房屋和土木工程建筑业	505847	1423644	262617	368049	86159	1692218
房屋工程建筑	505847	1410015	259617	364049	74919	1634630
土木工程建筑		13629	3000	4000	11240	57588
建筑安装业	6060	6208			7800	4286
建筑装饰业						
其他建筑业						
工程准备						
提供施工设备服务						
其他未列明的建筑活动						
四、按企业资质等级分组						
特级	32748	74817	23078	6500	26985	82210
一级	184064	558979	54905	77260	31020	346235
二级	95453	399186	51910	176730	29847	489577
三级及以下	199642	396870	132724	107559	6107	778482
五、按地区分组						
沈 阳 市	125871	584827	30537	11154	26985	336736
大 连 市	71201	307051	65027	145109	21911	485962
鞍 山 市	25114	23951	77427	27028	12707	86527
抚 顺 市	31149	7625	2515		136	14696
本 溪 市	24433	24798	30803	23083	2731	144506
丹 东 市	13015	42831	13408	12125	1200	38417
锦 州 市	44300	74904	3155	22394		74921
营 口 市	19191	66794		11300		75678
阜 新 市	10497	34396	5818	1049	5386	16858
辽 阳 市	3734	14832	5800	10228		15362
盘 锦 市	22000					328218
铁 岭 市	38891	43865	2673	17282	22903	8080
朝 阳 市	41368	128798	10954	12900		50795
葫芦岛市	41143	75180	14500	74397		19748

3-D-13　总承包建筑企业按登记注册类型和控股情况分竣工房屋价值情况

单位：千元

分　组	合　计	1.厂房、仓库	2.住宅	3.办公用房	4.批发和零售用房	5.住宿和餐饮用房
总　计	**64798548**	**12069316**	**42740257**	**3262399**	**828545**	**805687**
其中：国有及国有控股企业	14913845	4778049	7159364	1044378	187881	479723
一、按登记注册类型分组						
内资企业	**64118530**	**11863816**	**42300399**	**3227739**	**828545**	**805687**
国有企业	4628878	733279	3191477	248401	27880	42048
集体企业	4445273	468728	3271687	168304	11900	19033
股份合作企业	653855	56286	555259	20313		
联营企业	89513	88190		1323		
国有联营企业						
集体联营企业						
国有与集体联营企业	85600	85600				
其他联营企业	3913	2590		1323		
有限责任公司	25426012	5291486	15994175	1588177	397352	219075
国有独资公司	243568	29410	180260	30410		
其他有限责任公司	25182444	5262076	15813915	1557767	397352	219075
股份有限公司	4884906	633470	3575131	186474		270020
私营企业	23990093	4592377	15712670	1014747	391413	255511
私营独资企业	959264	177775	670804	16929		53510
私营合伙企业	27505	15040	12465			
私营有限责任公司	22031956	4222445	14474851	979674	391413	135333
私营股份有限公司	971368	177117	554550	18144		66668
其他企业						
港、澳、台商投资企业	**107445**		**107445**			
合资经营企业(港或澳、台资)	107445		107445			
合作经营企业(港或澳、台资)						
港、澳、台商独资经营企业						
港、澳、台商投资股份有限公司						
外商投资企业	**572573**	**205500**	**332413**	**34660**		
中外合资经营企业	572573	205500	332413	34660		
中外合作经营企业						
外资企业						
外商投资股份有限公司						
二、按控股情况分组						
国有控股	14913845	4778049	7159364	1044378	187881	479723
集体控股	7114190	633747	5223601	335939	50157	31673
私人控股	42090495	6452020	29917434	1847422	590507	294291
港澳台商控股	107445		107445			
外商控股	572573	205500	332413	34660		
其他						

3-D-13 续表

单位：千元

分组	6.居民服务业用房	7.教育用房	8.文化、体育用房	9.卫生医疗用房	10.科研用房	11.其他用房
总计	**571854**	**1558737**	**328104**	**444866**	**115996**	**2072787**
其中：国有及国有控股企业	231516	369737	114510	52456	21213	475018
一、按登记注册类型分组						
内资企业	**571854**	**1558737**	**328104**	**444866**	**115996**	**2072787**
国有企业	106660	147591	44520	37696		49326
集体企业	9564	223825	13450	54810	16362	187610
股份合作企业	1600	900		2670		16827
联营企业						
国有联营企业						
集体联营企业						
国有与集体联营企业						
其他联营企业						
有限责任公司	231372	656520	143361	113987	31647	758860
国有独资公司				3000		488
其他有限责任公司	231372	656520	143361	110987	31647	758372
股份有限公司	28710	70510	6500	6550	41070	66471
私营企业	193948	459391	120273	229153	26917	993693
私营独资企业		8950	3580	2660	3680	21376
私营合伙企业						
私营有限责任公司	134198	449241	116693	196663	23237	908208
私营股份有限公司	59750	1200		29830		64109
其他企业						
港、澳、台商投资企业						
合资经营企业(港或澳、台资)						
合作经营企业(港或澳、台资)						
港、澳、台商独资经营企业						
港、澳、台商投资股份有限公司						
外商投资企业						
中外合资经营企业						
中外合作经营企业						
外资企业						
外商投资股份有限公司						
二、按控股情况分组						
国有控股	231516	369737	114510	52456	21213	475018
集体控股	27492	447955	13450	58680	24770	266726
私人控股	312846	741045	200144	333730	70013	1331043
港澳台商控股						
外商控股						
其他						

3-D-14　总承包建筑企业按隶属关系、营业状态、行业、资质等级和地区分竣工房屋价值情况

单位：千元

分　组	竣工房屋价值					
	合　计	1.厂房、仓库	2.住宅	3.办公用房	4.批发和零售用房	5.住宿和餐饮用房
总　计	**64798548**	**12069316**	**42740257**	**3262399**	**828545**	**805687**
一、按隶属关系分组						
中央	5486549	3431240	1690637	99016	31670	156386
地方	59311999	8638076	41049620	3163383	796875	649301
二、按营业状态分组						
营业	64796298	12067066	42740257	3262399	828545	805687
停业（歇业）						
筹建						
当年关闭	2250	2250				
当年破产						
其他						
三、按行业(中类)分组						
房屋和土木工程建筑业	64109586	11914258	42278014	3222679	828545	805687
房屋工程建筑	61511400	10854309	41081382	3121680	828545	645189
土木工程建筑	2598186	1059949	1196632	100999		160498
建筑安装业	688962	155058	462243	39720		
建筑装饰业						
其他建筑业						
工程准备						
提供施工设备服务						
其他未列明的建筑活动						
四、按企业资质等级分组						
特级	12323321	3296199	7709177	568922	114260	264620
一级	17002741	3448661	10110795	1034418	516588	191513
二级	16554338	2786483	11541884	591954	74245	205460
三级及以下	18918148	2537973	13378401	1067105	123452	144094
五、按地区分组						
沈 阳 市	12188820	1859535	8117875	463553	147230	294254
大 连 市	23892244	4048324	16863909	1140079	299071	146790
鞍 山 市	6808970	3504582	2631594	158415	46430	161736
抚 顺 市	1782429	110054	1567393	35649	2840	
本 溪 市	2145289	565512	1121873	151871	41312	1600
丹 东 市	1446283	325226	893765	73038	7360	6330
锦 州 市	2404343	400577	1722854	67147	2724	16810
营 口 市	2732138	407694	1865120	156497		93200
阜 新 市	1376760	103882	1025425	104270	59212	7529
辽 阳 市	1685990	132640	1357843	60827	3320	54505
盘 锦 市	883744	132852	344355	61940		
铁 岭 市	2647708	287718	1470527	435726	203296	9043
朝 阳 市	2592124	74478	2125511	111379	15442	13890
葫芦岛市	2211706	116242	1632213	242008	308	

3-D-14 续表

单位：千元

分组	6.居民服务业用房	7.教育用房	8.文化、体育用房	9.卫生医疗用房	10.科研用房	11.其他用房
总计	**571854**	**1558737**	**328104**	**444866**	**115996**	**2072787**
一、按隶属关系分组						
中央	31530	14220	8910			22940
地方	540324	1544517	319194	444866	115996	2049847
二、按营业状态分组						
营业	571854	1558737	328104	444866	115996	2072787
停业（歇业）						
筹建						
当年关闭						
当年破产						
其他						
三、按行业(中类)分组						
房屋和土木工程建筑业	566154	1553147	328104	444866	100396	2067736
房屋工程建筑	566154	1539959	325164	443626	91179	2014213
土木工程建筑		13188	2940	1240	9217	53523
建筑安装业	5700	5590			15600	5051
建筑装饰业						
其他建筑业						
工程准备						
提供施工设备服务						
其他未列明的建筑活动						
四、按企业资质等级分组						
特级	26910	99640	48530	6550	41070	147443
一级	254070	691548	93700	86990	29621	544837
二级	115735	424834	70260	191033	39263	513187
三级及以下	175139	342715	115614	160293	6042	867320
五、按地区分组						
沈阳市	147034	581644	54030	12410	41070	470185
大连市	104963	460687	91530	165160	23237	548494
鞍山市	30380	31570	45190	37860	20042	141171
抚顺市	33915	7526	2490		426	22136
本溪市	18377	23710	57580	21552	4461	137441
丹东市	15700	43464	14970	17390	1600	47440
锦州市	31550	96991	2600	24560		38530
营口市	37165	60150		11000		101312
阜新市	9192	25436	13751	1587	8408	18068
辽阳市	1000	15000	15600	11963		33292
盘锦市	3680					340917
铁岭市	48888	48817	2850	69448	16752	54643
朝阳市	48020	85701	14513	4200		98990
葫芦岛市	41990	78041	13000	67736		20168

3-D-15　总承包建筑企业按登记注册类型和控股情况分资产情况

单位：千元

分　组	年初存货	流动资产总　计	存　货	长期投资	固定资产总　计	固定资产原　价	生产经营用
总　计	**19384643**	**116579388**	**28400062**	**4528975**	**26032308**	**38364624**	**34028264**
其中：国有及国有控股企业	11909120	55487027	16974924	1782014	10351009	18022526	15906696
一、按登记注册类型分组							
内资企业	**19280976**	**115201763**	**28226494**	**4501671**	**25526011**	**37876443**	**33563770**
国有企业	4801439	31158253	9016756	1029631	5465897	9920120	8533868
集体企业	909033	5365362	1275459	194874	1606462	2238078	1833231
股份合作企业	47587	582245	89930	16601	325729	469687	337568
联营企业	8040	45147	17272	300	15859	18008	11782
国有联营企业							
集体联营企业		18117	9232		7719	9088	6132
国有与集体联营企业	8040	16800	8040	300	7830	8470	5200
其他联营企业		10230			310	450	450
有限责任公司	9573950	45831174	12063516	1985343	9912314	14239041	12789642
国有独资公司	849236	2744327	853414		660014	1233206	1023210
其他有限责任公司	8724714	43086847	11210102	1985343	9252300	13005835	11766432
股份有限公司	277559	4370685	392964	92436	741511	1191003	1101504
私营企业	3663368	27848897	5370597	1182486	7458239	9800506	8956175
私营独资企业	111618	1888029	457150	26708	820081	911153	878553
私营合伙企业		720			6020	8020	7218
私营有限责任公司	3416898	24342535	4449323	1076821	6225867	8342833	7604462
私营股份有限公司	134852	1617613	464124	78957	406271	538500	465942
其他企业							
港、澳、台商投资企业	**3990**	**206722**	**12138**		**38141**	**49801**	**49451**
合资经营企业(港或澳、台资)	3990	206722	12138		38141	49801	49451
合作经营企业(港或澳、台资)							
港、澳、台商独资经营企业							
港、澳、台商投资股份有限公司							
外商投资企业	**99677**	**1170903**	**161430**	**27304**	**468156**	**438380**	**415043**
中外合资经营企业	37544	284797	24560	15453	102328	176783	169022
中外合作经营企业							
外资企业	62133	886106	136870	11851	365828	261597	246021
外商投资股份有限公司							
二、按控股情况分组							
国有控股	11909120	55487027	16974924	1782014	10351009	18022526	15906696
集体控股	1665351	10603059	2697477	386825	2942488	4234210	3499634
私人控股	5710495	49166027	8562373	2332832	12252934	15640537	14178270
港澳台商控股		152372	3858		17721	28971	28621
外商控股	99677	1170903	161430	27304	468156	438380	415043
其他							

3-D-15 续表　　　　单位：千元

分　　组	累计折旧		在建工程	无形及递延资产		其他资产	资产总计
		本年折旧			无形资产		
总　计	**14626788**	**2780461**	**1320158**	**3795073**	**3099579**	**606881**	**151542625**
其中：国有及国有控股企业	8254800	1426585	362161	2173472	1768747	493441	70286963
一、按登记注册类型分组							
内资企业	**14511709**	**2758705**	**1190676**	**3763854**	**3071459**	**606881**	**149600180**
国有企业	4730353	642419	198875	934260	776871	327709	38915750
集体企业	833335	118572	61750	207164	192415	9478	7383340
股份合作企业	144511	15338	552	25728	20429	2939	953242
联营企业	2149	892				2628	63934
国有联营企业							
集体联营企业	1369	592				8	25844
国有与集体联营企业	640	280				2620	27550
其他联营企业	140	20					10540
有限责任公司	5517176	1169452	815937	1696803	1386835	213527	59639161
国有独资公司	598389	85147		22190	12810	2170	3428701
其他有限责任公司	4918787	1084305	815937	1674613	1374025	211357	56210460
股份有限公司	539639	92443	27807	174570	120013	12196	5391398
私营企业	2744546	719589	85755	725329	574896	38404	37253355
私营独资企业	126311	40514	25567	18248	15152		2753066
私营合伙企业	2000	802					6740
私营有限责任公司	2455350	633619	59516	692588	546164	37084	32374895
私营股份有限公司	160885	44654	672	14493	13580	1320	2118654
其他企业							
港、澳、台商投资企业	**13640**	**1891**		**410**	**320**		**245273**
合资经营企业(港或澳、台资)	13640	1891		410	320		245273
合作经营企业(港或澳、台资)							
港、澳、台商独资经营企业							
港、澳、台商投资股份有限公司							
外商投资企业	**101439**	**19865**	**129482**	**30809**	**27800**		**1697172**
中外合资经营企业	74455	10465		7924	4915		410502
中外合作经营企业							
外资企业	26984	9400	129482	22885	22885		1286670
外商投资股份有限公司							
二、按控股情况分组							
国有控股	8254800	1426585	362161	2173472	1768747	493441	70286963
集体控股	1580812	221211	85992	328061	293012	29624	14290057
私人控股	4678487	1111919	742523	1262731	1010020	83816	65098340
港澳台商控股	11250	881					170093
外商控股	101439	19865	129482	30809	27800		1697172
其他							

3-D-16　总承包建筑企业按隶属关系、营业状态、行业、资质等级和地区分资产情况

分　组	年初存货	流动资产总　计	存　货	长期投资	固定资产总　计	固定资产原　价	生产经营用
总　计	**19384643**	**116579388**	**28400062**	**4528975**	**26032308**	**38364624**	**34028264**
一、按隶属关系分组							
中央	7289724	30406053	11477818	991955	5611390	10099044	9109004
地方	12094919	86173335	16922244	3537020	20420918	28265580	24919260
二、按营业状态分组							
营业	19350552	116335209	28383428	4527701	25980215	38297978	33978804
停业（歇业）	34091	226926	16634	1274	43941	58549	46424
筹建		11038			7941	7941	2880
当年关闭		6215			211	156	156
当年破产							
其他							
三、按行业(中类)分组							
房屋和土木工程建筑业	18259858	109813577	26762401	4116306	24796977	36230292	32197643
房屋工程建筑	8646557	60871756	12054855	2129173	13727908	18138216	16380875
土木工程建筑	9613301	48941821	14707546	1987133	11069069	18092076	15816768
建筑安装业	1090681	6342643	1607010	399570	1147965	1997665	1713681
建筑装饰业	29301	360572	19729	13099	55338	81826	65184
其他建筑业	4803	62596	10922		32028	54841	51756
工程准备	4803	54815	8640		31677	54457	51372
提供施工设备服务		7781	2282		351	384	384
其他未列明的建筑活动							
四、按企业资质等级分组							
特级	4034854	16004910	4644012	324203	3478760	5553580	5370200
一级	9461655	51850517	14193447	2317473	8388284	14648955	13141434
二级	3123565	24797970	4856985	1302617	6711505	8810533	7615819
三级及以下	2764569	23925991	4705618	584682	7453759	9351556	7900811
五、按地区分组							
沈 阳 市	3420539	22969639	5393869	1162688	3332096	5042465	4486491
大 连 市	5371734	37224670	6537915	1720657	8167200	11870970	11412020
鞍 山 市	1993806	9227685	2561761	403377	2232697	3442632	2510493
抚 顺 市	88681	3847659	330170	48649	812195	1437235	1278349
本 溪 市	724708	3900169	954558	673533	1038091	1420721	1089096
丹 东 市	465929	3507063	1184683	74692	1173848	1661436	1503354
锦 州 市	1205315	3610096	1077798	44624	837948	1324194	1070677
营 口 市	367486	2988114	514982	15421	730251	963023	764772
阜 新 市	258796	2537893	297824	69617	668960	911802	824066
辽 阳 市	3002739	9209460	4017660	16120	2822700	4041204	3921412
盘 锦 市	1006530	9044666	3324105	86678	1776284	3055094	2370886
铁 岭 市	987190	3902660	1143492	121752	744718	1199292	1006572
朝 阳 市	140862	2236605	376055	33614	741852	1195619	1075500
葫芦岛市	350328	2373009	685190	57553	953468	798937	714576

3-D-16 续表

分组	累计折旧	本年折旧	在建工程	无形及递延资产	无形资产	其他资产	资产总计
总计	**14626788**	**2780461**	**1320158**	**3795073**	**3099579**	**606881**	**151542625**
一、按隶属关系分组							
中央	4850082	967066	330052	1703146	1430941	405406	39117950
地方	9776706	1813395	990106	2091927	1668638	201475	112424675
二、按营业状态分组							
营业	14604206	2778157	1320158	3792565	3097071	606809	151242499
停业（歇业）	22501	2289		2508	2508	72	274721
筹建							18979
当年关闭	81	15					6426
当年破产							
其他							
三、按行业(中类)分组							
房屋和土木工程建筑业	13626273	2647798	1267006	3720349	3041525	586821	143034030
房屋工程建筑	5827833	1320325	767476	1694289	1315594	179577	78602703
土木工程建筑	7798440	1327473	499530	2026060	1725931	407244	64431327
建筑安装业	942241	120740	51387	73518	58049	20050	7983746
建筑装饰业	33911	6639	215	1206	5	10	430225
其他建筑业	24363	5284	1550				94624
工程准备	24330	5283	1550				86492
提供施工设备服务	33	1					8132
其他未列明的建筑活动							
四、按企业资质等级分组							
特级	2241464	591618	147500	1179619	1001422	37332	21024824
一级	6786441	1036923	330055	1319548	1010339	448135	64323957
二级	2825346	556460	470070	559636	400273	83664	33455392
三级及以下	2773537	595460	372533	736270	687545	37750	32738452
五、按地区分组							
沈阳市	2057883	276353	51416	510459	405888	230327	28205209
大连市	4185306	964775	279079	1061575	778413	77982	48252084
鞍山市	1484186	345873	35931	552724	527383	141837	12558320
抚顺市	635929	74993		29351	21978	135	4737989
本溪市	653657	85673	149448	70175	70175	28905	5710873
丹东市	549882	108393	45729	306408	292084	2122	5064133
锦州市	504672	111854	17382	154573	111821	4037	4651278
营口市	238045	53793	948	74470	64151	461	3808717
阜新市	296986	36839	25531	52399	41145	17324	3346193
辽阳市	1376968	352880	145642	642015	513682	23388	12713683
盘锦市	1391664	195465	108901	28240	17908	3338	10939206
铁岭市	481872	65603	4138	121862	71560	70254	4961246
朝阳市	500043	70537	32137	87449	87449	6446	3105966
葫芦岛市	269695	37430	423876	103373	95942	325	3487728

3-D-17　总承包建筑企业按登记注册类型和控股情况分负债和所有者权益情况

单位：千元

分　　组	流动负债总　计	长期负债总　计	负债合计	所有者权益合计
总　计	**97717847**	**5007746**	**102725593**	**48817032**
其中：国有及国有控股企业	52623438	2920930	55544368	14742595
一、按登记注册类型分组				
内资企业	**96583989**	**5003301**	**101587290**	**48012890**
国有企业	28873632	1076958	29950590	8965160
集体企业	4885033	44155	4929188	2454152
股份合作企业	516897	27160	544057	409185
联营企业	32713	610	33323	30611
国有联营企业				
集体联营企业	12783		12783	13061
国有与集体联营企业	18400		18400	9150
其他联营企业	1530	610	2140	8400
有限责任公司	39859520	2545963	42405483	17233678
国有独资公司	2823043	66545	2889588	539113
其他有限责任公司	37036477	2479418	39515895	16694565
股份有限公司	3014843	56619	3071462	2319936
私营企业	19401351	1251836	20653187	16600168
私营独资企业	1478593	18161	1496754	1256312
私营合伙企业	540		540	6200
私营有限责任公司	16877851	1233591	18111442	14263453
私营股份有限公司	1044367	84	1044451	1074203
其他企业				
港、澳、台商投资企业	**178201**	**3880**	**182081**	**63192**
合资经营企业(港或澳、台资)	178201	3880	182081	63192
合作经营企业(港或澳、台资)				
港、澳、台商独资经营企业				
港、澳、台商投资股份有限公司				
外商投资企业	**955657**	**565**	**956222**	**740950**
中外合资经营企业	142544	565	143109	267393
中外合作经营企业				
外资企业	813113		813113	473557
外商投资股份有限公司				
二、按控股情况分组				
国有控股	52623438	2920930	55544368	14742595
集体控股	9346437	96672	9443109	4846948
私人控股	34655564	1989579	36645143	28453197
港澳台商控股	136751		136751	33342
外商控股	955657	565	956222	740950
其他				

3-D-17 续表

单位：千元

分　　组	实收资本						
		国家资本	集体资本	法人资本	个人资本	港澳台资本	外商资本
总　　计	**33324309**	**9773814**	**3268363**	**3887554**	**16075699**	**21000**	**297879**
其中：国有及国有控股企业	11221585	9696577	12774	1369163	138071	5000	
一、按登记注册类型分组							
内资企业	**32894244**	**9747165**	**3244171**	**3878786**	**16024122**		
国有企业	6246040	6062636		183404			
集体企业	1929364		1873218	56146			
股份合作企业	332919	6150	244975	70800	10994		
联营企业	29200	1640	12050	7510	8000		
国有联营企业							
集体联营企业	11650		11650				
国有与集体联营企业	9150	1640		7510			
其他联营企业	8400		400		8000		
有限责任公司	12267243	3455765	1034583	2315082	5461813		
国有独资公司	921082	820379		100703			
其他有限责任公司	11346161	2635386	1034583	2214379	5461813		
股份有限公司	1369377	220974	79345	630586	438472		
私营企业	10720101			615258	10104843		
私营独资企业	823373			222470	600903		
私营合伙企业	6000				6000		
私营有限责任公司	9267280			377618	8889662		
私营股份有限公司	623448			15170	608278		
其他企业							
港、澳、台商投资企业	**48768**	**14360**		**3768**	**9640**	**21000**	
合资经营企业(港或澳、台资)	48768	14360		3768	9640	21000	
合作经营企业(港或澳、台资)							
港、澳、台商独资经营企业							
港、澳、台商投资股份有限公司							
外商投资企业	**381297**	**12289**	**24192**	**5000**	**41937**		**297879**
中外合资经营企业	223820	12289	24192	5000	41937		140402
中外合作经营企业							
外资企业	157477						157477
外商投资股份有限公司							
二、按控股情况分组							
国有控股	11221585	9696577	12774	1369163	138071	5000	
集体控股	3730595	6720	3194505	426477	102893		
私人控股	17962064	58228	36892	2083146	15783798		
港澳台商控股	28768			3768	9000	16000	
外商控股	381297	12289	24192	5000	41937		297879
其他							

3-D-18　总承包建筑企业按隶属关系、营业状态行业、资质等级和地区分负债和所有者权益情况

单位：千元

分　组	流动负债总　计	长期负债总　计	负债合计	所有者权益合计
总　计	**97717847**	**5007746**	**102725593**	**48817032**
一、按隶属关系分组				
中央	30036850	2221485	32258335	6859615
地方	67680997	2786261	70467258	41957417
二、按营业状态分组				
营业	97595694	5007111	102602805	48639694
停业（歇业）	121324	635	121959	152762
筹建	48		48	18931
当年关闭	781		781	5645
当年破产				
其他				
三、按行业(中类)分组				
房屋和土木工程建筑业	91556973	4907001	96463974	46570056
房屋工程建筑	46835235	1282909	48118144	30484559
土木工程建筑	44721738	3624092	48345830	16085497
建筑安装业	5941428	92761	6034189	1949557
建筑装饰业	187514	6142	193656	236569
其他建筑业	31932	1842	33774	60850
工程准备	25644		25644	60848
提供施工设备服务	6288	1842	8130	2
其他未列明的建筑活动				
四、按企业资质等级分组				
特级	12228266	1628413	13856679	7168145
一级	45715817	2276232	47992049	16331908
二级	20397427	545648	20943075	12512317
三级及以下	19376337	557453	19933790	12804662
五、按地区分组				
沈 阳 市	19766909	755498	20522407	7682802
大 连 市	26155015	1844096	27999111	20252973
鞍 山 市	8259922	508615	8768537	3789783
抚 顺 市	3448048	19273	3467321	1270668
本 溪 市	3306128	40464	3346592	2364281
丹 东 市	3274560	113795	3388355	1675778
锦 州 市	3279465	141860	3421325	1229953
营 口 市	2559807	33364	2593171	1215546
阜 新 市	2074976	158028	2233004	1113189
辽 阳 市	9691422	1192968	10884390	1829293
盘 锦 市	7957496	66244	8023740	2915466
铁 岭 市	3611808	29283	3641091	1320155
朝 阳 市	1874533	63335	1937868	1168098
葫芦岛市	2457758	40923	2498681	989047

3-D-18 续表

单位：千元

分组	实收资本	国家资本	集体资本	法人资本	个人资本	港澳台资本	外商资本
总　计	**33324309**	**9773814**	**3268363**	**3887554**	**16075699**	**21000**	**297879**
一、按隶属关系分组							
中央	5176950	4003170	99319	1029878	44583		
地方	28147359	5770644	3169044	2857676	16031116	21000	297879
二、按营业状态分组							
营业	33170503	9760014	3253717	3881154	15961739	21000	292879
停业（歇业）	137616	13800	7646	6400	104770		5000
筹建	10990		7000		3990		
当年关闭	5200				5200		
当年破产							
其他							
三、按行业(中类)分组							
房屋和土木工程建筑业	30809723	8767171	2737028	3737983	15253662	16000	297879
房屋工程建筑	20795152	2951711	2108569	2431962	13119386	11000	172524
土木工程建筑	10014571	5815460	628459	1306021	2134276	5000	125355
建筑安装业	2266731	1002981	525130	93903	644717		
建筑装饰业	193930	3662	6205	51768	127295	5000	
其他建筑业	53925			3900	50025		
工程准备	53923			3900	50023		
提供施工设备服务	2				2		
其他未列明的建筑活动							
四、按企业资质等级分组							
特级	2983002	420163	22010	1273357	1267472		
一级	10710705	5949305	532135	1086170	3115314		27781
二级	9787697	2434774	1123293	492959	5683049	5000	48622
三级及以下	9842905	969572	1590925	1035068	6009864	16000	221476
五、按地区分组							
沈 阳 市	5764428	2679371	461355	1185548	1319532	5000	113622
大 连 市	11374016	984507	567880	497602	9156872	11000	156155
鞍 山 市	2766513	1029007	401869	456104	879533		
抚 顺 市	1479768	542576	169626	158680	608886		
本 溪 市	1569887	728607	127865	52870	660545		
丹 东 市	1177582	226399	275553	134081	513447		28102
锦 州 市	1323819	745732	385542	12075	180470		
营 口 市	935367	293953	38410		603004		
阜 新 市	834851	353165	100994	131209	244483	5000	
辽 阳 市	1623347	339346	216692	606421	460888		
盘 锦 市	1667802	804265	118892	501451	243194		
铁 岭 市	941200	571718	81590	6768	281124		
朝 阳 市	959479	362156	92546	77845	426932		
葫芦岛市	906250	113012	229549	66900	496789		

3-D-19　总承包建筑企业按登记注册类型和控股情况分损益及分配情况

单位：千元

分　组	工程结算收入	工程结算成本	工程结算税金及附加	工程结算利润	其他业务收入	其他业务利润	经营费用
总　计	**197816761**	**177023738**	**6967726**	**13434628**	**1467186**	**382818**	**390669**
其中：国有及国有控股企业	92918362	83353183	3321511	6106795	808075	167004	136873
一、按登记注册类型分组							
内资企业	**195525554**	**175188460**	**6898657**	**13048343**	**1463313**	**381103**	**390094**
国有企业	41991617	37896105	1424702	2623644	349449	79271	47166
集体企业	10090226	9116251	344142	604111	180303	13552	25722
股份合作企业	1197758	1069225	43891	78338	1240	1175	6304
联营企业	58097	54124	2222	1740			11
国有联营企业							
集体联营企业	34928	32222	1163	1543			
国有与集体联营企业	2859	2502	400	-53			10
其他联营企业	20310	19400	659	250			1
有限责任公司	85050120	75959527	3121667	5792203	685268	225446	176723
国有独资公司	5875437	5538065	175014	154019	10602	1988	8339
其他有限责任公司	79174683	70421462	2946653	5638184	674666	223458	168384
股份有限公司	8904491	8012033	272319	614489	22464	20541	5650
私营企业	48233245	43081195	1689714	3333818	224589	41118	128518
私营独资企业	2735191	2474303	98867	155909	1422	282	6112
私营合伙企业	56010	53682	1848	480			
私营有限责任公司	43097780	38458434	1504819	3015137	222637	40315	119390
私营股份有限公司	2344264	2094776	84180	162292	530	521	3016
其他企业							
港、澳、台商投资企业	**242770**	**231475**	**7813**	**3482**			
合资经营企业(港或澳、台资)	242770	231475	7813	3482			
合作经营企业(港或澳、台资)							
港、澳、台商独资经营企业							
港、澳、台商投资股份有限公司							
外商投资企业	**2048437**	**1603803**	**61256**	**382803**	**3873**	**1715**	**575**
中外合资经营企业	1359682	1039844	33074	286189	3873	1715	575
中外合作经营企业							
外资企业	688755	563959	28182	96614			
外商投资股份有限公司							
二、按控股情况分组							
国有控股	92918362	83353183	3321511	6106795	808075	167004	136873
集体控股	18752846	17091602	643253	975718	201985	26330	42273
私人控股	84014346	74896575	2939223	5967600	453253	187769	210948
港澳台商控股	82770	78575	2483	1712			
外商控股	2048437	1603803	61256	382803	3873	1715	575
其他							

3-D-19 续表 1

分 组	管理费用					财务费用
		税 金	财产保险费	差旅费	工会经费	
总 计	**6165489**	**351537**	**45685**	**315549**	**149100**	**662267**
其中：国有及国有控股企业	3389361	163950	22012	201601	49363	302807
一、按登记注册类型分组						
内资企业	**6119361**	**349960**	**45324**	**311189**	**148344**	**657601**
国有企业	1755429	92170	12356	115158	31491	160816
集体企业	309928	14217	1626	9371	7065	13645
股份合作企业	28758	4593	632	1964	1361	3056
联营企业	1876	82		316	3	
国有联营企业						
集体联营企业	986	2		210		
国有与集体联营企业	710	50		100	3	
其他联营企业	180	30		6		
有限责任公司	2476770	137834	20418	125247	57228	291866
国有独资公司	205527	9503	2658	10306	3866	28433
其他有限责任公司	2271243	128331	17760	114941	53362	263433
股份有限公司	233762	10863	474	9750	2461	13338
私营企业	1312838	90201	9818	49383	48735	174880
私营独资企业	65025	3440	88	1638	3058	9355
私营合伙企业	380	10		40	45	
私营有限责任公司	1179560	79443	8498	44930	42610	161046
私营股份有限公司	67873	7308	1232	2775	3022	4479
其他企业						
港、澳、台商投资企业	**1868**	**43**	**2**	**467**	**136**	**349**
合资经营企业(港或澳、台资)	1868	43	2	467	136	349
合作经营企业(港或澳、台资)						
港、澳、台商独资经营企业						
港、澳、台商投资股份有限公司						
外商投资企业	**44260**	**1534**	**359**	**3893**	**620**	**4317**
中外合资经营企业	19057	894	36	480	145	2945
中外合作经营企业						
外资企业	25203	640	323	3413	475	1372
外商投资股份有限公司						
二、按控股情况分组						
国有控股	3389361	163950	22012	201601	49363	302807
集体控股	543308	31067	3405	17528	12568	21056
私人控股	2187652	154953	19907	92470	86413	334088
港澳台商控股	908	33	2	57	136	-1
外商控股	44260	1534	359	3893	620	4317
其他						

单位：千元

利息支出	营业利润	营业外收入	营业外支出	利润总额	应交所得税	应付利润	劳动、失业保险费	住房公积金及住房补贴
474372	**6989690**	**171830**	**210411**	**6279108**	**1655609**	**1477422**	**1182109**	**431852**
287054	2581631	109328	142938	1764616	437883	321332	815617	328513
472916	**6652484**	**169469**	**210159**	**5941674**	**1627359**	**1225698**	**1178744**	**430138**
137961	786670	52145	63979	723460	203517	198749	378121	175178
5080	294090	3314	14492	255190	50273	40432	52772	10545
1337	47699	13	86	47457	7959	4802	13409	3593
	-136			537	157	470	20	
	557			557	139	418	20	
	-763			-90				
	70			70	18	52		
248268	3249013	84254	100500	2487794	594313	395039	557105	194289
24560	-77953	2646	1552	-77439	10452	22658	82960	39992
223708	3326966	81608	98948	2565233	583861	372381	474145	154297
1908	387930	13086	10897	383656	119618	61428	42481	9976
78362	1887218	16657	20205	2043580	651522	524778	134836	36557
2214	81811	24	-62	84540	25576	22917	5078	738
	100	20	80	40	28	12		
74336	1714846	16555	19971	1868690	595227	469449	120817	34260
1812	90461	58	216	90310	30691	32400	8941	1559
349	**1265**			**1265**	**484**	**181**	**143**	**95**
349	1265			1265	484	181	143	95
1107	**335941**	**2361**	**252**	**336169**	**27766**	**251543**	**3222**	**1619**
91	265902	97	233	263819	6166	251543	1618	110
1016	70039	2264	19	72350	21600		1604	1509
287054	2581631	109328	142938	1764616	437883	321332	815617	328513
3672	437684	7921	21677	402963	92630	74916	96339	27006
182540	3633629	52220	45544	3774555	1096986	829450	266788	74714
-1	805			805	344	181	143	
1107	335941	2361	252	336169	27766	251543	3222	1619

3-D-20 总承包建筑企业按隶属关系、营业状态、

分 组	工程结算收入	工程结算成本	工程结算税金及附加	工程结算利润	其他业务收入	其他业务利润
总 计	**197816761**	**177023738**	**6967726**	**13434628**	**1467186**	**382818**
一、按隶属关系分组						
中央	56304500	50185059	2143307	3896890	628015	101850
地方	141512261	126838679	4824419	9537738	839171	280968
二、按营业状态分组						
营业	197763020	176982591	6965953	13423887	1467186	382818
停业（歇业）	47866	36933	1579	9274		
筹建						
当年关闭	5875	4214	194	1467		
当年破产						
其他						
三、按行业(中类)分组						
房屋和土木工程建筑业	187358834	167640164	6634199	12718452	1257957	358232
房屋工程建筑	111521875	100418376	4147640	6759198	826462	266446
土木工程建筑	75836959	67221788	2486559	5959254	431495	91786
建筑安装业	9972303	8987862	317230	646595	187539	23333
建筑装饰业	387259	307910	13045	63064	21640	1203
其他建筑业	98365	87802	3252	6517	50	50
工程准备	98365	87802	3252	6517	50	50
提供施工设备服务						
其他未列明的建筑活动						
四、按企业资质等级分组						
特级	38509115	34699576	1495084	2268368	228625	176528
一级	74143574	66512150	2495449	5046550	696960	99435
二级	40721348	36500528	1433618	2685699	295094	49539
三级及以下	44442724	39311484	1543575	3434011	246507	57316
五、按地区分组						
沈 阳 市	32401297	29567298	1137036	1637679	280174	59983
大 连 市	59793513	53547970	2030087	4121842	451853	182308
鞍 山 市	19457408	16120389	943020	2352302	514570	63185
抚 顺 市	7842431	7406251	259226	176954	52684	6168
本 溪 市	7115789	6052341	217836	816349	7742	481
丹 东 市	7308871	6482476	232066	574976	22896	19247
锦 州 市	7888527	7217230	359871	309146	19510	15453
营 口 市	5418497	4829906	177901	410604	2500	1054
阜 新 市	3201857	2937233	106440	156277	19918	2103
辽 阳 市	19751425	18186475	635172	881225	37245	15990
盘 锦 市	11278787	10127247	326940	799473	38695	10681
铁 岭 市	6882265	5954241	235061	665735	10773	1966
朝 阳 市	5616638	5041248	187415	353474	6962	3413
葫芦岛市	3859456	3553433	119655	178592	1664	786

行业、资质等级和地区分损益及分配情况

单位：千元

经营费用	管理费用					财务费用		营业利润
		税　金	财产保险费	差旅费	工会经费		利息支出	
390669	**6165489**	**351537**	**45685**	**315549**	**149100**	**662267**	**474372**	**6989690**
79244	1998690	106249	13298	136281	27047	181098	189390	1818952
311425	4166799	245288	32387	179268	122053	481169	284982	5170738
390589	6159702	351378	45685	315279	149066	661791	474223	6985212
80	5333	139		243	33	205	93	3736
	109	5		4	1			-109
	345	15		23		271	56	851
366019	5788215	328475	43513	302480	139309	663734	479931	6624735
196661	2949231	173772	19934	112527	82548	350870	197161	3725543
169358	2838984	154703	23579	189953	56761	312864	282770	2899192
20616	354284	22428	2064	11567	8366	-2540	-6065	318184
3240	18941	544	37	1243	1242	945	491	44381
794	4049	90	71	259	183	128	15	2390
794	4042	89	71	259	183	128	15	2397
	7	1						-7
46087	993472	31320	8804	39198	9949	167119	136246	1284305
89425	2351451	134963	15303	162462	44548	227033	200167	2567501
101503	1306595	94447	10265	44250	34411	111603	68430	1317040
153654	1513971	90807	11313	69639	60192	156512	69529	1820844
59284	1084050	38472	6883	71660	15913	136004	104512	477608
93614	1532299	88285	15168	58680	55538	212238	123717	2559613
41697	659765	64715	2163	32340	8387	23213	39083	1732509
	219784	7824	2818	13910	3930	5744	5258	-42406
29263	301950	11429	3393	10834	9860	9044	7871	505836
19353	203671	8775	538	9832	2657	35413	26242	355139
2280	206587	11704	1281	10267	3982	16895	13907	101117
86	139101	18628	1110	3908	2986	11352	8823	261205
1907	142701	7230	943	3093	1647	11665	6058	4014
48553	560955	23963	4654	30307	4509	86301	83865	249959
25127	383809	28703	2552	29794	22997	41146	2402	385199
27228	391166	14659	1040	24698	6974	27077	16729	249458
34501	216436	21541	2894	13366	7781	28994	23584	111457
7776	123215	5609	248	2860	1939	17181	12321	38982

3-D-20 续表 单位：千元

分　组	营业外收入	营业外支出	利润总额	应交所得税	应付利润	劳动、失业保险费	住房公积金及住房补贴
总　计	**171830**	**210411**	**6279108**	**1655609**	**1477422**	**1182109**	**431852**
一、按隶属关系分组							
中央	65356	114040	927384	172172	109529	531408	224814
地方	106474	96371	5351724	1483437	1367893	650701	207038
二、按营业状态分组							
营业	171823	210020	6274859	1654106	1476598	1181390	431161
停业（歇业）	7	391	3507	1378	98	640	691
筹建			-109				
当年关闭			851	125	726	79	
当年破产							
其他							
三、按行业(中类)分组							
房屋和土木工程建筑业	160184	194516	5925484	1577933	1407733	1027094	363386
房屋工程建筑	88265	115131	3696207	1118964	832340	470939	156712
土木工程建筑	71919	79385	2229277	458969	575393	556155	206674
建筑安装业	11530	15348	305817	66001	57466	152889	68170
建筑装饰业	116	526	45481	10809	11742	1411	151
其他建筑业		21	2326	866	481	715	145
工程准备		21	2326	866	481	715	145
提供施工设备服务							
其他未列明的建筑活动							
四、按企业资质等级分组							
特级	16912	29888	1323601	379420	187107	217545	75945
一级	100137	121453	1888584	518563	357217	576815	241923
二级	29900	26145	1285921	392085	309363	206906	67243
三级及以下	24881	32925	1781002	365541	623735	180843	46741
五、按地区分组							
沈 阳 市	46933	29537	498649	167549	86154	189435	70387
大 连 市	38115	35635	2768247	955583	567284	183316	55985
鞍 山 市	27034	71036	872005	108474	15862	217321	83581
抚 顺 市	1904	2032	-41454	21859	21550	86906	31075
本 溪 市	11805	7968	509851	130375	122999	73251	16932
丹 东 市	4946	6982	354318	31703	299489	32169	12385
锦 州 市	4542	6143	94480	7309	45083	66753	26349
营 口 市	2844	1368	260361	65484	43787	25707	14243
阜 新 市	5448	1103	16515	7526	6072	19283	6745
辽 阳 市	5887	9547	250410	36771	12463	107055	39213
盘 锦 市	6540	31989	328172	37656	97434	88230	28307
铁 岭 市	13756	2811	245314	46141	100538	80068	39579
朝 阳 市	994	2117	85508	29622	43963	7319	2642
葫芦岛市	1082	2143	36732	9557	14744	5296	4429

3-D-21 总承包建筑企业按登记注册类型和控股情况分工资、福利费和应收款情况

单位：千元

分 组	本年应付工资总额	主营业务	本年应付福利费总额	主营业务
总 计	**26893880**	**26514298**	**3186736**	**3108885**
其中：国有及国有控股企业	10249836	10074721	1186552	1130718
一、按登记注册类型分组				
内资企业	**26646849**	**26267724**	**3158451**	**3080630**
国有企业	5025897	4928680	567479	563604
集体企业	1818714	1773251	193754	190567
股份合作企业	160020	159707	14858	14769
联营企业	36250	36130	4865	4848
国有联营企业				
集体联营企业	27858	27858	3900	3900
国有与集体联营企业	1851	1851	50	50
其他联营企业	6541	6421	915	898
有限责任公司	10311204	10149759	1284142	1220596
国有独资公司	1068687	1067979	145549	145069
其他有限责任公司	9242517	9081780	1138593	1075527
股份有限公司	1514740	1496640	145976	145704
私营企业	7780024	7723557	947377	940542
私营独资企业	353473	351967	42723	42566
私营合伙企业	5800	5800	810	810
私营有限责任公司	6985361	6930700	851844	845216
私营股份有限公司	435390	435090	52000	51950
其他企业				
港、澳、台商投资企业	**30267**	**30267**	**4232**	**4232**
合资经营企业(港或澳、台资)	30267	30267	4232	4232
合作经营企业(港或澳、台资)				
港、澳、台商独资经营企业				
港、澳、台商投资股份有限公司				
外商投资企业	**216764**	**216307**	**24053**	**24023**
中外合资经营企业	139084	138627	15873	15843
中外合作经营企业				
外资企业	77680	77680	8180	8180
外商投资股份有限公司				
二、按控股情况分组				
国有控股	10249836	10074721	1186552	1130718
集体控股	2959146	2861687	301477	297316
私人控股	13458667	13352116	1673334	1655508
港澳台商控股	9467	9467	1320	1320
外商控股	216764	216307	24053	24023
其他				

3-D-21 续表 单位：千元

分组	应收工程款	竣工工程	全部从业人员年平均人数（人）	资产减值损失	公允价值变动收益	投资收益
总 计	**26504853**	**11127774**	**1328427**	**122552**	**-8294**	**15132**
其中：国有及国有控股企业	13806954	5191785	451388	113855	-9448	14622
一、按登记注册类型分组						
内资企业	**26394127**	**11102715**	**1312296**	**122552**	**-8294**	**15132**
国有企业	7986983	2107241	230034	91576	-4724	3813
集体企业	1422690	1201716	107777	211		
股份合作企业	76020	70688	9354			
联营企业	1854	1854	1798			
国有联营企业						
集体联营企业	1854	1854	1196			
国有与集体联营企业			151			
其他联营企业			451			
有限责任公司	10797138	5666083	493593	27330	-4625	10941
国有独资公司	793766	401550	39209			
其他有限责任公司	10003372	5264533	454384	27330	-4625	10941
股份有限公司	1220884	275489	72343	43		
私营企业	4888558	1779644	397397	3392	1055	378
私营独资企业	59857	36606	20252			
私营合伙企业			230			
私营有限责任公司	4590681	1661772	356053	3392	1055	378
私营股份有限公司	238020	81266	20862			
其他企业						
港、澳、台商投资企业			**2145**			
合资经营企业(港或澳、台资)			2145			
合作经营企业(港或澳、台资)						
港、澳、台商独资经营企业						
港、澳、台商投资股份有限公司						
外商投资企业	**110726**	**25059**	**13986**			
中外合资经营企业	25059	25059	10126			
中外合作经营企业						
外资企业	85667		3860			
外商投资股份有限公司						
二、按控股情况分组						
国有控股	13806954	5191785	451388	113855	-9448	14622
集体控股	2087264	1572706	173804	211		96
私人控股	10499909	4338224	688754	8486	1154	414
港澳台商控股			495			
外商控股	110726	25059	13986			
其他						

3-D-22　总承包建筑企业按隶属关系、营业状态、行业、资质等级和地区分工资、福利费和应收款情况

单位：千元

分　组	本年应付工资总额	主营业务	本年应付福利费总额	主营业务
总　计	**26893880**	**26514298**	**3186736**	**3108885**
一、按隶属关系分组				
中央	4814259	4686514	578482	525242
地方	22079621	21827784	2608254	2583643
二、按营业状态分组				
营业	26886456	26506946	3185995	3108146
停业（歇业）	6169	6097	676	674
筹建	80	80	1	1
当年关闭	1175	1175	64	64
当年破产				
其他				
三、按行业（中类）分组				
房屋和土木工程建筑业	25371881	25021278	3000759	2924964
房屋工程建筑	17613786	17479882	2096917	2078209
土木工程建筑	7758095	7541396	903842	846755
建筑安装业	1464076	1435955	180840	178788
建筑装饰业	47410	46552	3819	3815
其他建筑业	10513	10513	1318	1318
工程准备	10510	10510	1318	1318
提供施工设备服务	3	3		
其他未列明的建筑活动				
四、按企业资质等级分组				
特级	4199214	4196934	530912	480602
一级	9678013	9531421	1178909	1170001
二级	6400584	6362546	740041	736511
三级及以下	6616069	6423397	736874	721771
五、按地区分组				
沈阳市	5765846	5758748	602792	599797
大连市	8918076	8876908	1177808	1173017
鞍山市	1659689	1552020	190719	186837
抚顺市	1448719	1448719	199986	199986
本溪市	1306892	1303587	151785	151649
丹东市	596301	486052	46757	46151
锦州市	1146578	1120824	93453	90958
营口市	705035	703434	98514	98289
阜新市	458756	456224	63949	63591
辽阳市	1578845	1553584	183910	128513
盘锦市	963612	930722	95668	92533
铁岭市	663418	653090	86982	85941
朝阳市	964135	952878	111117	108396
葫芦岛市	717978	717508	83296	83227

3-D-22 续表 单位：千元

分组	应收工程款	竣工工程	全部从业人员年平均人数(人)	资产减值损失	公允价值变动收益	投资收益
总　计	**26504853**	**11127774**	**1328427**	**122552**	**-8294**	**15132**
一、按隶属关系分组						
中央	8598290	2781942	190247	97999	-9448	14595
地方	17906563	8345832	1138180	24553	1154	537
二、按营业状态分组						
营业	26499460	11122381	1327943	122552	-8294	15132
停业（歇业）	5393	5393	378			
筹建			16			
当年关闭			90			
当年破产						
其他						
三、按行业(中类)分组						
房屋和土木工程建筑业	25356306	10340243	1263848	123218	-8294	15036
房屋工程建筑	14196232	6013014	896296	17699	-3648	8030
土木工程建筑	11160074	4327229	367552	105519	-4646	7006
建筑安装业	1109457	753964	60758	-666		96
建筑装饰业	18312	12789	3274			
其他建筑业	20778	20778	547			
工程准备	20778	20778	546			
提供施工设备服务			1			
其他未列明的建筑活动						
四、按企业资质等级分组						
特级	5262039	2125821	175942	5276	-4724	6432
一级	12621075	4190518	413443	99578	78	5473
二级	4478794	1948220	334250	2615		710
三级及以下	4142945	2863215	404792	15083	-3648	2517
五、按地区分组						
沈 阳 市	5697397	2389909	262389	-11025		683
大 连 市	10399500	2879349	415099	16478	1055	1096
鞍 山 市	2182386	956835	84485	10552	-9448	12864
抚 顺 市	550131	237961	72631	276	78	
本 溪 市	330975	220841	52608			
丹 东 市	412064	73029	38523	9820		435
锦 州 市	654836	390589	51143	3356		18
营 口 市	271499	157525	42193	322	21	36
阜 新 市	293240	167870	37666			
辽 阳 市	2330100	1548971	79490	-666		
盘 锦 市	1365693	1080282	54680	72640		
铁 岭 市	920529	55760	43499	20799		
朝 阳 市	687525	600102	49711			
葫芦岛市	408978	368751	44310			

3-E-1　专业承包建筑企业按登记注册类型和控股情况分单位数与工程承包情况

分　组	企业单位数（个）			合同情况（千元）		
	建筑业企业	有工作量企业	亏损企业	签订的合同额	1.上年结转合同额	2.本年新签合同额
总　计	**2580**	**2243**	**670**	**53503193**	**10050767**	**43452426**
其中：国有及国有控股企业	201	187	49	10472520	1681387	8791133
一、按登记注册类型分组						
内资企业	**2515**	**2188**	**649**	**51449584**	**9646842**	**41802742**
国有企业	130	121	30	6887976	1039121	5848855
集体企业	134	119	31	4843192	464057	4379135
股份合作企业	30	25	14	813851	160410	653441
联营企业	1	1		12000		12000
国有联营企业						
集体联营企业						
国有与集体联营企业	1	1		12000		12000
其他联营企业						
有限责任公司	549	480	124	12465845	2020972	10444873
国有独资公司	6	5	1	104002	3950	100052
其他有限责任公司	543	475	123	12361843	2017022	10344821
股份有限公司	35	33	5	1193617	83189	1110428
私营企业	1636	1409	445	25233103	5879093	19354010
私营独资企业	71	57	19	430201	97571	332630
私营合伙企业	20	19	6	184636	57004	127632
私营有限责任公司	1452	1249	400	23299707	5514831	17784876
私营股份有限公司	93	84	20	1318559	209687	1108872
其他企业						
港、澳、台商投资企业	**21**	**17**	**6**	**862073**	**277423**	**584650**
合资经营企业(港或澳、台资)	18	14	5	819204	277153	542051
合作经营企业(港或澳、台资)						
港、澳、台商独资经营企业	1	1		1217		1217
港、澳、台商投资股份有限公司	2	2	1	41652	270	41382
外商投资企业	**44**	**38**	**15**	**1191536**	**126502**	**1065034**
中外合资经营企业	31	25	11	872324	118872	753452
中外合作经营企业	5	5	1	24943	5960	18983
外资企业	6	6	3	35743	1670	34073
外商投资股份有限公司	2	2		258526		258526
二、按控股情况分组						
国有控股	201	187	49	10472520	1681387	8791133
集体控股	216	193	56	8547548	834318	7713230
私人控股	2104	1813	545	32761654	7148098	25613556
港澳台商控股	21	17	6	862073	277423	584650
外商控股	38	33	14	859398	109541	749857
其他						

3-E-1 续表

分 组	承包工程完成情况（千元）			
	1.直接从建设单位承揽工程完成的产值	(1)自行完成施工产值	(2)分包出去工程的产值	2.从建设单位以外承揽工程完成的产值
总 计	**45107721**	**44958714**	**149007**	**607495**
其中：国有及国有控股企业	9059444	9057896	1548	208367
一、按登记注册类型分组				
内资企业	**43209431**	**43064703**	**144728**	**606946**
国有企业	6133754	6132454	1300	197447
集体企业	4306916	4305936	980	12142
股份合作企业	628474	628419	55	
联营企业	12000	12000		
国有联营企业				
集体联营企业				
国有与集体联营企业	12000	12000		
其他联营企业				
有限责任公司	11232045	11208689	23356	152845
国有独资公司	105043	105043		
其他有限责任公司	11127002	11103646	23356	152845
股份有限公司	863121	863075	46	46
私营企业	20033121	19914130	118991	244466
私营独资企业	429575	429575		
私营合伙企业	170224	168554	1670	700
私营有限责任公司	18381493	18265672	115821	241281
私营股份有限公司	1051829	1050329	1500	2485
其他企业				
港、澳、台商投资企业	**741089**	**738600**	**2489**	
合资经营企业(港或澳、台资)	689601	687112	2489	
合作经营企业(港或澳、台资)				
港、澳、台商独资经营企业	1451	1451		
港、澳、台商投资股份有限公司	50037	50037		
外商投资企业	**1157201**	**1155411**	**1790**	**549**
中外合资经营企业	832506	832506		
中外合作经营企业	25793	25793		
外资企业	40376	38586	1790	549
外商投资股份有限公司	258526	258526		
二、按控股情况分组				
国有控股	9059444	9057896	1548	208367
集体控股	7583231	7582196	1035	26979
私人控股	26898894	26756749	142145	371600
港澳台商控股	741089	738600	2489	
外商控股	825063	823273	1790	549
其他				

3-E-2　专业承包建筑企业按隶属关系、营业状态、行业、资质等级和地区分单位数与工程承包情况

分　组	企业单位数（个）			合同情况（千元）		
	建筑业企业	有工作量企业	亏损企业	签订的合同额	1.上年结转合同额	2.本年新签合同额
总　计	**2580**	**2243**	**670**	**53503193**	**10050767**	**43452426**
一、按隶属关系分组						
中央	31	27	4	3140312	611639	2528673
地方	2549	2216	666	50362881	9439128	40923753
二、按营业状态分组						
营业	2449	2235	635	53479831	10029463	43450368
停业（歇业）	124	7	35	23240	21182	2058
筹建	2					
当年关闭	4	1		122	122	
当年破产	1					
其他						
三、按行业(中类)分组						
房屋和土木工程建筑业	459	413	119	16582707	2697349	13885358
房屋工程建筑	75	70	20	5203503	841927	4361576
土木工程建筑	384	343	99	11379204	1855422	9523782
建筑安装业	1040	943	247	28521860	6084044	22437816
建筑装饰业	842	712	230	6764985	1059631	5705354
其他建筑业	239	175	74	1633641	209743	1423898
工程准备	197	137	63	1130869	93308	1037561
提供施工设备服务	5	4		170647	2050	168597
其他未列明的建筑活动	37	34	11	332125	114385	217740
四、按企业资质等级分组						
一级	132	123	23	20887892	5043686	15844206
二级	484	451	105	13401377	2447667	10953710
三级及以下	1964	1669	542	19213924	2559414	16654510
五、按地区分组						
沈阳市	1000	824	268	23725500	5774989	17950511
大连市	663	602	212	8759069	1826354	6932715
鞍山市	131	127	24	3221831	409616	2812215
抚顺市	98	98	9	2806803	316026	2490777
本溪市	85	72	17	1123100	278131	844969
丹东市	76	69	16	3564518	543199	3021319
锦州市	123	103	47	3510299	567053	2943246
营口市	68	64	5	2166633	62976	2103657
阜新市	78	71	18	780437	43787	736650
辽阳市	84	81	24	936238	60630	875608
盘锦市	45	32	1	735337	46664	688673
铁岭市	24	20	4	771339	15899	755440
朝阳市	55	44	17	721070	98083	622987
葫芦岛市	50	36	8	681019	7360	673659

3-E-2 续表

分组	承包工程完成情况（千元）			
	1.直接从建设单位承揽工程完成的产值	(1)自行完成施工产值	(2)分包出去工程的产值	2.从建设单位以外承揽工程完成的产值
总计	**45107721**	**44958714**	**149007**	**607495**
一、按隶属关系分组				
中央	2627357	2626377	980	980
地方	42480364	42332337	148027	606515
二、按营业状态分组				
营业	45085445	44936438	149007	607495
停业（歇业）	22154	22154		
筹建				
当年关闭	122	122		
当年破产				
其他				
三、按行业(中类)分组				
房屋和土木工程建筑业	14369146	14365698	3448	283810
房屋工程建筑	4108763	4108063	700	26700
土木工程建筑	10260383	10257635	2748	257110
建筑安装业	22532623	22411583	121040	265743
建筑装饰业	6462140	6458844	3296	33554
其他建筑业	1743812	1722589	21223	24388
工程准备	1214549	1207229	7320	7520
提供施工设备服务	170283	170283		
其他未列明的建筑活动	358980	345077	13903	16868
四、按企业资质等级分组				
一级	15421425	15398837	22588	207888
二级	11862236	11820540	41696	114399
三级及以下	17824060	17739337	84723	285208
五、按地区分组				
沈阳市	17878903	17852345	26558	193397
大连市	8026367	7929081	97286	295211
鞍山市	2967203	2966503	700	70097
抚顺市	2619923	2619923		
本溪市	1081208	1081208		8490
丹东市	2921840	2921840		
锦州市	3151790	3151790		11235
营口市	2020874	2020354	520	1150
阜新市	656266	654966	1300	
辽阳市	786997	786942	55	
盘锦市	1043146	1020558	22588	22588
铁岭市	688484	688484		4837
朝阳市	630508	630508		490
葫芦岛市	634212	634212		

3-E-3　专业承包建筑企业按登记注册类型和控股情况分产值情况

单位：千元

分　组	企　业 总产值	在境外完成 的营业额	建筑业 总产值	其中：装饰 装修产值
总　计	**46636469**	**42479**	**45566209**	**10709578**
其中：国有及国有控股企业	9489424	5530	9266263	332838
一、按登记注册类型分组				
内资企业	**44720402**	**42479**	**43671649**	**9708793**
国有企业	6459739	5530	6329901	166622
集体企业	4465855		4318078	215285
股份合作企业	628708		628419	104456
联营企业	12000		12000	
国有联营企业				
集体联营企业				
国有与集体联营企业	12000		12000	
其他联营企业				
有限责任公司	11666531	30618	11361534	1202307
国有独资公司	109894		105043	18790
其他有限责任公司	11556637	30618	11256491	1183517
股份有限公司	872873		863121	139348
私营企业	20614696	6331	20158596	7880775
私营独资企业	429688		429575	40862
私营合伙企业	178329		169254	19561
私营有限责任公司	18910245	6331	18506953	7577840
私营股份有限公司	1096434		1052814	242512
其他企业				
港、澳、台商投资企业	**755891**		**738600**	**265153**
合资经营企业(港或澳、台资)	699381		687112	228614
合作经营企业(港或澳、台资)				
港、澳、台商独资经营企业	6473		1451	1199
港、澳、台商投资股份有限公司	50037		50037	35340
外商投资企业	**1160176**		**1155960**	**735632**
中外合资经营企业	832506		832506	476225
中外合作经营企业	25793		25793	
外资企业	43351		39135	3421
外商投资股份有限公司	258526		258526	255986
二、按控股情况分组				
国有控股	9489424	5530	9266263	332838
集体控股	7877789	30618	7609175	355583
私人控股	27685327	6331	27128349	9301448
港澳台商控股	755891		738600	265153
外商控股	828038		823822	454556
其他				

3-E-3 续表 单位：千元

分 组	其中：在外省完成的产值	1.建 筑工程产值	2.安 装工程产值	3.其他产值	竣工产值
总 计	**7307645**	**27714938**	**16883381**	**967890**	**31565991**
其中：国有及国有控股企业	1803879	5825235	3344629	96399	7557694
一、按登记注册类型分组					
内资企业	**6931517**	**26345703**	**16363322**	**962624**	**30174964**
国有企业	1409050	4258802	1987808	83291	5471929
集体企业	22822	1195563	3092827	29688	2902198
股份合作企业		529541	98648	230	454704
联营企业		12000			12000
国有联营企业					
集体联营企业					
国有与集体联营企业		12000			12000
其他联营企业					
有限责任公司	752833	5732753	5479148	149633	9175384
国有独资公司	50087	20560	84483		104743
其他有限责任公司	702746	5712193	5394665	149633	9070641
股份有限公司	159388	704480	133450	25191	449414
私营企业	4587424	13912564	5571441	674591	11709335
私营独资企业	16500	292369	76146	61060	351205
私营合伙企业	17304	44197	123057	2000	154825
私营有限责任公司	4537767	12904463	5029718	572772	10498154
私营股份有限公司	15853	671535	342520	38759	705151
其他企业					
港、澳、台商投资企业	**313626**	**319987**	**418613**		**341951**
合资经营企业(港或澳、台资)	303526	268499	418613		313352
合作经营企业(港或澳、台资)					
港、澳、台商独资经营企业		1451			1319
港、澳、台商投资股份有限公司	10100	50037			27280
外商投资企业	**62502**	**1049248**	**101446**	**5266**	**1049076**
中外合资经营企业	55064	770683	61823		744702
中外合作经营企业	5992	16206	6321	3266	18435
外资企业	1446	6373	30762	2000	27413
外商投资股份有限公司		255986	2540		258526
二、按控股情况分组					
国有控股	1803879	5825235	3344629	96399	7557694
集体控股	98815	2783750	4732406	93019	5672844
私人控股	5059637	18059130	8296013	773206	17252424
港澳台商控股	313626	319987	418613		341951
外商控股	31688	726836	91720	5266	741078
其他					

3-E-4 专业承包建筑企业按隶属关系、营业状态、行业、资质等级和地区分产值情况

单位：千元

分组	企业总产值	在境外完成的营业额	建筑业总产值	其中：装饰装修产值
总计	**46636469**	**42479**	**45566209**	**10709578**
一、按隶属关系分组				
中央	2629656		2627357	52543
地方	44006813	42479	42938852	10657035
二、按营业状态分组				
营业	46614193	42479	45543933	10709124
停业（歇业）	22154		22154	332
筹建				
当年关闭	122		122	122
当年破产				
其他				
三、按行业(中类)分组				
房屋和土木工程建筑业	14900073	2200	14649508	71742
房屋工程建筑	4135599		4134763	9045
土木工程建筑	10764474	2200	10514745	62697
建筑安装业	23440758	37202	22677326	4769933
建筑装饰业	6544402	3077	6492398	5864016
其他建筑业	1751236		1746977	3887
工程准备	1218888		1214749	304
提供施工设备服务	170283		170283	
其他未列明的建筑活动	362065		361945	3583
四、按企业资质等级分组				
一级	15646418		15606725	6622335
二级	12463078	6584	11934939	2327893
三级及以下	18526973	35895	18024545	1759350
五、按地区分组				
沈阳市	18165713		18045742	6887135
大连市	8578321	9784	8224292	1652095
鞍山市	3397241	2077	3036600	500036
抚顺市	2622599		2619923	334328
本溪市	1181484		1089698	68843
丹东市	2923192		2921840	53709
锦州市	3165433		3163025	242278
营口市	2021513		2021504	522799
阜新市	707151		654966	99186
辽阳市	791278		786942	155626
盘锦市	1115981		1043146	21071
铁岭市	701321	30618	693321	19572
朝阳市	631030		630998	81672
葫芦岛市	634212		634212	71228

3-E-4 续表

单位：千元

分　组	其中：在外省完成的产值	1.建　筑工程产值	2.安　装工程产值	3.其他产值	竣工产值
总　计	**7307645**	**27714938**	**16883381**	**967890**	**31565991**
一、按隶属关系分组					
中央	894583	1954012	673345		1754817
地方	6413062	25760926	16210036	967890	29811174
二、按营业状态分组					
营业	7307313	27694012	16882199	967722	31544355
停业（歇业）	332	20804	1182	168	21514
筹建					
当年关闭		122			122
当年破产					
其他					
三、按行业(中类)分组					
房屋和土木工程建筑业	1507775	11945605	2528826	175077	11604012
房屋工程建筑	42780	3788924	344579	1260	3059239
土木工程建筑	1464995	8156681	2184247	173817	8544773
建筑安装业	4964803	8287659	13979795	409872	13433951
建筑装饰业	692726	6155547	245843	91008	4944074
其他建筑业	142341	1326127	128917	291933	1583954
工程准备	62550	926555	48298	239896	1226542
提供施工设备服务		170283			92316
其他未列明的建筑活动	79791	229289	80619	52037	265096
四、按企业资质等级分组					
一级	5840484	11491714	4026574	88437	8422109
二级	997827	6696561	4899289	339089	9186408
三级及以下	469334	9526663	7957518	540364	13957474
五、按地区分组					
沈 阳 市	5527024	12315293	5702608	27841	10117027
大 连 市	494247	4003721	3716518	504053	6691204
鞍 山 市	20667	1780742	1048173	207685	2140185
抚 顺 市	61370	790296	1797171	32456	1852092
本 溪 市	15609	485376	597669	6653	800042
丹 东 市	70774	2497085	408423	16332	2001425
锦 州 市	712556	1703149	1459876		2312355
营 口 市	56240	1812171	209333		1836926
阜 新 市	104454	622394	32572		609002
辽 阳 市	69956	362101	354260	70581	593288
盘 锦 市	18673	472338	536195	34613	833591
铁 岭 市	38115	322019	363752	7550	956436
朝 阳 市	108960	267840	363158		441823
葫芦岛市	9000	280413	293673	60126	380595

3-E-5　专业承包建筑企业按登记注册类型和控股情况分房屋建筑面积与价值情况

分　　组	房屋建筑施工面积(平方米)	其中：本年新开工面积	其中：实行投标承包面积	其中：本年新开工	房屋建筑竣工面积(平方米)	房屋建筑竣工价值(千元)
总　　计	**4194206**	**2953737**	**2547041**	**1882127**	**2214142**	**1620420**
其中：国有及国有控股企业	397639	298115	188195	176520	85194	67994
一、按登记注册类型分组						
内资企业	**3861395**	**2690957**	**2547041**	**1882127**	**1951331**	**1368590**
国有企业	114421	90856	102531	90856	45111	40200
集体企业	128149	64516	115864	52562	80473	82488
股份合作企业	477560	323118	470624	323118	286831	218885
联营企业						
国有联营企业						
集体联营企业						
国有与集体联营企业						
其他联营企业						
有限责任公司	1344994	892646	839357	628611	602981	332142
国有独资公司	3432	3432			3432	1699
其他有限责任公司	1341562	889214	839357	628611	599549	330443
股份有限公司						
私营企业	1796271	1319821	1018665	786980	935935	694875
私营独资企业	85291	85291	72750	72750		
私营合伙企业	1000					
私营有限责任公司	1692980	1217530	940915	709230	923935	691040
私营股份有限公司	17000	17000	5000	5000	12000	3835
其他企业						
港、澳、台商投资企业						
合资经营企业(港或澳、台资)						
合作经营企业(港或澳、台资)						
港、澳、台商独资经营企业						
港、澳、台商投资股份有限公司						
外商投资企业	**332811**	**262780**			**262811**	**251830**
中外合资经营企业	332811	262780			262811	251830
中外合作经营企业						
外资企业						
外商投资股份有限公司						
二、按控股情况分组						
国有控股	397639	298115	188195	176520	85194	67994
集体控股	606159	388084	586938	376130	367754	302723
私人控股	2920077	2067238	1771908	1329477	1560863	1039209
港澳台商控股						
外商控股	270331	200300			200331	210494
其他						

3-E-6　专业承包建筑企业按隶属关系、营业状态、行业、资质等级和地区分房屋建筑面积与价值情况

分　　组	房屋建筑施工面积（平方米）	其中：本年新开工面积	其中：实行投标承包面积	其中：本年新开工	房屋建筑竣工面积（平方米）	房屋建筑竣工价值（千元）
总　　计	**4194206**	**2953737**	**2547041**	**1882127**	**2214142**	**1620420**
一、按隶属关系分组						
中央						
地方	4194206	2953737	2547041	1882127	2214142	1620420
二、按营业状态分组						
营业	4194206	2953737	2547041	1882127	2214142	1620420
停业（歇业）						
筹建						
当年关闭						
当年破产						
其他						
三、按行业（中类）分组						
房屋和土木工程建筑业	2809622	1938710	2065896	1496507	1542647	1225319
房屋工程建筑	2781348	1915906	2054596	1485207	1528377	1205099
土木工程建筑	28274	22804	11300	11300	14270	20220
建筑安装业	1148578	825139	306407	211232	637433	379197
建筑装饰业						
其他建筑业	236006	189888	174738	174388	34062	15904
工程准备	66216	22475	22275	22275	11735	4250
提供施工设备服务						
其他未列明的建筑活动	169790	167413	152463	152113	22327	11654
四、按企业资质等级分组						
一级	704941	430449	80750	45291	398871	349443
二级	1702965	1325407	1064178	844485	1063695	662669
三级及以下	1786300	1197881	1402113	992351	751576	608308
五、按地区分组						
沈 阳 市	604204	313251	273319	176002	121679	106063
大 连 市	478742	388829	416875	341825	62569	70013
鞍 山 市	652688	500348	3000	3000	578688	430459
抚 顺 市	23000	23000	23000	23000	23000	14950
本 溪 市	116823	116823			35851	25095
丹 东 市	1196760	794634	853223	598106	670344	493866
锦 州 市	750885	572210	750885	572210	440685	231410
营 口 市	128241	76020	76020	76020	76020	73300
阜 新 市	192606	125641	115478	56723	164259	128048
辽 阳 市	25362	18426	12426	12426	17362	27135
盘 锦 市	11515	11515	11515	11515	11515	4030
铁 岭 市	11300	11300	11300	11300	11300	15051
朝 阳 市						
葫芦岛市	2080	1740			870	1000

3-E-7　专业承包建筑企业按登记注册类型和控股情况分机械与人员情况

分　组	施工机械设备			业人员情况（人）	
	年末自有施工机械设备净值（千元）	年末自有施工机械设备总台数（台）	年末自有施工机械设备总功率（千瓦）	计算建筑业劳动生产率平均人数	年末从业人员
总　计	**3110791**	**90307**	**1722373**	**342707**	**223906**
其中：国有及国有控股企业	760023	14697	425138	65037	44809
一、按登记注册类型分组					
内资企业	**2972673**	**85790**	**1686810**	**331156**	**217421**
国有企业	434447	9433	253626	40553	28024
集体企业	158917	5018	117390	50601	28571
股份合作企业	52986	2884	35165	6940	4097
联营企业	1107	16	1179	175	30
国有联营企业					
集体联营企业					
国有与集体联营企业	1107	16	1179	175	30
其他联营企业					
有限责任公司	872879	17764	474398	85378	51302
国有独资公司	21746	306	6189	1615	1513
其他有限责任公司	851133	17458	468209	83763	49789
股份有限公司	76036	1417	49158	7701	5928
私营企业	1376301	49258	755894	139808	99469
私营独资企业	34222	925	18531	4183	3533
私营合伙企业	15104	693	11706	2015	1488
私营有限责任公司	1229127	45319	669374	125148	88459
私营股份有限公司	97848	2321	56283	8462	5989
其他企业					
港、澳、台商投资企业	**53916**	**3136**	**6667**	**6290**	**3102**
合资经营企业(港或澳、台资)	49916	1119	5939	5938	2545
合作经营企业(港或澳、台资)					
港、澳、台商独资经营企业	515	36	39	9	9
港、澳、台商投资股份有限公司	3485	1981	689	343	548
外商投资企业	**84202**	**1381**	**28896**	**5261**	**3383**
中外合资经营企业	21170	1064	20266	3744	2520
中外合作经营企业	658	102	2857	265	205
外资企业	1094	35	1650	222	111
外商投资股份有限公司	61280	180	4123	1030	547
二、按控股情况分组					
国有控股	760023	14697	425138	65037	44809
集体控股	378201	10824	231563	75164	44455
私人控股	1903453	60558	1038349	192712	129273
港澳台商控股	53916	3136	6667	6290	3102
外商控股	15198	1092	20656	3504	2267
其他					

3-E-7 续表

分　组	从业人员情况（人）				
	年末从业人员中管理人员	年末从业人员中工程技术人员	年末从业人员中一级建造师	年末从业人员中现场施工工人	其中：持证上岗人员
总　计	**38110**	**42216**	**1853**	**112106**	**71016**
其中：国有及国有控股企业	7586	7667	405	21554	14488
一、按登记注册类型分组					
内资企业	**37161**	**40896**	**1750**	**108397**	**68600**
国有企业	5322	5287	270	14695	9772
集体企业	3620	3200	48	15111	7446
股份合作企业	923	643	33	2670	1858
联营企业	4	20		17	17
国有联营企业					
集体联营企业					
国有与集体联营企业	4	20		17	17
其他联营企业					
有限责任公司	8009	9961	446	23614	16549
国有独资公司	139	111	3	916	891
其他有限责任公司	7870	9850	443	22698	15658
股份有限公司	733	760	30	1035	818
私营企业	18550	21025	923	51255	32140
私营独资企业	565	763	13	2011	531
私营合伙企业	271	311	6	734	505
私营有限责任公司	16603	18623	836	46171	29795
私营股份有限公司	1111	1328	68	2339	1309
其他企业					
港、澳、台商投资企业	**415**	**707**	**29**	**1851**	**1446**
合资经营企业(港或澳、台资)	348	645	18	1434	1351
合作经营企业(港或澳、台资)					
港、澳、台商独资经营企业	2	7			
港、澳、台商投资股份有限公司	65	55	11	417	95
外商投资企业	**534**	**613**	**74**	**1858**	**970**
中外合资经营企业	378	487	53	1298	568
中外合作经营企业	12	39	1	153	31
外资企业	33	37		40	40
外商投资股份有限公司	111	50	20	367	331
二、按控股情况分组					
国有控股	7586	7667	405	21554	14488
集体控股	6412	5686	150	24885	14558
私人控股	23320	27716	1213	62634	40054
港澳台商控股	415	707	29	1851	1446
外商控股	377	440	56	1182	470
其他					

3-E-8　专业承包建筑企业按隶属关系、营业状态、行业、资质等级和地区分机械与人员情况

分　组	施工机械设备			业人员情况（人）	
	年末自有施工机械设备净值（千元）	年末自有施工机械设备总台数（台）	年末自有施工机械设备总功率（千瓦）	计算建筑业劳动生产率平均人数	年末从业人员
总　计	**3110791**	**90307**	**1722373**	**342707**	**223906**
一、按隶属关系分组					
中央	88796	2826	55564	8950	5665
地方	3021995	87481	1666809	333757	218241
二、按营业状态分组					
营业	3108851	90201	1720210	342237	223459
停业（歇业）	1940	106	2163	445	418
筹建					5
当年关闭				23	22
当年破产				2	2
其他					
三、按行业（中类）分组					
房屋和土木工程建筑业	1535455	38030	809692	104028	67603
房屋工程建筑	511240	22940	282392	29328	19454
土木工程建筑	1024215	15090	527300	74700	48149
建筑安装业	984845	30756	609627	169500	110793
建筑装饰业	348737	18162	160845	55120	35885
其他建筑业	241754	3359	142209	14059	9625
工程准备	207986	2150	106015	10125	6987
提供施工设备服务	17650	245	14414	1122	341
其他未列明的建筑活动	16118	964	21780	2812	2297
四、按企业资质等级分组					
一级	666427	17472	363163	90485	51181
二级	964251	21504	421439	95689	59253
三级及以下	1480113	51331	937771	156533	113472
五、按地区分组					
沈 阳 市	744282	24456	422733	140731	72132
大 连 市	469584	18043	283998	59678	48946
鞍 山 市	147764	3948	131835	23833	22005
抚 顺 市	123261	3574	110437	23427	10698
本 溪 市	283719	3222	134470	9849	8301
丹 东 市	396569	21082	257975	16495	15051
锦 州 市	96742	3274	53016	19278	10634
营 口 市	411759	3381	83906	11955	6187
阜 新 市	132403	2332	54354	7961	6398
辽 阳 市	66236	1442	21159	8478	5110
盘 锦 市	42709	1304	32440	5326	5510
铁 岭 市	44110	772	39775	4385	4225
朝 阳 市	63414	1754	33341	5986	4996
葫芦岛市	88239	1723	62934	5325	3713

3-E-8 续表

分 组	从业人员情况（人）				
	年末从业人员中管理人员	年末从业人员中工程技术人员	年末从业人员中一一级建造师	年末从业人员中现场施工工人	其中：持证上岗人员
总 计	**38110**	**42216**	**1853**	**112106**	**71016**
一、按隶属关系分组					
中央	1134	991	50	3225	3028
地方	36976	41225	1803	108881	67988
二、按营业状态分组					
营业	38027	42108	1852	111957	70981
停业（歇业）	73	98	1	144	35
筹建	2			3	
当年关闭	8	10		2	
当年破产					
其他					
三、按行业(中类)分组					
房屋和土木工程建筑业	10830	11955	624	35889	23278
房屋工程建筑	2993	2960	253	12288	9397
土木工程建筑	7837	8995	371	23601	13881
建筑安装业	18593	19849	675	55023	37181
建筑装饰业	6972	8139	486	16268	8543
其他建筑业	1715	2273	68	4926	2014
工程准备	1263	1618	51	3538	1528
提供施工设备服务	27	39		203	135
其他未列明的建筑活动	425	616	17	1185	351
四、按企业资质等级分组					
一级	9192	8064	575	27300	22311
二级	10039	11202	477	29733	17326
三级及以下	18879	22950	801	55073	31379
五、按地区分组					
沈 阳 市	12944	15298	552	28341	22577
大 连 市	8293	9407	395	30437	12711
鞍 山 市	2287	2197	115	8627	3952
抚 顺 市	1913	1919	93	6140	3210
本 溪 市	1603	1804	65	4387	2515
丹 东 市	2609	2229	223	9791	8650
锦 州 市	2060	2126	85	5355	4742
营 口 市	1389	1373	23	3136	1767
阜 新 市	927	1172	48	4452	2275
辽 阳 市	1119	1117	102	2211	1153
盘 锦 市	366	784	50	1393	1207
铁 岭 市	584	1057	18	2699	1852
朝 阳 市	927	936	32	3250	2830
葫芦岛市	1089	797	52	1887	1575

3-E-9　专业承包建筑企业按登记注册类型和控股情况分主要建筑材料消耗情况

分　组	1.钢材(吨)	2.木材(立方米)	3.水泥(吨)	4.玻璃(重量箱)	4.玻璃(平方米)	5.铝材(吨)
总　计	**884253**	**285092**	**2620653**	**620056**	**4650913**	**67654**
其中：国有及国有控股企业	216576	57146	1132435	33809	203571	1995
一、按登记注册类型分组						
内资企业	**835176**	**276175**	**2576751**	**554385**	**4338670**	**63762**
国有企业	162218	33070	784701	2566	20590	1127
集体企业	83583	7690	90168	10464	83001	542
股份合作企业	12381	4903	29274	8854	113045	133
联营企业	650		380			
国有联营企业						
集体联营企业						
国有与集体联营企业	650		380			
其他联营企业						
有限责任公司	180567	66140	723613	109953	997444	5450
国有独资公司	1597	377	8300	3500	15600	8
其他有限责任公司	178970	65763	715313	106453	981844	5442
股份有限公司	15670	1471	49547	88	788	6
私营企业	380107	162901	899068	422460	3123802	56504
私营独资企业	3058	2256	15758	29683	131391	161
私营合伙企业	3208	302	5631	252	1570	
私营有限责任公司	360269	155235	767672	386655	2962471	55291
私营股份有限公司	13572	5108	110007	5870	28370	1052
其他企业						
港、澳、台商投资企业	**11487**	**3620**	**21326**	**47083**	**230723**	**2778**
合资经营企业(港或澳、台资)	11427	820	19935	47083	230723	2778
合作经营企业(港或澳、台资)						
港、澳、台商独资经营企业		200	520			
港、澳、台商投资股份有限公司	60	2600	871			
外商投资企业	**37590**	**5297**	**22576**	**18588**	**81520**	**1114**
中外合资经营企业	37023	5038	21356	12533	57241	87
中外合作经营企业	460		50			
外资企业	47	259	130	34	195	2
外商投资股份有限公司	60		1040	6021	24084	1025
二、按控股情况分组						
国有控股	216576	57146	1132435	33809	203571	1995
集体控股	132505	14882	192187	24043	604276	747
私人控股	491955	204147	1253429	504217	3563223	62045
港澳台商控股	11487	3620	21326	47083	230723	2778
外商控股	31730	5297	21276	10904	49120	89
其他						

3-E-10 专业承包建筑企业按隶属关系、营业状态、行业、资质等级和地区分主要建筑材料消耗情况

分组	1.钢材(吨)	2.木材(立方米)	3.水泥(吨)	4.玻璃(重量箱)	4.玻璃(平方米)	5.铝材(吨)
总计	**884253**	**285092**	**2620653**	**620056**	**4650913**	**67654**
一、按隶属关系分组						
中央	65133	3126	187947	4004	17546	333
地方	819120	281966	2432706	616052	4633367	67321
二、按营业状态分组						
营业	883660	284072	2612215	620046	4650813	67654
停业（歇业）	588	1000	8433	10	100	
筹建						
当年关闭	5	20	5			
当年破产						
其他						
三、按行业(中类)分组						
房屋和土木工程建筑业	458862	99401	1658375	95812	1717068	1565
房屋工程建筑	229862	60983	534031	90029	1649246	1258
土木工程建筑	229000	38418	1124344	5783	67822	307
建筑安装业	352502	48797	358577	182984	1251969	47700
建筑装饰业	50231	133216	228253	340675	1679448	18380
其他建筑业	22658	3678	375448	585	2428	9
工程准备	15522	2120	146343	516	2033	
提供施工设备服务	230	110	226226			
其他未列明的建筑活动	6906	1448	2879	69	395	9
四、按企业资质等级分组						
一级	300137	61703	817598	269301	1614465	55846
二级	256646	90133	831953	162390	791573	5296
三级及以下	327470	133256	971102	188365	2244875	6512
五、按地区分组						
沈阳市	321749	116276	558811	281544	1696121	55820
大连市	60797	57638	325452	56461	330462	3526
鞍山市	104711	10458	445370	29434	146960	1776
抚顺市	69969	9851	58303	11062	56024	1091
本溪市	26163	4243	383146	38811	138625	28
丹东市	69124	44941	295814	65372	1147214	1174
锦州市	83072	11234	299154	4352	16320	396
营口市	53283	3763	119200	46013	268492	3154
阜新市	36153	2960	21950	16304	70019	142
辽阳市	9835	4163	36146	31730	163213	221
盘锦市	5902	7223	21443	9910	459000	14
铁岭市	6667	670	5610	595	7973	9
朝阳市	8421	1160	28616	7623	33115	296
葫芦岛市	28407	10512	21638	20845	117375	7

3-E-11　专业承包建筑企业按登记注册类型和控股情况分竣工房屋面积情况

单位：平方米

分　组	合　计	1.厂房、仓库	2.住宅	3.办公用房	4.批发和零售用房	5.住宿和餐饮用房
总　计	**2214142**	**728518**	**1284086**	**32828**		**609**
其中：国有及国有控股企业	85194	16432	64336			609
一、按登记注册类型分组						
内资企业	**1951331**	**466038**	**1284055**	**32528**		**609**
国有企业	45111	13000	27685			609
集体企业	80473	4600	68873	7000		
股份合作企业	286831	50844	202612	8528		
联营企业						
国有联营企业						
集体联营企业						
国有与集体联营企业						
其他联营企业						
有限责任公司	602981	44082	459044			
国有独资公司	3432	3432				
其他有限责任公司	599549	40650	459044			
股份有限公司						
私营企业	935935	353512	525841	17000		
私营独资企业						
私营合伙企业						
私营有限责任公司	923935	341512	525841	17000		
私营股份有限公司	12000	12000				
其他企业						
港、澳、台商投资企业						
合资经营企业(港或澳、台资)						
合作经营企业(港或澳、台资)						
港、澳、台商独资经营企业						
港、澳、台商投资股份有限公司						
外商投资企业	**262811**	**262480**	**31**	**300**		
中外合资经营企业	262811	262480	31	300		
中外合作经营企业						
外资企业						
外商投资股份有限公司						
二、按控股情况分组						
国有控股	85194	16432	64336			609
集体控股	367754	55894	271485	15528		
私人控股	1560863	456192	948234	17000		
港澳台商控股						
外商控股	200331	200000	31	300		
其他						

3-E-11 续表

单位：平方米

分　组	6.居民服务业用房	7.教育用房	8.文化、体育用房	9.卫生医疗用房	10.科研用房	11.其他用房
总　计		**29051**	**84342**		**110**	**54598**
其中：国有及国有控股企业		2760				1057
一、按登记注册类型分组						
内资企业		**29051**	**84342**		**110**	**54598**
国有企业		2760				1057
集体企业						
股份合作企业		7655	17002		110	80
联营企业						
国有联营企业						
集体联营企业						
国有与集体联营企业						
其他联营企业						
有限责任公司			67340			32515
国有独资公司						
其他有限责任公司			67340			32515
股份有限公司						
私营企业		18636				20946
私营独资企业						
私营合伙企业						
私营有限责任公司		18636				20946
私营股份有限公司						
其他企业						
港、澳、台商投资企业						
合资经营企业(港或澳、台资)						
合作经营企业(港或澳、台资)						
港、澳、台商独资经营企业						
港、澳、台商投资股份有限公司						
外商投资企业						
中外合资经营企业						
中外合作经营企业						
外资企业						
外商投资股份有限公司						
二、按控股情况分组						
国有控股		2760				1057
集体控股		7655	17002		110	80
私人控股		18636	67340			53461
港澳台商控股						
外商控股						
其他						

3-E-12　专业承包建筑企业按隶属关系、营业状态、行业、资质等级和地区分竣工房屋面积情况

单位：平方米

分　组	合 计	1.厂房、仓库	2.住宅	3.办公用房	4.批发和零售用房	5.住宿和餐饮用房
总　计	**2214142**	**728518**	**1284086**	**32828**		**609**
一、按隶属关系分组						
中央						
地方	2214142	728518	1284086	32828		609
二、按营业状态分组						
营业	2214142	728518	1284086	32828		609
停业（歇业）						
筹建						
当年关闭						
当年破产						
其他						
三、按行业（中类）分组						
房屋和土木工程建筑业	1542647	538064	902820	25298		609
房屋工程建筑	1528377	533764	899850	18298		609
土木工程建筑	14270	4300	2970	7000		
建筑安装业	637433	173254	379219	7230		
建筑装饰业						
其他建筑业	34062	17200	2047	300		
工程准备	11735	200	20			
提供施工设备服务						
其他未列明的建筑活动	22327	17000	2027	300		
四、按企业资质等级分组						
一级	398871	317531	14000			
二级	1063695	291958	761737			
三级及以下	751576	119029	508349	32828		609
五、按地区分组						
沈 阳 市	121679	11762	105467	100		
大 连 市	62569	29240	9029	300		
鞍 山 市	578688	212000	299348			
抚 顺 市	23000		23000			
本 溪 市	35851		35851			
丹 东 市	670344	224799	371428	18298		
锦 州 市	440685	53000	387685			
营 口 市	76020	69120		6900		
阜 新 市	164259	117981	46278			
辽 阳 市	17362	6316	6000	230		609
盘 锦 市	11515					
铁 岭 市	11300	4300		7000		
朝 阳 市						
葫芦岛市	870					

3-E-12 续表

单位：平方米

分 组	6.居民服务业用房	7.教育用房	8.文化、体育用房	9.卫生医疗用房	10.科研用房	11.其他用房
总 计		**29051**	**84342**		**110**	**54598**
一、按隶属关系分组						
中央						
地方		29051	84342		110	54598
二、按营业状态分组						
营业		29051	84342		110	54598
停业（歇业）						
筹建						
当年关闭						
当年破产						
其他						
三、按行业（中类）分组						
房屋和土木工程建筑业		29051	16802			30003
房屋工程建筑		29051	16802			30003
土木工程建筑						
建筑安装业			67540		110	10080
建筑装饰业						
其他建筑业						14515
工程准备						11515
提供施工设备服务						
其他未列明的建筑活动						3000
四、按企业资质等级分组						
一级			67340			
二级						10000
三级及以下		29051	17002		110	44598
五、按地区分组						
沈 阳 市						4350
大 连 市						24000
鞍 山 市			67340			
抚 顺 市						
本 溪 市						
丹 东 市		26291	16802			12726
锦 州 市						
营 口 市						
阜 新 市						
辽 阳 市		2760	200		110	1137
盘 锦 市						11515
铁 岭 市						
朝 阳 市						
葫芦岛市						870

3-E-13　专业承包建筑企业按登记注册类型和控股情况分竣工房屋价值情况

单位：千元

分　组	合　计	1.厂房、仓库	2.住宅	3.办公用房	4.批发和零售用房	5.住宿和餐饮用房
总　计	**1620420**	**618378**	**836471**	**31526**		**606**
其中：国有及国有控股企业	67994	11499	42705			606
一、按登记注册类型分组						
内资企业	**1368590**	**367042**	**836426**	**31077**		**606**
国有企业	40200	9800	16610			606
集体企业	82488	7050	66867	8571		
股份合作企业	218885	33524	153840	10056		
联营企业						
国有联营企业						
集体联营企业						
国有与集体联营企业						
其他联营企业						
有限责任公司	332142	35249	234613			
国有独资公司	1699	1699				
其他有限责任公司	330443	33550	234613			
股份有限公司						
私营企业	694875	281419	364496	12450		
私营独资企业						
私营合伙企业						
私营有限责任公司	691040	277584	364496	12450		
私营股份有限公司	3835	3835				
其他企业						
港、澳、台商投资企业						
合资经营企业(港或澳、台资)						
合作经营企业(港或澳、台资)						
港、澳、台商独资经营企业						
港、澳、台商投资股份有限公司						
外商投资企业	**251830**	**251336**	**45**	**449**		
中外合资经营企业	251830	251336	45	449		
中外合作经营企业						
外资企业						
外商投资股份有限公司						
二、按控股情况分组						
国有控股	67994	11499	42705			606
集体控股	302723	41924	220707	18627		
私人控股	1039209	354955	573014	12450		
港澳台商控股						
外商控股	210494	210000	45	449		
其他						

3-E-13 续表 单位：千元

分 组	6.居民服务业用房	7.教育用房	8.文化、体育用房	9.卫生医疗用房	10.科研用房	11.其他用房
总 计		**37000**	**45386**		**75**	**50978**
其中：国有及国有控股企业		7600				5584
一、按登记注册类型分组						
内资企业		**37000**	**45386**		**75**	**50978**
国有企业		7600				5584
集体企业						
股份合作企业		8200	13136		75	54
联营企业						
国有联营企业						
集体联营企业						
国有与集体联营企业						
其他联营企业						
有限责任公司			32250			30030
国有独资公司						
其他有限责任公司			32250			30030
股份有限公司						
私营企业		21200				15310
私营独资企业						
私营合伙企业						
私营有限责任公司		21200				15310
私营股份有限公司						
其他企业						
港、澳、台商投资企业						
合资经营企业(港或澳、台资)						
合作经营企业(港或澳、台资)						
港、澳、台商独资经营企业						
港、澳、台商投资股份有限公司						
外商投资企业						
中外合资经营企业						
中外合作经营企业						
外资企业						
外商投资股份有限公司						
二、按控股情况分组						
国有控股		7600				5584
集体控股		8200	13136		75	54
私人控股		21200	32250			45340
港澳台商控股						
外商控股						
其他						

3-E-14 专业承包建筑企业按隶属关系、营业状态、行业、资质等级和地区分竣工房屋价值情况

单位：千元

分 组	合 计	1.厂房、仓库	2.住宅	3.办公用房	4.批发和零售用房	5.住宿和餐饮用房
总 计	**1620420**	**618378**	**836471**	**31526**		**606**
一、按隶属关系分组						
中央						
地方	1620420	618378	836471	31526		606
二、按营业状态分组						
营业	1620420	618378	836471	31526		606
停业（歇业）						
筹建						
当年关闭						
当年破产						
其他						
三、按行业(中类)分组						
房屋和土木工程建筑业	1225319	514651	592297	26471		606
房屋工程建筑	1205099	508171	587128	17900		606
土木工程建筑	20220	6480	5169	8571		
建筑安装业	379197	94480	243096	4606		
建筑装饰业						
其他建筑业	15904	9247	1078	449		
工程准备	4250	200	20			
提供施工设备服务						
其他未列明的建筑活动	11654	9047	1058	449		
四、按企业资质等级分组						
一级	349443	310493	6700			
二级	662669	225170	432999			
三级及以下	608308	82715	396772	31526		606
五、按地区分组						
沈 阳 市	106063	16693	83910	150		
大 连 市	70013	30977	11487	449		
鞍 山 市	430459	213835	184374			
抚 顺 市	14950		14950			
本 溪 市	25095		25095			
丹 东 市	493866	134826	290840	17900		
锦 州 市	231410	41800	189610			
营 口 市	73300	69000		4300		
阜 新 市	128048	101843	26205			
辽 阳 市	27135	2924	10000	156		606
盘 锦 市	4030					
铁 岭 市	15051	6480		8571		
朝 阳 市						
葫芦岛市	1000					

3-E-14 续表 单位：千元

分 组	6.居民服务业用房	7.教育用房	8.文化、体育用房	9.卫生医疗用房	10.科研用房	11.其他用房
总 计		**37000**	**45386**		**75**	**50978**
一、按隶属关系分组						
中央						
地方		37000	45386		75	50978
二、按营业状态分组						
营业		37000	45386		75	50978
停业（歇业）						
筹建						
当年关闭						
当年破产						
其他						
三、按行业(中类)分组						
房屋和土木工程建筑业		37000	13000			41294
房屋工程建筑		37000	13000			41294
土木工程建筑						
建筑安装业			32386		75	4554
建筑装饰业						
其他建筑业						5130
工程准备						4030
提供施工设备服务						
其他未列明的建筑活动						1100
四、按企业资质等级分组						
一级			32250			
二级						4500
三级及以下		37000	13136		75	46478
五、按地区分组						
沈 阳 市						5310
大 连 市						27100
鞍 山 市			32250			
抚 顺 市						
本 溪 市						
丹 东 市		29400	13000			7900
锦 州 市						
营 口 市						
阜 新 市						
辽 阳 市		7600	136		75	5638
盘 锦 市						4030
铁 岭 市						
朝 阳 市						
葫芦岛市						1000

3-E-15　专业承包建筑企业按登记注册类型和控股情况分资产情况

单位：千元

分　组	年初存货	流动资产总　计		长期投资	固定资产总　计	固定资产原　价	
			存　货				生产经营用
总　计	**4742004**	**32680748**	**5988884**	**1166506**	**8644512**	**12058349**	**10266720**
其中：国有及国有控股企业	1124929	5644544	1542754	158688	1755033	2595952	2307573
一、按登记注册类型分组							
内资企业	**4445715**	**31601043**	**5769019**	**1164047**	**8168490**	**11348306**	**9785743**
国有企业	836631	3634433	987870	103345	1163834	1739766	1525895
集体企业	399929	3202586	694345	91586	537650	909684	765375
股份合作企业	21058	531852	64231	14945	93973	149191	100465
联营企业	9992	22685	10392		1107	6385	1107
国有联营企业							
集体联营企业							
国有与集体联营企业	9992	22685	10392		1107	6385	1107
其他联营企业							
有限责任公司	1106718	7933762	1637502	503155	2124593	3055945	2517988
国有独资公司	5133	56690	6679		38224	45076	40816
其他有限责任公司	1101585	7877072	1630823	503155	2086369	3010869	2477172
股份有限公司	79615	724830	182829	4971	110169	172593	155345
私营企业	1991772	15550895	2191850	446045	4137164	5314742	4719568
私营独资企业	29362	289979	46037	5327	106519	147209	104631
私营合伙企业	10690	153497	15623	1200	67334	80788	49489
私营有限责任公司	1818861	14263285	2000787	402062	3616017	4690799	4228234
私营股份有限公司	132859	844134	129403	37456	347294	395946	337214
其他企业							
港、澳、台商投资企业	**149828**	**345097**	**34937**		**75868**	**138953**	**131397**
合资经营企业(港或澳、台资)	132002	316482	25683		71759	129635	122205
合作经营企业(港或澳、台资)							
港、澳、台商独资经营企业	4178	10210	2673		525	1008	907
港、澳、台商投资股份有限公司	13648	18405	6581		3584	8310	8285
外商投资企业	**146461**	**734608**	**184928**	**2459**	**400154**	**571090**	**349580**
中外合资经营企业	114945	528842	134591	2000	219662	253220	221714
中外合作经营企业	960	21745	949		6624	16445	15720
外资企业	3118	17115	4857	459	4810	10157	9436
外商投资股份有限公司	27438	166906	44531		169058	291268	102710
二、按控股情况分组							
国有控股	1124929	5644544	1542754	158688	1755033	2595952	2307573
集体控股	768273	5581008	1263525	232355	1040242	1691614	1445722
私人控股	2600750	20659479	3030364	773004	5612894	7399278	6221936
港澳台商控股	149828	345097	34937		75868	138953	131397
外商控股	98224	450620	117304	2459	160475	232552	160092
其他							

3-E-15 续表

单位：千元

分组	累计折旧		在建工程	无形及递延资产		其他资产	资产总计
		本年折旧			无形资产		
总　计	**4351641**	**797112**	**444245**	**1209679**	**1056236**	**50538**	**43751983**
其中：国有及国有控股企业	1182042	162188	217253	168903	125060	4649	7731817
一、按登记注册类型分组							
内资企业	**4074228**	**760797**	**437966**	**1162810**	**1039308**	**47601**	**42143991**
国有企业	859202	120310	172848	121321	87521	4193	5027126
集体企业	481783	72996	6939	22772	13659	15437	3870031
股份合作企业	60782	9561	1719	39652	36398	29	680451
联营企业	5278	271					23792
国有联营企业							
集体联营企业							
国有与集体联营企业	5278	271					23792
其他联营企业							
有限责任公司	1071192	234437	93505	170380	151051	9049	10740939
国有独资公司	6852	1325					94914
其他有限责任公司	1064340	233112	93505	170380	151051	9049	10646025
股份有限公司	66096	10613	2914	38467	30270	4699	883136
私营企业	1529895	312609	160041	770218	720409	14194	20918516
私营独资企业	51140	13061	4028	8549	8249	277	410651
私营合伙企业	20457	2682	4435	2967	1929		224998
私营有限责任公司	1332469	275846	115986	710653	665593	13582	19005599
私营股份有限公司	125829	21020	35592	48049	44638	335	1277268
其他企业							
港、澳、台商投资企业	**74704**	**9151**		**1284**	**1149**	**26**	**422275**
合资经营企业(港或澳、台资)	69495	8586		1284	1149	26	389551
合作经营企业(港或澳、台资)							
港、澳、台商独资经营企业	483	111					10735
港、澳、台商投资股份有限公司	4726	454					21989
外商投资企业	**202709**	**27164**	**6279**	**45585**	**15779**	**2911**	**1185717**
中外合资经营企业	63163	16189	5796	14268	14003	1467	766239
中外合作经营企业	11500	1122		757	653	1335	30461
外资企业	5836	833	483	1150	1123	109	23643
外商投资股份有限公司	122210	9020		29410			365374
二、按控股情况分组							
国有控股	1182042	162188	217253	168903	125060	4649	7731817
集体控股	786079	147158	11581	142866	128780	16235	7012706
私人控股	2209785	462274	213951	880451	785468	26717	27952545
港澳台商控股	74704	9151		1284	1149	26	422275
外商控股	99031	16341	1460	16175	15779	2911	632640
其他							

3-E-16　专业承包建筑企业按隶属关系、营业状态、行业、资质等级和地区分资产情况

单位：千元

分组	年初存货	流动资产总计	存货	长期投资	固定资产总计	固定资产原价	生产经营用
总计	**4742004**	**32680748**	**5988884**	**1166506**	**8644512**	**12058349**	**10266720**
一、按隶属关系分组							
中央	320697	1424135	419604	5899	144198	338439	261212
地方	4421307	31256613	5569280	1160607	8500314	11719910	10005508
二、按营业状态分组							
营业	4730065	32592507	5966583	1158442	8598396	12001597	10236513
停业（歇业）	11035	85096	22266	8064	42796	53138	26714
筹建					3000	3000	3000
当年关闭	904	3145	35		220	414	293
当年破产					100	200	200
其他							
三、按行业(中类)分组							
房屋和土木工程建筑业	1352526	9247569	1667081	487531	3127856	4145745	3667469
房屋工程建筑	362219	2344603	506277	223404	779183	995380	878443
土木工程建筑	990307	6902966	1160804	264127	2348673	3150365	2789026
建筑安装业	2314513	17866811	3222057	510918	3707686	5249262	4443212
建筑装饰业	961385	4479876	945482	101414	1180470	1697084	1273786
其他建筑业	113580	1086492	154264	66643	628500	966258	882253
工程准备	57600	776769	91142	57813	518312	786569	712792
提供施工设备服务	1507	83700	35070	380	34084	68588	61531
其他未列明的建筑活动	54473	226023	28052	8450	76104	111101	107930
四、按企业资质等级分组							
一级	1818785	11060837	2314132	210381	2280697	3168420	2835328
二级	1104770	8059201	1383990	301609	2248865	3210853	2721069
三级及以下	1818449	13560710	2290762	654516	4114950	5679076	4710323
五、按地区分组							
沈阳市	2025069	13949947	2396527	188186	2687577	3622856	3235247
大连市	868643	6343725	1197970	171991	1459574	2174277	2074332
鞍山市	291696	2198884	336637	183492	764356	1109854	741887
抚顺市	134668	1407585	216027	7413	281825	467491	424956
本溪市	85861	671837	168542	32428	475896	632706	528075
丹东市	336088	1889156	363678	248286	613671	794631	716665
锦州市	376235	1837053	548509	191991	451094	652366	387354
营口市	131273	1300842	193687	39017	672302	944241	655853
阜新市	66111	492312	79075	5649	313368	401407	393713
辽阳市	53838	559243	105607	26494	227649	319654	246026
盘锦市	153732	866827	116651	32843	180310	223822	179883
铁岭市	33258	334578	47141	24009	112542	227642	217293
朝阳市	25362	376057	42176	11717	128969	171838	158691
葫芦岛市	160170	452702	176657	2990	275379	315564	306745

3-E-16 续表 单位：千元

分组	累计折旧	本年折旧	在建工程	无形及递延资产	无形资产	其他资产	资产总计
总　计	**4351641**	**797112**	**444245**	**1209679**	**1056236**	**50538**	**43751983**
一、按隶属关系分组							
中央	195208	32256	251	46332	36535	3420	1623984
地方	4156433	764856	443994	1163347	1019701	47118	42127999
二、按营业状态分组							
营业	4332369	791835	443005	1209226	1056023	50498	43609069
停业（歇业）	18828	5084	1240	453	213	40	136449
筹建	150	150					3000
当年关闭	194	17					3365
当年破产	100	26					100
其他							
三、按行业(中类)分组							
房屋和土木工程建筑业	1517568	287425	255545	464112	392377	13275	13340343
房屋工程建筑	253607	39190	17271	304523	284982	478	3652191
土木工程建筑	1263961	248235	238274	159589	107395	12797	9688152
建筑安装业	1879591	341388	155903	601962	567721	26153	22713530
建筑装饰业	588218	110632	24980	115404	70512	9893	5887057
其他建筑业	366264	57667	7817	28201	25626	1217	1811053
工程准备	288720	44603	6498	26434	24183	915	1380243
提供施工设备服务	38064	3817		1632	1315		119796
其他未列明的建筑活动	39480	9247	1319	135	128	302	311014
四、按企业资质等级分组							
一级	1304331	169401	259582	449957	373939	13545	14015417
二级	1120156	241819	44790	245728	197811	15300	10870703
三级及以下	1927154	385892	139873	513994	484486	21693	18865863
五、按地区分组							
沈 阳 市	1342281	234138	254758	478547	434725	14434	17318691
大 连 市	846720	191282	39064	84832	54907	8450	8068572
鞍 山 市	418985	82281	17237	130772	98936	13102	3290606
抚 顺 市	187058	22944		12637	12637	1442	1710902
本 溪 市	243365	35374	38566	14505	11238	485	1195151
丹 东 市	250333	28953	13425	268037	267118	72	3019222
锦 州 市	209808	46422	4825	68563	63561	6959	2555660
营 口 市	277214	50916	5271	66286	32875	3467	2081914
阜 新 市	91418	16096	724	24614	21928	315	836258
辽 阳 市	105551	22640	7787	31891	31454	636	845913
盘 锦 市	101395	22876	57113	10268	10192		1090248
铁 岭 市	115745	15151		15778	14642	467	487374
朝 阳 市	46760	18112	720	498	348	71	517312
葫芦岛市	115008	9927	4755	2451	1675	638	734160

3-E-17　专业承包建筑企业按登记注册类型和控股情况分负债和所有者权益情况

单位：千元

分　组	流动负债总　计	长期负债总　计	负债合计	所有者权益合计
总　　计	**23913966**	**1565874**	**25479840**	**18272143**
其中：国有及国有控股企业	4556699	172054	4728753	3003064
一、按登记注册类型分组				
内资企业	**23200872**	**1443996**	**24644868**	**17499123**
国有企业	2995180	100638	3095818	1931308
集体企业	2623807	20784	2644591	1225440
股份合作企业	459889	4778	464667	215784
联营企业	18552		18552	5240
国有联营企业				
集体联营企业				
国有与集体联营企业	18552		18552	5240
其他联营企业				
有限责任公司	6402562	193115	6595677	4145262
国有独资公司	62957	60	63017	31897
其他有限责任公司	6339605	193055	6532660	4113365
股份有限公司	587438	29864	617302	265834
私营企业	10113444	1094817	11208261	9710255
私营独资企业	129260	15336	144596	266055
私营合伙企业	97470	2827	100297	124701
私营有限责任公司	9239900	1070427	10310327	8695272
私营股份有限公司	646814	6227	653041	624227
其他企业				
港、澳、台商投资企业	**220412**	**14048**	**234460**	**187815**
合资经营企业(港或澳、台资)	211579	14048	225627	163924
合作经营企业(港或澳、台资)				
港、澳、台商独资经营企业	843		843	9892
港、澳、台商投资股份有限公司	7990		7990	13999
外商投资企业	**492682**	**107830**	**600512**	**585205**
中外合资经营企业	327177	46360	373537	392702
中外合作经营企业	10329		10329	20132
外资企业	7291		7291	16352
外商投资股份有限公司	147885	61470	209355	156019
二、按控股情况分组				
国有控股	4556699	172054	4728753	3003064
集体控股	4849308	56618	4905926	2106780
私人控股	14054328	1216824	15271152	12681393
港澳台商控股	220412	14048	234460	187815
外商控股	233219	106330	339549	293091
其他				

3-E-17 续表 单位：千元

分组	实收资本	国家资本	集体资本	法人资本	个人资本	港澳台资本	外商资本
总计	**13182022**	**1926268**	**1400641**	**905999**	**8516693**	**122375**	**310046**
其中：国有及国有控股企业	2107660	1915373	1530	178047	12710		
一、按登记注册类型分组							
内资企业	**12523609**	**1922337**	**1396727**	**854121**	**8350174**	**250**	
国有企业	1386739	1303497		83242			
集体企业	751676		746826	4850			
股份合作企业	150002		140907	2057	7038		
联营企业	3530	2000	1530				
国有联营企业							
集体联营企业							
国有与集体联营企业	3530	2000	1530				
其他联营企业							
有限责任公司	2996292	500528	496834	484494	1514186	250	
国有独资公司	30280	30280					
其他有限责任公司	2966012	470248	496834	484494	1514186	250	
股份有限公司	196594	116312	10630	7400	62252		
私营企业	7038776			272078	6766698		
私营独资企业	246645			12000	234645		
私营合伙企业	104299			490	103809		
私营有限责任公司	6236891			247138	5989753		
私营股份有限公司	450941			12450	438491		
其他企业							
港、澳、台商投资企业	**159884**			**17643**	**20116**	**122125**	
合资经营企业(港或澳、台资)	137153			17643	14385	105125	
合作经营企业(港或澳、台资)							
港、澳、台商独资经营企业	9000					9000	
港、澳、台商投资股份有限公司	13731				5731	8000	
外商投资企业	**498529**	**3931**	**3914**	**34235**	**146403**		**310046**
中外合资经营企业	300523	3931		30523	62983		203086
中外合作经营企业	24110		3914	3712	1350		15134
外资企业	12616						12616
外商投资股份有限公司	161280				82070		79210
二、按控股情况分组							
国有控股	2107660	1915373	1530	178047	12710		
集体控股	1416684	1080	1378219	18657	18728		
私人控股	9203090	6215	16978	676838	8416336	250	86473
港澳台商控股	159884			17643	20116	122125	
外商控股	294704	3600	3914	14814	48803		223573
其他							

3-E-18 专业承包建筑企业按隶属关系、营业状态、行业、资质等级和地区分负债和所有者权益情况

单位：千元

分组	流动负债总计	长期负债总计	负债合计	所有者权益合计
总计	**23913966**	**1565874**	**25479840**	**18272143**
一、按隶属关系分组				
中央	1093367	27628	1120995	502989
地方	22820599	1538246	24358845	17769154
二、按营业状态分组				
营业	23862870	1554832	25417702	18191367
停业（歇业）	49763	11042	60805	75644
筹建				3000
当年关闭	1333		1333	2032
当年破产				100
其他				
三、按行业(中类)分组				
房屋和土木工程建筑业	7610039	554677	8164716	5175627
房屋工程建筑	1697750	324799	2022549	1629642
土木工程建筑	5912289	229878	6142167	3545985
建筑安装业	13214778	827240	14042018	8671512
建筑装饰业	2407297	165848	2573145	3313912
其他建筑业	681852	18109	699961	1111092
工程准备	479462	9539	489001	891242
提供施工设备服务	66393		66393	53403
其他未列明的建筑活动	135997	8570	144567	166447
四、按企业资质等级分组				
一级	8992600	736186	9728786	4286631
二级	5658233	335038	5993271	4877432
三级及以下	9263133	494650	9757783	9108080
五、按地区分组				
沈阳市	10013711	826600	10840311	6478380
大连市	3889833	134292	4024125	4044447
鞍山市	1615446	162360	1777806	1512800
抚顺市	1183851	27	1183878	527024
本溪市	483960	62988	546948	648203
丹东市	1381664	271621	1653285	1365937
锦州市	1633421	70360	1703781	851879
营口市	1024538	2040	1026578	1055336
阜新市	449662	7822	457484	378774
辽阳市	463709	13410	477119	368794
盘锦市	830368		830368	259880
铁岭市	269047	3626	272673	214701
朝阳市	258953	10728	269681	247631
葫芦岛市	415803		415803	318357

3-E-18 续表

单位：千元

分组	实收资本	国家资本	集体资本	法人资本	个人资本	港澳台资本	外商资本
总计	**13182022**	**1926268**	**1400641**	**905999**	**8516693**	**122375**	**310046**
一、按隶属关系分组							
中央	293692	254217	27825	3400	8250		
地方	12888330	1672051	1372816	902599	8508443	122375	310046
二、按营业状态分组							
营业	13093590	1921246	1396372	892399	8451312	122215	310046
停业（歇业）	83732	4022	4269	10700	64681	60	
筹建	3000			2900	100		
当年关闭	1600	1000			600		
当年破产	100					100	
其他							
三、按行业（中类）分组							
房屋和土木工程建筑业	3549307	1046839	444109	293600	1716309		48450
房屋工程建筑	899472	69316	99798	95661	598467		36230
土木工程建筑	2649835	977523	344311	197939	1117842		12220
建筑安装业	6161339	665598	840332	452760	4072963	66490	63196
建筑装饰业	2691882	118975	100523	125305	2128102	55885	163092
其他建筑业	779494	94856	15677	34334	599319		35308
工程准备	587127	57452	14697	23734	462536		28708
提供施工设备服务	45330	31630		500	13200		
其他未列明的建筑活动	147037	5774	980	10100	123583		6600
四、按企业资质等级分组							
一级	2560675	585945	189117	208049	1382895	39042	155627
二级	3621887	533812	428707	303809	2230285	48641	76633
三级及以下	6999460	806511	782817	394141	4903513	34692	77786
五、按地区分组							
沈阳市	4659421	774156	348820	280475	3136832	70532	48606
大连市	3066531	143304	156979	176654	2479348	35218	75028
鞍山市	852669	129326	178901	89967	423324	121	31030
抚顺市	441378	66678	113979	46706	214015		
本溪市	500052	229616	52266	3101	173694		41375
丹东市	817750	85261	89019	59107	572363	12000	
锦州市	700731	161527	121177	24129	370730	4504	18664
营口市	611715	25100	55965	4680	442250		83720
阜新市	334294	37488	88889	31500	168947		7470
辽阳市	339646	27000	104808	5950	200715		1173
盘锦市	176862	4150	15628	67984	89100		
铁岭市	200742	104330	62355		34057		
朝阳市	228886	54399		26035	148452		
葫芦岛市	251345	83933	11855	89711	62866		2980

3-E-19　专业承包建筑企业按登记注册类型和控股情况分损益及分配情况

单位：千元

分　　组	工程结算收入	工程结算成本	工程结算税金及附加	工程结算利润	其他业务收入	其他业务利润	经营费用
总　计	**45572393**	**37566074**	**1562515**	**6009228**	**1257572**	**269767**	**434576**
其中：国有及国有控股企业	8995128	7719020	300850	875491	228868	20509	99767
一、按登记注册类型分组							
内资企业	**43721739**	**35970526**	**1499945**	**5829869**	**1247235**	**262878**	**421399**
国有企业	6027932	5135292	214557	586404	192720	13267	91679
集体企业	4164391	3423885	126705	608653	142604	31594	5148
股份合作企业	635208	538512	19404	76486	33328	5128	806
联营企业	9430	7761	317	1352			
国有联营企业							
集体联营企业							
国有与集体联营企业	9430	7761	317	1352			
其他联营企业							
有限责任公司	10861891	9316768	358585	1147736	171478	44314	38802
国有独资公司	107244	92932	2803	11472	4851	4581	37
其他有限责任公司	10754647	9223836	355782	1136264	166627	39733	38765
股份有限公司	883143	760160	25718	95470	29399	642	1795
私营企业	21139744	16788148	754659	3313768	677706	167933	283169
私营独资企业	453275	372754	21329	58314	239	193	878
私营合伙企业	211661	170858	6368	33509	543	361	926
私营有限责任公司	19430961	15393447	692250	3066751	633825	158415	278513
私营股份有限公司	1043847	851089	34712	155194	43099	8964	2852
其他企业							
港、澳、台商投资企业	**751211**	**660847**	**18325**	**69592**	**8006**	**5616**	**2447**
合资经营企业(港或澳、台资)	734078	642108	17648	71879	2326	342	2443
合作经营企业(港或澳、台资)							
港、澳、台商独资经营企业	1199	3878	193	-2873	5680	5274	1
港、澳、台商投资股份有限公司	15934	14861	484	586			3
外商投资企业	**1099443**	**934701**	**44245**	**109767**	**2331**	**1273**	**10730**
中外合资经营企业	786866	667262	32798	77647	1247	424	9159
中外合作经营企业	27199	23612	861	2714			12
外资企业	39651	32049	1349	5365	924	849	888
外商投资股份有限公司	245727	211778	9237	24041	160		671
二、按控股情况分组							
国有控股	8995128	7719020	300850	875491	228868	20509	99767
集体控股	7307238	6131510	229629	935809	242413	42736	10290
私人控股	27738712	22394096	980311	4051941	777201	200057	312364
港澳台商控股	751211	660847	18325	69592	8006	5616	2447
外商控股	780104	660601	33400	76395	1084	849	9708
其他							

3-E-19 续表

分　组	管理费用					财务费用
		税　金	财产保险费	差旅费	工会经费	
总　计	**3446845**	**180992**	**17435**	**148244**	**40147**	**303203**
其中：国有及国有控股企业	540742	24123	2746	25631	9302	27627
一、按登记注册类型分组						
内资企业	**3347854**	**176726**	**16957**	**141960**	**38743**	**283665**
国有企业	344299	16540	1463	17190	7425	18787
集体企业	519202	9794	3164	8021	3207	-1039
股份合作企业	63469	2284	680	2727	603	1150
联营企业	730	19		7	15	
国有联营企业						
集体联营企业						
国有与集体联营企业	730	19		7	15	
其他联营企业						
有限责任公司	695642	38771	4683	38718	13015	42181
国有独资公司	14788	213	7	603	434	685
其他有限责任公司	680854	38558	4676	38115	12581	41496
股份有限公司	41413	796	264	2801	439	2658
私营企业	1683099	108522	6703	72496	14039	219928
私营独资企业	30036	6637	138	2109	201	1584
私营合伙企业	17855	802	100	521	98	1482
私营有限责任公司	1544342	95388	6029	67317	13071	212416
私营股份有限公司	90866	5695	436	2549	669	4446
其他企业						
港、澳、台商投资企业	**40733**	**950**	**202**	**2043**	**241**	**1522**
合资经营企业(港或澳、台资)	38369	837	202	1860	206	1525
合作经营企业(港或澳、台资)						
港、澳、台商独资经营企业	800	13		80		1
港、澳、台商投资股份有限公司	1564	100		103	35	-4
外商投资企业	**58258**	**3316**	**276**	**4241**	**1163**	**18016**
中外合资经营企业	46721	2340	167	3178	1020	8703
中外合作经营企业	2030	515	29	71	21	6
外资企业	5434	81	80	782	79	-3
外商投资股份有限公司	4073	380		210	43	9310
二、按控股情况分组						
国有控股	540742	24123	2746	25631	9302	27627
集体控股	763817	20033	4960	17905	5824	2783
私人控股	2053487	133253	9339	98808	23753	264191
港澳台商控股	40733	950	202	2043	241	1522
外商控股	48066	2633	188	3857	1027	7080
其他						

单位：千元

利息支出	营业利润	营业外收入	营业外支出	利润总额	应交所得税	应付利润	劳动、失业保险费	住房公积金及住房补贴
183273	**2528947**	**79745**	**41120**	**2544486**	**566733**	**509916**	**347908**	**144968**
24874	327631	30273	5579	349201	89331	90975	91825	51475
171631	**2461228**	**72088**	**39354**	**2478906**	**552771**	**479873**	**339926**	**143616**
17387	236585	28593	4271	259704	68284	23972	71693	39443
433	122084	2319	1373	126928	37307	15221	31731	13488
674	16995	568	282	17039	5716	3435	5628	3164
	622		134	488	161	50	30	
	622		134	488	161	50	30	
33667	454227	16556	5932	460147	106759	125779	76899	42651
-2	580	87	218	446	342	887	719	346
33669	453647	16469	5714	459701	106417	124892	76180	42305
2739	52041	156	1519	57121	11997	27396	3328	4228
116731	1578674	23896	25843	1557479	322547	284020	150617	40642
703	26887	51	81	25601	9061	6175	3000	137
1312	14533	2	50	13417	4459	2934	2089	460
111505	1468408	23171	23512	1455261	288848	258582	138320	39372
3211	68846	672	2200	63200	20179	16329	7208	673
1016	**32953**	**7393**	**516**	**31947**	**5378**	**19256**	**2845**	**512**
1020	32327	7393	274	31563	4868	18950	2618	453
	1600		232	1368	448	274	40	
-4	-974		10	-984	62	32	187	59
10626	**34766**	**264**	**1250**	**33633**	**8584**	**10787**	**5137**	**840**
1324	22647	97	936	21844	5542	8736	3686	693
-2	678		312	328	212	131	443	56
-6	783	163		801	166	4	268	91
9310	10658	4	2	10660	2664	1916	740	
24874	327631	30273	5579	349201	89331	90975	91825	51475
2711	211945	13218	3744	226757	64727	45633	55959	34617
154924	1934320	28601	30033	1915618	402489	346922	192962	57577
1016	32953	7393	516	31947	5378	19256	2845	512
-252	22098	260	1248	20963	4808	7130	4317	787

3-E-20 专业承包建筑企业按隶属关系、营业状态、

分组	工程结算收入	工程结算成本	工程结算税金及附加	工程结算利润	其他业务收入	其他业务利润
总计	**45572393**	**37566074**	**1562515**	**6009228**	**1257572**	**269767**
一、按隶属关系分组						
中央	2565168	2277028	89576	198323	16673	-553
地方	43007225	35289046	1472939	5810905	1240899	270320
二、按营业状态分组						
营业	45548439	37545217	1561720	6007005	1257572	269767
停业（歇业）	22582	19618	759	2127		
筹建						
当年关闭	1372	1239	36	96		
当年破产						
其他						
三、按行业（中类）分组						
房屋和土木工程建筑业	13770285	11365191	682617	1566406	151538	29487
房屋工程建筑	4015922	3192795	341536	433313	999	379
土木工程建筑	9754363	8172396	341081	1133093	150539	29108
建筑安装业	23828875	19408316	612895	3572211	1026253	224893
建筑装饰业	6365801	5416932	217000	698500	39340	12548
其他建筑业	1607432	1375635	50003	172111	40441	2839
工程准备	1150303	983378	37357	122046	39725	2194
提供施工设备服务	187792	167168	4059	16445		
其他未列明的建筑活动	269337	225089	8587	33620	716	645
四、按企业资质等级分组						
一级	16486988	13208306	414278	2687432	224273	59694
二级	11568618	9858375	375966	1286339	504913	112076
三级及以下	17516787	14499393	772271	2035457	528386	97997
五、按地区分组						
沈阳市	18488401	14875257	459357	2951030	303397	75379
大连市	8159587	6914144	278208	919885	333511	58540
鞍山市	3253548	2606533	109551	520716	447178	105586
抚顺市	2493227	2165761	82197	245269	1023	428
本溪市	1093544	914877	29345	142159	4664	276
丹东市	2697311	2066279	270922	308111	8119	1161
锦州市	2950004	2626879	126412	191111	3645	832
营口市	1990948	1662742	66329	254947	15951	1497
阜新市	595536	506483	19832	68566	52185	-3371
辽阳市	826233	719397	24175	81425	12694	7857
盘锦市	1129732	922519	34802	162767	57813	14654
铁岭市	673454	503842	17946	70660	16557	6400
朝阳市	620734	551143	22187	44566	835	528
葫芦岛市	600134	530218	21252	48016		

行业、资质等级和地区分损益及分配情况

单位：千元

经营费用	管理费用					财务费用		营业利润
		税　金	财产保险费	差旅费	工会经费		利息支出	
434576	**3446845**	**180992**	**17435**	**148244**	**40147**	**303203**	**183273**	**2528947**
241	134034	5034	829	7367	1302	3636	3931	60100
434335	3312811	175958	16606	140877	38845	299567	179342	2468847
434497	3442500	180495	17430	148029	40127	303033	183426	2531239
78	4233	495	5	212	20	169	-154	-2275
1	76	2		3		1	1	19
	36							-36
156071	819461	46208	4512	48553	13014	112018	99578	664414
48278	141102	14138	592	7500	3095	65336	58917	227254
107793	678359	32070	3920	41053	9919	46682	40661	437160
235453	2127062	95600	9661	65035	19231	155899	61550	1514143
33369	388436	33088	2249	27207	5170	30057	18435	292555
9683	111886	6096	1013	7449	2732	5229	3710	57835
7522	74631	2907	864	5234	2204	3512	2089	46097
120	10571	156	98	330	265	484	484	5390
2041	26684	3033	51	1885	263	1233	1137	6348
176972	1401498	50845	4623	30834	7446	161966	71756	1183662
47938	769377	53598	3850	43955	11085	57634	41496	571404
209666	1275970	76549	8962	73455	21616	83603	70021	773881
202757	1763637	60551	5707	59164	7082	158333	66680	1104439
47350	598579	64091	4345	27230	10801	25872	16905	353974
16748	190955	15597	1144	6835	2122	6726	2799	428621
	171621	3320	2191	8408	1601	7241	5642	66835
7163	95782	6659	273	5647	2427	1192	1168	45461
51999	96691	5103	486	4538	1747	54042	50369	158539
5602	144124	7715	856	10402	1127	10191	9013	37628
6930	70659	8445	280	4380	841	23272	20455	162513
655	49016	1956	282	3693	944	8344	5883	7835
1236	65972	3290	577	7628	425	1389	827	21921
9644	61511	204	750	2260	6116	2495	1853	113415
81006	66168	2369	322	3805	2103	737	293	10155
2838	35043	1204	111	2925	1593	795	955	9256
648	37087	488	111	1329	1218	2574	431	8355

3-E-20 续表 单位：千元

分组	营业外收入	营业外支出	利润总额	应交所得税	应付利润	劳动、失业保险费	住房公积金及住房补贴
总计	**79745**	**41120**	**2544486**	**566733**	**509916**	**347908**	**144968**
一、按隶属关系分组							
中央	1348	235	65636	9316	25306	14764	10258
地方	78397	40885	2478850	557417	484610	333144	134710
二、按营业状态分组							
营业	79745	41112	2546324	566520	509871	347672	144842
停业（歇业）		8	-1840	212	44	236	126
筹建							
当年关闭			2	1	1		
当年破产							
其他							
三、按行业(中类)分组							
房屋和土木工程建筑业	11319	11877	676546	170778	195730	115887	65342
房屋工程建筑	390	974	226839	46460	122088	19024	20790
土木工程建筑	10929	10903	449707	124318	73642	96863	44552
建筑安装业	64210	22948	1524112	304490	221827	186296	66242
建筑装饰业	2827	4147	287127	74702	77082	37319	9696
其他建筑业	1389	2148	56701	16763	15277	8406	3688
工程准备	477	1768	44248	11266	9783	3856	2024
提供施工设备服务	18	3	5414	1327	3079	1118	1027
其他未列明的建筑活动	894	377	7039	4170	2415	3432	637
四、按企业资质等级分组							
一级	29154	17129	1182616	190699	134189	107810	38959
二级	6132	10297	553302	159414	124212	88345	29382
三级及以下	44459	13694	808568	216620	251515	151753	76627
五、按地区分组							
沈阳市	55535	18265	1149452	182883	173404	115087	35932
大连市	8621	6818	355195	142603	83293	81148	18045
鞍山市	2758	7557	408761	103456	14546	30059	13863
抚顺市	99	923	69866	16923	17415	26957	6380
本溪市	1683	416	43508	13737	37666	7869	4890
丹东市	474	517	155840	34109	118257	24929	23221
锦州市	3618	813	40761	7766	8497	16721	11387
营口市	1724	453	163455	36347	26148	9092	4058
阜新市	895	694	2028	2154	1971	2444	801
辽阳市	124	367	21496	6052	3713	3761	578
盘锦市	2678	845	109064	14051	12752	8178	4846
铁岭市	692	1650	7597	1555	4874	16840	17672
朝阳市	779	1369	8720	2885	4239	721	1222
葫芦岛市	65	433	8743	2212	3141	4102	2073

3-E-21　专业承包建筑企业按登记注册类型和控股情况分工资、福利费和应收款情况

单位：千元

分　　组	本年应付工资总额	主营业务	本年应付福利费总额	主营业务
总　　计	**7406435**	**7077424**	**672879**	**666227**
其中：国有及国有控股企业	1351188	1332262	153513	152451
一、按登记注册类型分组				
内资企业	**7179075**	**6850483**	**645314**	**638710**
国有企业	849760	843057	91740	91433
集体企业	836382	811266	104732	101722
股份合作企业	133439	112942	11555	11180
联营企业	2748	2748	384	384
国有联营企业				
集体联营企业				
国有与集体联营企业	2748	2748	384	384
其他联营企业				
有限责任公司	1559432	1547710	163999	163323
国有独资公司	25411	25411	3288	3288
其他有限责任公司	1534021	1522299	160711	160035
股份有限公司	177710	168665	22941	22341
私营企业	3619604	3364095	249963	248327
私营独资企业	59558	59558	6447	6447
私营合伙企业	30855	30855	3575	3575
私营有限责任公司	3384419	3129695	223080	221522
私营股份有限公司	144772	143987	16861	16783
其他企业				
港、澳、台商投资企业	**119609**	**119564**	**15078**	**15070**
合资经营企业(港或澳、台资)	114322	114322	14379	14379
合作经营企业(港或澳、台资)				
港、澳、台商独资经营企业	225	180	29	21
港、澳、台商投资股份有限公司	5062	5062	670	670
外商投资企业	**107751**	**107377**	**12487**	**12447**
中外合资经营企业	77630	77630	8452	8412
中外合作经营企业	3546	3546	479	479
外资企业	5123	4749	581	581
外商投资股份有限公司	21452	21452	2975	2975
二、按控股情况分组				
国有控股	1351188	1332262	153513	152451
集体控股	1285272	1236011	155855	152450
私人控股	4572943	4312538	339752	337615
港澳台商控股	119609	119564	15078	15070
外商控股	77423	77049	8681	8641
其他				

3-E-21 续表 单位：千元

分　　组	应　收 工程款		全部从业人员 年平均人数 （人）	资产减值损失	公允价值 变动收益	投资收益
		竣工工程				
总　　计	**8075527**	**4408925**	**348255**	**2626**	**158**	**1880**
其中：国有及国有控股企业	1532143	1060475	66067	1129		-200
一、按登记注册类型分组						
内资企业	**7803770**	**4231152**	**336595**	**2626**	**158**	**1912**
国有企业	1092772	759625	41398	816		-200
集体企业	242807	148398	51432	579		
股份合作企业	53606	40571	7001			66
联营企业	8106	8106	178			
国有联营企业						
集体联营企业						
国有与集体联营企业	8106	8106	178			
其他联营企业						
有限责任公司	1850209	1434603	86422	436	1	505
国有独资公司	13853	12726	1617			
其他有限责任公司	1836356	1421877	84805	436	1	505
股份有限公司	207836	111444	7798			
私营企业	4348434	1728405	142366	795	157	1541
私营独资企业	36471	23517	4300			
私营合伙企业	33288	27456	2054			
私营有限责任公司	3907660	1472294	127265	795	157	1541
私营股份有限公司	371015	205138	8747			
其他企业						
港、澳、台商投资企业	**141755**	**81348**	**6352**			
合资经营企业(港或澳、台资)	133490	73083	5994			
合作经营企业(港或澳、台资)						
港、澳、台商独资经营企业			15			
港、澳、台商投资股份有限公司	8265	8265	343			
外商投资企业	**130002**	**96425**	**5308**			**-32**
中外合资经营企业	117480	85582	3783			
中外合作经营企业	7045	6345	268			
外资企业	2787	1808	226			-32
外商投资股份有限公司	2690	2690	1031			
二、按控股情况分组						
国有控股	1532143	1060475	66067	1129		-200
集体控股	606487	322263	76319	701		66
私人控股	5673790	2856024	195966	796	158	2046
港澳台商控股	141755	81348	6352			
外商控股	121352	88815	3551			-32
其他						

3-E-22 专业承包建筑企业按隶属关系、营业状态、行业、资质等级和地区分工资、福利费和应收款情况

单位：千元

分组	本年应付工资总额	主营业务	本年应付福利费总额	主营业务
总 计	**7406435**	**7077424**	**672879**	**666227**
一、按隶属关系分组				
中央	209062	208426	18230	18169
地方	7197373	6868998	654649	648058
二、按营业状态分组				
营业	7401178	7072272	672460	665813
停业（歇业）	5008	4954	404	399
筹建	90	39	4	4
当年关闭	150	150	11	11
当年破产	9	9		
其他				
三、按行业(中类)分组				
房屋和土木工程建筑业	2900480	2626035	190947	189840
房屋工程建筑	1558572	1298573	46137	46100
土木工程建筑	1341908	1327462	144810	143740
建筑安装业	3332290	3284791	350515	345904
建筑装饰业	934626	928672	102731	101971
其他建筑业	239039	237926	28686	28512
工程准备	167535	166957	19905	19825
提供施工设备服务	23690	23155	3148	3054
其他未列明的建筑活动	47814	47814	5633	5633
四、按企业资质等级分组				
一级	1997776	1991309	194452	194141
二级	1752963	1741647	188922	188077
三级及以下	3655696	3344468	289505	284009
五、按地区分组				
沈 阳 市	2735308	2730338	264949	264658
大 连 市	1141423	1132138	132146	130788
鞍 山 市	449847	414682	57093	53085
抚 顺 市	403725	403725	55843	55843
本 溪 市	185387	183961	18511	18475
丹 东 市	1338807	1072748	30041	29850
锦 州 市	354199	350828	17834	17635
营 口 市	191191	190704	26718	26650
阜 新 市	88698	88445	12053	12017
辽 阳 市	96973	91046	6873	6611
盘 锦 市	104388	103757	13415	13384
铁 岭 市	124362	124362	15864	15864
朝 阳 市	88258	86908	9438	9277
葫芦岛市	103869	103782	12101	12090

3-E-22 续表 单位：千元

分 组	应收工程款	竣工工程	全部从业人员年平均人数（人）	资产减值损失	公允价值变动收益	投资收益
总 计	**8075527**	**4408925**	**348255**	**2626**	**158**	**1880**
一、按隶属关系分组						
中央	459426	235412	9329			
地方	7616101	4173513	338926	2626	158	1880
二、按营业状态分组						
营业	8075255	4408853	347753	2626	158	1880
停业（歇业）	272	72	472			
筹建			5			
当年关闭			23			
当年破产			2			
其他						
三、按行业(中类)分组						
房屋和土木工程建筑业	2354478	1810380	105247	140	155	436
房屋工程建筑	214439	163918	29426			
土木工程建筑	2140039	1646462	75821	140	155	436
建筑安装业	4601932	1794522	172314	1478	3	1390
建筑装饰业	877479	646627	56381	886		54
其他建筑业	241638	157396	14313	122		
工程准备	98663	47723	10330	122		
提供施工设备服务	6502	3650	1124			
其他未列明的建筑活动	136473	106023	2859			
四、按企业资质等级分组						
一级	3557367	1167561	90983	79		66
二级	2110171	1520311	97681	786		480
三级及以下	2407989	1721053	159591	1761	158	1334
五、按地区分组						
沈 阳 市	4241462	1574100	141834	15		
大 连 市	1423499	1072439	61431	1907	3	1444
鞍 山 市	516406	352768	25176			
抚 顺 市	59872	34071	23517			
本 溪 市	125558	120050	10016	579		
丹 东 市	233564	181428	16529			
锦 州 市	234192	99887	19786			
营 口 市	248987	247051	11995			
阜 新 市	86253	79423	7974			
辽 阳 市	128474	99982	8572			
盘 锦 市	382147	277097	5550	125	155	436
铁 岭 市	151949	44762	4470			
朝 阳 市	226630	211268	6068			
葫芦岛市	16534	14599	5337			

3-F-1　劳务分包建筑企业按登记注册类型和控股情况分生产情况

分　组	建筑业企业数（个）	有工作量的	建筑业总产值（千元）	装饰装修产值
总　计	**282**	**234**	**1103098**	**10841**
其中：国有及国有控股企业				
一、按登记注册类型分组				
内资企业	**281**	**233**	**1102941**	**10841**
国有企业	17	15	75441	207
集体企业	63	56	113874	185
股份合作企业	5	4	6779	
联营企业	1	1	5050	
国有联营企业				
集体联营企业	1	1	5050	
国有与集体联营企业				
其他联营企业				
有限责任公司	33	26	383012	495
国有独资公司				
其他有限责任公司	33	26	383012	495
股份有限公司	2	2	2290	
私营企业	160	129	516495	9954
私营独资企业	30	26	42899	1044
私营合伙企业	2	2	8296	
私营有限责任公司	115	89	452843	8383
私营股份有限公司	13	12	12457	527
其他企业				
港、澳、台商投资企业	**1**	**1**	**157**	
合资经营企业(港或澳、台资)	1	1	157	
合作经营企业(港或澳、台资)				
港、澳、台商独资经营企业				
港、澳、台商投资股份有限公司				
外商投资企业				
中外合资经营企业				
中外合作经营企业				
外资企业				
外商投资股份有限公司				
二、按控股情况分组				
国有控股	22	19	97715	207
集体控股	72	63	341016	185
私人控股	187	151	664210	10449
港澳台商控股	1	1	157	
外商控股				
其他				

3-F-1 续表

分 组	计算建筑业劳动生产率的平均人数（人）	年末从业人员（人）	管理人员	工程技术人员	现场施工工人
总 计	**19953**	**16192**	**1680**	**1761**	**12041**
其中：国有及国有控股企业					
一、按登记注册类型分组					
内资企业	**19945**	**16182**	**1676**	**1759**	**12031**
国有企业	1226	976	164	208	504
集体企业	2297	2065	276	166	1147
股份合作企业	241	299	19	21	268
联营企业	35	17	5	2	10
国有联营企业					
集体联营企业	35	17	5	2	10
国有与集体联营企业					
其他联营企业					
有限责任公司	5613	3106	561	750	1673
国有独资公司					
其他有限责任公司	5613	3106	561	750	1673
股份有限公司	56	58	13	5	40
私营企业	10477	9661	638	607	8389
私营独资企业	647	601	90	86	453
私营合伙企业	218	218	17	10	191
私营有限责任公司	9336	8586	487	484	7567
私营股份有限公司	276	256	44	27	178
其他企业					
港、澳、台商投资企业	**8**	**10**	**4**	**2**	**10**
合资经营企业(港或澳、台资)	8	10	4	2	10
合作经营企业(港或澳、台资)					
港、澳、台商独资经营企业					
港、澳、台商投资股份有限公司					
外商投资企业					
中外合资经营企业					
中外合作经营企业					
外资企业					
外商投资股份有限公司					
二、按控股情况分组					
国有控股	1921	1179	234	237	604
集体控股	3956	3764	580	583	2004
私人控股	14068	11239	862	939	9423
港澳台商控股	8	10	4	2	10
外商控股					
其他					

3-F-2　劳务分包建筑企业按隶属关系、营业状态、行业、资质等级和地区分生产情况

分　组	建筑业企业数(个)	有工作量的	建筑业总产值(千元)	装饰装修产值
总　计	**282**	**234**	**1103098**	**10841**
一、按隶属关系分组				
中央				
地方	282	234	1103098	10841
省(自治区、直辖市)	5	5	218166	
地区(州、盟、省辖市)	52	43	155367	856
县(区、市、旗)	21	21	53897	31
街道	4	4	2577	
镇	4	3	830	
乡	1	1	100	
居委会				
村委会				
其他	195	157	672161	9954
二、按营业状态分组				
营业	252	234	1103098	10841
停业(歇业)	30			
三、按行业(中类)分组				
房屋和土木工程建筑业	138	118	626819	2267
房屋工程建筑	89	74	320347	2067
土木工程建筑业	49	44	306472	200
建筑安装业	87	72	337350	4856
建筑装饰业	18	13	7284	3718
其他建筑业	39	31	131645	
工程准备	29	23	92917	
提供施工设备服务	3	1	17690	
其他未列明的建筑活动	7	7	21038	
四、按企业资质等级分组				
一级	87	77	458909	991
二级	97	79	154586	5624
三级及以下	98	78	489603	4226
五、按地区分组				
沈 阳 市	54	39	71213	7758
大 连 市	51	47	247452	1550
鞍 山 市	21	20	62288	
抚 顺 市	52	52	102982	
本 溪 市	38	29	101147	392
丹 东 市	12	11	28143	1116
锦 州 市	8	6	270234	25
营 口 市	5	3	1710	
阜 新 市	16	9	10877	
辽 阳 市				
盘 锦 市	1			
铁 岭 市	1	1	177979	
朝 阳 市	17	12	15740	
葫芦岛市	6	5	13333	

3-F-2 续表

分 组	计算建筑业劳动生产率的平均人数（人）	年末从业人员（人）			
			管理人员	工程技术人员	现场施工工人
总 计	**19953**	**16192**	**1680**	**1761**	**12041**
一、按隶属关系分组					
中央					
地方	19953	16192	1680	1761	12041
省(自治区、直辖市)	1578	1452	316	417	573
地区(州、盟、省辖市)	3790	3061	380	391	1704
县(区、市、旗)	868	829	109	118	618
街道	106	95	10	9	83
镇	16	18	4	3	10
乡	20	20	5	3	17
居委会					
村委会					
其他	13575	10717	856	820	9036
二、按营业状态分组					
营业	19907	16143	1665	1755	12038
停业(歇业)	46	49	15	6	3
三、按行业(中类)分组					
房屋和土木工程建筑业	13342	10421	711	784	8833
房屋工程建筑	8958	5632	364	298	4867
土木工程建筑业	4384	4789	347	486	3966
建筑安装业	2900	2814	559	591	1519
建筑装饰业	180	166	48	29	102
其他建筑业	3531	2791	362	357	1587
工程准备	2075	1320	149	130	547
提供施工设备服务	831	857	103	168	595
其他未列明的建筑活动	625	614	110	59	445
四、按企业资质等级分组					
一级	11083	10344	658	686	8923
二级	3367	2585	372	236	1511
三级及以下	5503	3263	650	839	1607
五、按地区分组					
沈 阳 市	1715	1157	203	141	797
大 连 市	5179	5758	473	599	4731
鞍 山 市	520	541	88	51	401
抚 顺 市	1311	1057	186	237	569
本 溪 市	2218	1437	193	106	658
丹 东 市	430	415	60	65	272
锦 州 市	3438	1415	296	407	549
营 口 市	151	149	17	11	132
阜 新 市	325	354	62	36	242
辽 阳 市					
盘 锦 市					
铁 岭 市	4000	3200	8	2	3190
朝 阳 市	510	563	63	92	406
葫芦岛市	156	146	31	14	94

3-F-3 劳务分包建筑企业按登记注册类型和控股情况分资产负债情况

单位：千元

分组	固定资产原价	本年折旧	资产总计	负债合计	所有者权益
总计	**340795**	**31231**	**1075232**	**651771**	**423461**
其中：国有及国有控股企业					
一、按登记注册类型分组					
内资企业	**340741**	**31196**	**1075062**	**651704**	**423358**
国有企业	114539	5777	298889	231664	67225
集体企业	56310	2907	171544	104370	67174
股份合作企业	1122	188	9324	4736	4588
联营企业	24	9	1706	625	1081
国有联营企业					
集体联营企业	24	9	1706	625	1081
国有与集体联营企业					
其他联营企业					
有限责任公司	81681	7758	315108	188587	126521
国有独资公司					
其他有限责任公司	81681	7758	315108	188587	126521
股份有限公司	2227	45	2488	4	2484
私营企业	84838	14512	276003	121718	154285
私营独资企业	15914	616	32904	11561	21343
私营合伙企业	1822	93	2073		2073
私营有限责任公司	59484	12800	226781	105252	121529
私营股份有限公司	7618	1003	14245	4905	9340
其他企业					
港、澳、台商投资企业	**54**	**35**	**170**	**67**	**103**
合资经营企业(港或澳、台资)	54	35	170	67	103
合作经营企业(港或澳、台资)					
港、澳、台商独资经营企业					
港、澳、台商投资股份有限公司					
外商投资企业					
中外合资经营企业					
中外合作经营企业					
外资企业					
外商投资股份有限公司					
二、按控股情况分组					
国有控股	120975	6255	320822	244049	76773
集体控股	89152	4704	349481	244445	105036
私人控股	130614	20237	404759	163210	241549
港澳台商控股	54	35	170	67	103
外商控股					
其他					

3-F-3 续表

单位：千元

分　组	实收资本	国家资本	集体资本	法人资本	个人资本	港澳台资本	外商资本
总　计	**293589**	**71636**	**79642**	**5320**	**136862**	**100**	**29**
其中：国有及国有控股企业							
一、按登记注册类型分组							
内资企业	**293489**	**71636**	**79642**	**5320**	**136862**		**29**
国有企业	68485	68485					
集体企业	52192		52192				
股份合作企业	4300		4300				
联营企业	1080		1080				
国有联营企业							
集体联营企业	1080		1080				
国有与集体联营企业							
其他联营企业							
有限责任公司	61604	3151	22070	5100	31254		29
国有独资公司							
其他有限责任公司	61604	3151	22070	5100	31254		29
股份有限公司	2460				2460		
私营企业	103368			220	103148		
私营独资企业	16890			50	16840		
私营合伙企业	1600				1600		
私营有限责任公司	76594			170	76424		
私营股份有限公司	8284				8284		
其他企业							
港、澳、台商投资企业	**100**					**100**	
合资经营企业(港或澳、台资)	100					100	
合作经营企业(港或澳、台资)							
港、澳、台商独资经营企业							
港、澳、台商投资股份有限公司							
外商投资企业							
中外合资经营企业							
中外合作经营企业							
外资企业							
外商投资股份有限公司							
二、按控股情况分组							
国有控股	74685	71636	100	2600	320		29
集体控股	79542		79542				
私人控股	139262			2720	136542		
港澳台商控股	100					100	
外商控股							
其他							

3-F-4　劳务分包建筑企业按隶属关系、营业状态、行业、资质等级和地区分资产负债情况

单位：千元

分　组	固定资产原价	本年折旧	资产总计	负债合计	所有者权益
总　计	**340795**	**31231**	**1075232**	**651771**	**423461**
一、按隶属关系分组					
中央					
地方	340795	31231	1075232	651771	423461
省(自治区、直辖市)	38663	1786	177350	141518	35832
地区(州、盟、省辖市)	139156	6269	408181	300969	107212
县(区、市、旗)	19310	1706	36494	18152	18342
街道	1604	53	6814	3157	3657
镇	300	8	543	120	423
乡	220	38	780	450	330
居委会					
村委会					
其他	141542	21371	445070	187405	257665
二、按营业状态分组					
营业	338587	31004	1071791	644866	426925
停业(歇业)	2208	227	3441	6905	-3464
三、按行业(中类)分组					
房屋和土木工程建筑业	241927	19895	674751	405117	269634
房屋工程建筑	140983	6649	431793	308423	123370
土木工程建筑业	100944	13246	242958	96694	146264
建筑安装业	74216	9676	296743	176721	120022
建筑装饰业	3798	178	14587	7099	7488
其他建筑业	20854	1482	89151	62834	26317
工程准备	18956	1272	73864	54181	19683
提供施工设备服务	479	53	4376	1718	2658
其他未列明的建筑活动	1419	157	10911	6935	3976
四、按企业资质等级分组					
一级	142240	9600	449410	316072	133338
二级	54709	3363	171644	100281	71363
三级及以下	143846	18268	454178	235418	218760
五、按地区分组					
沈 阳 市	22303	1079	67579	30648	36931
大 连 市	62349	7759	169716	62219	107497
鞍 山 市	17358	8246	85361	25915	59446
抚 顺 市	145593	6146	369504	257053	112451
本 溪 市	18585	1637	76656	55635	21021
丹 东 市	14971	840	20709	2447	18262
锦 州 市	32929	1701	172228	141503	30725
营 口 市	3332	240	3338	1988	1350
阜 新 市	9107	670	22635	9420	13215
辽 阳 市					
盘 锦 市					
铁 岭 市	3588	2323	55610	53675	1935
朝 阳 市	6632	298	13266	5254	8012
葫芦岛市	4048	292	18630	6014	12616

3-F-4 续表

单位：千元

分组	实收资本	国家资本	集体资本	法人资本	个人资本	港澳台资本	外商资本
总计	**293589**	**71636**	**79642**	**5320**	**136862**	**100**	**29**
一、按隶属关系分组							
中央							
地方	293589	71636	79642	5320	136862	100	29
省(自治区、直辖市)	25335	3751	21000		555		29
地区(州、盟、省辖市)	100119	58920	37665	700	2834		
县(区、市、旗)	14537	7645	5362		1530		
街道	3530	320	3210				
镇	394		394				
乡	300		300				
居委会							
村委会							
其他	149374	1000	11711	4620	131943	100	
二、按营业状态分组							
营业	290584	70250	79353	5160	135692	100	29
停业(歇业)	3005	1386	289	160	1170		
三、按行业(中类)分组							
房屋和土木工程建筑业	182053	67540	42308	5000	67205		
房屋工程建筑	115103	55045	32124	3000	24934		
土木工程建筑业	66950	12495	10184	2000	42271		
建筑安装业	91661	2411	28994	170	59957	100	29
建筑装饰业	5154	100	1089	50	3915		
其他建筑业	14721	1585	7251	100	5785		
工程准备	11001	1585	7251		2165		
提供施工设备服务	1600			100	1500		
其他未列明的建筑活动	2120				2120		
四、按企业资质等级分组							
一级	119298	60000	8437	3100	47732		29
二级	57736	3016	34666	2050	18004		
三级及以下	116555	8620	36539	170	71126	100	
五、按地区分组							
沈阳市	27032	1751	3400	220	21632		29
大连市	49373	1000	8178	2100	38095		
鞍山市	27374		2425		24949		
抚顺市	104962	61624	30613		12725		
本溪市	12486	2695	9091		600	100	
丹东市	15680	860	99		14721		
锦州市	26331	1386	21000		3945		
营口市	1230	320	410		500		
阜新市	8614	2000	1744	3000	1870		
辽阳市							
盘锦市							
铁岭市	1704				1704		
朝阳市	7213		1892		5321		
葫芦岛市	11590		790		10800		

3-F-5 劳务分包建筑企业按登记注册类型和控股情况分财务收支情况

单位：千元

分组	营业收入总计	主营业务收入(工程结算收入)	主营业务成本(工程结算成本)	主营业务税金及附加	费用合计
总计	**1106994**	**1087343**	**926398**	**31672**	**88364**
其中：国有及国有控股企业					
一、按登记注册类型分组					
内资企业	**1106837**	**1087193**	**926274**	**31668**	**88337**
国有企业	71310	70871	56318	2381	15942
集体企业	114884	111295	99621	3667	9538
股份合作企业	6779	6752	5088	189	565
联营企业	5050	5000	4495	278	74
国有联营企业					
集体联营企业	5050	5000	4495	278	74
国有与集体联营企业					
其他联营企业					
有限责任公司	383275	381906	314040	11626	36745
国有独资公司					
其他有限责任公司	383275	381906	314040	11626	36745
股份有限公司	2300	2290	1550	419	201
私营企业	523239	509079	445162	13108	25272
私营独资企业	43053	42096	31584	1632	4129
私营合伙企业	7600	7600	6788	350	252
私营有限责任公司	458595	446891	397404	9880	19891
私营股份有限公司	13991	12492	9386	1246	1000
其他企业					
港、澳、台商投资企业	**157**	**150**	**124**	**4**	**27**
合资经营企业(港或澳、台资)	157	150	124	4	27
合作经营企业(港或澳、台资)					
港、澳、台商独资经营企业					
港、澳、台商投资股份有限公司					
外商投资企业					
中外合资经营企业					
中外合作经营企业					
外资企业					
外商投资股份有限公司					
二、按控股情况分组					
国有控股	93675	92697	72339	2921	18632
集体控股	342026	338360	286818	11956	38273
私人控股	671136	656136	567117	16791	31432
港澳台商控股	157	150	124	4	27
外商控股					
其他					

3-F-5 续表 单位：千元

分 组	营业利润	利润总额	从业人员劳动报酬	劳动失业保险费	住房公积金及住房补贴	全部从业人员年平均人数（人）
总 计	**60460**	**53295**	**403902**	**20680**	**3924**	**20137**
其中：国有及国有控股企业						
一、按登记注册类型分组						
内资企业	**60458**	**53293**	**403818**	**20680**	**3924**	**20127**
国有企业	-3331	-1775	14893	8358	584	1235
集体企业	2058	2061	26681	3297	856	2321
股份合作企业	937	937	3118	121	27	302
联营企业	203	203	695	192		37
国有联营企业						
集体联营企业	203	203	695	192		37
国有与集体联营企业						
其他联营企业						
有限责任公司	20864	20615	104149	4195	1703	5631
国有独资公司						
其他有限责任公司	20864	20615	104149	4195	1703	5631
股份有限公司	130	130	800	15	15	57
私营企业	39597	31122	253482	4502	739	10544
私营独资企业	5708	5150	8632	305	91	656
私营合伙企业	210	210	2850	33	10	218
私营有限责任公司	31320	23650	240564	4004	540	9394
私营股份有限公司	2359	2112	1436	160	98	276
其他企业						
港、澳、台商投资企业	**2**	**2**	**84**			**10**
合资经营企业(港或澳、台资)	2	2	84			10
合作经营企业(港或澳、台资)						
港、澳、台商独资经营企业						
港、澳、台商投资股份有限公司						
外商投资企业						
中外合资经营企业						
中外合作经营企业						
外资企业						
外商投资股份有限公司						
二、按控股情况分组						
国有控股	-217	1513	26289	9089	767	1930
集体控股	4979	4612	65828	3624	883	4043
私人控股	55696	47168	311701	7967	2274	14154
港澳台商控股	2	2	84			10
外商控股						
其他						

3-F-6　劳务分包建筑企业按隶属关系、营业状态、行业、资质等级和地区分财务收支情况

单位：千元

分　组	营业收入总计	主营业务收入（工程结算收入）	主营业务成本（工程结算成本）	主营业务税金及附加	费用合计
总　计	**1106994**	**1087343**	**926398**	**31672**	**88364**
一、按隶属关系分组					
中央					
地方	1106994	1087343	926398	31672	88364
省(自治区、直辖市)	218257	218222	180530	7913	27960
地区(州、盟、省辖市)	157373	154911	132096	4833	21044
县(区、市、旗)	47901	47703	40878	1561	3778
街道	2577	2566	2119	85	285
镇	830	824	643	27	138
乡	100	100	90	1	10
居委会					
村委会					
其他	679956	663017	570042	17252	35149
二、按营业状态分组					
营业	1106339	1086688	926181	31597	87610
停业(歇业)	655	655	217	75	754
三、按行业(中类)分组					
房屋和土木工程建筑业	627657	617292	533596	14479	38924
房屋工程建筑	320677	316918	291814	4168	16951
土木工程建筑业	306980	300374	241782	10311	21973
建筑安装业	337955	330404	272484	12793	38173
建筑装饰业	7240	7217	5568	329	1183
其他建筑业	134142	132430	114750	4071	10084
工程准备	93492	91812	79279	2858	7506
提供施工设备服务	17690	17680	16136	583	365
其他未列明的建筑活动	22960	22938	19335	630	2213
四、按企业资质等级分组					
一级	458142	451461	419482	10586	25931
二级	155712	152252	125615	5591	14293
三级及以下	493140	483630	381301	15495	48140
五、按地区分组					
沈阳市	71666	71197	61775	3050	6329
大连市	253229	247895	214065	8751	16698
鞍山市	65809	55897	32272	2839	2349
抚顺市	94989	94691	79797	3163	17167
本溪市	102362	100075	85430	3164	8729
丹东市	28401	27874	22834	1123	2396
锦州市	270889	270889	221346	7984	30182
营口市	1710	1710	1377	65	210
阜新市	10877	10877	9150	351	1355
辽阳市					
盘锦市					
铁岭市	177979	177865	177544	304	57
朝阳市	15740	15040	9368	439	1562
葫芦岛市	13343	13333	11440	439	1330

3-F-6 续表　　　　单位：千元

分　组	营业利润	利润总额	从业人员劳动报酬	劳动失业保险费	住房公积金及住房补贴	全部从业人员年平均人数(人)
总　计	**60460**	**53295**	**403902**	**20680**	**3924**	**20137**
一、按隶属关系分组						
中央						
地方	60460	53295	403902	20680	3924	20137
省(自治区、直辖市)	1854	1484	39269	212	73	1578
地区(州、盟、省辖市)	-600	1109	49997	9518	641	3873
县(区、市、旗)	1684	1687	9154	412	371	874
街道	88	88	1100	77	12	106
镇	22	22	186	4		18
乡	-1	-1	90			20
居委会						
村委会						
其他	57413	48906	304106	10457	2827	13668
二、按营业状态分组						
营业	60851	53683	403545	20438	3923	20089
停业(歇业)	-391	-388	357	242	1	48
三、按行业(中类)分组						
房屋和土木工程建筑业	40558	38349	301840	17829	2975	13434
房屋工程建筑	7644	6776	240097	1646	322	8967
土木工程建筑业	32914	31573	61743	16183	2653	4467
建筑安装业	14505	8138	51176	1611	477	2933
建筑装饰业	160	-57	1687	204	63	189
其他建筑业	5237	6865	49199	1036	409	3581
工程准备	3849	5721	27188	630	375	2096
提供施工设备服务	606	606	12190	105		831
其他未列明的建筑活动	782	538	9821	301	34	654
四、按企业资质等级分组						
一级	2143	3309	260412	6265	995	11182
二级	10113	10264	43329	1561	619	3385
三级及以下	48204	39722	100161	12854	2310	5570
五、按地区分组						
沈阳市	512	276	16011	1103	214	1729
大连市	13715	12762	75455	8577	2231	5288
鞍山市	28349	21618	3805	439	299	529
抚顺市	-5138	-5584	17417	8762	453	1312
本溪市	5039	7199	28736	874	488	2251
丹东市	2048	2048	4769	168	145	438
锦州市	11377	10930	72521	263	2	3443
营口市	58	58	1410	103	13	151
阜新市	21	19	2793	115	56	325
辽阳市						
盘锦市						
铁岭市	74	74	172800			4002
朝阳市	4271	3771	6424	193	23	511
葫芦岛市	134	124	1761	83		158

3-G-1　资质以外建筑企业按登记注册类型和控股情况分单位数与人员情况

分　组	建筑业企业数（个）	有工作量的	年末从业人员（人）	管理人员	工　程技术人员	现　场施工工人	计算建筑业劳动生产率的平均人数（人）
总　计	**10412**	**7440**	**169716**	**21077**	**21759**	**94364**	**208546**
其中：国有及国有控股企业	447	306	22784	1638	1919	8409	18618
一、按登记注册类型分组							
内资企业	**10286**	**7362**	**167484**	**20825**	**21528**	**92809**	**205919**
国有企业	377	255	20457	1442	1622	7747	17179
集体企业	673	447	22827	1661	1563	8666	18586
股份合作企业	120	87	2163	245	228	583	2135
联营企业	11	7	1022	42	107	289	272
国有联营企业	2	2	301	1			7
集体联营企业	4	1	45	7	27	35	5
国有与集体联营企业	4	3	674	33	79	253	255
其他联营企业	1	1	2	1	1	1	5
有限责任公司	1164	884	20565	3050	3268	14059	29284
国有独资公司	8	4	106	21	55	58	189
其他有限责任公司	1156	880	20459	3029	3213	14001	29095
股份有限公司	118	97	1552	230	255	690	2158
私营企业	7789	5563	98668	14121	14463	60658	136113
私营独资企业	1610	1213	24037	2929	3137	16139	33646
私营合伙企业	158	117	1993	321	351	1626	3978
私营有限责任公司	5720	4014	68360	10257	10279	40467	92403
私营股份有限公司	301	219	4278	614	696	2426	6086
其他企业	34	22	230	34	22	117	192
港、澳、台商投资企业	**25**	**15**	**583**	**55**	**33**	**325**	**978**
合资经营企业(港或澳、台资)	15	9	420	39	15	255	879
合作经营企业(港或澳、台资)	6	3	59	12	14	26	37
港、澳、台商独资经营企业	3	2	99	2	3	42	57
港、澳、台商投资股份有限公司	1	1	5	2	1	2	5
外商投资企业	**101**	**63**	**1649**	**197**	**198**	**1230**	**1649**
中外合资经营企业	45	25	651	107	142	585	861
中外合作经营企业	2	1	32	1	3	16	
外资企业	49	33	442	72	41	466	588
外商投资股份有限公司	5	4	524	17	12	163	200
二、按控股情况分组							
国有控股	445	305	22754	1634	1917	8397	18598
集体控股	897	616	27558	2610	2513	13234	27737
私人控股	8767	6318	115028	16334	16855	70312	157152
港澳台商控股	24	15	511	60	37	343	467
外商控股	79	50	1404	120	117	1044	1915
其他	198	135	2431	315	318	1022	2657

3-G-2 资质以外建筑企业按隶属关系、营业状态、行业和地区分单位数与人员情况

分组	建筑业企业数(个)	有工作量的	年末从业人员(人)	管理人员	工程技术人员	现场施工工人	计算建筑业劳动生产率的平均人数(人)
总计	**10412**	**7440**	**169716**	**21077**	**21759**	**94364**	**208546**
一、按隶属关系分组							
中央	57	40	6149	243	205	1352	1872
地方	10355	7400	163567	20834	21554	93012	206674
省(自治区、直辖市)	70	53	2636	236	292	997	2752
地区(州、盟、省辖市)	605	424	14594	1596	1713	5565	11956
县(区、市、旗)	486	329	12867	1768	1829	9364	20294
街道	80	50	1220	233	257	774	1231
镇	65	42	2963	110	114	612	1368
乡	31	20	592	59	64	286	543
居委会	2	1	18	1	1	1	10
村委会	25	14	516	55	41	189	546
其他	8991	6467	128161	16776	17243	75224	167974
二、按营业状态分组							
营业	8622	7214	156832	19551	20568	89111	199023
停业(歇业)	1476	176	10618	1328	1026	4855	8655
筹建	206	17	1360	130	98	158	438
当年关闭	95	29	651	61	61	208	359
当年破产	2		3				2
其他	9	3	222	3	4	20	49
三、按行业(中类)分组							
房屋和土木工程建筑业	2898	2083	76959	7760	8368	42256	90159
房屋工程建筑	1231	833	29749	3501	4011	21194	44822
土木工程建筑业	1667	1250	47210	4259	4357	21062	45337
建筑安装业	2749	1978	43783	5384	5930	23405	57793
建筑装饰业	3696	2654	32830	5753	5410	19108	42372
其他建筑业	1069	725	16144	2180	2051	9595	18222
工程准备	641	443	9342	1145	1276	5528	11042
提供施工设备服务	103	65	1123	165	186	818	1499
其他未列明的建筑活动	325	217	5679	870	589	3249	5681
四、按地区分组							
沈阳市	3049	2267	40361	6754	7555	23241	55564
大连市	3983	2665	62321	7424	6802	36288	69582
鞍山市	710	543	9138	1288	1009	4021	9005
抚顺市	535	422	15629	948	1249	8434	36550
本溪市	257	214	4650	450	642	2738	3887
丹东市	377	262	6259	574	579	3238	4075
锦州市	243	170	5699	657	801	3589	4815
营口市	231	173	2864	412	636	2187	4099
阜新市	191	128	4007	409	493	2003	3067
辽阳市	93	62	1510	219	204	546	1168
盘锦市	256	192	5367	493	294	1773	5614
铁岭市	159	112	4249	434	384	2909	4061
朝阳市	148	112	4296	540	550	2145	4308
葫芦岛市	180	118	3366	475	561	1252	2751

3-G-3　资质以外建筑企业按登记注册类型和控股情况分产值与面积情况

单位：千元

分　组	建筑业总产值	装饰装修产值	建筑工程产值	安装工程产值
总　计	**25391799**	**5129808**	**16128770**	**7555454**
其中：国有及国有控股企业	2494572	175949	1717000	617299
一、按登记注册类型分组				
内资企业	**24947773**	**5036794**	**15859740**	**7393369**
国有企业	2225295	151690	1619080	471065
集体企业	2364080	267398	1216358	1067515
股份合作企业	221021	18653	121730	78223
联营企业	38945	16214	35827	3118
国有联营企业	17571		16843	728
集体联营企业	3000		1000	2000
国有与集体联营企业	18274	16214	17984	290
其他联营企业	100			100
有限责任公司	3614338	421941	2128217	1148730
国有独资公司	21407		19901	1506
其他有限责任公司	3592931	421941	2108316	1147224
股份有限公司	208412	41925	91118	57732
私营企业	16178297	4078830	10621382	4540927
私营独资企业	3650986	733901	2450769	882847
私营合伙企业	421493	133869	327699	74224
私营有限责任公司	11410678	3050885	7318823	3452050
私营股份有限公司	695140	160175	524091	131806
其他企业	97385	40143	26028	26059
港、澳、台商投资企业	**102165**	**21649**	**89903**	**11432**
合资经营企业(港或澳、台资)	93864	14808	85838	8026
合作经营企业(港或澳、台资)	3522	2841	351	2841
港、澳、台商独资经营企业	4514	4000	3514	500
港、澳、台商投资股份有限公司	265		200	65
外商投资企业	**341861**	**71365**	**179127**	**150653**
中外合资经营企业	196797	18419	100719	85555
中外合作经营企业	3680		3680	
外资企业	97415	23347	30939	64918
外商投资股份有限公司	43969	29599	43789	180
二、按控股情况分组				
国有控股	2493697	175949	1716125	617299
集体控股	3321419	325260	1888504	1289938
私人控股	18721169	4440760	12149490	5380063
港澳台商控股	78978	18843	66302	11846
外商控股	275062	63795	162822	110682
其他	500599	105201	144652	145626

3-G-3 续表　　单位：千元

分　组	其他产值	竣工产值	房屋建筑施工面积（平方米）	本年新开工	房屋建筑竣工面积（平方米）	住　宅
总　计	**1703714**	**15785575**	**52963085**	**9129272**	**28765499**	**25391643**
其中：国有及国有控股企业	160273	1533685	342454	113399	290105	90144
一、按登记注册类型分组						
内资企业	**1690803**	**15673197**	**52920255**	**9127302**	**28714271**	**25385222**
国有企业	135150	1446024	328949	99979	276600	90144
集体企业	80207	1700848	559368	386126	480904	317672
股份合作企业	21068	127115	31309	4100	3115	180
联营企业		5160	300		300	
国有联营企业						
集体联营企业		3000				
国有与集体联营企业		2060	300		300	
其他联营企业		100				
有限责任公司	337391	2211113	5283860	4759434	763530	258032
国有独资公司		21309				
其他有限责任公司	337391	2189804	5283860	4759434	763530	258032
股份有限公司	59562	142252	28300	13870	20872	13190
私营企业	1012127	9980193	46681153	3856777	27161934	24699804
私营独资企业	317370	2713970	885451	729392	782337	456548
私营合伙企业	19570	196326	57589	55246	56185	31738
私营有限责任公司	635944	6713767	45662742	3039592	26298664	24190670
私营股份有限公司	39243	356130	75371	32547	24748	20848
其他企业	45298	60492	7016	7016	7016	6200
港、澳、台商投资企业	**830**	**46576**	**40000**		**20000**	
合资经营企业(港或澳、台资)		45605	40000		20000	
合作经营企业(港或澳、台资)	330	351				
港、澳、台商独资经营企业	500	514				
港、澳、台商投资股份有限公司		106				
外商投资企业	**12081**	**65802**	**2830**	**1970**	**31228**	**6421**
中外合资经营企业	10523	45621	200		200	
中外合作经营企业		3680				
外资企业	1558	11801	2030	1970	2028	21
外商投资股份有限公司		4700	600		29000	6400
二、按控股情况分组						
国有控股	160273	1532810	342454	113399	290105	90144
集体控股	142977	2212306	1010160	491378	738002	515064
私人控股	1187755	11663133	51534021	8491575	27657044	24763744
港澳台商控股	830	47270	42000		20000	
外商控股	1558	41001	2630	1970	31028	6421
其他	210321	288180	31820	30950	29320	16270

3-G-4　资质以外建筑企业按隶属关系、营业状态、行业和地区分产值与面积情况

单位：千元、平方米

分　组	建筑业总产值	装饰装修产值	建筑工程产　值	安装工程产　值
总　计	**25391799**	**5129808**	**16128770**	**7555454**
一、按隶属关系分组				
中央	309923	48212	262303	37215
地方	25081876	5081596	15866467	7518239
省(自治区、直辖市)	225990	6071	81491	143471
地区(州、盟、省辖市)	1991958	214336	1273494	580339
县(区、市、旗)	1939938	228896	1270313	514703
街道	164130	18670	69234	91532
镇	118742	1580	81760	32443
乡	90002	8580	79495	8110
居委会	30			30
村委会	50678		45476	1329
其他	20500408	4603463	12965204	6146282
二、按营业状态分组				
营业	24741547	5084433	15591472	7481645
停业(歇业)	592722	36454	488913	69609
筹建	16195	5180	15195	1000
当年关闭	35220	2701	31275	3200
当年破产				
其他	5240	1040	1040	
三、按行业(中类)分组				
房屋和土木工程建筑业	10548230	717889	8519829	1485446
房屋工程建筑	4491227	228225	3963659	381711
土木工程建筑业	6057003	489664	4556170	1103735
建筑安装业	7031332	331605	1916766	4850994
建筑装饰业	5276812	3859336	3909182	967888
其他建筑业	2535425	220978	1782993	251126
工程准备	1528901	60821	1113808	66697
提供施工设备服务	179899	22750	93434	44110
其他未列明的建筑活动	826625	137407	575751	140319
四、按地区分组				
沈 阳 市	6332396	1077380	3725657	2529608
大 连 市	8973901	2495745	6150751	2455928
鞍 山 市	2223404	269662	919322	899360
抚 顺 市	2558348	485938	1519093	775503
本 溪 市	618136	121725	306340	130345
丹 东 市	936051	97862	758473	91083
锦 州 市	615229	125447	466885	106768
营 口 市	766317	217451	691058	64202
阜 新 市	419763	172287	313643	75468
辽 阳 市	162907	3671	122101	11590
盘 锦 市	606784	7582	445126	56293
铁 岭 市	408220	9955	237776	116245
朝 阳 市	381129	10465	153125	192548
葫芦岛市	389214	34638	319420	50513

3-G-4 续表

单位：千元

分组	其他产值	竣工产值	房屋建筑施工面积（平方米）	本年新开工	房屋建筑竣工面积（平方米）	住宅
总计	**1703714**	**15785575**	**52963085**	**9129272**	**28765499**	**25391643**
一、按隶属关系分组						
中央	10405	182771	156983	16150	119780	29400
地方	1693309	15602804	52806102	9113122	28645719	25362243
省(自治区、直辖市)	1028	147617	16961	8521	15161	3425
地区(州、盟、省辖市)	138125	1359473	48635544	6392841	25261568	23636248
县(区、市、旗)	154922	1319423	549120	189540	357914	273697
街道	3364	85257	15420	15120	13850	3760
镇	4539	90249	121065	117544	116215	104430
乡	2397	55231	34472	29300	29172	5500
居委会						
村委会	3873	42659	32200	12200	32200	20000
其他	1385061	12502895	3401320	2348056	2819639	1315183
二、按营业状态分组						
营业	1664569	15384611	52424534	8951502	28407790	25167757
停业(歇业)	34200	372986	530643	173770	349959	219886
筹建		15664	5693	4000	5535	4000
当年关闭	745	6519	2215		2215	
当年破产						
其他	4200	4920				
三、按行业(中类)分组						
房屋和土木工程建筑业	542955	7638638	3442873	2276087	2836381	1473540
房屋工程建筑	145857	3582423	2725433	1833031	2295047	1253733
土木工程建筑业	397098	4056215	717440	443056	541334	219807
建筑安装业	263572	3934455	49048433	6549872	25591002	23761905
建筑装饰业	395881	2752074	319687	209795	229440	105270
其他建筑业	501306	1460408	152092	93518	108676	50928
工程准备	348396	879436	99141	56850	66595	27135
提供施工设备服务	42355	98261	7703	3500	6671	2838
其他未列明的建筑活动	110555	482711	45248	33168	35410	20955
四、按地区分组						
沈阳市	77131	4702187	45425403	2442616	26122960	23910910
大连市	363361	3987626	1714697	1264076	1425497	765636
鞍山市	404722	1285052	403823	194286	310386	146960
抚顺市	263752	1655072				
本溪市	181451	342837	4439775	4380478	55297	12727
丹东市	86495	636683	193261	134437	153667	81819
锦州市	41576	556953	192005	188641	191060	151783
营口市	11057	685738	43049	43049	22180	16580
阜新市	30652	256055	80530	73267	70112	35378
辽阳市	29216	131061				
盘锦市	105365	578063	171736	150736	148336	123969
铁岭市	54199	315611	180615	154065	149985	73217
朝阳市	35456	279032	29404	17938	29404	13251
葫芦岛市	19281	373605	88787	85683	86615	59413

3-G-5 资质以外建筑企业按登记注册类型和控股情况分存货与所有者权益情况

单位：千元

分　组	年初存货	年末存货	固定资产原　价	所有者权益合计	实收资本
总　计	**17551449**	**2408235**	**8843288**	**14065004**	**13324916**
其中：国有及国有控股企业	283540	299428	1279681	954307	1215656
一、按登记注册类型分组					
内资企业	**17518408**	**2371961**	**8542128**	**13439971**	**12684672**
国有企业	274842	292382	1082479	798833	1068369
集体企业	4580947	285217	933821	987519	826254
股份合作企业	12379	17038	77534	145478	145878
联营企业	145	313	27602	24378	29199
国有联营企业			7791	50	6050
集体联营企业		168	1566	2970	2351
国有与集体联营企业	145	145	18240	21343	20783
其他联营企业			5	15	15
有限责任公司	260220	435567	1255873	1957761	1708125
国有独资公司	36	36	1851	3301	3050
其他有限责任公司	260184	435531	1254022	1954460	1705075
股份有限公司	11870	14793	86310	141099	128662
私营企业	12371723	1324701	5067302	9374766	8768730
私营独资企业	137997	240222	1319865	1501068	1358703
私营合伙企业	15487	28726	85060	188872	168916
私营有限责任公司	12116136	958869	3443565	7196912	6763492
私营股份有限公司	102103	96884	218812	487914	477619
其他企业	6282	1950	11207	10137	9455
港、澳、台商投资企业	**7128**	**7667**	**50477**	**244685**	**259386**
合资经营企业(港或澳、台资)	6306	7414	37286	211598	219372
合作经营企业(港或澳、台资)	810	245	12819	31434	38361
港、澳、台商独资经营企业	12	8	142	100	100
港、澳、台商投资股份有限公司			230	1553	1553
外商投资企业	**25913**	**28607**	**250683**	**380348**	**380858**
中外合资经营企业	23406	23177	201068	260581	231624
中外合作经营企业			1515	1500	1300
外资企业	2459	4934	42372	113131	142864
外商投资股份有限公司	48	496	5728	5136	5070
二、按控股情况分组					
国有控股	283540	299428	1279261	953287	1214656
集体控股	4612814	330473	1178551	1356483	1151060
私人控股	12571795	1587339	6039720	11034652	10254167
港澳台商控股	3815	5284	50050	243803	261800
外商控股	28709	29103	58702	213706	208523
其他	50776	156608	236584	262053	233710

3-G-5 续表

单位：千元

分 组	国家资本	集体资本	法人资本	个人资本	港澳台资本	外商资本	本年折旧
总 计	**1205701**	**936375**	**1951399**	**8771455**	**236258**	**223728**	**729146**
其中：国有及国有控股企业	942658	19729	175231	60863	2100	15075	80939
一、按登记注册类型分组							
内资企业	**1160577**	**924745**	**1933775**	**8656578**	**5442**	**3555**	**702960**
国有企业	861108	14324	148921	44016			65713
集体企业	97076	603753	53940	71485			82439
股份合作企业		36161	69399	40318			7149
联营企业	20650	8133	51	365			2093
国有联营企业	6000			50			1225
集体联营企业		2000	51	300			31
国有与集体联营企业	14650	6133					836
其他联营企业				15			1
有限责任公司	162632	173917	365822	1004212	1542		108119
国有独资公司	750	500	300	1500			307
其他有限责任公司	161882	173417	365522	1002712	1542		107812
股份有限公司	3320	4357	25157	95828			6575
私营企业	15791	83400	1266900	7395184	3900	3555	429446
私营独资企业	6340	7374	212165	1129374	450	3000	96303
私营合伙企业	195		33245	135476			6765
私营有限责任公司	9256	63495	972489	5714247	3450	555	304659
私营股份有限公司		12531	49001	416087			21719
其他企业		700	3585	5170			1426
港、澳、台商投资企业		**2490**	**6508**	**8292**	**226946**	**15150**	**2318**
合资经营企业(港或澳、台资)		2490	5808	5692	191282	14100	2130
合作经营企业(港或澳、台资)			700	2500	34111	1050	131
港、澳、台商独资经营企业				100			11
港、澳、台商投资股份有限公司					1553		46
外商投资企业	**45124**	**9140**	**11116**	**106585**	**3870**	**205023**	**23868**
中外合资经营企业	45124	9140	9758	98660	3570	65372	20024
中外合作经营企业				1000	300		30
外资企业			1358	6475		135031	3298
外商投资股份有限公司				450		4620	516
二、按控股情况分组							
国有控股	941658	19729	175231	60863	2100	15075	80897
集体控股	102226	738374	148592	159926	542	1400	96487
私人控股	75953	150760	1556136	8455933	5344	10041	518140
港澳台商控股		2490	10900	7792	225468	15150	2359
外商控股		4590	6850	30070	2504	164509	7888
其他	84864	20432	53690	56871	300	17553	23333

3-G-6　资质以外建筑企业按隶属关系、营业状态、行业和地区分存货与所有者权益情况

单位：千元

分　组	年初存货	年末存货	固定资产原价	所有者权益合计	实收资本
总　计	**17551449**	**2408235**	**8843288**	**14065004**	**13324916**
一、按隶属关系分组					
中央	21521	37916	253385	251857	235581
地方	17529928	2370319	8589903	13813147	13089335
省(自治区、直辖市)	139233	143203	101221	333372	218760
地区(州、盟、省辖市)	4656462	260904	717103	784569	1033811
县(区、市、旗)	80208	101464	858870	951319	791753
街道	6879	6596	81867	85297	56055
镇	3971	12981	90313	74681	47359
乡	1012	6011	35991	31432	31143
居委会			330	30	10
村委会	8793	5473	50737	81591	82023
其他	12633370	1833687	6653471	11470856	10828421
二、按营业状态分组					
营业	17319874	2127125	7952869	12140284	11683182
停业(歇业)	224347	238940	676423	1574800	1331029
筹建	5405	40555	174341	278907	267468
当年关闭	1055	1057	37245	41683	40037
当年破产			120	200	200
其他	768	558	1870	28110	2000
三、按行业(中类)分组					
房屋和土木工程建筑业	1089824	1132435	4267588	5773735	5584890
房屋工程建筑	628382	446644	1561659	2125272	2370949
土木工程建筑业	461442	685791	2705929	3648463	3213941
建筑安装业	4924431	683838	2191682	3736218	3355035
建筑装饰业	11329771	365423	1262413	2976820	2860917
其他建筑业	207423	226539	1121605	1578231	1524074
工程准备	118210	100131	769533	954353	919376
提供施工设备服务	18172	20976	104295	103724	91135
其他未列明的建筑活动	71041	105432	247777	520154	513563
四、按地区分组					
沈阳市	15998942	725308	2284069	4463549	4055971
大连市	958298	996873	2892104	5590042	5763942
鞍山市	158833	251666	837177	890182	753285
抚顺市	69319	66582	533230	579164	481003
本溪市	7048	11770	218540	231761	185912
丹东市	44609	44187	396192	476288	438923
锦州市	36645	29969	264145	316775	287622
营口市	36990	41776	276471	185676	187210
阜新市	23018	38953	161733	219649	215726
辽阳市	7242	8046	77561	66282	62446
盘锦市	75247	32755	384537	372996	340211
铁岭市	11803	15382	252579	257261	234893
朝阳市	60350	79969	154573	289199	222232
葫芦岛市	63105	64999	110377	126180	95540

3-G-6 续表 单位：千元

分组	国家资本	集体资本	法人资本	个人资本	港澳台资本	外商资本	本年折旧
总　计	**1205701**	**936375**	**1951399**	**8771455**	**236258**	**223728**	**729146**
一、按隶属关系分组							
中央	161298	8913	56740	8630			11603
地方	1044403	927462	1894659	8762825	236258	223728	717543
省(自治区、直辖市)	148135	7266	16865	44237	542	1715	10723
地区(州、盟、省辖市)	265235	119722	164172	280047	189207	15428	53790
县(区、市、旗)	166148	311556	101434	198605	650	13360	80711
街道	1710	22863	7250	24232			7442
镇	2730	20241	4944	19444			4961
乡	7567	8016	8860	6700			3037
居委会				10			4
村委会		58840	8423	14760			3745
其他	452878	378958	1582711	8174790	45859	193225	553130
二、按营业状态分组							
营业	939881	710758	1636335	8192236	49660	154312	680782
停业(歇业)	163617	215940	270882	453143	166548	60899	41414
筹建	101203	6000	35001	105089	20050	125	3734
当年关闭		3277	9181	19187		8392	3073
当年破产				200			8
其他		400		1600			93
三、按行业(中类)分组							
房屋和土木工程建筑业	848862	442170	770302	3392500	3642	127414	335005
房屋工程建筑	305399	218313	323653	1445014	300	78270	94829
土木工程建筑业	543463	223857	446649	1947486	3342	49144	240176
建筑安装业	295187	293156	545641	2015218	171685	34148	191195
建筑装饰业	24236	123907	475703	2171612	29070	36389	109355
其他建筑业	37416	77142	159753	1192125	31861	25777	93591
工程准备	6964	59285	119312	727026		6789	61245
提供施工设备服务	6252	9288	10140	61399	3000	1056	9768
其他未列明的建筑活动	24200	8569	30301	403700	28861	17932	22578
四、按地区分组							
沈 阳 市	484325	274478	1010457	2011649	189043	86019	213005
大 连 市	251872	209054	440031	4698447	45965	118573	240570
鞍 山 市	107020	122412	303727	219325	800	1	62405
抚 顺 市	45575	128381	20283	286764			47515
本 溪 市	18104	46716	11938	109154			12579
丹 东 市	67727	28856	21511	317129		3700	37209
锦 州 市	29894	40810	5050	211868			13725
营 口 市	13933	2320		170957			25070
阜 新 市	7491	12239	20731	174865	400		11796
辽 阳 市	6530	1230	7380	45231		2075	5263
盘 锦 市	88263	6411	46585	198952			25710
铁 岭 市	59852	24607	26489	110535	50	13360	12734
朝 阳 市	16102	28384	26979	150767			12820
葫芦岛市	9013	10477	10238	65812			8745

3-G-7　资质以外建筑企业按登记注册类型和控股情况分财务收支情况

单位：千元

分　组	营业收入	主营业务收入	营业成本	主营业务成本	营业税金及附加	主营业务税金及附加
总　计	**26136593**	**26019428**	**20326164**	**20129859**	**917638**	**909399**
其中：国有及国有控股企业	2605456	2596419	2171281	2145331	96452	96380
一、按登记注册类型分组						
内资企业	**25707541**	**25590946**	**19975614**	**19779832**	**906093**	**897912**
国有企业	2324232	2316986	1945772	1933613	85819	85786
集体企业	2501370	2500230	1912316	1895343	88886	88157
股份合作企业	229229	229229	154082	154082	10383	10383
联营企业	40273	39090	35516	26897	1302	1302
国有联营企业	18912	17871	18501	17460	628	628
集体联营企业	2987	2845	2418	2290		
国有与集体联营企业	18274	18274	14532	7082	670	670
其他联营企业	100	100	65	65	4	4
有限责任公司	3650850	3616206	2857761	2821381	129138	128284
国有独资公司	21407	21407	16090	16090	707	698
其他有限责任公司	3629443	3594799	2841671	2805291	128431	127586
股份有限公司	232267	231417	178100	178100	8133	8133
私营企业	16626988	16555460	12808717	12687070	579956	573393
私营独资企业	3759328	3752508	2840952	2836254	129504	128001
私营合伙企业	385489	385489	276451	275620	13669	13619
私营有限责任公司	11734311	11669708	9150290	9034672	409702	404725
私营股份有限公司	747860	747755	541024	540524	27081	27048
其他企业	102332	102328	83350	83346	2476	2474
港、澳、台商投资企业	**97160**	**97160**	**87767**	**87767**	**2711**	**2711**
合资经营企业(港或澳、台资)	88858	88858	81375	81375	2439	2439
合作经营企业(港或澳、台资)	3523	3523	2836	2836	73	73
港、澳、台商独资经营企业	4514	4514	3508	3508	184	184
港、澳、台商投资股份有限公司	265	265	48	48	15	15
外商投资企业	**331892**	**331322**	**262783**	**262260**	**8834**	**8776**
中外合资经营企业	196022	195472	160626	160115	5432	5393
中外合作经营企业	3500	3500	2625	2625	115	115
外资企业	88401	88381	70080	70068	1678	1659
外商投资股份有限公司	43969	43969	29452	29452	1609	1609
二、按控股情况分组						
国有控股	2604581	2595544	2170779	2144829	96428	96356
集体控股	3472440	3442525	2676226	2637615	124371	123328
私人控股	19054991	18977372	14695528	14564311	663772	656719
港澳台商控股	75196	75196	66970	66970	2206	2206
外商控股	264703	264133	215512	214989	6755	6697
其他	663807	663783	500647	500643	24082	24069

3-G-7 续表

分组	主营业务利润	其他业务利润	费用合计	税金	利息支出
总计	**4728935**	**165289**	**2429950**	**141942**	**76060**
其中：国有及国有控股企业	339500	14779	225673	17463	6825
一、按登记注册类型分组					
内资企业	**4672516**	**151093**	**2365768**	**140449**	**54626**
国有企业	295129	14464	201606	16705	6783
集体企业	513089	16300	219772	28483	3623
股份合作企业	53764	1	27858	6379	61
联营企业	3441	560	2604	454	
国有联营企业	-217		372	354	
集体联营企业	555		221	2	
国有与集体联营企业	3072	560	1995	97	
其他联营企业	31		16	1	
有限责任公司	640832	11922	317398	14094	4478
国有独资公司	4619		3965	28	
其他有限责任公司	636213	11922	313433	14066	4478
股份有限公司	44074	308	17010	1631	182
私营企业	3106705	107503	1576042	72482	39490
私营独资企业	744341	39401	323329	20990	6805
私营合伙企业	90477	6857	28663	1241	155
私营有限责任公司	2127591	51525	1152973	46827	32450
私营股份有限公司	144296	9720	71077	3424	80
其他企业	15482	35	3478	221	9
港、澳、台商投资企业	**6465**	**2864**	**6430**	**917**	**99**
合资经营企业(港或澳、台资)	5467	2864	5430	866	98
合作经营企业(港或澳、台资)	614		710	1	1
港、澳、台商独资经营企业	182		95	50	
港、澳、台商投资股份有限公司	202		195		
外商投资企业	**49954**	**11332**	**57752**	**576**	**21335**
中外合资经营企业	29965	11200	40436	345	21234
中外合作经营企业	760		450		
外资企业	16651	132	15524	35	-19
外商投资股份有限公司	2578		1342	196	120
二、按控股情况分组					
国有控股	339151	14779	225619	17458	6825
集体控股	666843	24387	287719	39360	4972
私人控股	3547173	120796	1837956	79024	63524
港澳台商控股	5045	1595	6255	845	-2
外商控股	32872	2467	23794	250	351
其他	137502	1265	48553	5000	390

单位：千元

营业利润	职工工资和福利费	本年应交增值税	全部从业人员年平均人数（人）	资产减值损失	公允价值变动收益	投资收益
2480926	**3598315**	**101510**	**242351**	**300155**	**249**	**4644**
127933	397194	8003	25068	153457	-104	-199
2475061	**3559367**	**99458**	**239639**	**298465**	**249**	**4644**
107303	365122	7861	23292	152587	-104	-199
309689	344359	7055	21584	18062	233	204
29437	35699	848	2379		-1	
1397	8977	1	457	2		
-589	3498		152			
334	452		39			
1637	4920		260			
15	107	1	6	2		
345895	530267	10449	31792	25601	7	166
654	5267	4	220			
345241	525000	10445	31572	25601	7	166
27375	28279	677	1877	3241	30	79
1641558	2242626	72037	157985	98971	84	4394
462291	577014	26502	35775	15081	-10	990
68884	70161	1094	4507	1023	3	-10
1024988	1508621	40489	111820	81645	90	-292
85395	86830	3952	5883	1222	1	3706
12407	4038	530	273	1		
1080	**14303**	**33**	**1011**	**3**	**1**	
892	11805	23	894	3	1	
-96	930		55			
277	1468	10	57			
7	100		5			
4785	**24645**	**2019**	**1701**	**1687**	**-1**	
733	12015	1699	765	1687		
310	420		32			
1258	8404	300	616		-1	
2484	3806	20	288			
127638	396798	8003	25046	153457	-104	-199
414653	501710	12250	31506	25880	232	204
1835995	2625255	80499	180723	120480	121	4639
593	5401	10	499	1	1	
10769	24199	320	1901	37	-1	
90983	44556	428	2654	300		

3-G-8 资质以外建筑企业按隶属关系、

分组	营业收入	主营业务收入	营业成本	主营业务成本	营业税金及附加
总计	**26136593**	**26019428**	**20326164**	**20129859**	**917638**
一、按隶属关系分组					
中央	327487	326045	257440	256327	11925
地方	25809106	25693383	20068724	19873532	905713
省(自治区、直辖市)	256447	255697	216330	203001	9582
地区(州、盟、省辖市)	2028254	2024354	1684570	1660893	71766
县(区、市、旗)	1992319	1988278	1628630	1623429	72299
街道	164897	162847	123929	123929	6872
镇	125641	125641	97086	96274	4376
乡	89784	89584	81117	81117	2261
居委会	30	30	133	133	3
村委会	43312	43312	33805	33805	1192
其他	21108422	21003640	16203124	16050951	737362
二、按营业状态分组					
营业	25473699	25358267	19773831	19579290	896637
停业(歇业)	598419	596686	503722	501958	18875
筹建	19080	19080	12490	12490	708
当年关闭	37629	37629	28546	28546	1249
当年破产	25	25	8	8	1
其他	6866	6866	7065	7065	144
三、按行业(中类)分组					
房屋和土木工程建筑业	11009385	10989569	8805942	8755927	399792
房屋工程建筑	4486417	4483002	3574110	3554577	167028
土木工程建筑业	6522968	6506567	5231832	5201350	232764
建筑安装业	7250288	7168597	5566698	5492285	244759
建筑装饰业	5230505	5220497	3903346	3855142	186025
其他建筑业	2646415	2640765	2050178	2026505	87062
工程准备	1622963	1621639	1267032	1265307	52019
提供施工设备服务	185002	180676	138907	135483	6510
其他未列明的建筑活动	838450	838450	644239	625715	28533
四、按地区分组					
沈阳市	6480903	6463106	5017063	5005036	262031
大连市	9019959	8957652	7182283	7053339	261641
鞍山市	2486755	2483653	1818482	1814802	91550
抚顺市	2599853	2599553	1955367	1947105	93062
本溪市	701389	700647	544892	544164	13593
丹东市	965656	965636	747704	747704	39219
锦州市	635693	634845	495295	483445	23311
营口市	786110	786110	573925	573925	40437
阜新市	452806	452781	381409	381409	19185
辽阳市	167708	167708	140633	140633	4820
盘锦市	644743	644051	469210	468099	26153
铁岭市	377391	376265	319580	313666	12285
朝阳市	416932	388179	348682	327256	16473
葫芦岛市	400695	399242	331639	329276	13878

营业状态、行业和地区分财务收支情况

单位：千元

主营业务税金及附加	主营业务利润	其他业务利润	费用合计	税金	利息支出	营业利润
909399	**4728935**	**165289**	**2429950**	**141942**	**76060**	**2480926**
11892	60659	4250	31077	6194	291	36633
897507	4668276	161039	2398873	135748	75769	2444293
9572	35310	3019	34474	885	23	3767
71377	275152	18664	173408	7148	5028	117965
72038	275604	6038	149574	14579	4457	137855
6872	32046	312	14395	900	37	17963
4359	24333	500	10317	597	29	15434
2181	7565	1210	4283	478	67	4534
3	-106					-106
1192	8292		2644	81	30	5648
729913	4010080	131296	2009778	111080	66098	2141233
888529	4640699	162327	2367909	138363	75041	2451214
18744	74498	2941	50893	2745	1017	27101
708	5882		5874	609		8
1249	7834	21	3684	207	2	4171
1	16		35			-19
144	-343		1501	13		-1844
394739	1697522	76963	815488	52821	40184	961735
165396	708910	42604	320837	14495	28675	429842
229343	988612	34359	494651	38326	11509	531893
242733	1395025	56748	716694	49082	4815	744430
185042	1144509	25320	615943	27681	27706	553263
86885	491879	6258	281825	12358	3355	221498
51945	298482	3594	163443	6876	3197	142107
6487	36561	513	23789	915	360	13750
28453	156836	2151	94593	4567	-202	65641
260961	1167646	26307	722998	29044	7844	467841
256291	1499994	47064	860661	25279	33278	699198
91502	541531	8454	115908	27845	528	434716
93017	556161	3093	265447	10794	573	287275
13573	142910	94	50568	4371	289	92436
39150	178820	73739	58782	10123	6423	193860
23067	126382	2922	58646	1798	494	71068
40417	171730	36	81329	2561	22476	90437
19125	52198	25	34182	2594	580	19051
4626	16914	644	12262	376	47	4153
26148	138804	564	62329	22510	1584	80579
11649	40105	75	28204	1382	374	12593
16147	43966	1018	40399	1771	1438	11642
13726	51774	1254	38235	1494	132	16077

3-G-8 续表　　　单位：千元

分　组	职工工资和福利费	本年应交增值税	全部从业人员年平均人数(人)	资产减值损失	公允价值变动收益	投资收益
总　计	**3598315**	**101510**	**242351**	**300155**	**249**	**4644**
一、按隶属关系分组						
中央	42254	225	2495	17028	-1	
地方	3556061	101285	239856	283127	250	4644
省(自治区、直辖市)	74302	883	3341	31081	-91	51
地区(州、盟、省辖市)	296137	4060	17182	79321	-21	-39
县(区、市、旗)	309527	6725	22589	43531	261	226
街道	21852	157	1334			
镇	26625	575	1518	1		
乡	11308	322	668	100		
居委会	162		12			
村委会	8341	35	511	14975		
其他	2807807	88528	192701	114118	101	4406
二、按营业状态分组						
营业	3439704	101084	226337	259723	250	3733
停业(歇业)	140006	352	14607	11969	1	910
筹建	6670	67	676	1872	-1	1
当年关闭	6541		461	501	-1	
当年破产	35		3			
其他	4963	7	245	26090		
三、按行业(中类)分组						
房屋和土木工程建筑业	1626828	44694	103494	181264	216	3791
房屋工程建筑	714835	16251	47432	47142	-86	-105
土木工程建筑业	911993	28443	56062	134122	302	3896
建筑安装业	892284	23846	72958	59084	-4	
建筑装饰业	772746	16905	45857	44602	22	-1023
其他建筑业	306457	16065	20042	15205	15	1876
工程准备	176377	6522	11948	10318		1874
提供施工设备服务	25739	566	1579	79	15	2
其他未列明的建筑活动	104341	8977	6515	4808		
四、按地区分组						
沈 阳 市	1052075	19259	83656	42202	212	1708
大 连 市	1076143	47466	67841	93032	-1	-1507
鞍 山 市	139813	5721	9595	23228		
抚 顺 市	636921		37146	31604		
本 溪 市	75300	1368	5343			
丹 东 市	127191	16440	6259	15000		3716
锦 州 市	66341	60	5186	9612	40	110
营 口 市	51689	1381	4498	1400		
阜 新 市	61710	513	3251	3814		
辽 阳 市	18780	1929	1263	46794		
盘 锦 市	113400	4043	5214	2616		
铁 岭 市	56189	1409	4649	4034		
朝 阳 市	59979	1156	4516			-24
葫芦岛市	62784	765	3934	26819	-2	641

附　　录

主要指标解释

能源消费量

能源消费总量 指一定地域（行政或地理区域）内，国民经济各行业和居民家庭在一定时期消费的各种能源的总和。一般情况下，行业、企业范围内所消费的各种能源的总量，称作综合能源消费量或能源消费量。所以，能源消费总量是针对地域能源消费的总量而言的。能源消费总量在消费环节上分为三部分，即终端能源消费量、能源加工转换损失量和损失量。

(1) 终端能源消费量指一定时期内全国（地区）各行业和居民生活消费的各种能源在扣除了用于加工转换二次能源消费量和损失量以后的数量。

(2) 能源加工转换损失量指一定时期内全国（地区）投入加工转换的各种能源数量之和与产出各种能源产品之和的差额。它是观察能源在加工转换过程中损失量变化的指标。

(3) 能源损失量指一定时期内能源在输送、分配、储存过程中发生的损失和由客观原因造成的各种损失量。不包括各种气体能源放空、放散量。

能源消费量 指能源使用单位在报告期内实际消费的一次能源或二次能源的数量。就每种能源的实物消耗而言，是其消费量；如果将实际消费的各种能源折标准量相加所得到的能源消费量合计数据是企业投入消费的全部能源，没有扣除能源品种加工转换的重复因素。

工业企业能源消费量 指工业企业在工业生产和非工业生产过程中消费的各种能源。包括工业企业在生产过程中作为燃料、动力、原料、辅助材料使用的能源以及工艺用能、非生产用能。作为能源加工转换企业，还要包括能源加工转换的投入量

工业生产能源消费 是指工业企业为进行工业生产活动所消费的能源。

非工业生产能源消费 是指在工业企业能源消费中，除“工业生产能源消费”以外的能源消费，即非工业生产用能和工业企业附属的不从事工业生产活动的非独立核算单位用能。

工业企业综合能源消费量 指报告期内工业企业在工业生产活动中实际消费的各种能源的总和净值。计算综合能源消费量时，需要先将使用的各种能源折算成标准燃料后再进行计算。计算综合能源消费量方法如下：

综合能源消费量=工业生产消费的能源合计-加工转换产出能源合计-回收利用能源合计

水消费量 指企业或单位提取的、在生产经营及其他活动中消费的水。

取水总量 指工业企业从各种水源提取的，并用于工业生产活动的水量总和，包括地表水、地下水、自来水、由管道供应的未经达标处理的水、经城市污水处理厂处理后回用的中水、海水，以及企业从市场购得的其他水或水的产品(如纯净水、矿泉水、蒸汽、热水、地热水等)。取水总量包括主要工业生产用水、辅助生产(包括机修、运输、空压站等)用水和附属生产(包括厂内绿化、职工食堂、非营业的浴室及保健站、厕所等)用水；不包括非工业生产单位的用水，如厂内居民家庭用水和企业附属幼儿园、学校、对外营业的浴室、游泳池等的用水量。

地表水取水量 指企业直接采自河流、水库、湖泊等地表水源的水(包括企业采自河流、水库、湖泊用于冷却，不重复使用，又排出的水，俗称自流水)，不包括水力发电厂的发电动力用水。金额是指报告期企业消费地表水所支付的费用，计算范围与形成当地地表水价格的费用结构相一致，如水费、资源税、排水(污)费等，有哪项就计算哪项。金额不包括取水过程的成本费用，如电费、设备费用、人工费用等。如果企业使用地表水不需支付费用，则免填金额。在计算平均单位水费时，应剔除没有金额费用的水量。

地下水取水量 指企业通过自备井直接采自地下的水。金额是指报告期企业消费地下水所支付的费用，计算范围与形成当地地下水价格的费用结构相一致，如水费、资源税、排水(污)费等，有哪项就计算哪项。金额不包括取水过程的成本费用，如电费、设备费用、人工费用等。如果企业使用地下水不需支付费用，则免填金额。

自来水取水量 指地表水、地下水等经过供水企业加工处理，经认定达到自来水供水标准，通过城镇自来水管道供应的水；取水量按报告期自来水表的流量计算。金额是指报告期企业消费自来水所支付的费用，计算范围与形成当地自来水价格的费用结构相一致，如水费、资源税、排水(污)费等。

炼焦炉 指将煤转化为焦炭的工业设备。包括机械化炼焦炉和土法炼焦炉。我国自行设计的焦炉主要有：大容积焦炉、58 型焦炉、66 型焦炉、70 型焦炉、红旗三号焦炉和两分下喷式焦炉等。

烧碱隔膜式电解槽 隔膜电解槽就是在阳极和阴极之间设置隔膜。按照所设置隔膜的位置不同，隔膜法电解槽又可分为立式和水平式两种。

立式隔膜电解槽主要由阳极室、阴极室及隔膜组成。隔膜吸附在阴极上。两室中分别有阳极、阴极。盐水连续加入阳极室。阳极液不断地从阳极室通过隔膜的孔隙流入阴极室。阴极上生成的电解液，经电解槽底部的管连续流出，氯气及氢气分别排出。

烧碱离子膜式电解槽 离子交换膜法电解槽是采用具有选择透过特性的阳离子交换膜，隔开阳极室和阴极室。由于膜本身具有阳离子选择透过性，只允许 Na+并伴随水分子透过膜向阴极移动，所以在阴室可以得到高纯度的烧碱溶液。

此法在阳极上和阴极上发生的反应与一般隔膜法相同，但烧碱溶液质量远比隔膜法为优。

离子膜电解槽有单极式和复极式两种。

电石炉 指生产电石用的高温电炉，电炉内部都有个大电极，给电极通以高压\高频的电流，使电极放电产生高温，

使生石灰（CaO）和焦炭（C）在电炉（电石炉）内，通过高温反应制得电石，同时生成副产品一氧化碳（CO）。

电石炉分为内燃式和全密闭式电石炉，它们的区别在于:

内燃式电石炉，生产过程中产生的副产品 CO，在炉面上燃烧，成为含夹带粉尘的 CO2 的高温尾气排放。

全密闭式电石炉，生产过程中产生的副产品 CO 经过净化处理后加以回收利用，正常时应无尾气排放。

铜反射熔炼炉 指铜冶炼企业将铜精矿熔炼成冰铜所用的反射熔炼炉，其传热的主要方法是辐射和对流，辐射起主导作用。

铜鼓风熔炼炉 指铜冶炼企业将铜精矿熔炼成冰铜所用的鼓风熔炼炉。鼓风熔炼炉是一种具有垂直作业空间的冶金设备，熔炼过程按逆流原理进行，即炉料与燃料从炉子上部加入，垂直向下往本床移动，并从本床放出熔炼产物。鼓入炉内的空气及燃料燃烧所形成的气体从下面沿着垂直炉身通过炉内的炉料与燃料的空隙上升。

铜闪速熔炼炉 指铜冶炼企业将铜精矿熔炼成冰铜采用闪速熔炼工艺所用的闪速熔炼炉。

铜吹炼炉 指铜冶炼企业将冰铜吹炼成粗铜所用的吹炼炉。

氧化铝熟料窑 指氧化铝生产企业采用烧结法将铝土矿和纯碱、石灰按一定比例配料磨制的生料浆烧结成熟料所用的熟料窑。

氧化铝焙烧窑（炉） 指生产工艺中为使物料去除水分所用的窑（炉）。

铝电解槽 指生产电解铝所用的电解槽。

炼铁高炉 指冶炼生铁的主体设备，包括炉基、炉衬、冷却设备、炉壳、支柱及炉顶框架等。

炼钢转炉 指采用氧气顶吹转炉的炼钢炉。

电弧炉 指靠石墨电极和金属炉料之间产生的强烈电弧供热冶炼钢的设备。电弧炉可分为交流电弧炉和直流电弧炉。

连铸机 指炼钢厂采用连铸技术所用的机械装置。按铸坯轨迹分类有：立式连铸机、立弯式连铸机、多点弯曲的立弯式连铸机、带直线段弧形连铸机、弧形连铸机、多半径椭圆形连铸机、水平连铸机。

轧机 指炼钢厂用来轧制钢材的机械装置。

煤发电机组 指用煤作为燃料的发电机组。

油发电机组 指用油作为燃料的发电机组。油可以是燃料油、柴油等。

燃气发电机组 指用燃气作为燃料的发电机组。

核能发电机组 指用核燃料作为燃料的发电机组。

其他火力发电机组 指除上述以外的用其他燃料的发电机组。主要有：煤矸石、垃圾、工业废料、压差发电等。

可再生能源发电机组 指水力发电机组和风力发电机组。

规模以上工业企业科技情况

科技活动人员 指工业企业在报告年度直接从事或参与科技活动的人员，包括参加科技项目人员、从事科技活动管理和为科技活动提供直接服务的人员。

参加科技项目人员 指编入各类科技活动项目组并从事(或参与)项目研究活动的人员。

科技管理和服务人员 指企业中专门从事科技活动管理和为科技活动提供直接服务的人员。

科学家和工程师 指科技活动人员中具有高、中级技术职称（职务）的人员和不具有高、中级技术职称（职务）的大学本科及以上学历人员。

高中级技术职称人员 指企业科技活动人员中已评定高级和中级技术职称(职务)的人员。

科技活动经费筹集总额 指企业在报告年度从各种渠道筹集到的计划用于科技活动的经费，包括企业资金、金融机构贷款、政府资金、国外资金、其他资金等。

企业科技活动经费内部支出 指企业在报告年度用于企业内部开展科技活动实际支出的费用。包括经常费支出和科研基建费支出。

经常费支出 指企业为开展科技活动使用非基建项目资金支付的科技活动人员劳务费、设备购置费和其他日常支出。

科研基建费支出 指企业在报告年度为改善科研条件、提高研制开发能力，使用基本建设资金、技措技改等资金进行新建、改建、扩建、购置、安装科研用固定资产、以及进行科研设备改造及大修理等的实际支出。

劳务费 指以货币或实物形式直接或间接支付给科技活动人员的劳动报酬及各种补贴，包括各种形式的工资、补助工资、津贴、价格补贴、住房补贴、奖金、福利、失业保险、养老保险、医疗保险、工伤保险、人民助学金等。

科技活动经费外部支出 指企业在报告年度委托其他单位或与其他单位合作开展科技活动而支付给其他单位的经费。

对研究院所和高等学校的支出 指报告年度内企业委托或与国内独立研究院所或高等学校合作开展科技活动而支付予其的经费。

对其他企业支出 指报告年度内企业委托或与国内其他企业合作开展科技活动而支付予其的经费。

研究与试验发展(R&D)人员 指企业科技活动人员中从事基础研究、应用研究和试验发展三类活动的人员。

R&D人员折合全时当量 指报告年度企业研究与试验发

展（R&D）人员按实际从事研发活动的时间计算的工作量。

研究与试验发展(R&D)经费内部支出 指报告年度在企业科技活动经费内部支出中用于基础研究、应用研究和试验发展三类项目的费用以及用于这三类项目的管理和服务的费用支出。

新产品开发经费支出 指报告年度内在企业科技活动经费内部支出中用于新产品研究开发的经费支出。包括新产品的研究、设计、模型研制、测试、试验等费用支出。

新产品产值 指报告年度本企业生产的新产品的产值。新产品是指采用新技术原理、新设计构思研制、生产的全新产品，或在结构、材质、工艺等某一方面比原有产品有明显改进，从而显著提高了产品性能或扩大了使用功能的产品。

新产品销售收入 指报告年度本企业销售新产品实现的销售收入。

新产品出口收入 指报告年度本企业将新产品出售给外贸部门和直接出售给外商所实现的销售收入。

专利申请数 指企业在报告年度内向专利行政部门提出专利申请并被受理的件数。

发明专利申请数 指企业在报告年度内向专利行政部门提出发明专利申请并被受理的件数。

拥有发明专利数 指企业作为专利权人在报告年度拥有的、经国内外专利行政部门授权且在有效期内的发明专利件数。

技术改造经费支出 指本企业在报告年度进行技术改造而发生的费用支出。技术改造指企业在坚持科技进步的前提下，将科技成果应用于生产的各个领域(产品、设备、工艺等)，用先进技术改造落后技术，用先进工艺代替落后工艺、设备，实现以内涵为主的扩大再生产，从而提高产品质量、促进产品更新换代、节约能源、降低消耗，全面提高综合经济效益。

技术引进经费支出 指企业在报告年度用于购买国外技术的费用支出，包括产品设计、工艺流程、图纸、配方、专利等技术资料的费用支出，以及购买关键设备、仪器、样机和样件等的费用支出。

消化吸收经费支出 指本企业在报告年度对国外引进项目进行消化吸收所支付的经费。包括：人员培训费、测绘费、参加消化吸收人员的工资、工装、工艺开发费、必备的配套设备费、翻版费等。

购买国内技术经费支出 指本企业在报告年度购买国内其他单位科技成果的经费支出。包括购买产品设计、工艺流程、图纸、配方、专利、技术诀窍及关键设备的费用支出。

建筑业生产经营及财务状况

签订的合同额 指建筑业企业在报告期直接同建设单位签订合同的总价款和以前年度同建设单位签定合同的未完工程跨入本年度继续施工工程合同的总价款余额。

上年结转合同额 指以前年度同建设单位签订合同的未完工程跨入本年度继续施工工程合同的总价款余额。

本年新签合同额 指建筑业企业在报告期内同建设单位直接新签订的各种国内工程合同的总价款，不包括与其他建筑业企业新签的分包合同额。

直接从建设单位承揽工程完成的产值 指总承包企业或专业承包企业直接与建设单位(业主)签订的承包合同(包括报告期及以往年度签订的合同，不包括无效合同和中途解除的合同)，在报告期内完成的工程总值。包括企业向其他专业承包企业或劳务分包企业分包出去的工程所完成产值，还包括分包企业缴纳的管理费。

自行完成施工产值 指总承包企业或专业承包企业直接与建设单位(业主)签订的总承包合同或专业承包合同中，自行完成的工程总值。包括总承包企业和专业承包企业自行完成的工作量和分包企业缴纳的管理费。

分包出去工程的产值 指专业承包企业或劳务分包企业与总承包企业或专业承包企业签订的专业承包或劳务分包合同中在报告期所完成的产值。分包企业如果是一个独立核算的经济实体，其完成的产量产值，不包括在总承包企业或专业承包企业自行完成产值中。

从建设单位以外承揽工程完成的产值 指总承包企业或专业承包企业从其他总承包企业或专业承包企业处承揽工程而完成的产值。不包括总承包企业或专业承包企业从建设单位承揽工程中自行完成的产值和分包企业缴纳的管理费。

建筑业总产值：建筑业总产值是以货币表现的建筑业企业在一定时期内生产的建筑业产品和服务的总和。建筑业总产值包括建筑工程产值、安装工程产值和其他产值三部分内容。

装饰装修产值 包括装饰、装修两部分产值。装修装饰指对新旧房屋及建筑物进行的内外装修装饰；对新建房屋及建筑物经过施工后，尚未完全达到使用标准，而进行的二次装修装饰；以及对原有房屋经使用若干年后进行的二次内外装饰。包括抹灰、门窗、玻璃、吊顶、隔断、饰面板(砖)、涂料、裱糊、刷浆、花饰等。

在外省完成的产值 指建筑业企业在其他省份施工所完成的建筑业产值。

竣工产值 一般是以单位工程为对象，当该工程按照设计所规定的工程内容全部完成，达到了设计规定的交工条件，经有关部门检查验收鉴定合格的单位工程价值，即为竣工产值。竣工产值包括范围应是报告期内竣工单位工程从开工到竣工的全部自行完成的价值，如果一个单位工程跨两个年度施工，其竣工价值应当包括上年度完成的价值。有些大型单位工程，如大型厂房、高级宾馆、各种管道、公路、铁路等，能够分跨、分层、分段施工并按合同规定，能够分开交付使用的，可以分开计算竣工产值。竣工产值不包括附属辅助企业或内部核算的其他单位为外单位生产和服务的价值。

房屋建筑施工面积 指报告期内施过工的全部房屋建筑面积，它包括本期新开工的面积、上期跨入本期继续施工的房屋面积、上期停缓建在本期恢复施工的房屋面积、本期竣工的房屋面积以及本期施工后又停缓建的房屋面积。

房屋新开工面积 指在报告期内新开工的各个房屋单位工程的建筑面积之和。它不包括在上期开工跨入报告期继续施工的房屋建筑面积和上期停缓建而在本期复工的建筑面积。新开工面积用于反映报告期内投入施工的房屋建筑规模，为科学组织施工提供依据。

实行投标承包面积 是指报告期内建筑施工企业经过投标招标而承担的全部房屋建筑面积。

房屋建筑竣工面积 指在报告期内房屋建筑按照设计要求已全部完工，达到了使用条件，经检查验收鉴定合格的房屋建筑面积。计算房屋竣工面积，必须严格执行房屋竣工验收标准。对民用建筑来讲，一般应按设计要求在土建工程和房屋本身附属的水、卫、气、暖等工程已经完工，通风、电梯等设备已安装完毕，做到水通、灯亮、经验收鉴定合格，并正式交付给使用单位后，才能计算竣工面积。对于工业及科研等生产性房屋建筑：一般应按设计要求在土建工程(包括水、暖、电、卫、通风)及属于房屋组成部分的生活间、操作间等已经完成，经验收合格后才计算竣工面积。只差安装工艺设备、管线工程的亦可以计算竣工面积。

竣工房屋价值 指在报告期内按规定已经上报竣工的房屋本身的建造价值。一般按房屋设计和预算规定的内容计算。可按“竣工结算价”或“中标价”填报。

年末自有施工机械设备净值 指本企业(或单位)自有施工机械设备经过使用、磨损后实际存在的价值，即原值减去折旧后的净额。

年末自有施工机械设备总台数 指年末本企业(或单位)自有的直接用于工程施工的各种机械设备的台数。但不包括附属辅助生产机械设备、运输机械设备、生产试验机械设备的台数。

年末自有施工机械设备总功率 指年末本企业(或单位)自有的直接用于工程施工的各种机械设备年末总功率，按设定能力或查定能力计算。包括施工机械本身的动力和为该机械服务的单独动力设备，如电动机等。但不包括附属辅助生产机械设备、运输机械设备、生产试验机械设备的功率。计量单位用千瓦，动力换算可按 1 马力＝0.735 千瓦折合成千瓦数。电焊机、变压器、锅炉不计算动力。

企业总产值 指建筑业企业在报告期内全部经济活动的最终成果的货币表现。在企业总产值中除包括建筑业总产值外,还包括建筑业企业从事其他经济活动所创造的价值(如工业产值、交通运输产值、商业服务业产值、其他产值收入和劳务收入等)。

境外完成的营业额 指建筑业企业报告期内在国外及港、澳、台等区域所有经营活动的货币表现。

资产总计 是企业拥有或控制的能以货币计量的经济资源，包括各种财产、债权和其他权利。建筑业企业的资产其按流动性分为：流动资产、长期投资、固定资产、无形资产、递延资产和其他资产。即:

资产总计=流动资产+长期投资+固定资产+无形资产+递延资产+其他资产

负债合计 是企业所承担的能以货币计量、将以资产或劳务偿付的债务。负债一般按其偿还期长短分为流动负债和长期负债。

(1)流动负债合计：指将在一年或者超过一年的一个营业周期内偿还的债务。包括短期借款、应付票据、应付帐款、预收帐款、应付工资、应交税金、应付利润、其他应付款、预提费用等。本项根据“资产负债表”中“流动负债合计”项的期末数填列。

(2)长期负债合计：指偿还期在一年或者超过一年的一个营业周期以上的债务。它是除了投资人投入企业的资本以外，企业向债权人筹集，可供企业长期使用的资金。本项根据“资产负债表”中“长期负债合计”项的期末数填列。

所有者权益合计 是企业投资人对企业净资产的所有权，企业净资产等于企业全部资产减去全部负债后的余额。其中包括实收资本、资本公积、盈余公积和未分配利润四部分。本项根据“资产负债表”中“所有者权益合计”项的期末数填列。

实收资本 指企业实际收到的投资人投入的资本。按照投资主体划分为国家资本、集体资本、法人资本、个人资本、港澳台资本和外商资本六种。企业在填报实收资本时，应根据会计“资产负债表”中“实收资本”项的期末数填列，实收资本中如有外币形式投入的资本，要折合成人民币形式填报。

工程结算收入(主营业务收入) 指本企业承包工程实现的工程价款结算收入以及向发包单位收取的除工程价款以外按规定列作营业收入的各种款项，如临时设施费、劳动保险费、施工机构调迁费等以及向发包单位收取的各种索赔款。本项根据“损益表”中“工程结算收入”项的本年累计数填列。

工程结算成本(主营业务成本) 指在报告期内与发包单位办理工程价款结算的已完工程实际成本。本项根据“损益表”中“工程结算成本”项的本年累计数填列。

工程结算税金及附加(业务税金及附加) 指因从事建筑业生产活动，取得工程价款结算收入而按规定应该交纳的营业税、城市维护建设税等以及随同营业税金一并计算交纳的教育费附加等。根据会计“利润表”中对应指标年末累计数填列。

工程结算利润 指已结算工程实现的利润。

其计算公式为:

工程结算利润=工程结算收入-工程结算成本-经营费用-工程结算税金及附加

本项根据“损益表”中“工程结算利润”项的本年累计数填列(亏损以“-”号表示)。

其他业务收入　指企业除工程结算收入外的其他业务收入，如产品销售收入、机械作业收入、材料销售收入、无形资产转让收入、固定资产出租收入等。本项根据会计“其他业务收入”科目的本年贷方发生额归纳填报。

营业收入(企业总收入)　指与企业生产经营直接有关的各项收入，包括工程结算收入与其他业务收入。即:

企业总收入=工程结算收入+其他业务收入

其他业务利润: 指企业除结算收入外的其他业务收入扣除其他业务支出(包括其他业务成本及应负担的费用、税金)后的净收益(如为净支出应以“-”号表示)。本项目根据“损益表”中“其他业务利润”项的本年累计数填列。

经营费用　指企业从事施工生产活动过程中发生的各项费用。包括应由企业负担的运输费、装卸费、包装费、保险费、维修费、展览费、差旅费、广告费和其他经费。

根据会计“利润表”中对应指标计算填列。执行 2001 年《企业会计制度》的企业，用“营业费用”年末数代替。

管理费用: 指企业行政管理部门为组织和管理生产经营活动而发生的各项费用。包括公司经费、工会经费、职工教育经费、劳动保险费、待业保险费、董事会费、咨询费、审计费、诉讼费、排污费、绿化费、税金、土地使用费、土地损失补偿费、技术转让费、技术开发费、无形资产摊销、开办费摊销、业务招待费、坏帐损失、存货盘亏、毁损和报废(减盘盈)损失，以及其他管理费用。本项根据“损益表”中“管理费用”项的本年累计数填列。

营业利润　指企业生产经营活动所实现的利润。分为主营业务利润和其他利润。

营业利润=工程结算利润+其他业务利润-管理费用-财务费用

本项根据“损益表”中“营业利润”项的本年累计数填列。

营业外收入　指企业经营业务以外的收入。根据企业会计“损益表”中“营业外收入”项的年末数填列。

营业外支出　指企业经营业务外的支出。根据企业会计“损益表”中“营业外支出”项的年末数填列。

利润总额　指企业在工程施工生产过程中，取得工程价款收入、机械作业收入等，扣除投入的成本及其他一系列费用，再加减非经营性质的收支及投资收益，即为施工企业全年实现的利润总额（或亏损总额）。亏损以“-”号表示。本项根据“损益表”中“利润总额”项的本年累计数填列。

利润总额=营业利润+投资收益+营业外收入-营业外支出

从业人员劳动报酬　指在报告期内支付给本单位从业人员的全部劳动报酬，包括工资、福利费、奖金、津贴及各种补助。根据会计“应付工资”、“应付福利费”本年贷方累计发生额及其他会计核算资料计算填列。